JN422490

윤병상 성경강해 03

# 출애굽기 연구

컨콜디아사

하나님의 부르심에 안타까움으로 떠나보낸

나의 신앙의 동지요 형제인

고(故) 주대범 장로님께

이 책을 바칩니다.

# 머리말

저는 목사입니다. 지극히 평범한 목사입니다. 얼마 전 지역교회(팔복교회)를 섬기는 자리에서 조금 일찍 일어나 강원도 양구에 새 둥지를 튼 목사입니다. 새 둥지에서 95세이신 어머니를 모시며 작은 텃밭과 아무렇지도 않게 꾸며진 정원도 가꾸고 살고 있습니다. 목회를 접고 이곳에 자리할 때는 유유자적(悠悠自適)하려 했으나 그것은 생각일 뿐이었고 일평생 몸에 밴 성서를 읽는 일은 접을 수 없었습니다. 특히 책상 위에 걸려 있는 저의 선생님 관옥(觀玉) 이현주 목사님이 주신 회인불권(誨人不倦, 남을 가르침에 게을리하지 않는다) 네 글자가 지켜보고 있어 더욱 그러했습니다. 저의 일평생 현장목회도 성서교육에 초점을 두었었다고 생각됩니다.

"평범한 목사와 함께 하는 출애굽기 연구"는 지역교회를 섬길 때와 은퇴 후 출석하는 중앙교회의 "베델성서연구"를 인도하며 강의했던 내용을 수정 보완하여 세상에 내놓는 책입니다. 제가 대단한 학위를 가지고 연구하는 신학자가 아니고 그저 평범한 목사이기에 이 책 역시 평범한 책에 불과합니다. 그러므로 새로운 신학적 내용을 얻으려 한다면 실망하실 것입니다. 평범한 목사가 성도들을 가르치기 위해 고명하신 신학자들의 책을 참고하여 전한 내용 정도가 담겨 있습니다. 평범한 책이기에 혹 독자께서 지적할만한 잘못도 발견될 것입니다. 이런 잘못은 모두 저의 불찰로 돌려주시기 바라며, 저와 같은 평범한 목회자나 성도님들의 성서 이해에 작은 도움이라도 되기 바랍니다.

이 책을 출판함에 마음에 빚을 진 사람들이 많이 있습니다. 축하의 글을 보내주신 존경하는 루터교회 1호 원로장로님이신 이경배 장로님과 저의 사랑하는 목회후임자인 오세조 목사님, 또한 출판을 허락해주신 루터교 총회장 김은섭 목사님과 출판위원장이신 박일영 목사님을 포함한 출판위원님들, 원고 교정에 수고를 아끼지 않으신 장우호 집사님과 김현주 권사님, 컨콜디아사 직원 분들께 부족한 저에 대한 애정이 담긴 수고와 배려에 감사드립니다. 특히 이 책의 출판을 위해 처음부터 관심을 갖고 편집에 참여하다 갑자기 하나님의 부름을 받은 신앙의 동지이자 형제인 주대범 장로님에게 지면을 통해서 미처 하지 못한 감사를 전합니다.

무엇보다도 지금까지 함께 성서를 읽으며 공부한 신앙의 길동무(道伴)였던 팔복교회 성도님들, 은퇴한 목사인 제게 베델성서연구를 인도할 수 있도록 허락해주신 중앙교회 최주훈 목사님과 성도님들, 특히 꾸준히 성서연구를 하도록 격려하시며 도전해주시는 베델성서연구 회원들에게 깊은 감사를 드립니다.

## 축하드리는 글

**오 세 조** 팔복루터교회 담임목사

현재 저는 목사입니다. 그리고 저의 손에는 목사라면 누구든지 쥐고 있어야 할 경전이 있습니다. 바로 하나님의 말씀인 '성경'입니다. 하지만 이 성경을 읽다 보면 이해하기가 어려운 말씀이 여전히 있습니다. 저는 그 뜻이 매우 궁금합니다. 그래서 여러 책을 참고하기도 하고, 잠시 책을 덮고 눈을 감기도 합니다. 그러다 문득 이런 뜻이 아닐까 하는 깨달음이 있을 때가 있습니다. 이른바 '아하'하고 무릎을 치는 기쁨의 순간입니다. 그럴 때면 그 맛이 굉장히 쏠쏠합니다. 미식가들은 맛집을 찾아 먼 곳까지 찾아가 음식을 먹는다고 하는데, 그것과는 비교할 수도 없는 달콤한 깨달음입니다. 아마 이런 맛과 기쁨 때문에 저는 성경을 평생 저의 손에서 놓을 수가 없을 것 같습니다.

이런 성경을 공부하는 기쁨을 저에게 온전히 가르쳐주신 분이 계십니다. 바로 윤병상 목사님이십니다. 그렇습니다. 윤병상 목사님은 제가 현재 담임하고 있는 팔복교회의 선임 목사님이기 전에 저에는 성경을 가르쳐주신 선생이며 스승이시기도 합니다.

이런 분이 '창세기'와 '예레미야'에 관한 책을 먼저 출판한 후에, 이제는 출애굽기에 관한 책을 내시려고 합니다. 사실 '출애굽기 연구'는 '예레미야 연구'보다 먼저 기획되어 있음에도 불구하고, 더 보충하겠다는 마음으로 출판이 미루어져서 이제야 출판하게 되었습니다. 저는 이 연구 과정을 옆에서 지켜본 사람으로서 윤병상 목사님의 출애굽기 연구의 출판을 축하하지 않을 수가 없습니다.

더욱이 이 책의 출판이 목사인 저에게는 남다른 것은 이 책의 내용은 윤병상 목사님 한 개인의 연구뿐만 아니라, 교회의 성도들과 함께 공부하고 고민하고 또 노력한 목회적 결실이 이 책에 온전히 배어있다는 것입니다. 아마도 이러한 땀과 결실 때문에 목회 현장에서 하나님의 말씀과 늘 씨름하는 목회자들에게는 귀한 우물이 될 것입니다.

이런 귀한 책에 까마득한 후배인 저에게도 축하의 말을 표현할 지면을 감히 허락해주시니 저는 그저 감사할 따름입니다. 이런 저에게도 미래의 작은 소망이 있다면, 저도 언젠가는 목사님처럼 성도들과 함께 공부한 결과물을 세상에 내놓는 것입니다. 그것이 성경을 공부하는 기쁨을 알려준 스승에 대한 제자의 최소한의 예의인 것 같아서 말입니다. 저는 그날을 소망하며 윤병상 목사님의 '출애굽기 연구' 출판을 진심으로 축하드립니다.

## 축하드리는 글

**이 경 배** 중앙루터교회 원로장로

이번에 윤병상 목사님의 세 번째 저서인 '출애굽기' 출간을 충심으로 축하드립니다.

윤 목사님은 원래 교사 출신으로 신학을 공부하고 목회의 길을 택했습니다. 그래서인지 그의 달란트는 말씀을 잘 가르치는 목사로 알려져 여러 곳에서 성서 연구반 강사로 초빙을 받았습니다.

윤 목사님은 목회 초기부터 사역의 중심은 말씀을 열심히 가르치는 일이었습니다. 특별히 루터교단에서 주관하는 베델성서 연구 과정을 통해 많은 결실이 있었습니다.

평신도 성서교육 베델성서 연구를 교회를 중심으로 기독교방송과 여러 기독교 기관과 대학교, 교수회 등에서 열강으로 많은 호응을 받았습니다. 루터교회 목사로서의 자부심과 긍지를 가질만한 귀한 사역을 잘 감당했다고 사려됩니다.

조기 은퇴하셨지만 가르치는 열정은 여전합니다. 우리 중앙교회에서 베델성서 연구반을 인도하고 있습니다. 강원도 양구에서 매주 오시는 노고에 감사드립니다.

윤병상 목사님은 연세대 연합신학대학원에서 구약을 전공해 석사 학위를 받았고 저서로는 '인물로 본 창세기 연구', '예레미야 연구'와 금번 '출애굽기 연구'를 출간하는 경사를 맞았습니다. 오랫동안 목회 현장에서 꾸준한 연구와 가르친 경험으로 축적된 역작입니다. 하나님의 놀라운 구원 행동의 기록을 통해 많은 독자들이 은혜를 받게 될 것입니다.

감사합니다.

# 목 차

# 이스라엘 성지의 역사

## 구약성서의 주요 연대표(John Bright 주장에 따름)

| | | |
|---|---|---|
| (약) 주전 | 1800(1700) | 족장시대 |
| | 1550 | 힉소스(Hyksos)의 애굽 통치 |
| | 1290(80) | 출애굽(The Exodus) |
| | | 애굽의 왕 ; 람세스 2세(Rameses II) |
| | 1290(80)-1250 | 광야시대(모세) |
| | 1250-1200 | 가나안 점령(정착, 여호수아) |
| | 1200-1020 | 사사시대(12지파 동맹시대) |
| | 1050 | 에벤에셀-아벡 전투, |
| | | 블레셋에게 언약궤 빼앗김. |
| | 1020-1000 | 사울(Saul, 왕정시대 개막) |
| | 1000-922 | 통일왕국시대(United Kingdom) |
| | 1000-961 | 다윗(David) |
| | 962-955 | 솔로몬(Solomon) |
| | 926 | 남북왕국으로 분열 |

## 두 왕국 시대

| 남 유다 왕국 | 북 이스라엘 왕국 |
|---|---|
| 르호보암(Rehoboam, 922-915) | 여로보암(Jeroboam, 922-901) |
| 아비얌(Abijam, 915-913) | 나답(Nadab, 901-900) |
| | 바아사(Baasha, 900-877) |
| 아사(Asa, 913-873) | 엘라(Elah, 877-876) |
| | 시므리(Zimri, 876, 7일) |

| 남 유다 왕국 | 북 이스라엘 왕국 |
|---|---|
| | *오므리왕조(Omri Dynasty, 876-842) |
| 여호사밧(Jehoshaphat, 873-849) | 오므리(Omri, 876-869) |
| | 아합(Ahab, 869-850) |
| | 엘리야(Elijah, c.850) |
| | 미가야(Micaiah, c.850) |
| 여호람(Jehoram=요람,Joram, 849-842) | 아하시야(Ahaziah, 850-849) |
| | 여호람(Jehoram, 849-842) |
| *아합의 딸 아달랴와 결혼 | *예후 왕조(Jehu Dynasty, 842-745) |
| 아하시야(Ahaziah, 842) | 예후(Jehu, 842-745) |
| *아달랴(Athaliah, 842-837) | 엘리사(Elisha) |
| 요아스(Joash, 837-800) | 여호아하스(Jehoahaz=요아하스, Joahas 815-801) |
| *제사장 여호야다에 의해 다윗왕조 복권 | |
| | 요아스(Joash=여호아스, Jehoash 801-786) |
| 아마샤(Amaziah, 800-783) | |
| 웃시야(Uzziah, 783-742) | 여로보암2세(JeroboamII, 786-746) |
| | 아모스(Amos, c. 750) |
| | 호세아(Hosea, c. 745) |
| | 스가랴(Zechariah, 746-745, 6개월) |
| 요담(Jotham, 742-735) | 살룸(Shallum, 745, 1개월) |
| 이사야(Isaiah, 742-700) | 므나헴(Menahem, 745-738) |
| 아하스(Ahaz, 735-715) | 브가히야(Pekahiah, 738-737) |
| *시리아-이스라엘 동맹군의 예루살렘 침공(735) | 베가(Pekah, 737-732) |
| 미가(Micah, 722-701) | |

| 남 유다 왕국 | 북 이스라엘 왕국 |
|---|---|
| 히스기야(Hezekiah, 715-687/6)<br>*앗시리아 제국 산헤립(Sennacherib) 왕의 예루살렘 침공(701)<br>므낫세(Manasseh, 687/6-642)<br>아몬(Amon, 642-640)<br>요시야(Josiah, 640-609)<br>*요시야의 개혁(621)<br>스바냐(Zephaniah, 628-622)<br>예레미야(Jeremiah, 626-587)<br>나훔(Nahum, 612)<br>*바벨론 군대에 의한 앗시리아 제국의 수도 니느웨(Nineveh) 함락(612).<br>바벨론 제국 시대 도래(612-539)<br>여호아하스(Jehoahaz, 609, 3개월)<br>여호야김(Jehoiakim=엘리야김, Eliakim, 609-598)<br>하박국(Habakkuk, c. 605)<br>여호야긴(Jehoiachin, 598-597, 3개월)<br>*바벨론의 느부갓네살(Nebuchanezzar)의 예루살렘 침공, 제 1 차 포로 597)<br>시드기야(Zedekiah, 597-587)<br>*남 유다 왕국의 멸망(589)<br>제 2 차 포로(587) | 호세아(Hoshea, 732-724)<br>*앗시리아 제국의 사마리아 정복으로 북 이스라엘 왕국의 멸망(722) |

## 바벨론 포로기(Exilic Period, 587-538)

에스겔(Ezekiel, 539-571)

제2 이사야(Second Isaiah, c. 540)

오바댜(Obadiah, 587 이후 포로기간)

페르시아의 고레스(Cyrus)의 바벨론 제국 멸망(539)

페르시아 제국(Persian Empire) 시대(539-333)

고레스 칙령(The Edict of Cyrus, 538)

## 포로기 이후(Post-Exilic Period, 538 이후)

학개(Haggai, 520-515)

스가랴(Zechariah, 520-515)

예루살렘 성전 재건(515)

요엘(Joel, 500-350 사이의 기간)

요나(Jonah, 포로기 이후)

말라기(Malachi, 500-450 사이의 기간)

에스라(Ezra, 458, 398?)

느헤미야(Nehemiah, 445)

## 희랍시대(Greek Period, 333-63)

알렉산더(Alexander)의 페르시아 정복(333)

알렉산더 사망 후 그의 제국의 4 분열(323)

프톨레미(Ptolemy) 왕가의 팔레스틴 통치(323-198, 종교적 관용주의)

셀류시드(Seleucid) 왕가의 팔레스틴 통치(198-164, 종교탄압)

안티오커스 4세(Antiochus Epiphanes, 175-163)

**마카비 혁명(Maccabean Revolt, 167/8)**

혁명의 승리를 통한 예루살렘 성전정화(164/5)

하누카(Hanukkah)

## 로마시대(Roman Period, 주전63 - 주후324)

로마제국의 장군 폼페이(Pompey)의 예루살렘 진군(63)

헤롯대왕(the Great Herod, 37-주전 4)

마사다, 헤로디온, 가이사랴 등 많은 건축물 남김.

예루살렘 재건, 성전 개축 및 확장.

---

주전 약 4 예수님의 출생

주후 약 27 예수님의 공생애 시작

약 30 예수님의 십자가의 죽음과 부활, 승천

약 41- 65 바울의 전도여행

66 제1차 유대인 반란

70 로마 장군 티투스(Titus)의 예루살렘 함락
예루살렘 성전 파괴(티샤베아브, 아브 달 9일)
통곡의 벽만 남음.

73 마사다(Masada) 함락

132 제2차 유대인 반란(Revolt of Bar Kochba)

135 로마제국 군대의 반란진압,
유대인들이 예루살렘에서 추방됨
*로마제국의 하드리안(Hadrian) 황제는 예루살렘을 아일리아 카피톨리아(Aelia Capitolina)로 개칭하고 로마식 도시로 만듬.

## 비잔틴 시대(Byzantian Period, 324-638)

324 콘스탄티누스(Constantinus) 황제의 기독교 공인
황제의 어머니 세인트 헬레나(St.Helena)는 독실한 기독교인으로 예루살렘을 방문하고, 골고다 언덕에 '성묘교회'(Church of the Holy Sepulchre)와 베들레헴에 '예수탄생교회'(Church of the Nativity)를 건축함.

614-628 페르시아의 팔레스틴 점령

628 비잔틴 제국의 페르시아 퇴치와 예루살렘 회복

622 헤지라(Hegira=Hijra) : 무함마드(Muhammad)가 메카(Mecca)에서 메디나(Medina)로 도망한 것.
무슬림(Moslem, 이슬람교도)은 이 해를 원년으로 삼음(무함마드 c 570-632)

## 아랍시대(Arab Period, 638-1099)

638 이슬람교도인 아랍인들의 예루살렘 정복, 팔레스틴의 아랍인 지배시작

691 예루살렘 성전 터(Temple Mount)에 바위돔 이슬람 사원(Dome of the Rock)을 건축함

710 솔로몬 궁전 터(전승)에 엘 엑사 사원(El-Aqsa Mosque)을 건설함 예루살렘은 메카, 메디나와 함께 이슬람(Islam)교의 3대 성지(聖地)가 됨

## 십자군 시대(Crusaders Period, 1099-1291)

1099 십자군들의 예루살렘 점령
십자군들은 예루살렘 왕국(Christin Kingdom of Jerusalem)을 건설함

1291 아랍이 악고(Akko=Acre)를 점령한 것을 끝으로 십자군 운동은 실패로 끝남.

## 마메루크 시대(Mamelukes=Mamluk Period, 1291-1517)

1250 마메루크(터키 지역에서 애굽으로 온 종들의 후손)가 애굽을 장악함. 이들이 팔레스틴을 점령하고 지배함.

## 오스만 제국의 팔레스틴 통치시대(Ottoman Period, 1517-1917)

1517 오스만 터키 제국의 술레이만(Suleiman) I세의 예루살렘 정복.

1520-1566 술레이만(Suleiman) I세가 예루살렘 성벽 축성 (현재의 예루살렘 성벽)

1859-1869 수에즈 운하 건설(길이 약 160 km)

1896 테오도르 헤르츨(Theodor Herzl)의 시온주의 (Zionism) 운동시작.
(The Jewish State라는 책을 통해 50년 후 유태인 국가 설립을 예언함)

1914-1918 세계 1차 대전

1917 영국이 팔레스틴 지역을 터키로부터 빼앗음.

## 영국의 팔레스틴 통치시대(The British Mandate, 1920 -1948)

1920 국제연맹은 영국이 팔레스틴을 위임통치할 것을 결의함.

1939-1945 세계 2차 대전.

1947 유엔은 팔레스틴을 유태인 국가와 아랍 국가로 양분하는 계획을 채택함.

## 이스라엘의 독립(1948년 이후)

1948. 5. 14 영국의 위임통치 종료일 하루 전, 벤 규리온이 이스라엘 독립을 전세계에 공포함(대통령:하임 와이쯔만, 수상:벤 규리온)

1948. 5.15-1949. 1월 이스라엘 독립전쟁(1차 중동전쟁, 이스라엘 對 요르단, 애굽, 시리아, 레바논)

1949. 1월 휴전 때의 전선이 이스라엘의 국경이 됨.
이때 이스라엘은 서부 예루살렘을 점령함(예루살렘은 1967년 6일 전쟁까지 東(舊)과 西 예루살렘으로 양분됨)
이스라엘은 서쪽 요르단강 서안 지구(West Bank)과 구 예루살렘, 가자 지구를 제외한 전 팔레스틴 지역을 장악함.

1956. 19월-1957. 3월 2차 중동전쟁.
이스라엘은 이집트를 공격하고 가자 지구(Gaza Strip)과 시내 반도를 점령함.유엔의 중재로 이스라엘은 종전의 국경으로 물러남.

1967. 6월 5일-10일 3차 중동전쟁(6일 전쟁)
모세다얀(Moshe Dayan) 장군의 지휘 하에 가자 지구, 시내 반도, 골란(Golan) 고원지역, 요르단강 서안 지구와 구 예루살렘을 점령함 (예루살렘의 통일).
2차 중동전쟁과 3차 중동전쟁 사이 기간 동안 팔레스 타인 해방지구 PLO(Palestine Liberation Organization)가 형성됨.

1973. 10월 4차 중동전쟁(10월 전쟁, 욤 키푸르 전쟁 Yom Kippur War)
속죄일(Yom Kippur)에 이집트와 시리아가 동시에 이스라엘을 기습 공격함.

1977. 5월 메나헴 베긴(Menachem Begin) 수상의 집권.

1978. 9월 미국의 지미 카터 대통령의 중재로 베긴 수상과 사다트 대통령 사이에 캠프 데이비드(Camp David) 협정 조인.

1979. 3월 이스라엘-이집트 평화조약 조인 (대부분 아랍 국가는 반대함)

1981. 10월 사다트 대통령 암살당함.

1982. 4월 25일 평화조약에 따라 이스라엘은 시내반도를 이집트에 반환.

1982. 6월 이스라엘이 PLO의 거점인 레바논 침공함.

1982. 8월 PLO는 레바논으로부터 철수하여 아랍 국가에 분산됨.

1982. 9월 14일 레바논 대통령 당선자 바시르 제마엘(Bashir Gemayel)의 폭사.

1982. 9월 17일 서 베이루트(West Beirut)의 아랍인 대학살.

1984. 7-8월 이스라엘 총선거, 노동당과 리쿠드(Likud) 당의 연합정권 구성.

1988 PLO 국가 인정.

1995 오슬로 협정에 따라 가자지구 및 요단강 서안의 팔레스틴 자치 인정

2003 중동평화 로드맵에 의한 팔레스틴 자치지구 안의 이스라엘 정착촌 철수.

2017. 12. 6 미국 트럼프 대통령이 미 대사관을 텔아비브에서 예루살렘으로의 이전 선언. 이것은 예루살렘을 이스라엘의 수도임을 인정한 것임.

## 이스라엘의 축제 달력

첫째 달-**니산(Nisan=아빕 Abib)월**

(출13:4, 23:15, 34:18, 신16:1, 겔3:15, 느2:1, 에3:7 참조).

태양력 3-4월에 해당함.

출애굽을 기점으로 한 제의력으로 한 해의 시작이다(출13:4 참조)

**14일: 유월절**(출12:1-14, 레23:5 참조)

**15일~21일: 무교절**(출12:15-20, 레23:6 참조)

둘째 달-**이얄(Iyyar=시브 Ziv) 월**(왕상6:1 참조).

태양력 4-5월에 해당.

**5일 독립기념일**

**14일 두 번째 유월절**(민9:10-11 참조)

셋째 달-**시완(Sivan) 월**(에8:9 참조).

태양력 5-6월에 해당.

**6일: 맥추절(칠칠절, 오순절,** 레23:15-16, 민28:26 참조)

넷째 달-**탐무즈(Tammuz) 월**. 태양력 6-7월에 해당.

다섯째 달- **아브(Av) 월**. 태양력 7-8월에 해당.

**9일: 성전 파괴 애도일(티샤베아브)**

여섯째 달-**엘룰(Elul) 월**(느6:15-16 참조). 태양력 8-9월에 해당.

일곱째 달-**티슈리(Tishri=에다님 Ethanim) 월**(왕상8:2 참조).

태양력9-10월. 민간력으로 한 해의 시작이다.

**1일: 신년제(나팔절, 로쉬 하샤나**, 민29:1 참조)

**10일: 속죄일(욤 키푸르**, 레16:29-34 참조)

**15~21일: 초막절(장막절, 수장절, 숙콧**. 레23;34-36 참조)

**22일: 심핫트 토라**(모세가 시내산에서 율법 받은 것을 기념하는 날)

여덟째 달-**말헤스반(Marheshvan=불 Bul) 월**(왕상6:38 참조).

태양력10-11월.

아홉째 달-**기슬레(Kislev) 월**(느1:1, 슥7:1 참조).

태양력11-12월에 해당.

**25일: 수전절(성전 봉헌절, 하누카**, 마카비 상4:52, 요10:22 참조)

열째 달-**데벳(Tebet) 월**(에2:16 참조). 태양력12-1월에 해당.

열한째 달-**쉐밧(Shebat) 월**(마카비 상16:14 참조).

태양력1-2월에 해당.

열두째 달-**아달(Adal) 월**(에3:7, 13, 9:1, 15, 17, 21 참조).

태양력 2-3월.

**14~15일: 부림절**(에9:31 참조)

*이스라엘의 3대 절기(유월절, 칠칠절, 초막절)에 경건한 유대인들은 예루살렘 성전에 모여 제사를 드렸다(시120-134편, 성전에 올라가는 노래, Pilgrim Song 참조). 이 절기 외에 '성전 파괴 애도일'과 '부림절'에 읽는 성경(유월절-아가, 칠칠절-룻기, 초막절-전도서, 애도일-애가, 부림절-에스더서)을 두루마리들(Megilloth)이라고 한다.

# 구약성서에 나오는 도량형(度量衡)

## 1. 길이

규빗(cubit): 팔꿈치로부터 중지 끝까지의 길이 약45cm

(창6:15. 출25:10)

제레스(zereth): 뼘, 엄지에서 소지까지 펼친 길이, 1/2 규빗

(출28:16, 39:9)

토파(topha): 손바닥 너비, 엄지를 뺀 네 손가락 너비, 1/6 규빗

(출25:25, 37:12)

## 2. 마른 것(곡식)을 재는 단위

오멜(omer): 약2리터 (출16:16, 36)

스아(seah): 약7.5리터, 3오멜 (창18:6, 삼상25:18)

에바(ephah): 23리터, 10오멜 (출16:36, 29:40)

호멜(homer): 230리터, 10에바, 100오멜 (레27:16, 겔45:11)

## 3. 액체를 재는 단위

록(log): 0.31리터 (레14:10, 12)

갑(kab:; 4록, 1.28리터 (왕하6:25)

힌(hin): 12록, 3.84리터 (출29:40, 30:24)

밧(bath): 6힌, 72록, 23리터 (왕상7:26, 대하4:5)

고르(cor): 호멜과 동일한 양, 10밧, 230리터 (왕상4:22, 겔45:14)

## 4. 무게를 재는 단위

게라(gerah): 0.56그램 (출30:13, 레27:25)

베가(beka): 10게라, 1/2세겔, 5.6그램 (창24:22, 출32:26)

세겔(shekel): 2베가, 11.2그램 (출21:32, 30:13)

마네(maneh): 50세겔, 560그램 (왕상10:17, 스2:69)

달란트(talent): 60마네, 3000세겔, 33.6킬로그램 (출25:39, 38:24)

## 5. 세겔, 마네, 달란트, 베가는 구약시대에 화폐단위로도 사용되었다.

세겔: 은11.5그램, 금은 은의 1.5배, 노동자의 4일 품삯
(삼하24:24, 대상21:25)

마네: 50세겔, 1/60달란트 (느7:71)

달란트: 은3000세겔 (출38:27)

베가: 1/2세겔, 성전세에 버금됨 (출38:26)

특히 다릭(darik)은 페르시아의 다리오가 제조한 드라크마라고도 불리는 금화, 8.42그램(스2:69, 느7:70)

## 출애굽기에 들어가며

오경Pentateuch/Torah의 두 번째 책인 출애굽기는 모세오경의 핵심이며 구약에 약 120번 언급될 정도로 구약성서의 핵심이 되는 책이다. 이름에서 짐작할 수 있듯이 출애굽기는 애굽에서 식민통치를 받던 이스라엘이 모세의 인도로 탈출하는 이야기(출1:1-15:21)이다. 그러나 중심내용은 출애굽 자체보다는 탈출한 그들이 시내(호렙)산에서 모세를 통하여 여호와 하나님을 만나 그의 백성이 되는 과정이라 할 수 있겠다.(출15:22-40:38) 그러므로 출애굽기는 '여호와 하나님이 누구신가?'와 '하나님의 백성 이스라엘은 누구인가?'라는 정체성 확인이 주된 내용이라 하겠다.

출애굽기Exodus라는 명칭은 70인역 성경LXX, Septuagint이 책의 내용에 따라 붙인 것이며, 히브리 성경MT, Masoretic Text의 명칭은 '워엘렛 슈모트(그리고 이것이 그 이름들이다)'라고 되어 있다. 출1:1의 첫 두 단어가 표제가 되기 때문이다. 우리나라 성경에 출애굽기(出埃及記)라는 명칭은 애급(埃及-이집트)에서 탈출(脫出)했던 기록이라는 뜻으로 출19:1을 근거로 한다. 출애굽이 아니라 출애급이 바른 표기지만 '급'보다는 '굽'이 발음하기 쉬워 이렇게 사용한다. 초생이 초승으로, 이생이 이승으로 된 것도 같은 예다.

원래 엑소더스Exodus란 말은 ex(밖으로)와 thodos(길)이 결합된 것으로 '어디로부터의 떠남'을 의미한다. 출애굽기는 이스라엘이 노예생활을 하던 애굽을 거쳐 광야로, 그리고 광야를 거쳐 그들의 조상들이 살았고, 또한 그들의 조상들이 여호와 하나님으로부터 소유하게 될 것이라는 약속을 받은 가나안(팔레스틴)으로 들어가는 여정, 곧 가나안으로의 귀환 여정을 그리고 있다.

출애굽기는 가나안에서 애굽으로 이주한 야곱의 11명의 아들들의 이름을 밝히면서 시작한다.(출1:1-4) 이것은 창 46:8-27을 요약한 것으로 출애굽기가 창세기와 연결되어 있음을 의미한다. 즉 오경은 원래 하나의 큰 두루마리인데 이것이 다섯penta개의 두루마리teuch로 나누어져 두루마리마다 이름을 가지게 되었으나 앞뒤의 책과는 분리되지 않고 연결되어 있기 때문이다. 그래서 책의 첫머리에 '그리고'라는 접속사 'ו'(와우, waw)가 나온다.

애굽에 먼저 와 있던 요셉을 포함한 야곱의 12명의 아들들이 후에 이스라엘 12지파의 조상이 된다. 창세기가 '우주의 시작'을 알리는 책이라면, 출애굽기는 '이스라엘 역사의 시작'을 알리는 책이다.

이스라엘 초등학교 2학년 국어교과서 첫 장 첫 줄은 다음과 같이 기록되어 있다.

"우리는 애굽에서 바로의 종이었습니다."

이스라엘은 지금도 자신들이 애굽에서 바로(Pharaoh)의 종이었음을 가르친다. 그들은 애굽에서의 노예생활을 민족적 수치로 생각하지 않는다. 오히려 과거 애굽에서의 경험을 통하여 여호와 하나님을 만나는 기쁨을 체험하고, 또한 이 경험을 통하여 자신들의 진정한 모습, 곧 하나님 백성으로서의 자신들의 정체성을 발견할 수 있다고 믿는다. 과거의 노예생활을 지금도 살아있는 민족적 교훈으로 여기고 있다.

도대체 이스라엘은 과거 애굽에서 무슨 일을 겪었으며 또 그 일을 통하여 그들은 어떻게 여호와 하나님을 만났으며 또 여호와를 누구라고 고백하고 있는가?

애굽은 지리적으로 아시아와 아프리카를 연결하며 홍해와 지중해를 연결하는 중요한 지점에 위치하고 있다. 주전 3천년 경에는 찬란한 문명을 꽃피운 세계 최강의 나라였다. 국토의 95%가 사막이며 주민의 대부분이 나일강 유역에 거주하고 있다. 애굽의 생명의 젖줄과도 같은 나일강은 아프리카 빅토리아 호수에서 발원하여 지중해로 흘러드는 6690Km에 달하는 세계에서 가장 긴 강이다. 나일강으로 인하여 애굽은 '여호와의 동산'인 에덴에 비교될 정도로(창13:10) 기름지고 풍요로운 땅이어서 고대 근동사람들의 동경의 대상이었다. 가뭄 등 자연재해가 발생할 때마다 주변의 많은 사람들이 이곳으로 들어왔다.

성서에 보면 이스라엘의 조상 아브라함도 가나안에 기근이 들었을 때 애굽으로 이주한 적이 있으며(창12:10 이하), 야곱과 그의 가족들도 가나안에 7년 가뭄이 들었을 때 식량을 구하러 애굽에 내려갔다가 형제들에 의해 상인들에게 팔렸으나 우여곡절 끝에 총리가 되어있는 요셉을 만나 그곳에 머물러 살게 된다.(창42-50장 참조, 출12:40-41에 따르면 이들의 애굽에서의 생활은 430년간이다.) 그러나 얼마 후 이들은 바로의 노예로 전락하여 고난의 세월을 보낸다. 고된 노예 생활을 하던 그들을 여호와 하나님께서 모세를 인도자로 세워 그들 조상들에게 하신 약속(창15장, 창17장, 창28:10-20 참조)을 지키기 위해 애굽에서 불러내신다.(출2:23-25) 이것이 출애굽 사건이다.

이스라엘은 민족사의 기원을 출애굽 사건에 두고 있으며, 이와 같은 사실을 축제 때마다 마치 심포니symphony의 멜로디처럼 반복하고 있다. 이스라엘의 가장 오래된 신앙고백인 신26:5-9을 보면 이스라엘이 믿는 여호와 하나님은 추상적인 종교심의 대상이거나 어떤 사유(思惟)의 산물이 아니다. 여호와 하나님은 출애굽 사건을 통하여 이스라엘에게 당신을 계시하시고 만나시고 그들을 인도하여 젖과 꿀이 흐르는 가나안으로 들어가게 하시는 역사의 하나님이셨다.

이스라엘의 신앙은 출애굽 사건이 출발점이며, 이스라엘은 출애굽 사건을 기초로 하여 앞으로는 족장사(Patriarch history, 창12-50장)와 원역사(Primeval history, 창1-11장)까지 확장시켰고, 뒤로는 광야시대(출애굽기-신명기), 가나안 정복(여호수아)까지를 연결하여 그들을 향한 하나님의 구원역사Heilsgeschichte를 기술하였다. 출애굽 사건은 이스라엘 민족만의 사건이 아니다. 하나님을 믿는 이 땅의 모든 기독교인들에게 '하나님은 누구이며 또 하나님의 구원사건은 어떠한 것이며, 또한 하나님의 백성이란 도대체 어떤 사람인가'를 가르쳐주는 기독교 신앙의 뿌리(根本)이며 기초이다.

창세기의 요셉 이야기는 족장사와 출애굽 사건의 연결고리로 애굽이 힉소스Hyksos민족의 통치를 받던 시대(기원전 1680-1580년)를 배경으로 한다. '힉소스'heqa-khase의 의미는 '외국통치자들'the rulers of foreign country로 그때에는 애굽의 주요 행정직에 이방인을 등용하였다는 기록이 남아 있다. 여기서 요셉이 애굽 총리로 등용되었다는 성경기록(창41:41-43)에 대한 역사적 타당성을 찾아볼 수 있다.

기원전 1550년경에 애굽의 아모스 1세Ahmose I가 힉소스를 추방하여 나라를 재정비하게 된다. 그 후 세티 1세Seti I는 힉소스가 나일강 델타지역(고센지방)의 하류에 위치한 아바리스Avaris로 옮겼던 수도를 다시 상류에 있는 테베로 옮기면서 대대적인 건축사업을 펼친다. 이후 람세스 2세Ramses II는 정치적 안정을 도모하고 군사력을 강화하기 위하여 과거 아바리스를 람세스Ramses라 명명하여 복원시키며, 그 위성도시로 비돔Pithom을 건설하였다.(애굽 석비 400year stele에 아바리스 재건에 대한 기록이 있다.)

바로 이 두 성 건축 사업에 많은 노동자들이 강제로 동원되어 부역하게 된다. 이와 같은 애굽 역사는 출애굽기의 배경과 일치하여 출애굽의 역사를 기원전 1290(80)년경으로 이해하는 근거가 된다.

출애굽 시기를 왕상6:1(솔로몬의 성전건축 착공이 출애굽한 지 480년, 솔로몬 즉위 4년에 되었다는 기록)에 근거하여 기원전 15세기라는 주장은 오늘날 받아들여지지 않는다. 솔로몬 4년이라면 기원전 958년이요, 여기에 480을 합산하면 1438년경이 되므로 15세기라는 주장이 나온 것이다. 그러나 성서의 연대는 정확한 숫자가 아니라 상징적으로 사용되기 때문에 이것을 근거로 할 수는 없다. 예를 들어 아담에서 노아까지(창5:3-32), 셈에서 아브라함까지는(창11:10-26) 각각 10대인데 이것은 창조-홍수(멸망)-구원이라는 세계사의 주요사건을 10대라는 일정 단위로 표현한 것처럼, 480도 12(완전수)×40(오랜 기간을 의미하는 수)을 나타내는 상징숫자로 성전건축이 출애굽 후 오랜 시간이 지난 다음에 시작되었음을 나타내는 것에 불과하다.

## 출애굽기 구조

지리적으로 구분할 때 애굽에서의 생활(출1:1-12:36), 시내산까지의 여행(출12:37-18:27), 시내산에서의 생활(출19:1-40:38)로 나눌 수 있다.

차일즈 B. Childs는 (1)하나님의 개입(출1:1-6:27) (2)재앙(출6:28-11:10) (3)구원(출12:1-16:36) (4)계약(출17:1-24:18) (5)성막 건설 지시(출25:1-31:18) (6)계약파기와 재계약(출32:1-34:35) (7)성막 건설(출35:1-40:38) 등 일곱 단계로 구분하며 핵심은 '계약'이라고 본다.

로마 성서대학 잔니 바르비에로Gianni Barbiero는 (1)바로의 지배 아래 있는 이스라엘(출1:1-16:36) (2)시내산에서의 이스라엘(출17:1-24:11) (3)백성 가운데 계시는 하나님(출24:12-40:38)으로 구분한다.

내용적으로는 출12:37(또는 출14장)을 기준으로 이전은 '고난', 이후는 '구원'으로 나눌 수 있는데, 애굽에서의 고난(출1-11장) / 탈출(출12-14장) / 찬양의 노래(출15:1-21) / 하나님의 실존에 대한 증거(출15:22-18장) / 율법과 계약(출19-40장)으로 나눌 수 있다. 또 율법과 계약(출19-40장)은 모세계약(출19장) / 십계명(출20장) / 계약법전(출21-23장) / 계약 인준(출24장) / 성소 및 성구에 대한 조항(출25-31장) / 금송아지 사건(출32장) / 제 2차 계약체결 / 안식일 / 성전제물 / 성구 및 장막건립(출35-40장)으로 세분된다.

## 출애굽기의 중심 주제

모세오경의 핵심이자 구약전체의 핵심이라 할 수 있는 출애굽기는 이름에서 알 수 있듯이 애굽에서의 탈출체험을 바탕으로 하고 있다. 그러나 중요한 것은 탈출 사건 자체보다 '왜 하나님은 이스라엘을 애굽에서 데리고 나오셨는가?'하는 탈출의 목적이다. 이스라엘은 애굽에서의 탈출사건을 통해 하나님이 누구신지 알게 된다. 곧 하나님은 여호와 한분이시며 출애굽 사건을 통하여 당신이 해방하시는 하나님이심을 계시하신다.

'나는 여호와라 내가 애굽 사람의 무거운 짐 밑에서 너희를 빼내며 그들의 노역에서 너희를 건지며 편 팔과 여러 큰 심판들로써 너희를 속량하여 너희를 내 백성으로 삼고 나는 너희의 하나님이 되리니 나는 애굽 사람의 무거운 짐 밑에서 너희를 빼낸 너희의 하나님 여호와인 줄 너희가 알지라'(출6:6-7)

여기서 '속량하다'라는 히브리어 '가알gahal' 또는 '야샤yasah'의 원뜻은 '공간을 주다'이다. 감금상태에서 풀어 준다는 의미이다. 이 해방은 정치사회적인 억압으로부터의 해방을(freedom from~) 넘어 인간실존의 해방, 곧 인간의 생명과 자유의 보존을 지향한다.(freedom for~). 하나님은 이 자유와 생명을 보존하시기 위해 애굽에서 탈출시킨 이스라엘과 계약을 맺으신다. 따라서 출애굽기의 핵심은 '하나님과의 계약'이며 이 계약을 통해 해방된 이스라엘이 진정한 생명과 자유를 얻게 되는 것이다.

출애굽기는 애굽 탈출과 관련된 분량은 15장에 불과하고 그 나머지는 모두 하나님께서 이스라엘과 어떻게 계약을 맺으시는지에 관한 이야기다. 출애굽기는 단순히 출애굽을 기억하는 책이 아니라 하나님과 이스라엘의 계약을 기억하는 책이며(이 계약과 관련된 대목은 민수기까지 이어진다) 하나님의 백성으로서 풍성한 생명과 참 자유를 얻는 길을 제시하는 책이다.

# 출애굽기 1장

이집트의 이스라엘인(Edward Poynter - 'Israel in Egypt' 1867)

## 출 1:1-7 | 야곱의 혈속

"이스라엘 자손은 생육하고 불어나 번성하고 매우 강하여 온 땅에 가득하게 되었더라."(출1:7)

출애굽기는 애굽에 내려온 야곱의 가족 11명의 명단을 밝히며 시작된다. 이 명단은 요셉을 제외하고, 레아, 라헬, 빌하, 실바 등 정실(正室)과 소실(小室)의 아들 순서이며(1-4절), 이들은 후에 이스라엘 12부족의 조상이 된다. 전체 인원은 70명이었다.(5절. 행7:14에는 75명으로 되어 있다.)

세월이 흐르면서(6, 8절) 엄청나게 늘어난 인구는 애굽을 위협할 정도가 되었다.(9-10절) 이들의 인구번성은 아브라함을 포함한 이스라엘 족장에게 하셨던 하나님의 약속이 성취되어 가고 있음을 의미한다.(출1장에는 인구증가에 관한 묘사가 무려 일곱 번 반복되어 있다. 7절에 3회, 9,10,12,20절에 각 1회) 이런 차원에서 출애굽기는 하나님의 첫 번째 약속인 자손번성의 성취이며 두 번째 약속인 가나안 땅 성취를 향한 새로운 출발이다. 출(出)애굽은 향(向) 가나안이다.

일찍이 하나님은 인간을 창조하실 때 인구번성의 복(창1:28)을 주셨고, 동일한 복을 노아에게(창9:1), 또 아브라함과 이삭과 야곱에게도 주셨다.(창12:2, 15:5, 17:6, 22:17, 26:4, 28:14, 46:3 참조) 이스라엘 역사에서 이러한 인구번성의 복을 경험하는 것은 하나님은 약속을 충실히 지키시는 성실한 분이시기 때문이다. 하나님의 약속은 반드시 성취된다. 첫 번째 약속의 성취는 이제 두 번째 약속인 가나안 정복의 약속도(창15:6-17, 17:8, 26:3-4, 28:13 참조) 실현될 것이라는 소망을 갖게 한다.

그러나 중요한 것은, 하나님의 이와 같은 약속이 '어떻게' 성취되는가?' 이다.

"야곱의 허리에서 나온 사람이 모두 70이었다."(출1:5)

이것은 창46:27의 '야곱의 집 사람으로 애굽에 이른 자가 모두 칠십 명이었더라'를 수정한 것이다. '야곱의 허리에서 나온'이란 표현은 구약성서에 오직 세 곳에서 70명의 아들과 관련되어 사용되었다.(창46:26, 출1:5, 삿8:30 참조) '야곱의 허리'에서 '허리'라는 히브리어 '예렉 yerek'은 구약성서에서 '발' margloth(룻3:4, 7, 8, 14)과 함께 '남자의 생식기'를 완곡하게 표현하는 말이다.(창24:2-3, 9, 32:25, 35:11, 47:29 등 참조) 또는 '허리', '넓적다리', '엉덩이', '환도뼈 힘줄이 있는 자리'를 일컫는 말로, '생산의 자리' 또는 '맹세할 때 손을 집어넣는 성기의 자리'를 가리킨다.

'야곱의 허리'는 얍복Jabbok 나루터에서 하나님과 씨름하다가 일격을 당하여 깨어진 그 허리다.(창32:23-33) 이제 야곱의 허리로부터 나온 모든 생명이 70명이었으며 이들이 애굽을 위협할 만큼 번성하게 되었다. 야곱의 깨어져 망가진 허리, 즉 불구된 성기(性器)로부터 나온 70명이 무섭게 불어나 애굽 땅에 가득 차게 되었다. 이스라엘에게 있어서 70이란 숫자는 가족단위가 부족단위로 바뀌는 대략적인 수이다.(출24:1-9, 삿8:30, 12:14 참조) 야곱의 허리에서 나온 70명은 이제 이스라엘이 한 가족 단위를 넘어 부족으로 번성하는 기틀이 마련되었음을 나타낸다. 아울러 그 고통을 통해 생명이 재창조되며, 고통의 자리가 곧 하나님의 약속이 성취되는 축복의 자리라는 것을 알려준다.

창32:22-32에서 알 수 있듯이 야곱이 깨어진 허리로 절뚝거리며 불구자가 되어 얍복나루, 곧 브니엘Peniel('하나님의 얼굴'이라는 의미)을 걸을 때 해가 돋았다.(창32:31) '해가 돋았다'는 말은 단순히 야곱이 아침을 맞이하게 되었다는 시간적 의미만이 아니라 그에게 희망의 세계가 열렸음을 의미한다. 야곱에게 있어 그 허리(예렉)는 고통의 자리지만, 동시에 그 고통으로 말미암아 그가 새롭게 창조된 것이다. 절뚝거리는 불구자인 그는 한 사람 '야곱'이 아니라 하나님의 약속을 성취할 하늘의 별과 같이 후손을 번성시키는 생명의 뿌리인 '이스라엘'('하나님이여 도우소서'라는 의미)이 된 것이다.(창32:28)

'고난의 자리'가 하나님의 구원역사가 실현되는 곳임을 증언하고 있다. 또한 하나님의 구원사(救援史) 신학이 고난신학임을 입증하며, 이와 같은 진리는 '예수 그리스도의 십자가의 고난'을 통하여 비로소 인류 구원역사가 완성된다는 기독교의 중심 사상을 증언하고 있다.

## 출 1:8-14 | 억압을 통한 하나님의 역사

"그러나 학대를 받을수록 더욱 번성하여 퍼져나가니"(출1:12 상반절)

세월이 많이 흘러 요셉과 그의 형제, 그리고 그 시대 사람은 다 죽었다.(6절) 일반적으로 이민자들은 시간이 지나면 원주민에 동화되어 사라지거나 그 세력이 약화되는데 야곱의 후손은 그렇지 않았다. 오히려 생육이 중다하고 번식하고 창성하고 심히 강대하여 온 땅에 가득하게 되었다.(7절) 심지어 애굽 왕이 이들의 인구 증가를 두려워하

는 상황이 되었다.(9-10절)

이와 같은 인구증가의 원인은 무엇인가? 그들의 생식능력이 탁월하기 때문인가? 아니다. 생명은 그 근원 되시는 하나님이 허락해주셔야 받는다. 그들의 인구증가는 단순한 인간적 생식능력의 결과가 아니라 하나님이 그들에게 생명을 허락하셨기 때문이다. 이것은 이스라엘 조상들에게 하신 하나님의 약속 실현이다.

족장사(창12-50장)는 무자(無子)했던 족장들에게 하나님의 약속이 실현되는 과정이다. 아브라함이 사라를 통하여 이삭을 낳고, 이삭은 리브가를 통하여 야곱을 낳고, 야곱은 라헬과 레아, 그리고 소실인 빌하와 실바를 통하여 열두 아들을 낳아 애굽에 이주한 그의 후손 70명이 세월이 흐른 후 생육이 중다하여 애굽의 위협이 되었다.(창12:2, 15:5, 17:6, 28:14, 35:11, 46:3 참조) 이스라엘 조상들의 아내, 곧 사라, 리브가, 라헬은 모두 불임(不姙) 여인들이었으나(창16:1-2, 17:17, 18:11-12, 25:21, 30:1-2 참조) 하나님은 그들을 통해 이스라엘 자손을 번성시키셨다.

여호와 하나님은 약속을 지키시는 분이시다. 여호와는 당신 약속에 스스로 얽매이는 신실하신(에무나) 분으로 신실하심은 여호와 하나님의 중요한 특징이다. 약속을 반드시 지키시는 하나님의 신실하심을 믿는 것이 이스라엘 신앙의 기초이다. 이스라엘이 400년간(창15:13-16, 출12:40, 행7:6 참조)의 바로의 억압을 박차고 가나안으로 향할 수 있었던 것도, 또 70년의 바벨론 포로생활 속에서도 해방의 희망을 가질 수 있었던 것도, 그리고 메시아를 기다릴 수 있었던 것도 모두 하나님의 약속에 대한 믿음 때문이었다.

히브리서 기자는 하나님을 기쁘게 하는 것은 '믿음'이라고 밝힌다.

"믿음이 없이는 하나님을 기쁘시게 하지 못하나니 하나님께 나아가는 자는 반드시 그가 계신 것과 또한 그가 자기를 찾는 자들에게 상 주시는 이심을 믿어야 할지니라."(히11:6)

요셉을 알지 못하는 새 왕은(8절)은 세티 I세 또는 그의 후계자 람세스 II세일 것이다. 새로운 왕은 야곱가족과 공존할 수 없었다. 지난 왕조는 야곱의 장례를 성대히 치를 정도로 우호적이었으나(창50:1-14 참조) 새 왕은 그렇지 않았다. 새 왕조는 새 역사를 펼치기 위해 과거와 단절하고 자기 식대로 행할 필요가 있었다. 야곱 자손의 번성을 안보의 위협적 요소로 보았다.(9-10절)

'바로(애굽어로는 '페르 아아' Per-aa, 히브리어로는 Pharaoh다. 'the great house'라는 의미의 애굽 왕의 호칭, 태양신 Atum의 계승자 'Re' 신의 아들, 또는 현현신이다)'는 야곱의 후손들에게 비돔Pithom과 람세스Ramses를 건축하는 노역을 시켰다.(11절) 애굽의 대적을 돕는 용병(傭兵)이 될 수도 있는 야곱 후손들의 노동력을 국가건설에 활용했다. 더 나아가 그들의 육신을 지치게 하여 인구증가를 막고자 했다. 이것이 바로의 지혜였다.(10절)

그런데 '인간의 지혜'가 '이스라엘을 향한 하나님의 뜻', 곧 자손을 번성시켜주시겠다는 하나님의 약속실현을 막을 수 있을까? 야곱 후손들을 강제 노역으로 억압하는 것은 애굽 왕의 지혜와 하나님 뜻의 대결이다. 인간의 지혜가 하나님의 뜻을 막을 수는 없었다.

"그러나 학대를 받을수록 더욱 번성하여 퍼져나가니 애굽 사람이 이스라엘 자손으로 말미암아 근심하여"(12절)

여기서 '그러나'는 주제의 전환을 의미하는 '와우(ו)-반어법'(waw-adversative)이다. 즉 인간의 지혜를 총동원했지만 하나님의 뜻을 막기에는 어림도 없었다. 오히려 학대를 받으면 받을수록(...하면 할수록 ...도 그 만큼, ki.....ken) 더욱 번창했다. 이스라엘의 번성은 하나님의 약속이며 계획이며 섭리였다. 어찌 인간의 지혜가 하나님의 섭리를 중단시킬 수 있으랴? 오히려 바로가 하나님의 뜻을 막아보려고 이스라엘에게 고난을 줄수록 하나님의 역사는 더욱 강하게 나타났다. 그러자 애굽 사람들은 이스라엘 자손의 번성이 근심이 되어 더욱 엄하게 노역을 시켰다(13-14절)

바울은 "하나님의 어리석음이 사람보다 지혜롭고 하나님의 약하심이 사람보다 강하니라"(고전1:25)라고 말했다. 그리스도(메시아)가 십자가에 못 박혔다는 것이야말로 유대인에게는 거리끼는 것이고 이방인에게는 미련한 것이지만(고전1:23), 하나님은 유대 종교지도자들의 뜻대로 그리스도를 십자가의 죽음에 내버려 두셨다.('엘리 엘리 라마 사박다니'라는 예수의 외침은 하나님으로부터 버림받음과 악의 승리를 의미한다.) 이렇게 해서 하나님의 구원역사가 끝난 것 같으나 아니었다. 그것은 인간의 생각일 뿐, 십자가에 못 박힌 그리스도는 하나님의 능력이요 하나님의 지혜요, 인류구원을 위한 하나님의 섭리이다.

바울은 그리스도의 십자가를 통해 구원을 이루시는 하나님의 지혜를 이렇게 찬양한다.

> "유대인은 표적을 구하고 헬라인은 지혜를 찾으나 우리는 십자가에 못 박힌 그리스도를 전하니 유대인에게는 거리끼는 것이요 이방인에게는 미련한 것이로되 오직 부르심을 입은 자들에게는 유대인이나 헬라인이나 그리스도는 하나님의 능력이요 하나님의 지혜니라"(고전1:22-24)

## 출1:15-22 | 산파를 통한 하나님의 역사

"그러나 산파들이 하나님을 두려워하여 애굽 왕의 명령을 어기고 남자 아기들을 살린지라"(출1:17)

인간(바로)의 지혜로도 막을 수 없이 야곱의 후손들이 계속 번성하자 바로는 은밀하게 새로운 억압 정책을 펼친다. '히브리' 산파 십브라Shiphrah('아름다운 여인'이라는 의미)와 부아Puah('향기로운 꽃'이라는 의미)를 시켜 히브리 여인들의 해산을 도울 때 사내아이가 태어나면 모두 죽이라고 명령한다.(15-16절)

출애굽을 이해할 때 '히브리'Hebrew'라는 용어의 개념이 중요하다. 히브리는 '강을 건너온 사람' 라는 의미로 메소포타미아('두 강이 흐르는 지역'이라는 의미로 곧 갈대아 우르를 일컫는다.)에 살던 일단의 반유목인들이 민족이동을 하면서 가나안에 유입되어 왔는데 이들을 지칭한다.(창11:27-12:5 참조) 이들은 훗날 에돔(에서), 모압, 암몬 민족(창19:37-38 참조)으로 분리되었다.

그러나 성서에서 '히브리'는 혈연공동체인 부족이나 민족개념이라기보다는 사회의 최하층 사람들을(인도 사회제도인 카스트의 최하층인 '수드라'와 흡사하다.) 의미한다. 생존을 위해 여기저기를 떠돌아다니는 유랑민, 하층민, 노예, 품팔이 노동자, 용병들을 일컫는 말이다.

'히브리'는 기원전 15세기 고대근동문화가 기록된 토판문서 Mari 문서와 Nuzi 문서에도 '이브리ibri, 아피루'apiru, 하비루habiru'로 나타나는데, '전쟁포로', '변방도성 건축을 위해 동원된 노예', '국경을 넘어 유입되어 들어오는 이방인들'을 일컫는 단어이다. 히브리는 안정된 원주민들의 입장에서 정치, 경제, 법적으로 보호받지 못하는 사

회의 가장 밑바닥을 형성하는 사람들을 부르는 용어였다.(창14:13, 39:14, 41:12, 43:32)

애굽에서 야곱의 후손들인 이스라엘은 히브리였다. 바로의 국고성(國庫城) 비돔과 람세스 건축에 강제 동원된 노예였다. 바로는 두 산파에게 히브리 사내아이 살해 명령을 내렸다. '그러나'(waw(ו)-반어법) 산파들은 바로의 명령을 거부하고 아이들을 살려낸다. 산파들이 신처럼 여겨졌던 바로의 명을 감히 거부할 수 있었던 것은 '하나님을 두려워하였기' 때문이다.(17절) 하나님을 두려워(敬畏)하는 것이 '지혜의 근본'이기에(잠1:7, 9:10 참조) 지혜로운 사람들인 두 산파는 하나님의 뜻을 존중하고 실천했다. 바로는 아브라함과 이삭과 야곱에게 수많은 자손을 주시겠다는 하나님의 약속을 뒤엎으려 했으나, 산파들은 그 명령을 거부하고 하나님의 뜻을 실현하기 위해 히브리의 모든 사내아이들을 살려냈다. 바로가 산파들을 질타하지만 산파들은 힘든 노동에 동원된 히브리 여인들은 고도로 발달된 문명의 온실과 같은 환경에서 곱게 자란 애굽 여인과는 체력이 달라서 자신들이 도착했을 때는 이미 출산한 후라 죽일 수 없었다고(18-19절) 지혜롭게 대답하였다. 바로는 유구무언(有口無言)일 수밖에 없었고 야곱 후손들은 생육이 번성하고 심히 강대해졌다.(20절)

# 출애굽기 2장

모세의 어머니(Simeon Solomon - 'The Mother of Moses' 1860)

## 출 2:1-10 | 모세의 출생

> "그 아이가 자라매 바로의 딸에게로 데려가니 그가 그의 아들이 되니라 그가 그의 이름을 모세라 하여 이르되 이는 내가 그를 물에서 건져내었음이라 하였더라"(출2:10)

산파들을 통하여 은밀하게 이스라엘의 자손번성을 막으려던 바로는 산파들의 비협조로 실패하자 이제 공개적으로 자손번성을 막고자 했다. 모든 이스라엘 백성에게 여자아이가 태어나면 살리고 남자아이는 하수에 던져 죽이라고 명령한다.(출1:22) 신격화된 막강한 권력을 갖고 있는 바로의 명령을 감히 누가 거부할 수 있을까? 사내아이를 죽이라는 바로의 명령은 하나님의 구원역사를 막아보려는 악한 인간의 최후의 발악이다. 세계만민을 구원할 아브라함의 후손 이스라엘을 세우시려는 하나님의 뜻을 어떻게 해서든지 폐기하려는 악한 권세의 적극적인 몸부림이다.

바로의 유아학살 명령이 떨어진 가운데 한 아기 곧 모세(Mose)가 출생한다.(출2:1-2) 성서에서 새 생명의 탄생은 새 희망의 출발이며 새로운 삶의 시작을 예고한다. 이삭(창21:1-3), 삼손(삿13장), 사무엘(삼상1:19-20), 그리고 예수의 탄생(눅2:7-12)이 그러하다. 모세의 아버지는 레위의 손자 아므람(Amram)이며 어머니는 레위의 딸인 요게벳이다.(출6:20 참조) 고모와의 성관계는 이방인들의 관습으로 성민 이스라엘 백성에게는 엄격히 금지된 율법이지만(레18:12) 여기서는 모세의 혈통이 순수한 제사장 가문임을 강조하려는 의도인 것 같다.(1절) 요게벳은 아이의 준수함을 보고 바로의 명령을 거부하고 석 달을 숨겼다.(2절)

'준수했다'는 말은 잘 생겼다는 뜻이지만 원문에는 '토브(좋았다)'로 천지창조 때의 '하나님이 보시기에 좋았다(토브)'와 동일한 말이다.(창 1장) 모세의 외모가 잘 생겼다는 의미를 넘어 모세가 '하나님의 목적에 합당한' 또는 '맡은 일을 올바르게 수행할' 사람이라는 뜻이다. 그러나 석 달이 지나면서 더 이상 은밀히 숨길 수 없는 상황이 되었다. 이 위기의 상황에 하나님의 구원역사을 이루기 위해 세 여인이 참여한다.

### 1) 모세의 어머니(Yochebed, '여호와의 영광'이라는 의미)

지엄한 바로의 명령을 거부하며 신생아를 3개월 숨겨 키우다 더 이상 감출 수 없는 상황이 되자 인간이 할 수 있는 최선의 노력을 동원하여 갈대로 상자(테바, 노아의 '방주'와 동일한 단어다. 창6:14 참조)를 만들어 아이를 그 안에 넣어 하수 갈대(수프) 사이에 두었다. 물에 떠내려가지 않도록 안전하게 한 것이다.(2-3절) 요게벳의 이런 행위는 애굽의 거룩한 관습을 모방한 것이다. 애굽인은 성전에 바치는 서약제물을 성전모양의 작은 복제물로 만들어 파피루스(papyrus) 상자에 담아 떠내려 보내는 관습이 있었다. 요게벳은 이렇게 애굽의 관습을 모방했으나 노아처럼(창6:14 이하) 역청(헤마르)을 발랐을 뿐 아니라 노아도 사용치 않았던 나무 진(자페트, 송진을 의미함)까지 바르는 최선의 노력으로 상자를 만들어 하나님의 보호의 은총을 바라면서 하수 갈대 사이에 두었던 것이다.(2-3절)

신앙은 믿고(信) 바라는(仰) 것인데, 인간 쪽에서 아무런 준비 없이 바라기만 해서는 안 된다.(막2:1-5 참조) 요게벳은 최선의 노력을 기울여 상자를 만들었다. 그럼에도 불구하고 모세의 생명이 보호된 것은 상자를 만든 요게벳의 노력의 결과가 아니다. 어린 모세의 생명과 함께 계시는 여호와 하나님의 은총 때문이었음을 '테바'(tevah)라는 단어가 나타낸다. 이스라엘에게 있어서 '테바'는 언약궤(아론)처럼 단순한 상자를 의미하는 것이 아니라 보이지 않는 하나님의 현존하심을 나타내는 보이는 상징물(the visible symbol of the presence of the invisible God)이다. 노아 홍수 때에 노아의 가족이 구원받은 것이 그가 만든 방주의 신비스런 능력 때문이 아니라 하나님이 그들과 함께 해주셨기 때문이듯 모세의 생명도 그의 어머니가 갈대로 만들어 역청과 송진을 칠한 상자의 효능 때문이 아니라 하나님의 도우심이 있었기에 가능했다.

**2) 모세의 누이**(Miriam, '하나님을(의) 사랑하는(받는) 자'라는 의미, 출 15:20-21, 민12:1 참조)

모세의 누이는 '갈대상자가 어떻게 될까' 알려고 멀리 서있었다.(4절) 여기에 사용된 '서있다'(와티티아차이)라는 히브리어는 통상적으로 '서있다'(아마드)와는 의미가 다른 용어다. 단순히 관망하는 것이 아니라 확실한 자기 입장을 가지고 확고히 서있다는 의미다. 모세의 누이는 하나님의 구원을 기다리는 신앙으로 지켜보고 있었다. 그래서 바로의 딸에게 달려갈 수 있었고 어머니를 유모로 데려갈 수 있었다.(4-8절)

**3) 바로의 딸**(전승에 의하면 람세스 II세의 59명의 공주 중 하나인 'Bithiah'로 '하나님의 딸'이라는 의미, 바로의 딸이지만 모세의 생명을 보호했기에 붙여진 이름)

때맞춰 강가로 나온 이 여인의 출현은 이스라엘을 도우시는 하나님의 신비이며 또한 하나님 구원역사의 절정이다. 이 여인은 갈대상자 안의 아이가 '바로의 남아대학살 명령'의 대상인 '히브리인의 아이'라는 것을 확인했다.(6절) 그녀가 아기를 구출을 하는 것은 부왕(父王)의

지엄한 명령을 어기는 목숨을 건 행위였다. 여호와 하나님께서 이 바로의 딸을 이스라엘 구원사에 결정적인 도구로 사용하셨다. 아이 모세는 생모의 젖을 먹으며(7-8절) 유아시절을 바로의 궁중(이곳은 하나님의 구원역사를 잉태한 자궁과 같다.), 곧 가장 안전한 곳에서 보호받으며 자라서 출애굽의 지도자로 성장하게 된다(9-10절).

여호와는 야곱의 가족(이스라엘)을 대가뭄의 시기에는 애굽의 고센 지방을 자궁처럼 이용하시어 보호하시더니(창45-50장), 지금은 모세의 생명을 노리는 바로(敵)의 딸을 결정적인 구원의 도구로 이용하셨으며, 훗날 이스라엘을 바벨론 포로생활에서 해방시키기 위해서는 페르시아의 고레스(Cyrus)를 이용하셨다.(사45:1절)

모세를 통하여 확인되는 하나님의 구원섭리는 참으로 신비스럽다. 하나님은 모세의 생명을 보호하기 위하여 보잘 것 없는 히브리 산파와 연약한 여인들을 위대한 사역자로 삼으시더니 바로가 가장 신뢰하는 그의 딸과 가장 안전한 그의 궁중까지 이용하셨다. 바로의 지혜가 지극히 어리석으며, 어리석어 보이는 하나님의 지혜가 진정 지혜롭고 강함이 입증되었다.

'깊도다, 하나님의 지혜와 지식의 부요함이여, 그의 판단은 측량치 못할 것이며 그의 길은 찾지 못할 것이로다(롬11:33)'

앞에서 살펴본 모세의 출생 신비와 궁중생활 이야기는 객관적으로 역시적 사실이 아닐 수 있다는 일부 학자들의 견해가 있다. 고대전승의 위대한 인물 신화유형과 비슷하기 때문이다.(예, 기원전 2350년 근동을 지배했던 아카드 왕 '사르곤'도 본디 하층민이었으나 어느 날 정원사 '아키'가 물에서 건져 양육하여 후에 왕이 된 인물이다.)

또 출2:1에 의하면 모세가 장남인 것 같지만, 출6:20, 7:7에는 세 살 위인 형 아론(Aron)에 대한 언급이 있고, 또 출2:11에는 모세의 형제들(동포)에 대한 언급이 있어서 과연 이런 사람들도 모두 모세처럼 극적으로 구출된 경우인지 의문이 들게 된다.

여기에서 주목할 점은 모세가 물에서 건짐 받은 사건은 모세 개인만을 위해 일어난 일이 아니며 장차 그가 출애굽 사건을 이끌 백성의 지도자임을 나타내는 것이다. 모세의 갈대상자가 놓였던 나일강은 당시 히브리 사람들의 수많은 어린 생명을 삼켰던 곳이다. 모세가 하나님의 신비스런 구원역사로 건짐 받은 배후에는 이름 없이 죽어간 수많은 생명이 있었다. 모세는 수많은 생명들의 죽음을 전제로 한 생명이며 또한 이름 없이 죽어간 생명의 집합체인 것이다. 모세는 자기 혼자만을 위해서가 아니라 백성들을 애굽에서 탈출시키기 위해 목숨을 내놓고 바로와 투쟁을 벌이는 지도자의 삶을 살아가야 할 사람이다.

'모세(Mose)'라는 이름은 전형적인 애굽식 이름으로 ' ....의 아들'이란 뜻이다.(예, 투트모세는 지혜의 신 Thot의 아들, 람세스는 태양신 Re의 아들이다.) 그러나 히브리식 의미로는 '물에서 건져내다'는 뜻이다. 모세의 이름은 강에서 건짐 받은 자라는 뜻이며, 장차 애굽의 억압 아래에서 이스라엘을 건져낼 자이다.

모세의 출생과 예수의 출생 사이에는 '고난을 통한 구원'이라는 하나님의 구원사의 섭리를 나타내는 신학적 유비(analogy)가 있다. 이런 차원에서 모세는 장차 오실 이의 한 모형이라 할 수 있다.(마2:13-18의 '모세 유형론' 참조)

## 출 2:11-25 | 모세의 폭력과 비폭력

> "모세가 장성한 후에 한번은 자기 형제들에게 나가서 그들이 고되게 노동하는 것을 보더니 어떤 애굽 사람이 한 히브리 사람 곧 자기 형제를 치는 것을 본지라 좌우를 살펴 사람이 없음을 보고 그 애굽 사람을 쳐죽여 모래 속에 감추니라."(출2:11-12)

독일의 루터교 목사요 반 나치운동을 펼치며 히틀러 암살 계획에 가담했다가 40살의 나이에 형장의 이슬로 사라진 디트리히 본회퍼(Dietrich Bonhoeffer)는 오늘날까지도 많은 그리스도인들에게 깊은 영향을 끼치고 있다. 그런데 만약 그의 히틀러 암살계획이 성공했다면, 아니 성공여부를 떠나 암살계획에 가담한 그의 행동에 대해 그리스도인은 기독교 신앙적 가치관으로 어떤 평가를 내려야 할 것인가? 정의로운 폭력이라고 찬양할 것인가? 히틀러와 같은 불의한 악이 계속 진행되는 상황에서 그리스도인은 "악한 자를 대적하지 말라 누구든지 네 오른편 뺨을 치거든 왼편도 돌려대라"(마5:39)거나, "너희 원수를 사랑하며 너희를 박해하는 자를 위하여 기도하라 이같이 한즉 하늘에 계신 너희 아버지의 아들이 되리라"(마5:44-45)는 예수님의 말씀을 어떻게 적용하며 행동해야 할까?

히브리인의 인구번성을 막아보겠다는 바로의 궁중에서 히브리 아이 모세가 자라고 있다는 사실은, 인간의 지혜와 노력으로는 하나님의 뜻과 섭리를 막을 수 없다는 사실을 웅변한다. 모세는 애굽 공주의 양자로 왕실 후손처럼 애굽의 궁중교육을 받았다. 한편 그를 젖 먹여 양육하는 친모 요게벳을 통하여 자신의 신분(정체성)에 대해 분명한 교육을 받았다. 특히 자신의 이름이 모세(건짐 받은 자)이며, 백성을 인도해야 할 사명자임을 인식하고 살았다.

모세가 장성한 어느 날(행7:23에는 그의 나이 40세 때), 그는 자기 형제들에게 나아갔다가 형제 하나가 애굽인에게 맞는 것을 보고 연민과 유대감에서 나오는 형제애와 정의감에 사로잡혀 애굽인을 쳐죽였다.(11-12절) 다음 날엔 두 히브리 사람(유대전승에 따르면 이 두 사람은 다단과 아비람으로 모세를 바로에게 고자질했다고 함. 민16장에는 반란주동자로 나타난다.)이 서로 싸우고 있을 때 '잘못한 사람'('라사'라는 말은 주로 '공격하는 쪽'을 지칭하는 법적 용어다.)에게 "네가 어찌하여 동포를 치느냐"고 나무랐다. 그러자 그는 즉시 모세에게 "누가 너를 우리를 다스리는 자와 재판관으로 삼았느냐 네가 애굽 사람을 죽인 것처럼 나도 죽이려느냐"며 그에게는 히브리인들의 시시비비를 가릴 그 어떤 권위와 권한이 없다고 반발하였다.(13-14절) 애굽의 궁중에 사는 그가 동족에게 동정과 관심을 보인다 해도 그들의 호응을 받기는 어려웠다. 히브리인들은 모세를 동족으로 인정하지 않았다. 그가 동족에 대하여 관심과 애정을 보여도 궁중생활을 하는 그는 히브리인이 될 수 없었다.

순수한 동족애로 문제를 해결해 보려던 모세는 애굽인 살인사건이 발각되었고 이 일로 바로가 자신을 죽이려는 것을 알고 미디안(Midian) 땅으로 피신하게 된다.(15절, 히브리서 기자는 모세의 피신행위를 위대한 결단으로 미화시켰다. 히11:24-27 참조)

모세가 자기 동족 히브리인이 애굽인에게 폭력(나카, 죽도록 때리는 것을 의미한다)을 당하는 것을 보고 그를 쳐죽인 것은 불의한 폭력에 대한 정의로운 폭력행사라고 할 수 있다. 그 결과 바로에게 살해위협(폭력)

을 당하게 되어 그의 낯을 피해 도망하게 된다. 즉 폭력이 다른 폭력을 불러 왔다. 폭력은 비록 그것이 정의롭다 할지라도 평화를 위한 최선의 길이 아니며 오히려 악순환만을 초래할 뿐이다. 어떤 명분으로도 폭력을 폭력으로 대응하는 것은 하나님의 뜻이 아니며, 평화를 깨는 일이다.

바로의 낯을 피해 미디안 땅에 머물고 있던 모세는 더 이상 궁중 사람이 아니다. 이제는 아무런 법의 보호를 받지 못하는 히브리 사람이다. 미디안 족은 아브라함과 그의 후처 그두라 사이에서 태어난 넷째 아들의 후손이다.(창25:1-2 참조).

모세가 미디안 땅 어느 우물가에 앉아 있을 때 미디안 제사장의 일곱 딸이 양 무리를 먹이려고 하는데 목자들이 그들을 쫓아냈다. 유목민에게 우물은 생명과 재산을 보존하는 원천이어서 자주 분쟁이 일어났다.(창26:15-33 참조) 약자인 여자들이 남자 목자들에게 쫓겨난 것은 분명 폭력의 행사다. 이때 모세는 약자인 여인들을 도와 그들의 양 무리에게 물을 먹였다(15-17절).

> "목자들이 와서 그들을 쫓는지라 모세가 일어나 그들을 도와 그 양 떼에게 먹이니라"(출2:17)

이번에는 남자목자들과 어떤 마찰이나 폭력적 행사도 없었다. 애굽에 있었을 때의 모세의 모습이 아니다. 폭력 앞에 폭력을 행사하지 않고 단순히 약자인 여자목자들의 권리행사를 도와주었을 뿐이다. 그런데 그 결과 이 일이 인연이 되어 마침내 르우엘(Reuel, '하나님의 친구'라는 의미, 출3:1, 18:1-2을 포함한 18장에는 '이드로' '그의 풍부함'이라는 의미, 삿4:11에는 '호밥' '사랑스럽고 껴안아주고 싶은 사람'이라는 의미 등 다양한 이름으로 나타나며, 민10:29에는 호밥이 르우엘의 아들로 나타남)의 환대를 받아 그의 딸 십보라(Zipporah, '작은 새'라는 의미)와 가정을 꾸려 게르솜(Gershom, '내가 나그네였다'라는 의미)을 낳고 살게 된다.(18-22절) 떠돌이 히브리인이 고난에서 벗어나 평화를 얻게 된 것이다. 이것은 강자인 남자목자들의 횡포에 오히려 '비폭력'으로 대응했을 때 평화로운 인간관계가 형성됨을 보여준다.

그렇다면 여전히 애굽 땅에 실재하고 있는 바로의 폭력은 어떻게 할 것인가. 불의한 폭력을 바라만 보고 있어야 할 것인가. 모세와 같은 누군가가 또 일어나 의분의 항거를 해야 하는 것이 아닐까. 그렇지 않다면 그 불의(악)는 더 창궐하고 심화될 것이며 그 악한 폭력에 고통받는 사람들을 방관함은 무책임한 일이 아닌가. 여기에 대한 해답을 23-25절에서 찾을 수 있다.

> "여러 해 후에 애굽 왕은 죽었고 이스라엘 자손은 고된 노동으로 말미암아 탄식하며 부르짖으니 그 고된 노동으로 말미암아 부르짖는 소리가 하나님께 상달된지라"(23절)

우리의 예상이 맞았다. 의분의 사람은 없고 모세를 죽이려던 그 왕은 죽었으나 여전히 애굽의 이스라엘 자손은 힘든 세월을 보내고 있다. 그래서 그들이 탄식하며 부르짖었다. 그런데 놀라운 사실은 그런 현실의 역전(逆轉)이다. 그들의 부르짖는 소리가 하나님께 상달되었다.

오랜 시간이 지날 때까지, 즉 모세의 생명을 노리던 자들이 다 죽을 때까지(출4:19절 참조, 한 세대가 마감되는 시간은 일반적으로 30년 정도로 본다.) 하나님은 애굽의 폭력에 침묵하시는 것 같았다. 계속되는 애굽의 폭력에 백성들이 비로소 하나님께 부르짖기 시작했다.(체아카, 恨의 소리다.) 이전에도 백성들이 바로에게 고통을 받았으나 하나님께 부르짖었다는 언급이 전혀 없었다. 또한 그들에 대한 하나님의 간섭도 없었다. 그러면서 무심한 고통의 세월이 흘렀다. 이것은 아브라함에게 밝히신 하나님의 약속의 시간에 맞추기 위함(창15:13-21 참조)이며, 이스라엘의 고통을 극대화시켜 그들이 비로소 하나님을 찾을 수밖에 없게 되었다. 드디어 이스라엘이 하나님을 찾을 때 그들의 부르짖음이 하나님께 상달되었다. 하나님이 들으시고(샤마) 기억하시고(자카르) 권념(眷念, 보시고 '라아', 아셨다 '야다')하셨다.(24-25절)

드디어 하나님이 이스라엘을 구원하신다. 이제 하나님이 바로의 폭력에 대항하는 주체(initiative)가 되신다. 여호와는 고난받는 이스라엘의 고난에 동참하신(야다) 분으로, 바로의 폭력에 폭력으로 대응하시는데 이것이 출애굽 사건(Exodus)이다. 출애굽 사건은 바로의 폭력에 대한 하나님의 거룩한 전쟁이며, 하나님의 폭력행사이다.

구원사의 주체는 오직 여호와 하나님이시다. 인간은 폭력을 통하여 구원역사의 주체가 될 수 없다. 인간이 자신의 구원역사에 주체가 되어서는 안 된다. 폭력에 대한 인간의 유일한 선택은 비폭력 항거이다. 이것을 웅변적으로 보여준 것이 예수 그리스도의 십자가 사건이다. 예수는 열심당원과는 달리 폭력에 비폭력으로 대응하셨다. 자신을 향한 폭력을 십자가로 받아들이며 "나의 하나님 나의 하나님 어찌하여 나를 버리셨나이까?"라고 외치실 뿐이었다. 비록 폭력 앞에 무기력(비폭력)하게 죽어가지만 당신의 하나님께 그 폭력에 대한 진노를 맡기는 고백이었다. 또한 십자가 이후 예수의 부활은 폭력에 대한 하나님의 진노하심으로 비폭력에게 주어진 승리의 표상(表象)이다.

손바닥이 마주쳐야 소리가 나듯 모든 싸움은 ‘두 번째 폭력’에서 비롯된다. 전쟁의 원인과 책임은 첫 번째 폭력이 아니라 그 폭력에 대항한 두 번째 폭력에서 찾아야 한다. 우리들은 두 번째 폭력의 주인공이 되지 않기 위해 바울의 말씀에 귀를 기울여야 한다. 오직 우리에게는 사랑할 의무만 있을 뿐이다.

“아무에게도 악으로 악을 갚지 말고 모든 사람 앞에서 선한 일을 도모하라. 할 수 있거든 너희로서는 모든 사람으로 더불어 화목하라. 내 사랑하는 자들아 너희가 친히 원수를 갚지 말고 하나님의 진노하심에 맡기라. 기록되었으되 원수 갚는 것이 내게 있으니 내가 갚으리라고 주께서 말씀하시니라. 네 원수가 주리거든 먹이고 목마르거든 마시게 하라. 그리함으로 네가 숯불을 그 머리에 쌓아 놓으리라 악에게 지지 말고 선으로 악을 이기라”(롬12:17-21)

# 출애굽기 3장

불타는 덤불(Sébastien Bourdon - 'Burning Bush' 17C)

## 출 3:1-12 | 모세와 여호와의 만남

"여호와의 사자가 떨기나무 가운데로부터 나오는 불꽃 안에서 그에게 나타나시니라 그가 보니 떨기나무에 불이 붙었으나 그 떨기나무가 사라지지 아니하는지라"(출3:2)

출3장은 여호와 하나님께서 이스라엘의 울부짖음(체아카)을 들으시고 당신의 구원 역사를 성취하기 위해 모세를 부르시는(召命) 내용이다.

모세는 이스라엘 자손들이 고역(苦役)으로 인해 탄식하며 부르짖는 소리(출2:23)를 듣지 못했다. 그 현장을 볼 수도 없었다. 애굽에 있었을 때 타오르던 동포애와 불굴의 정의감도 다 잊고, 미디안 땅에서 제사장 르우엘(이드로)의 데릴사위로 더부살이를 하면서 안일하게 살고 있었다.

이런 모세의 인생에 대전환을 가져오는 '신앙적인 의식변화 사건'이 발생한다. 그 촉발점이 '타지 않는 불꽃떨기의 경험'이다. 어느 날 모세가 양떼를 끌고 광야 서편으로 가다가 호렙산에 이르렀다. 출3:1의 '하나님의 산 호렙'이라는 용어는 주로 신명기학파들이 '시내산'을 일컫는 호칭인데 후에 모세가 그의 양떼인 이스라엘 백성을 이끌고 시내산에 와 하나님을 뵙게 되는 사건(출19, 24장)을 미리 보여주기 위한 신학적 의도가 엿보인다. '호렙'(Horeb)은 '황량한 곳, 불모지, 내버려진 땅'을 의미하며 바로 그곳에서 모세가 하나님을 만났다는 사실은 '고난의 현장'이 하나님을 뵙게 되는 현장임을 의미한다.

모세는 그곳에서 떨기나무에 불이 붙었으나 소멸되지 않는 광경을 목격한다. 구약에서 '하나님의 현현하심(theophany)'은 곧잘 '불'로 표현된다.(창15:17, 출13:21 이하, 민9:15-16, 신1:33, 4:24, 시78:14, 겔1:4 참조) 떨기나무는(학술이름으로는 Rubus sanctus, 히브리어로 '스네'인데 이 표현은 여기 외에는 신33:16에만 나타나며 비슷한 발음으로 은연 중 '시내산'을 연상시킨다.) 사막의 마른 시내(와디)에서 흔히 볼 수 있는 키 작은 가시나무로 우기 때 웃자랐다가 건기 때 말라 사막열기에도 쉽게 발화되어 소멸되는 식물이다. 모세는 이런 떨기나무가 자연발화로 순식간에 소멸되는 것을 늘 보아왔다.

그런데 그날 목격한 것은 이러한 일상을 벗어난 현상이었다. 예전과 달랐다. 불이 붙었으나 사라지지 않는 기이한 현상이었다. 그래서 놀라움과 호기심에 "어찌하여 타지 않는고?"라고 돌이켜 보려다 불꽃이 일었으나 사라지지 않는 떨기나무 한가운데 계신 하나님을 만났다. 그리고 그는 자기를 부르시는 음성을 들었다.

"모세야! 모세야!"(4절)

이름을 두 번 부르는 것은 그 부름의 중요성과 긴급성을 나타내며(삼상3:10 참조), 또 누구의 이름을 부르는 것은 부르는 이가 부름 받는 자의 유일성과 특이성을 인정한다는 의미이다. 모세와 하나님의 만남은 이렇게 모세가 하나님을 찾아 만난 것이 아니라 하나님이 그를 찾아오셔서 부르신 것이다. 부름의 주도권이 하나님께 있다는 의미이다.(요15:16 참조)

여기서 중요한 사실은 모세를 찾아오신 하나님의 현존의 장소가 '연약한 떨기나무 한가운데'라는 것이다. 스네 한가운데 하나님이 임재하시는 것은, 하나님을 만나는 장소가 '스네'라는 떨기나무 한가운데라는 것은 굉장히 의미심장하다. 떨기나무(스네)는 강한 것도 아니고, 장수하는 것도 아니다. 지극히 연약하며 태양 열기에도 쉽게 사라져버리는 미미한 존재이다. 그러므로 하나님이 스네 한가운데 임재하시고 모세가 그곳에서 하나님을 만난 것은, 여호와 하나님은 약한 자, 고난 받는 자, 눌림 받는 자들인 히브리와 함께 하시며, 또한 히브리의 고난의 현장에 함께 하시는 분이라는 뜻이다. 여호와 하나님은 강력한 통치권을 쥔 군주와 함께 하면서 그들을 지원하는 고대 다른 신들과는 비교할 수 없는 존재이다.

모세는 애굽의 히브리로 고통 받고 있는 동족 이스라엘을 떠나 안일한 삶을 누리고 있지만, 여호와 하나님은 그들과 함께 계시면서 그들의 울부짖음을 들으시고, 그들의 고통을 정녕히 보시고, 그 근심을 아셨다.(출3:7, 9절 참조) 또한 그들과 함께 계시는 여호와 하나님은 떨기나무처럼 쉽사리 소멸되지 않았다. 지금 모세의 동족 히브리는 바로에게 엄청난 억압을 받고 있지만 하나님이 함께 계시기에 쉽게 사라지지 않고 존속하고 있다.

하나님의 부름에 모세가 '내가 여기 있나이다.'라고 응답하자 하나님은 특별한 명령을 하셨다.

> '하나님이 이르시되 이리로 가까이 오지 말라 네가 선 곳은 거룩한 땅이니 네 발에서 신을 벗으라'(5절)

애굽이나 팔레스틴의 서민들은 대부분 맨발로 생활했다. 모세가 신을 신고 있었다는 것은 그가 제사장의 사위로 부유한 생활을 하고 있었거나 아니면 거친 광야에서 발을 보호하기 위해서였을 것이다. 신발은 더러운 것으로 집안이나 거룩한 장소에 들어갈 때는 반드시 벗어야 했다. 발은 인체에서 가장 더러운 부분으로 여겼기에 신을 벗은 맨발은 자신의 약하고 추한 면, 곧 드러내고 싶지 않는 부분까지 숨김없이 신 앞에 드러낸다는 의미이다.(삼하15:30, 사20:2, 겔24:17, 23 참조)

모세가 신을 벗어야 하는 이유는 지금 그가 서 있는 곳이 거룩한 땅이기 때문이었다.(수5:15 참조) 물론 모세는 이곳이 거룩한 땅인지 전혀 몰랐다.

'거룩함(코데쉬)'에 대한 이스라엘의 개념은 주변 민족과는 크게 다르다. 주변 민족들에게 '거룩함'은 숭배되는 물체나 장소의 신비스러움에서 비롯된다. 그러나 이스라엘에게는 오직 하나님의 현존에서만 기인한다. 하나님과 떨어진 어떤 고유하고 독립적인 '거룩함'은 자연 속에는 있을 수 없었다.

성서에서 나무(창21:33, 삿6:11 이하), 돌(창28:11 이하), 강(창32:23 이하) 등이 거룩할 수 있었던 이유는 그곳에서 하나님을 체험했기 때문이다. 마찬가지로 예루살렘 성전, 언약궤, 또한 이스라엘 백성들이 거룩한 것은 바로 하나님과 관련이 있기 때문이다. 모세가 신발을 벗어야 할 그곳이 거룩한 땅인 것은 바로 그곳이 하나님이 거하는 곳이며 그곳에서 하나님을 만났기 때문이다.(창28:16-17 참조)

하나님은 감히 뵙기를 두려워하여 얼굴을 가리는 모세에게 자신을 소개하셨다.

> "나는 네 조상의 하나님이니 아브라함의 하나님, 이삭의 하나님, 야곱의 하나님이니라."(6절)

하나님께서 이렇게 자신을 소개하는 말은 매우 의미심장하다. 태어나면서부터 장년이 될 때까지(행7:23에는 40세다) 애굽의 왕궁에서 자랐고 애굽인을 죽인 일이 탄로나 지금은 미디안 땅에서 양을 치고 있는 모세 자신이 누구인지를 알려주는 말씀이기 때문이다. 하나님은 모세의 뿌리와 신원을 밝혀주셨다. 그는 아브라함, 이삭, 야곱의 후손, 곧 이스라엘 사람이며, 그래서 하나님은 그의 조상들에게 하셨던 약속을 그에게 상기시켜 주셨다. 이와 같은 하나님의 자기소개는 '모세와 당신과의 만남의 의미'가 무엇인지를 알려주고 있다. 이스라엘이 누구이며, 모세는 잊고 있겠지만 그들의 현재 상황은 어떠하며, 그들을 위하여 하나님께서 모세를 통하여 무엇을 하시려는지 알려주신다.

> "여호와께서 이르시되 내가 애굽에 있는 내 백성의 고통을 분명히 보고 그들이 그들의 감독자로 말미암아 부르짖음을 듣고 그 근심을 알고 내가 내려가서 그들을 애굽인의 손에서 건져내고 그들을 그 땅에서 인도하여 아름답고 광대한 땅, 젖과 꿀이 흐르는 땅 곧 가나안 족속....여부스 족속의 지방에 데려가려 하노라"(7-8절)

애굽에서 히브리로서 고통 받고 있는 이스라엘이 하나님의 백성이며, 하나님은 이스라엘의 고통을 보고 부르짖음을 듣고 그들을 위해 행동하시려고 하신다. 8절의 '내려가다'(야라드)라는 말은 천상의 하나님이 지상으로 내려오시는 강림(降臨)을 의미한다.(창11:5.7절 참조) 강림의 장소는 히브리로 고통 받고 있는 이스라엘의 고난의 현장이며, 강림의 목적은 그들을 건져내어(나찰, '~로부터 떼어내다, 낚아채다'라는 의미) '아름답고 광대한 땅, 젖과 꿀이 흐르는 땅'(약속의 땅인 가나안을 일컬음, 구약에 20여회 사용됨)에 이르게 하기 위해서이다. 히브리를 고통의 현장에서 떼어내 이스라엘 조상들에게 약속하셨던 가나안 땅에 이르게 하려고 하신다.

여호와는 이 엄청난 구원역사를 위해 모세를 바로에게 보내겠다고 하신다.

> "이제 가라 이스라엘 자손의 부르짖음이 내게 달하고 애굽 사람이 그들을 괴롭히는 학대도 내가 보았으니 이제 내가 너를 바로에게 보내어 너에게 내 백성 이스라엘 자손을 애굽에서 인도하여 내게 하리라"(9-10절)

여호와께서 애굽의 억압 가운데 있는 이스라엘의 부르짖음을 들으시고 구원하시기 위해 자기를 보내신다는 말씀을 들은 모세는 얼마나 당황했을까?

신격화된 절대군주인 바로! 모세는 바로의 백성 애굽인을 죽인 범법자다. 비록 자신을 죽이려고 찾던 바로는 죽었다 해도 여전히 그는 통치국의 사람을 죽이고 피해와 있는 도피자다. 그런데 바로의 압제를 받고 있는 이스라엘을 빼내오는 일을 하러 모세를 애굽으로 보내겠다고 하신다.

모세가 당연히 반발했다. 자기가 무엇인데 감히 바로에게 가서 이스라엘 백성을 애굽에서 구할 수 있을 것인가. 그는 지금 일개 목동이다. 전사도 아니고 민족지도자도 아니다. 전혀 예상치 못한 상황에서 하나님을 만났을 뿐인데 이런 엄청난 일을 위해 바로에게 가야한다는 말에 모세는 몹시 당황하여 거부할 수밖에 없었다.

> "내가 누구이기에 바로에게 가며 이스라엘 자손을 애굽에서 인도하여 내리이까"(11절)

갑자기 하나님의 일을 맡게 되었을 때 당황스럽고 충격 받는 것은 당연한 일이다. 그래서 그 부르심에 피하기도 하고 저항하기도 한다. 성서 속 하나님의 사람들도 그랬다.(삿6:14-15, 렘1:5-6 참조)

그럼에도 불구하고, 여호와께서 모세를 보내심은 그 일은 모세의 능력으로 하는 일이 아니기 때문이다. 하나님은 "반드시 너와 함께 있으리라"(출3:12 상반절)고 대답하신다. 하나님의 일에는 모세가 누구인가 하는 것은 문제가 되지 않는다. 하나님은 모세와 함께하시면서 당신의 일을 성취하실 뿐이다. 이렇게 하나님은 당신의 구원역사를 '사람'을 통하여 이루신다. 전능하신 하나님이 특별한 방법, 신비스런 방법을 통해서 출애굽하게 하지 않고 사람을 사역자로 삼으셨다. 기독교인들에게는 역사현장에서 하나님 나라 건설에 대리자로서의 역할이 있음을 알 수 있다.

이렇게 모세와 함께 계시겠다고 하신 여호와는 백성들이 애굽에서 나온 후 이 산(호렙=시내산)에서 하나님을 예배하게 되리라고 하셨다.(출3:12 하반절) 이것이 출애굽의 궁극적인 목적이다. 이스라엘 백성들을 애굽에서 인도하여 내신 일차적 목적은 그들이 바로의 정치적 경제적 억압에서 자유를(freedom from~) 얻게 하기 위해서이다. 그러나 궁극적인 목적은 출애굽한 이스라엘이 하나님을 예배하도록 하기 위해서이다.(freedom for~ 이와 같은 사실은 출3:18. 5:1. 5:8. 5:17. 7:16. 8:1. 8:8. 8:20. 8:25-29. 9:1. 9:13. 10:3. 10:7-11. 10:24-26에 반복하여 강조된다.) 즉 이스라엘을 여호와 하나님을 예배하는 신앙공동체로 만들기 위해서이다. 하나님은 이스라엘을 그들의 선조 아브라함에게 말씀하셨던 대로 세계구원의 도구로 삼기를 원하셨다.(창12:2-3 참조)

호렙산 사건을 통하여 여호와께서는 자신이 이스라엘의 하나님이심을 밝히면서 모세가 잊고 있었던 애굽에서 히브리 신분인 이스라엘의 고통을 상기시켰다. 하나님과의 만남은 모세에게 '민족의식, 역사의식'을 싹트게 한 일생일대의 전환점이 되었다. 일종의 '신앙적 의식 변화의 사건'이다.

민족의식, 역사의식 없는 기독교 신앙은 반쪽 신앙이다. 사회를 구원하기 위해 행동하지 않고 영혼구원만을 외치는 신앙은 불구이다. 여호와 하나님은 사회구원에 깊이 관여하신다. 그런데 여호와는 사람을 통하여, 사람을 사용하셔서 사회를 구원하신다.

하나님은 출애굽의 해방역사를 특별한 방법이나 신비스런 방법을 통하여 하시지 않으신다. 천둥, 번개, 지진, 질병 등으로 바로를 심판하시거나 또 그의 꿈에 나타나셔서(창20:3절의 그랄 왕 아비멜렉의 경우처럼) 이스라엘을 보내라고 지시하시지 않는다. 사람을 당신의 사역자로 사용하여 이루어 내신다. 모세는 하나님의 구원역사를 실현하기 위해 부름 받은 하나님의 대리자이다.

기독교가 역사참여의 종교인 이유가 여기에 있다. 기독교인은 이 역사현실 속에서 하나님의 구원역사, 곧 그분의 해방의 뜻과 계획을 실현해 나가야 할 책임이 있다. 예수께서는 '너희는 세상의 소금이요, 빛이다'(마5:13-16)고 하셨다.

## 출 3:13-14 | 하나님의 이름

"하나님이 모세에게 이르시되 나는 스스로 있는 자이니라 또 이르시되 너는 이스라엘 자손에게 이같이 이르기를 스스로 있는 자가 나를 너희에게

보내셨다 하라"(출3:14)

모세는 이스라엘을 구원하기 위해 당신을 바로에게 보내시는 여호와께 백성이 하나님의 이름(세모)을 묻거든 무엇이라고 대답할지를 물었다.(13절) 상대방의 이름을 안다는 것은 그의 정체를 아는 것이다. 상대방의 이름을 축복하고 저주하는 것은 그 실체를 축복하고 저주하는 것이며, 상대방의 이름을 없애는 것은 그 존재를 없애는 것이다.(삼상24:21 참조) 따라서 모세가 하나님께 이름을 묻는 것은 자신을 보내는 분의 정체를 밝혀달라는 의미이다. 이에 하나님은 이름을 직접 알려주시길 거절하시며 "나는 스스로 있는 자이니라."고 하셨다.

"나는 스스로 있는 자이니다"(14절, '에흐예 아쉘 에흐예').

'에흐예 아쉘 에흐예'는 다양하게 번역되었다. 공동번역에는 '나는 나다'(I am who I am), 표준새번역에는 '나는 항상 스스로 존재하는 자이다'(I am the One Who always is), 최근에는 '나는 존재케 하는 자다'(I am the One who cause to be)라고 번역하기도 한다. 12절의 '너와 함께 있으리라'와 연결시켜 해석하면 여호와 하나님은 모세가 백성들을 인도하는 현장에 내내 함께 계시겠다는 약속이자 보증이다. 동시에 애굽에서 고통 받고 있는 히브리를 가나안 땅에 거주할 그의 백성 이스라엘로 만드시는 분이라는 사실을 이름을 통하여 나타내셨다.

그러나 '나는 나다'라는 대답은 사실상 이름 밝히시길 거부하신 것이다. 하나님은 인간에게 자신의 정체를 감추시는 분이시다. 여호와 하나님은 이름도 숨기시고(창32:29, 삿13:18 참조) 모양도 없는 분이시다. 이것은 고대근동의 많은 신들과 크게 다르다. 아세라(Asherah), 바알(Baal), 그모스(Chemosh), 다곤(Dagon), 몰록(Molok) 등은 이름을 가지고 있다.

예언자는 하나님을 가리켜 "주는 스스로 숨어 계시는 하나님"이라고 하였다.(사45:15 참조) 영원하신 하나님은 유한한 인간에게 자신의 전부를 내보이지 않으신다. 인간은 하나님의 이름을 알기 원하지만 이것은 자신의 인식과 지식의 범주 안에서 알 뿐이요, 그렇게 알게 된 하나님은 결국 하나님을 '피조물'(被造物)로 전락시킬 뿐이다. 여호와 하나님은 인간의 인지를 초월해 계시는 분이시다.

## 출 3:15-22 | 조상의 하나님, 히브리인의 하나님 여호와

> "하나님이 또 모세에게 이르시되 너는 이스라엘 자손에게 이같이 이르기를 너희 조상의 하나님 여호와 곧 아브라함의 하나님, 이삭의 하나님, 야곱의 하나님께서 나를 너희에게 보내셨다 하라 이는 나의 영원한 이름이요 대대로 기억할 나의 칭호니라"(출3:15)

그럼에도 불구하고 하나님은 당신의 이름('칭호'라고 번역된 히브리어 '제케르'는 '이름'을 의미하는 히브리어 '세모'와 동일한 의미다.)을 "여호와(יהוה)"라고 나타내셨다. 학자들은 이 이름이 후대에 그분을 예배하기 위해 '에흐예 아쉘 에흐예'를 조합한 이름으로 본다.("나는…이다"라는 '에흐예אהיה'가 12절에 한 번, 14절에 세 번 반복하여 선언된 기초 위에 하나님의 이름이 '야훼 또는 야웨'로 밝혀졌다.)

하나님의 이름 '야훼'는 거룩한 네 글자(Tetragrammaton)인 히브리 자음 Yodh(י, Y), He(ה, H), Waw(ו, W), He(ה, H)이다.

포로기 이후 유대교 랍비들은 예배할 때 '너는 네 하나님 여호와의 이름을 망령되게 부르지 말라'(출20:7)는 제3계명을 근거로 거룩한 네 글자 '야훼' 대신에 '아도나이'(Adonai, '주님'이라는 의미의 일반명사)로 대체해서 사용하였다. 본래 22개의 자음에 모음을 붙여 읽던 유대인들이 긴 세월 '흩어진 유대인(diaspora)'으로 살아가는 과정에서 모음 사용법을 잃어버려 하나님의 이름인 거룩한 네 개의 자음에다 'Adonai'의 모음을 붙여 발음하여 '여호와(Jehovah)'라는 이름이 탄생하였다. 그러다 1948년 이스라엘이 독립한 후 국어학자들에 의해 '야훼(Yahweh)'라는 발음을 찾게 되었다.(표준새번역에는 '주' 또는 '주님'으로 표기되었다)

여호와 하나님은 당신을 "이스라엘 조상의 하나님"(출3:6,13,15,16절)과 "히브리인의 하나님"(출3:18, 5:1-3, 7:16, 9:1,13)으로 밝히신다.

여호와 하나님은 본디 8절의 "내가 내려가서"라는 표현이 시사하듯 '지극히 높으신 하나님(El Elion)'이시다. 모세가 '감히 뵙기를 두려워하여 얼굴을 가릴 수밖에 없던' 그런 분이시다.(출3:6) 이런 분이 비천하고 연약한 것의 상징인 '스네'라는 떨기나무 한가운데로 내려오셔서(8절, 고통 받고 있던 히브리의 현장 한가운데 계신다는 의미) 그들의 고통을 보았고, 부르짖음을 듣고, 모세를 사역자로 보내면서 당신의 이름을 여호와로 밝히셨다.

여호와는 자신을 밝히시면서 그들 '조상의 하나님' 곧 아브라함, 이삭, 야곱의 하나님이라고 하신다. 이들 조상은 가나안 이방 땅에 거했던 나그네 히브리였다. 강을 건너온 사람들로 원주민의 멸시와 학대 속에서 살았던 연약한 떠돌이였다.

여호와가 당신을 '나는 히브리인의 하나님이다'라고 밝히신 것은 강자의 하나님, 또는 궁중의 하나님이 아니라 사회적으로 낮고 천하고 가난하고 일방적으로 당하기만 하는 나그네, 떠돌이인 약자의 하나님이라는 의미이다.

'히브리인의 하나님 야훼'는 '광야'(미드발)에서 예배를 받으시는 분이시다. 여호와를 예배하는 장소는 지극히 높은 곳이 아니요, 바로의 궁전도 아닌 황량한 광야이다.(18절) 광야는 경작할 수 없는 황무지이다. 불뱀과 전갈의 위험이 도사리고 있으며 목마름과 배고픔의 장소다. 하나님의 현현을 체험하는 장소가 황량한 땅 '호렙'이었다.(출19장, 왕상19장 참조) 이스라엘이 출애굽하여 갈 우선적인 장소는 가나안이 아니고 광야이다.(18절)

모세가 '광야로 나가게 해 달라'고 요청(18절)한 것은 바로의 속셈을 타진해보려는 외교적 협상이 아니다. 여호와는 광야에서 예배를 받으시는 '히브리인의 하나님'이시기에 광야로 보내달라고 한다. 여호와 하나님은 광야에서 히브리인을 예배 공동체로 만드시고 비로소 가나안으로 인도하신다.

'광야'라는 관문이 없이는, '광야'라는 고난이 없이는 여호와의 은총을 받을 수 없고, 여호와의 백성이 될 수 없다. 광야의 고난은 하나님의 구원역사를 경험하기 위해 반드시 거쳐야 할 필수과정이다. 예수께서도 광야에서 시험을 받으시고(막1:12-13, 마4:1-11, 눅4:1-13) 비로소 사역을 시작하셨다. 그리스도인에게 있어서 광야 같은 인생의 시련은 하나님의 은총을 허락받고 하나님의 사람으로 성장하기 위해 거쳐야 하는 통과의례이다.

# 출애굽기 4장

모세와 아론이 이집트의 강을 피로 바꾸다(Bartholomeus Breenbergh - 'Moses and Aaron Changing the Rivers of Egypt to Blood' 1631)

## 출 4:1-17 | 소명을 거부하는 모세와 하나님의 대응

"모세가 이르되 오 주여 보낼 만한 자를 보내소서"(출4:13)

모세에게 나타나 이스라엘의 구원계획을 알려주시고 당신의 이름을 밝혀주신 여호와 하나님은 이제 모세가 해야 할 일을 지시하신다. 우선 이스라엘 장로들에게 하나님의 구원계획을 알린(출3:16-17) 다음, 그들을 데리고 바로에게 가서 히브리 하나님, 곧 여호와께 제사를 드리도록 자신들을 보내줄 것을 요구하라고 하신다.(출3:18) 출애굽의 목적이 하나님께 예배드리는 것이라는 사실은 앞으로 전개될 바로와의 협상과정에서도 계속 강조된다.(출5:1-3, 8, 17, 7:16, 8:1, 8, 20, 25-29, 9:1, 13, 10:3, 7-11, 24-26 참조) 여호와께 예배드리기 위해 보내달라는 이스라엘의 요구는 여호와를 알지 못하고 그들을 강제노역의 일꾼으로 삼는 바로에게 결코 용납될 수 없는 일이다. 하나님께서 강한 손과 여러 이적으로 애굽을 치신 다음에야(10가지 재앙의 예고다.) 비로소 이스라엘이 많은 재물을 얻고 나오게 될 것이다.(출3:19-22) 이것은 하나님께서 아브라함에게 하셨던 약속의(창15:14) 성취이며 이 약속은 후에 그대로 성취된다.(출12:35-36)

떨기나무 사건은 어디까지나 모세 개인의 경험이다. 백성들은 모세의 경험과 소명을 '종교적인 환각'으로 여겨 하나님의 구원계획을 전하는 모세의 말을 듣지 않고 믿지 않을 수 있다. 더군다나 모세는 과거뿐 아니라 하나님을 만난 지금도 동족 히브리들이 받는 고난과는 무관한 사람이다. 그는 과거에도 동족에게 지도자로 인정받지 못했다.(출2:13-14) 이런 사실을 잘 아는 모세는 여호와께 백성의 장로들이 자신의 말을 듣지도 믿지도 않을 것이라고 했다.(1절) 모세의 이러한 반응은 첫 번째 거부에(출3:11) 이어 이를 구실로 자신에게 부여된 출애굽 지도자의 사명을 회피하려는 두 번째 시도이다. 이런 모세에게 하나님은 이스라엘을 구원할 지도자로 권위를 인정받게 하는 세 가지 징표를 보여주신다.

첫째 징표는 모세의 손에 들려 있던 지팡이를 던지라고 하여 던지니 뱀이 되었고 손을 내밀어 뱀의 꼬리를 잡으라는 명령대로 행하니 다시 지팡이가 되었다.(2-5절) 지팡이(마테)는 양에 대한 목자의 권위를 나타내지만 성서에서는 왕권, 힘, 권위를 나타내는 표지이다.(시110:2, 사10:5, 24, 14:5, 겔19:11-14 참조) 모세의 지팡이가 뱀이 되었다가 돌아오는 이적은 모세에게 이스라엘의 지도자의 권위가 부여되는 동시에 뱀의 형상을 새긴 지팡이(笏)를 들고 막강한 권세를 휘두르는 바로의 권세를 무너뜨릴 힘이 그에게 주어졌음을 나타낸다. 여기서 '뱀의 꼬리를 잡으라'고 하신 말씀은 중요하다. 뱀을 낚아채려면 물지 못하도록 목뒤를 잡아야 하는데 꼬리를 잡는 것은 '재난을 자초하는 행위'다. 꼬리를 잡으라는 말씀은 두려움 없이 자신을 바로에게 보내시는 하나님의 말씀을 의지하고 순종하는 믿음과 용기를 가지라는 의미다. 특히 뱀은 고대사회에서는 혼돈의 신 티아맛(Tiamat)의 화신(化神)으로 여겼다. 악의 진원지인 바로의 어전과 뱀 주술이 일반화된 애굽 땅에서 비록 위험이 있지만 오직 말씀에 의지하여 뛰어들 때 그 뱀(악)을 잡을 수 있다는 믿음을 주신다.

두 번째 징표는 모세의 손을 품에 넣었다가 내어보니 문둥병이 생겼다가 다시 품에 넣었다 내어보니 깨끗하게 된 사건이다.(6-8절) 문둥병(차라아트)은 일반적인 피부병으로 구약에서 이 병은 인간의 죄에 대한 하나님의 심판을 의미한다.(레13-14장, 민12:10, 신24:8-9, 왕하5:19-27, 15:4-5, 대하26:16-21 참조) 문둥병 징표는 모세를 거부하는 자들에게 미칠 심판의 결과와 또한 치명적인 문둥병조차 치유해주시는 여호와 하나님의 능력을 보여주신 것이다.

세 번째 징표는 나일강이 피가 되는 것으로(9절) 후에 모세가 바로 앞에서 실행할 첫 번째 재앙(출7:14-24)을 예고한다. 애굽 사람들은 나일강을 생명의 원천으로 여겨 신격화하고 숭배해왔다. 이 나일강이 피가 되는 것은 생명을 잃는다는 의미로, 여호와는 신격화된 나일강도 징벌하시는(무력화시키는) 하나님, 곧 자연을 지배하시는 분이시다. 생명을 살리고 죽이는 여호와 하나님의 주권과 능력을 보여주고 있다.

모세가 경험한 징표들은(이적, 오트) 여호와 하나님의 권능을 나타내며, 바로 앞에 가기를 회피하는 모세에게 여호와께서 그와 함께 계심을(출3:12) 믿게 하려 함이다. 무엇보다 모세가 전하는 하나님의 구원계획을 듣게 될 백성들에게 하나님께서 모세에게 나타나셨음을 믿게 해야 했다.('믿다, 신뢰하다'라는 히브리어 '아멘'이 이곳에 5번 강조됨. 1, 5, 8, 9절). 모세는 애굽에 가서 백성들에게 이런 하나님의 능력을 나타낼 예정이다. 그러나 이런 이적은 모세 자신의 능력이 아니라 하나님의 능력이다. 뱀이 되는 지팡이는 모세의 것이지만 그렇게 만드시는 분은 하나님이시다. 문둥병이 생기는 손은 모세의 손이지만 그렇게 만드시는 분은 하나님이시다. 그러므로 중요한 것은 모세가 여호와 하나님의 말씀에 순종하는 것이다. 백성들이 모세의 말을 듣고 순종해야 하는 것처럼 애굽에 보냄 받은 모세가 최우선으로 해야 할 일은 하나님의 말씀을 듣고 순종하는 것이다.

백성들 앞에서 여호와의 권능을 나타낼 징표까지 경험했음에도 모세는 또 다시 핑계를 대며 완강히 거부한다. 이번에는 자신은 '입이 뻣뻣하고 혀가 둔하여 말에 능치 못한 사람'이라고 한다.(10절) 하나님이 그와 함께 계시고(출3:11), 하나님의 능력이 그를 통하여 나타날 것이지만(1-9절), 바로 앞에서 하나님의 사자로 일할 자신을 생각해 보니 자격 미달이라고 한다. 이스라엘을 설득하고 바로와 대결하며 하나님의 말씀을 전하기에는 자신의 말솜씨가 부족하다며 거부한다.

이것은 어쩌면 하나님 일꾼의 소명을 사양하는 겸손한 자세로 보인다. 그러나 지금 그는 겸손한 것이 아니라 너무나 교만해 있다. 무슨 말인가? 백성들을 구원할 출애굽 역사는 여호와 하나님의 사업이건만 그는 지금 하나님의 위치에 서서 하나님의 역사를 자신의 능력으로 가늠하고 있다.

애굽에서 백성들을 이끌어내는 일은 '모세의 일'이 아니다. 오래 전 족장들에게 약속하신 '하나님의 일'이다. 모세는 이제 자신을 보내시는 여호와 하나님만 믿고 가면 되는 것이지 자신을 돌아볼 필요가 없다. 여호와는 사람에게 입을 주어 말을 하게 만드는 창조주가 바로 당신임을 밝히시며 그와 함께 하시며 그가 무슨 말을 해야 할지 가르쳐 주시겠다고 하셨다.(12절)

구약에서 하나님의 사사, 예언자 등은 자발적으로 일꾼이 된 것이 아니다. 모세처럼 그 자리에 서도록 부름 받았고 하나님의 일을 하도록 몰아세워졌다.(삿6:11-16, 사6:5-9, 렘1:4-10 참조) 특히 예언자들이 그러하다. 하나님의 일꾼들은 자신의 능력이나 재주로 그 일을 행하는 것이 아니라 부르신 하나님이 함께 계시면서 허락하시는 하나님의 능력(카리스마)으로 행할 뿐이다.

그러나 하나님이 함께 하시겠다는데도 모세는 다시 '보낼 만한 자를 보내시라'며 완강히 거부한다.(13절) 이에 여호와께서 분노하시며 말 잘하는 그의 형 아론(Aron)을 협조자(대언자, 출7:1 참조)로 세워주시며(14절) 그의 입에도 함께 하시겠다고 약속하신다.(15절) 이제 아론은 모세의 입이 되고 모세는 그에게 하나님처럼 된다.(16절) 애굽에서 신격화된 바로의 말을 그의 방백이 바로의 입이 되어 대신 전하는 것처럼, 아론은 모세의 입과 같은 역할을 할 것이다. 중요한 사실은 모세뿐 아니라 아론 역시 그의 입에 말씀을 주시는 여호와 하나님을 의지하며 그분께서 주시는 말씀을 전할 수 있을 뿐이다. 이스라엘의 출애굽 사건은 모세나 아론의 능력이 아니라 오로지 약속을 신실하게 지키시는 히브리인의 하나님 여호와의 온전한 능력에 의한 것이다.

오늘날에도 하나님의 말씀을 전하는 사람들은 자신을 보내시는 분의 능력만 믿고 가면 된다. 바울도 말을 잘 못하는 사람이었으나(고후 10:10 참조) 그를 통해 갈릴리로부터 시작된 하나님의 구원 소식이 온 세계에 전파되었다. 이와 같은 역사는  모세와 함께 하시며 아론을 협조자로 세워주셨던 것처럼 바울을 비롯한 예수의 제자들에게 성령(보혜사, 파라클레토스)을 보내주셨기에 가능했다.

## 출 4:18-26 | 피의 희생을 통한 하나님의 구원섭리

"너는 바로에게 이르기를 여호와의 말씀에 이스라엘은 내 아들 내 장자라 내가 네게 이르기를 내 아들을 보내주어 나를 섬기게 하라 하여도 네가 보내주기를 거절하니 내가 네 아들 네 장자를 죽이리라 하셨다 하라 하시니라"(출4:22-23)

여호와께서 모세에게 여러 가지 징표들(이적, 오트)을 나타내 보여주셨음에도, 그는 백성을 구원할 그의 소명과 사명에 대해 적극적인 결단이나 응답이 없이 회피하려고만 했다.(1-9절) 여호와는 이런 모세에게 아론이 협조자로 함께 할 것을 알려주신다.(10-17절) 그럼에도 불구하고 모세가 장인 이드로에게 자신이 애굽에 가고자 하는 이유를 '그곳에 있는 형제들이 살아 있는지 알아보기 위해서'라고 밝히면서 허락을 구하는 것은(8절) 백성들을 구원하려는 결연한 의지적 결단보다는 여전히 자신에게 부여된 소명에 소극적임을 나타낸다.

아내와 아들들(출18:3-4 게르솜과 엘리에셀, 행7:29 참조)을 데리고 떠밀리듯 떠나는 모세에게 하나님은 그를 찾던 자가 다 죽었음을 알려주셨다.(19절) 그의 생명을 노리던 위험요소가 사라졌음을 알려주어 용기를 갖게 하신다.

모세의 손에는 지팡이(마테)가 들려 있다.(17절) 이 지팡이는 이제 일개 목자의 지팡이가 아니라 하나님으로부터 백성을 구원할 지도자의 권위를 부여받아 바로 앞에 이적을 행사할 능력의 지팡이다.(20절에는 '하나님의 지팡이'로 언급됨) 그러나  모세가 이적을 행하여도 여호와가 바로의 마음을 완악하게 한즉 백성을 쉽게 보내 주지 않으리라고 하시며, '이스라엘이 여호와의 장자(長子)'라는 사실과 바로가 이런 이스라엘을 보내 주기를 거절하니 그의 장자를 죽일 것이라는 말씀을 바로에게 전하라고 하셨다.(21-23절)

'바로의 마음이 완악하게 되다'에서 '마음'의 히브리어 '레브'는 인간의 행동을 통제하는 곳으로 여겨지는 '심장'을 말한다. '완악하다'라는 히브리어 '하자크'는 '딱딱하다, 굳다'는 의미이다. '바로의 마음이 완악하게 되다'는 바로가 올바른 이성과 판단력을 상실하여 옳고 그름을 구별하지 못한 행동을 한다는 뜻이다. '바로의 마음이 완악해졌다'는 언급은 출4-14장에 20번 나오는데 열 번은 바로 자신이 스스로 그렇게 한 것이며(7:13, 14, 22, 8:15, 19, 32, 9:7, 34, 35, 13:15), 열 번은 하나님께서 그렇게 하시는 경우이다.(4:21, 7:3, 9:12, 10:1, 20, 27, 11:10, 14:4, 8, 17)

하나님께서 바로의 마음을 완악하게 하셔서 그의 마음이 완악하게 되었다면 그런 바로에게 벌을 내리시겠다는 것은 정의로운 하나님으로서 부당한 처사가 아닌가? 이것은 인간이 자유의지를 가지고 의도적으로 악을 선택하여 행할지라도 그것조차 하나님의 계획 아래 있음을 의미한다. 모세가 이적을 행하면 바로가 두려워하여 이스라엘을 풀어주어야 할 것 같은데 바로가 완악한 마음으로 거부하여 하나님의 구원계획을 방해하는 것조차 하나님의 계획이라는 뜻이다. 그렇다면 왜 하나님은 바로의 마음을 완악하게 하시며 계속 재앙을 내리셨을까? 이 질문에 대한 대답은 '여호와께서 바로의 마음을 완악하게 하셨다'는 언급이 마지막으로 나타나는 출14장에서 찾을 수 있다.

24-26절은 구약에서 가장 설명하기 어려운 장면 중 하나이다. 여호와께서 길의 숙소(말론, 밤에 묵는 거처, 창42:27 참조)에서 모세를 죽이려 하신다. 도대체 이런 일이 어찌 발생할 수 있는가? 그토록 안 가겠다고 이 핑계 저 핑계 대던 모세를 끝내 보내시곤 막상 떠나자 노중에서 죽이려 하신 여호와의 행동을 어떻게 이해할 수 있을까? 도대체 무슨 이유로 여호와께서 모세를 죽이려 하시는가?

이 단락에는 이 외에 다른 문제도 제기된다.

왜 모세가 아니라 십보라가 그 아들의 양피를 베는 할례의식을 행하였는가? 이스라엘에서는 아버지가 할례를 실시한다. 하나님이 모세의 목을 조이고 있었기에 어쩔 수 없이 십보라가 할례를 실시했다는 과거의 해석은 과연 옳은 것일까? 또 할례를 받은 아들은 게르솜인가? 엘리에셀인가?

모세의 발에 던지며 '당신은 참으로 내게 피 남편(하탄 따밈)이로다.'라는 말은 무슨 뜻인가? 여기서 '당신'은 누구를 지칭하나? 모세인가? 그의 아들(게르솜, 엘리에셀 중 하나)인가?

과연 모세는 할례를 받았나? 받지 않았나? 과거에는 모세가 그의 아들에게 할례를 실시하지 않았기에 하나님께서 모세를 죽이려 하셨다고 해석했다. 그러나 구약 시대 이스라엘에서 할례를 실시하지 않은 것이 하나님께 죽을 만큼 잘못된 범죄행위로 간주된 적이 없다. 단지 이스라엘 혈통에서 제외될 뿐이다.(창17:10-14 참조)

이런 문제가 발생하는 것은 히브리 성서 24-26절에는 십보라 외에는 구체적으로 사람의 이름이 밝혀져 있지 않은 채 선행사가 없이 인칭대명사가 모두 '그'로 되어 있기 때문이다.

히브리어 성서번역 (김이곤 교수 번역, 〈출애굽기의 신학〉 81p에서 옮겨옴)
24 노상(路上) 야영지에서 밤에 있었던 일이었다. 여호와께서 그를 만나시고 그를 죽이려 하셨다. 25 그래서 십보라는 돌칼을 취하여 제 아들(her son)의 포경을 자르고 그의 발에 대며 말하였다. "오 당신은 내게 피 흘려 얻은 '하탄'(hathan)입니다." 26 그러자, 그는 그로부터 사라지셨다. 그때 그녀는 "할례를 위하여 얻은 '하탄'입니다"라고 말하였다.

밑줄 친 부분은 히브리어 성서에 있는 인칭대명사들이다. 이들 중 26절의 '그는'과 '그녀는'은 선행사가 분명하여 '그는'은 '여호와'를 가리키고, '그녀는'은 '십보라'를 가리킨다. 그러나 24절의 '그를' 2회, 25절의 '그의'와 '당신은', 그리고 26절의 '그로부터'는 선행사가 전혀 언급되어 있지 않아 누구를 가리키는지 알기 어렵다.
다양한 번역이 있으며 한글성서들은 70인역(LXX)을 따랐다.
(문맥에 따른 김이곤 교수의 번역)
24 노상의 야영지에서 밤을 묵을 때 있었던 일이었다. 여호와께서 모세를 찾아오셔서 그의 맏아들(개역성서와 공동번역성서는 '그를'로 번역하여 죽이려는 대상이 모세임을 나타내었고, 표준새번역성서는 '모세'라고 번역하였다)을 죽이려 하셨다.
25 그래서 십보라는 돌칼을 취하여 제 아들(her son)의 포경을 자르고 아들의 발(개역성서, 공동번역성서, 표준새번역성서는 모세의 발로 번역했다)에 대면서 말하였다. '오 너는 나로부터 피를 흘려 할례를 받은 자다.'
26 그러자, 여호와께서 모세로부터(또는 그녀의 아들로부터) 떠나가셨다. 그때 그녀는 말하기를 '할례를 받기 위하여 피를 흘려 할례를 받은 자여'라고 하였다.
*밑줄 친 부분이 새롭게 재건된 부분이다.

이 단락을 이해하려면 십보라가 할례를 행한 것에 대한 이해가 선행되어야 한다. 어머니가 할례를 실시하는 것은 미디안 씨족의 전통에 근거한 '베너 문화'(beena culture)에 근거한다. 미디안 씨족은 모계사회를 이루고 있어 남자가 결혼하면 그 처가(妻家)의 가문에서 별로 권위를 누리지 못하는 아내의 혈족이 되고, 아들은 출생 후 2-7년 안에 할례를 받아 어머니 가문에 들어가게 된다. 미디안 씨족 사회에서 어머니 가문에 속하는 성인의 표식은 할례를 받아 그 피를 다리에 바르는 것이다. '피 남편'이란 피로 얻은 남편(아내에 대비되는)이라는 의미보다는 '할례 받은 자'라는 뜻이다. 즉 '성인이 되었다' 또는 '구별되었다'라는 의미다.

모세는 이런 베너 문화 속에서 십보라와 결혼하여 처가의 사람이 되었고, 본 단락의 '길의 숙소'는 아직도 미디안 영역에 속한 곳이었으며, 십보라는 하나님이 그의 맏아들을 공격하자 할례를 받지 못한 그에게 할례를 실시하여 살린 것이다.

하나님의 공격에 대한 십보라의 활약은 모압 왕 발락에게 나아가는 발람의 나귀 이야기와 흡사하다.(민22:21-35 참조) 여호와의 사자가 발람의 나귀를 가로막았던 것처럼 여기서도 하나님이 애굽으로 가는 모세를 만나 그에게 경고를 하신다. 발람은 여호와의 사자를 알아보지 못하고 나귀가 알아보았던 것처럼, 여기서는 모세는 여호와의 공격을 의식하지 못하지만 십보라가 알아차리고 할례 받지 못한 큰 아들 게르솜에게 할례를 실시하여 그의 생명을 구하였다.

그럼 왜 여호와께서 그의 아들(게르솜)을 공격했는가? 할례를 받지 못한 것이 여호와의 공격으로 죽을 일이 아닌데 이 사건이 주는 의미는 무엇인가? 이 사건의 의미를 이해하기 위해 이 단락이 속한 문맥(context)을 살펴봐야 한다.

21-22절에서 여호와는 마음이 완악하여 모세가 이적을 행하여도 이스라엘을 놓지 않을 바로에게 중요한 사실을 전하라고 하셨다. 즉 '이스라엘이 여호와의 장자(브코르, 맏아들, 초태생, 첫 열매)'라는 사실, 그리고 '만약 바로가 여호와의 맏아들인 이스라엘을 풀어주지 않으면 바로의 맏아들이 살해당할 것'임을 알리라고 하셨다.(22-23절)

'장자'(브코르)는 다른 아들과 구별되는 사람이다. 가정에서 특별한 권리가 우선적으로 주어지는 사람이다. 상속도 갑절로 받고 아버지를 대신해서 가족을 대표하여 이끌고 아버지의 권위와 존엄성을 그대로 이어받는 사람이다. 그래서 장자는 아버지의 사랑을 독차지한다.(창25:28 참조) 또한 조상으로부터 물려받은 축복을 아버지로부터 받는 유일한 사람이다.(창27:1-4 참조) 이것은 이스라엘의 아버지가 자신의 장자를 통해 조상 때부터 이어진 가족의 생명이 계속 계승된다고 믿었기 때문으로 아버지는 장자를 자신의 분신으로 생각한다.

이스라엘이 하나님의 장자라는 의미는 이 땅의 모든 민족들이 모두 하나님의 창조물이요 백성이지만 이들 중에 이스라엘을 선택하셔서 그들과 특별한 관계를 맺어 당신의 일을 수행하는 백성으로서의 특권을 부여하시고 사랑하시고 축복하신다는 뜻이다. 바로가 이런 장자 이스라엘을 놓지 않으려 할 때 여호와는 바로의 장자를 죽이시겠다고 하신다. 바로가 가장 사랑하고 특별한 권세를 가진 자, 곧 바로의 장자를 치시겠다고 하신다.

이것은 장차 애굽에서 내려질 열 번째 재앙(출12:1-36)을 미리 예고한 것으로 이스라엘을 향한 여호와 하나님의 구원섭리를 알려준다. 여호와의 맏아들인 이스라엘의 구원은 애굽(바로)의 맏아들의 죽음을 통해서만 이루어진다.(출11:4-8 참조) 여호와께서 당신의 장자를 살리기 위해 그를 억압하는 바로의 장자를 죽이신다는 것은 굉장한 역설이지만, 확고부동한 하나님의 뜻이다. 곧 당신의 아들을 살리기 위해서는 반드시 다른 아들의 희생이 전제된다.

24-26절은 여호와께서 22-23절에서 밝힌 당신의 구원방법을 모세의 큰 아들 게르솜을 치시는 일을 통하여 모세에게 확인시켜주는 사건이었다. 미디안 문화의 영향 아래서 십보라는 돌칼로 그의 아들 게르솜의 포경을 잘라 그 피 묻은 포경을 아들의 발에 발라서 아들을 지켰다. 중요한 것은 할례 자체보다는 '피를 흘려' 할례를 받았다는 점이다. 아들의 구원은 잘려진 포경의 '피'(따밈)가 그의 발에 닿아 묻어 있는 것을 보고 여호와께서 떠나가심으로 이루어진다. 따라서 여기에서 강조되는 것은 '구원은 피를 통하여' 이루어진다는 명제다.

여호와는 이제 애굽으로 가서 이스라엘을 구원해야 할 모세에게 '그의 맏아들의 피 흘림'이 그 아들을 살렸듯이 이스라엘의 구원도 피 흘림을 통해서만이 가능하다는 사실을 미리 보여주었다. 바로 앞에 서기 전에 이 사건을 통하여 출애굽 해방의 구원역사는 반드시 '피 흘림'이 있어야 함을 알려 주셨다. 이것은 여호와께서 유월절 양의 피를 보고 그 집을 넘어가시고(pass over), 그 희생의 피가 없는 바로의 집의 초태생을 살해하여 출애굽의 해방이 이루어지는 예표(豫表)라고 하겠다.

희생의 피가 있느냐 없느냐가 생명이냐 죽음이냐를 결정한다. 피의 희생 없이는 개인이든 민족이든 진정한 구원은 불가능하다. 하나님의 구원섭리는 출애굽 사건만이 아니라 우리들의 구원에도 마찬가지다. 도대체 우리가 어찌 구원받을 수 있는가? 죄와 사망에서 '누가' 우리를 '어떻게' 구원할 것인가? 우리의 노력이나 경건함 그리고 우리의 의로운 행위로 이루어지는 일이 아니다.

유월절 양으로 십자가에서 피 흘리신 하나님의 외아들, 독생자, 맏아들 예수 그리스도의 피 흘림을 통해서만 가능하다. 그의 죽으심으로 우리가 살았고, 그의 피 흘림으로 우리의 생명이 구원을 얻었다.(요 3:16-17 참조) 그래서 바울은 오직 십자가에 못 박히신 그리스도가 하나님의 능력이요 하나님의 지혜이기에(고전1:22-25) 자신은 그리스도가 십자가에 못 박히신 것 외에는 다른 것을 알지 않기로 작정했다고 선포하였다.

> "내가 너희 중에서 예수 그리스도와 그가 십자가에 못 박히신 것 외에는 아무 것도 알지 아니하기로 작정하였음이라"(고전2:2)

## 출 4:27-31 | 모세와 아론의 만남

"여호와께서 아론에게 이르시되 광야에 가서 모세를 맞으라 하시매 그가 가서 하나님의 산에서 모세를 만나 그에게 입맞추니"(출4:27)

십보라의 할례사건을 통하여 하나님의 구원섭리를 확인한 모세에게(22-26절) 하나님은 애굽에서 그와 함께 활동할 아론을 만나게 하신다. 아론에게 '광야에 있는 하나님의 산'에서 모세를 만나라고 명령하셨다.(27절) 이것은 모세가 여호와 하나님을 미디안 광야 호렙산에서 만났던 것을 상기시킨다.(출3:1 참조) 아론이 모세를 하나님의 산에서 만나는 것은 단순히 동생을(출4:14, 7:1, 7 참조) 만나는 것 이상의 의미를 지닌다. 이것은 아론이 모세를 통하여 여호와 하나님을 만나는 것을 의미한다. 모세가 아론에게 장차 자기가 바로와 백성에게 전해야 할 여호와의 말씀과 행해야 할 모든 이적을 알려준 것은 여호와께서 모세를 통하여 아론에게 알려주신 것이라 할 수 있다.(28절)

이제 모세와 아론은 둘이 아니라 하나다. 아론이 선포하는 여호와의 말씀이 곧 모세가 전하는 여호와의 말씀이며(출7:1-2, 6 참조), 아론이 행하는 이적은 곧 모세가 행하는 이적이다.(출7:8-10, 19-20, 8:5-6, 16-17 참조) 이제 백성들은 모세(아론)를 믿었고, 여호와께서 자기들이 당하는 괴로움을 살펴주고 도와주신다는 아론(모세)이 전하는 소식을 듣고 머리 숙여 하나님께 경배하였다.(29-31절)

# 출애굽기 5장

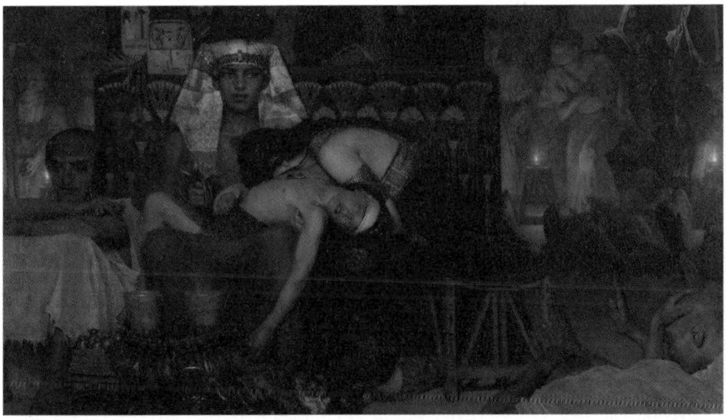

파라오의 맏아들의 죽음(Lawrence Alma Tadema - 'Death of the Pharaoh Firstborn son' 1872)

## 출 5:1-23 | 모세와 바로의 첫 대면

"바로가 이르되 여호와가 누구이기에 내가 그의 목소리를 듣고 이스라엘을 보내겠느냐 나는 여호와를 알지 못하니 이스라엘을 보내지 아니하리라 그들이 이르되 히브리인의 하나님이 우리에게 나타나셨은즉…"(출5:2-3 상)

애굽인들에게 부당한 학대를 받아온 히브리인들의 세월이 무려 4세대(창15:16 참조), 430년(출12:40, 창15:13에는 400년 참조) 동안이었는데 이 긴 암흑의 시간이 이제 종지부를 찍게 되었다. 하나님이 역사에 개입하기 시작하셨다.

모세와 아론이 바로에게 가서 여호와의 말씀을 전한다. 이들은 단지 여호와의 뜻을 전하는 단순한 심부름꾼에 불과할 뿐 특별하게 하는 일이 없다. 그가 바로와 논쟁을 벌이거나 전쟁을 하는 것이 아니다. 시종일관 하나님의 말씀만 가감 없이 전할 뿐이다. 그 다음은 하나님의 일이다.

모세가 바로에게 전한 여호와의 말씀이 무엇인가?

"내 백성을 보내라 그러면 그들이 광야에서 내 앞에 절기를 지킬 것이니라."(출5:1)

광야에서 하나님을 예배하기 위해 내 백성을 보내라! 이 말씀은 호렙산에서 처음 모세를 부르셨을 때부터 하셨던 말씀이다.(출3:12) 그리고 이 말씀은 모세와 바로 사이에서 계속 반복된다.(출5:17, 7:16. 8:1,8,20,25-29 등)

이것은 출애굽의 목적이 무엇인지를 분명히 밝히는 말씀이다. 출애굽의 목적은 강대국 애굽의 바로에게 받는 정치, 경제, 사회적 억압으로부터의 자유(freedom from~)보다는 하나님을 예배하는 것(freedom for~)이 본래의 목적이다.

히브리를 억압하는 바로를 징벌하여 출애굽 시키는 것은 일차적으로 히브리인들이 받았던 노예의 멍에, 곧 궁핍함과 모든 학대에서 해방을 의미한다. 그러나 그것보다 더 중요한 목적은 이 히브리인들을 하나님께 예배하도록 당신의 백성으로 삼으시려는 것이다.

이 말씀은 참 자유가 무엇인지, 참 자유란 어떻게 이루어지는지를 알려준다. 참 자유란 하나님을 섬김으로 이루어진다. 하나님의 뜻에 따라 살아가고 그분을 기쁘게 하는 것이다. 인간의 자유는 하나님과 올바른 관계에 있을 때 이룩된다. 예수께서도 이 사실을 분명히 알려주셨다.

> "너희가 내 말에 거하면 참으로 내 제자가 되고 진리를 알지니 진리가 너희를 자유롭게 하리라"(요8:31-32)

인간이 무엇을 통하여 진정으로 자유하게 될 수 있을까? 무엇을 소유함으로 가능할까? 세상의 권력과 물질, 명예를 가질 때 가능할까? 아니다. 오히려 그런 것들을 소유함으로 그것들에 얽매인다는 사실을 얼마나 많이 경험하는가?

흔히 '자유'를 종교적 개념에 속한다고 이해하지 않고 정치, 사회적 개념으로만 이해하려는 경향이 있다. 이와 반대로 기독교에서는 하나님을 인간의 영혼을 죄로부터 자유하게 하시는 분으로 믿으며 사회적 자유와 별개의 것으로 보는 경향이 있다. 그래서 선교나 구원을 말할 때 사회구원과 개인의 영혼구원을 구별한다.

그러나 출애굽 사건은 사회적 구원만이 아닌 영적 구원, 즉 하나님을 예배함으로 얻게 되는 종교적 자유를 모두 포함한 총체적 구원사건이다.

예수께서는 오병이어 사건을 통하여 굶주린 무리들을 먹이시며 그들의 육체적 욕구를 충족시켜주셨을 뿐 아니라 이들에게 "썩을 양식을 위하여 일하지 말고 영생하도록 있는 양식을 위하여 하라. 이 양식은 인자가 너희에게 주리니 인자는 아버지 하나님의 인치신 자니라."(요6:27)고 하심으로 인간이 추구해야 할 구원은 전인적임을 말씀하신다. 출애굽 사건은 이스라엘의 전인적 구원(자유)을 허락한 여호와 하나님의 은총 사건이다.

모세를 통하여 '내 백성을 보내라!'는 여호와의 말씀을 들은 바로가 질문한다. "여호와가 누구냐?"(mi Yahweh, 2절) 출5:1-7:7은 "여호와가 누구냐"로 시작하여 "나는 여호와다"라는 대답으로 끝나는 일련의 이야기다.

바로에게 '여호와'는 전혀 알려지지 않았던 이름이다. 그래서 그가 누구냐고 물었고 이에 대해 모세는 지금 바로에게 억압받고 있는 이스라엘을 '히브리인'이라고 부르며 '여호와가 히브리인의 하나님'이라고 밝힌다.(3절)

'너희들이 천하게 여기는 고난 받는 저 히브리인을 보살피시고, 히브리인을 당신의 백성으로 삼으시는 분이 바로 여호와라!' 그러니 바로가 얼마나 여호와를 우습게 여겼겠는가? 당시 모든 신은 왕을 비롯한 권력자들의 후견자였는데 여호와는 하찮은 약자인 히브리인의 하나님이라니!

바로는 비웃고 냉소하며 백성을 보내기는커녕 오히려 더 괴롭혔다.

모세와 아론을 불러서 “너희가 어찌하여 백성의 노역을 쉬게 하려느냐? 가서 너희의 노역이나 하라!”(4절)고 하였고, 백성의 감독들(노가심, 애굽인 공사감독관)와 기록원들(쇼테림, 히브리인 현장감독)에게 명령을 내려 히브리인들이 흙벽돌을 만드는 데 쓸 짚을 대주지 못하게 하였다. 히브리인들이 돌아다니면서 직접 짚을 모아서 벽돌을 만들게 하였다. 그렇다고 벽돌 생산량이 줄어도 안 된다. 노동을 무겁게 하고 눈 코 뜰 새 없이 일을 시켜 여호와 하나님을 예배하기 위해 광야로 가야 한다는 모세가 전하는 소리에 귀를 기울일 겨를을 주지 말라는 의도이다(6-13절).

기록원들(쇼테림)은 히브리 노예들 가운데서 뽑혀 히브리인들이 고역에 혹사당하는 동안 그들의 작업을 감독하고 감시하는 임무를 맡았던 사람이다. 그들은 바로의 지배논리를 실현시키는 주역이다. 물론 그들은 히브리인들의 지나친 노동현실에 대하여 바로에게 항의했다.(14-16절) 그러나 그들의 항의는 노예상태의 극복을 위한 항의가 아니다. 왜 짚을 히브리인들이 직접 거두어 흙벽돌을 찍게 하면서 그 달성해야 할 분량은 줄여주지 않느냐는 항의였다. 종전처럼 짚을 원활하게 공급해주면 제대로 하겠으며, 지금의 신분에 만족하면서 살겠다는 것이다. 그들의 항의에 바로는 대답한다. “게으르다, 게으르다”(17절). 히브리들이 게으르기 때문에 딴 생각한다고 대답하자 결국 기록원들은 모세와 아론에게 그 화를 돌렸다.(19-21절)

우리는 여기서 기록원들의 현상유지 논리를 본다. 그들은 이미 히브리인 일반 노예들과는 달리 안전한 자리를 확보한 기득권자들이다. 그들은 꼭 출애굽을 해야 할 필요가 없다. 이런 차원에서 출애굽의 방해물은 바로만이 아니라 기득권을 확보하고 있는 히브리 기록원들도 해당된다.

남을 억압해서 자기 유익을 최대한으로 만들려는 바로의 욕망과 자신의 안전한 현상유지를 우선으로 삼는 기록원들의 현실주의가 교회 안에 팽배할 때 교회는 사회 문제에 무관심하게 된다. 이렇게 되면 하나님이 주시는 참된 자유를 누리기 어렵다. 오늘날도 출애굽 사건이 교회를 통하여 고통의 현장에서 계속 이어져야 하는 까닭이다.

# 출애굽기 6장

가나안으로부터 돌아온 정찰대원들(Giovanni Lanfranco - 'Moses and the Messengers from Canaan' 1621~24)

## 출 6:1-13 | 모세의 재 소명

> "그러므로 이스라엘 자손에게 말하기를 나는 여호와라 내가 애굽 사람의 무거운 짐 밑에서 너희를 빼내며 그들의 노역에서 너희를 건지며 편 팔과 여러 큰 심판들로써 너희를 속량하여 너희를 내 백성을 삼고 나는 너희의 하나님이 되리니 나는 애굽 사람의 무거운 짐 밑에서 너희를 빼낸 너희의 하나님 여호와인 줄 너희가 알지라."(출6:6-7)

모세와 바로의 첫 만남은 모세의 패배였다. 바로는 히브리인들을 보내기는커녕 '여호와가 누구인데 감히?'라고 하며 모세가 전한 여호와의 요구를 거부하고 그들의 노역을 더욱 가중시켰다. 모세는 여호와께 돌아와 실망스런 탄식의 기도를 드리게 된다.(출5:22-23) 출6장은 이러한 상황에서 여호와께서 앞으로 바로에게 강한 손으로 행하실 일을 통해 바로가 히브리인들을 내보낼 것임을 밝히며 시작된다.(1절) 여호와께서는 '나는 여호와다'(아니 야훼)라고 하시며 호렙산에서의 첫 만남에(출3:13-15) 이어 다시 자신을 소개한다. 이 단락에는 '나는 여호와다'라는 말씀이 세 번 연속하여 언급된다.(출6:2, 6, 8) 구약에서 '나는 여호와다'라는 말씀은 중요한 진술이 시작되거나 끝나는 곳에 언급되는데(창15:7, 28:13, 출12:12, 15:26, 20:2, 레18:2-6, 신5:6, 겔20:5-7, 19 참조), 주로 하나님의 약속이나 명령을 강조할 때 나타난다.

여기서 하나님은 모세에게 '나는 여호와다'라는 당신의 이름을 걸고 장차 행하실 일을 밝히신다. 하나님은 아브라함과 이삭과 야곱에게는 '여호와'로는 알리지 않고 '전능의 하나님'(엘 사따이)으로 알리셨다.(3절, 창17:1, 28:3, 35:11, 43:14, 48:3 참조)

구약의 '엘 사따이'(El Shadday)가 '전능의 하나님'으로 번역된 것은 70인역(LXX)이 '사따이'를 'παγτοκρατωρ'(판토크라토오르, 전능)라고 번역하면서부터이다. '엘 사따이'의 의미가 무엇인지에 대해 확증된 학자들의 견해는 없지만 '사따이'라는 말이 '산'(山)이라는 의미의 아랍어 sadd, sudd나 아카드어 sadu에서 비롯되었을 것이라는 견해와 '두 개의 젖가슴'을 의미하는 히브리어 saddayim, 아랍어 tady에서 유래했을 것이라는 견해가 있다. '엘 사따이'는 '산의 신', 또는 '두개의 젖가슴의 신'을 의미한다고 할 수 있다. 곧 '엘 사따이'는 산에서 만나는 하나님이며, 어머니의 젖가슴처럼 생명을 출산하고 양육하는 기능을 갖는 모성적 사랑을 지닌 하나님을 의미한다.

특히 '엘 사따이'가 족장들과 관련하여 나타나는 표현이라는 점은 (창17:1, 28:3, 35:11 참조) '엘 사따이'를 '두 개의 젖가슴의 하나님'으로 이해하는 근거가 된다. 또한 여호와는 당신의 속성을 '긍휼'(라훔)과 '은혜'(한눈)로 밝히고 있는데(출33:19, 34:6), 특히 '라훔'은 여성의 출산의 자리인 '자궁'을 의미하는 '레헴'에서 유래된 말로, '여호와'의 '엘 사따이'라는 자기 선언은(2-3절) '모성적 사랑'이 여호와 하나님의 속성이라는 근거를 충분히 제공한다.

이런 여호와가 애굽의 종살이로부터 당신의 백성 이스라엘을 건져내어(속량의 하나님) 그들의 조상들에게 약속하셨던 대로 가나안 땅을 주시겠다고 하신다.(언약을 충실히 지키시는 신실한 하나님) 이제 이스라엘은 여호와가 자기들의 하나님임을 알고 체험하게 될 것이다.(4-8절) 특히 여호와는 비로에게 강한 손(1절, 히브리어로 '강한 힘'을 의미하는 '핫짜카')을 더함으로 바로가 백성을 보내도록 하시겠다고 한다. 바로에게 폭력을 써서라도 이스라엘을 해방시키겠다는 여호와의 약속은 이스라엘의 해방을 위한 주도권을 여호와가 쥐고 계시다는 뜻이다. 이스라엘의 해방은 하나님께서 모세에게 '나는 여호와로다'라고 당신의 이름을 걸고 하신 약속이기에 반드시 성취될 것이다.

모세가 이 기쁜 소식을 이스라엘 백성에게 전했지만 그들의 반응은 부정적이었다. 모세로 말미암아 노역만 가중되었기에 백성들은 마음이 상하여 모세의 말을 들으려 하지 않았다.(9절). 그러나 여호와는 다시 모세에게 바로에게 말씀을 전하라고 명령하셨다.

"들어가서 애굽 왕 바로에게 말하여 이스라엘 자손을 그 땅에서 내보내게 하라"(출6:11)

이에 모세는 이스라엘 백성도 자기 말을 들어주지 않는데 입이 둔한(히브리어를 그대로 옮기면 '입술에 할례 받지 못한') 자기 말을 바로가 들어주겠느냐며 다시 거부하였다.(12절) 그러나 여호와는 이런 모세(아론)에게 바로에게 당신의 말씀을 전하여 백성을 이끌어내라고 다시 분부하셨다.(13절) 이번에는 그와 함께 하시겠다는 어떤 약속이나(출3:12 참조) 그 외의 구체적인 어떤 위로의 방법을 제시하지 않으신다. 단순히 행할 일을 명령하신다. 이스라엘을 애굽에서 해방시키는 구원역사는 중단될 수 없으며, 또한 그 일을 위해 보냄 받은 하나님의 일꾼인 모세가 무조건 행해야 하는 하나님의 사업이라는 뜻이다.

## 출 6:14-27 | 모세와 아론의 족보

"아므람은 그들의 아버지의 누이 요게벳을 아내로 맞이하였고 그는 아론

과 모세를 낳았으며 아므람의 나이는 백삼십칠 세였으며"(출6:20)

이 족보는 제사장 문서에 속한 것으로 이스라엘의 12지파 중에서 장자인 르우벤으로 시작하여 시므온, 레위 순서로 세 지파만을 소개한다.(창29:31-34, 49:3-5 참조) 그러나 중심은 레위 지파다. 레위의 후손인 게르손, 고핫, 므라리가 소개되고(16절) 다시 고핫의 아들들인 아므람, 이스할, 헤브론, 웃시엘이 나온다.(18절) 이어 아므람이 아버지 고핫의 누이 요게벳을 아내로 맞이하여 아론과 모세를 낳았다.(20절) 그러나 모세의 경우는 아들들의 이름은 생략된 채 본인 이름만 언급되는데 아론은 모세보다 앞서 이름이 언급되고 3대(代)에 걸친 가족의 이름이 소개되는 것이 특별하다. 아론의 아들들은 나답, 아비후, 엘리후, 엘르아살, 이다말이며(23절), 엘르아살의 아들은 비느하스이다.(25절) 이렇게 모세보다 아론의 가족이 중심적으로 소개되는 것은 아론도 모세와 더불어 출애굽 사건에서 핵심적인 하나님의 일꾼이며(26-27절) 특히 아론의 가족이 제사장 집안이기 때문에 제사장 계열의 저자가 부각하여 소개하였을 것으로 짐작한다.

# 출애굽기 7-11장

아슈도드의 흑사병(Nicolas Poussin - 'The Plague at Ashdod' 1630~31)

## 출 6:28-7:7 | 이적 예고

> "내가 바로의 마음을 완악하게 하고 내 표징과 내 이적을 애굽 땅에 많이 행할 것이나 바로가 너희의 말을 듣지 아니할 터인즉 내가 내 손을 애굽에 뻗쳐 여러 큰 심판을 내리고 내 군대, 내 백성 이스라엘 자손을 그 땅에서 인도하여 낼지라." (출7:3-4)

모세에게 바로에게 가서 당신의 말씀을 전하라는 사명을 다시 주시고(출6:28-29), 아론을 대언자(나비)로 세워주며 이스라엘을 끝내 해방시키겠다고 약속하는 이 대목(출6:30-7:7)은 사실 출3:16-22과 출4:10-17에서 이미 다룬 내용이다. 그러나 앞서 다룬 내용은 J문서(야훼스트 문서)와 E문서(엘로히스트 문서)이고 이 대목은 P문서(제사장 문서)에 속하여 비슷하지만 차이가 있다. 모세가 사명을 받고 아론을 대언자로 허락받은 곳이 앞에서는 '광야'였지만(출3:1-4) 이곳에서는 '애굽 땅'이다.(출6:28) 이 대목은 모세가 바로에게 백성들을 보내줄 것을 요청하다 거부당하고 재 소명 받은(출5-6장) 이후에 내려진 말씀으로 편집되었을 것으로 짐작한다.

이 부분의 주요 내용은 모세의 대언자로 세워진 아론이며(출7:1-2), 이스라엘을 해방시키고, 애굽 사람들에게 여호와를 알게 하기 위해 여호와께서 당신의 강한 손(하나님의 폭력, 핫짜카)을 펼쳐 행하실 여러 가지 이적에 대한 것이다.(출7:3-5)

이제 모세는 바로에게 신(엘로힘)이 될 것이다.(출7:1) 신적인 권위를 갖고 움직이며 하나님처럼 그의 말을 대언자를 통하여 알리게 된다. 그러나 이것은 모세가 자신의 능력으로 하는 일이 아니라 여호와께서 하실 일이다. 여호와께서 모세의 대언자로 아론을 세워주셨고 완악한 바로와 애굽에 큰 심판(쉐파팀)을 내리기 위해 이적을 행하실 것이다. 모세와 아론은 여호와께서 명령하신 대로 행하기만 하면 되었다.(출7:6) 이스라엘을 해방시키기 위한 하나님의 구원역사 준비는 모두 끝났다. 하나님의 도구인 모세와 아론이 순종하기만 하면 하나님의 구원역사는 성취될 것이다.(출7:8-10, 19-20, 8:5-6, 16-17, 9:22-23, 10:12-13 등 참조)

## 출 7:8-11:10 | 바로에게 내려진 재앙들

"그에게 이르기를 히브리 사람의 하나님 여호와께서 나를 왕에게 보내어 이르시되 내 백성을 보내라 그러면 그들이 광야에서 나를 섬길 것이니라 하였으나 이제까지 네가 듣지 아니하도다 여호와가 이같이 이르노니 네가 이로 말미암아 나를 여호와인 줄 알리라 볼지어다 내가 내 손의 지팡이로 나일강을 치면 그것이 피로 변하고"(출7:16-17)

여호와는 호렙산에서 모세를 처음으로 만나 당신의 해방계획을 알리면서 바로가 쉽게 이스라엘을 보내지 않을 것이며 여러 이적으로 애굽을 친 후에야 비로소 내보낼 것이라고 말씀하셨다.(출3:20 참조) 여기서 이적은 애굽에게 내려질 재앙을 암시한다. 이런 심판(쉬파팀, 판결, 선고, 재앙이라는 의미)은 여호와께서 바로의 마음을 완악하게 하시면서 히브리를 억압한 바로의 악행을 심판하는 하나님의 정의로운 폭력이다.(출4:21-23, 6:1, 7:3절 참조)

출7-11장에 언급되는 아홉 가지 재앙 기사는 정교하게 다듬어진

문학적 산물이라기보다는 백성들에게 구전(oral tradition)되어 내려온 이스라엘을 향한 하나님의 구원행동을 묶은 것이다. 아홉 가지 재앙은 애굽의 술객의 마술행위보다 하나님의 능력이 월등하고 탁월하다는 사실을 알리는 도입부분(출7:8-13)을 시작으로 1) 나일강이 피로 변하는 재앙(출7:14-24) / 2) 개구리 재앙(출7:25-8:15) / 3) 먼지가 모기(이)로 변하는 재앙(출8:16-19) / 4) 파리(등애) 재앙(출8:20-32) / 5) 가축의 악질 재앙(출9:1-7) / 6) 독종(피부병) 재앙(출9:8-12) / 7) 우박 재앙(출9:13-35) / 8) 메뚜기 재앙(출10:1-20) / 9) 어둠(암흑) 재앙(출10:21-29) 순서로 기술된 후 앞으로 시행될 열 번째 재앙인 장자 재앙을 선포하는 것으로 끝을 맺는다.

장자 재앙은 아홉 재앙의 연속이라기보다 이스라엘의 출애굽을 가능케 한 결정적인 사건이며, 전체 재앙 이야기(출7:14-11:10)의 요약 및 종결 기능을 하고 있다.

아홉 가지 재앙들은 특별히 신화적이거나 초자연적인 것이 아니며 나일강 유역에서 자연발생적으로 나타나는 현상이다. 나일강이 피로 변하는 첫 번째 재앙은 6-9월 중순까지 나일강이 범람하여 강유역의 열대성 붉은 흙이 다량 휩쓸려 유입되어 강물이 붉게 보이는 현상이다. 두 번째 재앙은 홍수 이후 9-10월(개구리 계절로 불림)에 다량의 개구리가 뭍에 올라와 박테리아의 번식으로 몰살당하는 경우이다. 세 번째 재앙은 나일강의 범람으로 10-11월에 모기 번식처가 생겨 모기떼가 급작스럽게 증가하는 현상이다. 네 번째 파리(등애) 재앙은 열대와 아열대 지역에서 파리 떼가 갑자기 증가했다가 사라지는 현상이다. 다섯 번째 재앙은 1월 초순부터 강물이 잦아든 후 가축을 방목하는데 이때 각종 질병으로 가축이 악질에 걸려 죽는 재앙이다. 여섯 번째 재앙은 파리들이 옮기는 '탄저병'으로 흔히 발생하는 피부병이다. 일곱 번째 재앙은 상(上) 애굽에서 기후변화로 수시로 우박과 번개가 발생하는 현상이며, 여덟 번째 재앙은 메뚜기 떼가 2-5월까지 계절풍을 따라 애굽으로 이동하는 현상이다. 아홉 번째 재앙은 3월 초에 발생하는데 사하라 사막 쪽에서 부는 아주 뜨겁고 건조한 남풍(캄신 khamsin 또는 사뭄 samum이라고 부름)이 심한 먼지와 모래를 동반하여 해를 가릴 정도가 되는 현상이다.

그러므로 학자들은 이런 재앙기사는 애굽의 나일강 유역에서 발생하는 자연 현상들을 하나님께서 그의 백성 이스라엘의 해방을 위해 행하신 위대한 행적들로 고백하며 모아놓은 것으로 이해한다.

재앙 현상에 대한 이와 같은 합리적 해석을 거부한다 할지라도 풀리지 않는 문제가 있다. 예를 들어 모세가 애굽의 모든 물을 피로 변화시켰을 때 애굽의 술객도 따라했는데 그들이 변화시킨 물은 어디 있던 물이었을까.(출7:14-23) 또 다섯 째 재앙으로 애굽의 모든 생축이 이미 다 죽었는데(출9:1-7) 일곱 째 재앙인 우박으로 죽게 된(출9:13-26) 그 생축은 어디 있던 것일까 등이다.

재앙 기사는 이와 같은 여러 가지 문제점에도 불구하고 네 번째와 다섯 번째 재앙사건을 제외하고는 '하나님의 명령->실행(순종)=이적 발생'이라는 도식으로 진행된다.

하나님의 재앙실행 명령은 참으로 비이성적이다. 그 명령에 순종하는 것도 우스워 보인다. 그런데 모세는 '네 지팡이를 잡고 물을 향해 팔을 내밀라'(출7:19), '네 지팡이를 잡고 물에서 개구리가 올라오게 하라'(출8:5), '네 지팡이를 들어 땅의 티끌을 치라'(출8:16), '재 두 움큼을 하늘을 향해 날리라'(출9:8), '하늘을 향해 손을 들라'(출9:22), '네 손을 내밀어 메뚜기를 애굽 땅에 올라오게 하라'(출10:12), '하늘을 향해 네 손을 내밀라(출10:21)'는 여호와의 명령에 순종한다. 그 결과 하나님의 이적 역사가 일어났다.

이러한 재앙 이적은 모세에 의해 일어난 것이 아니라 오직 하나님이 일으키신 것이며, 모세는 단지 수단이요, 도구요, 경험자일 뿐이다. 또한 네 번째와 다섯 번째 재앙은 여호와께서 구체적이고 적극적으로 그리고 사실적으로 일으키셨음을 강조한다.(출8:24, 9:6 참조)

> "여호와께서 그와 같이 하시니 무수한 파리가 바로의 궁과 그의 신하의 집과 애굽 온 땅에 이르니 파리로 말미암아 그 땅이 황폐하였더라"(출8:24)

여기서 중요한 것은 이런 재앙 이적들이 어떻게 일어날 수 있느냐가 아니라 이 재앙 이적들이 실행된 목적이 무엇인가이다.

재앙 실행의 일차적인 목적은 하나님의 백성인 이스라엘의 해방이다. 그러나 더 중요한 목적은 애굽의 바로와 그의 온 백성에게 여호와가 전능하신 지고신(至高神)임을 알리는 것이다. 당시 애굽 사람들은 바로(Pharaoh)를 하늘의 신(Horus)이 인간 왕이 되어 애굽을 통치하다가 죽으면 영원신(Osiris)이 되는 신격화된 존재로 믿었다. 바로에게 내려진 이런 재앙들을 통해 현인신(顯人神)인 바로의 신적 권위를 부정하며 여호와 하나님의 유일무이한 신성을 깨닫게 된다. 그래서 재앙기사에서 반복되는 것이 '내 백성을 보내라 그들이 나를 섬길 것이다'(출7:16, 8:1,20, 9:1,13, 10:3, 두 번째 재앙인 개구리 재앙부터는 바로가 백성들에게 가서 여호와를 섬기라고 말하기 시작한다. 출8:8,25-30, 9:27-28, 10:7-11,24-27 참조)라는 말씀에 이어 여호와의 명성을 세상에 알린다는 말씀이다.(출7:17, 8:10,19,22, 9:14,16,29, 10:2,14-17,25, 11:7 참조)

재앙사건은 애굽 사람들에게 이스라엘의 하나님이 갖고 있는 '이적 행위의 권능'을 통하여 바로가 참신이 아니라 여호와가 유일하신 하나님임을 나타낸다.

이 사실은 아론의 지팡이가 애굽 술객들의 지팡이를 삼킨 때에 이미 판결이 났다.(출7:12) 세 번째 재앙부터는 애굽 술객들이 따라하지 못하고 하나님의 권능을 시인했고(출8:18-19), 여섯 번째 재앙부터는 애굽의 술객들이 모세 앞에 서지도 못했다.(출9:11) 애굽 사람들은 이런 재앙을 통하여 그들의 식수와 음식, 건강이 타격을 받게 되자 비로소 이 모든 것이 여호와의 주관 아래 있음을 인식하게 되었다. 재앙기사의 처음과 마지막으로 나일강이 피로 변한 사건과 태양이 암흑이 되는 사건은 오직 여호와 하나님만이 참 신임을 강조하면서 바로에게 내려진 그 외의 모든 재앙들도 여호와의 위대한 능력행사라는 사실을 드러낸다.

재앙사건은 자연을 숭배하고 바로를 신격화하던 애굽 사람들이 신은 오직 여호와뿐임을 깨닫게 하였고, 여호와는 이스라엘뿐 아니라 모든 자연과 이방나라의 역사까지 주관하시는 유일하신 우주적, 역사적 주권자임을 알게 하였다.

여호와는 바로의 마음을 완악하게 하여 이 사실을 깨닫게 하셨다. 여호와가 바로의 마음을 완악하게 하신다는 것은 모세가 바로와 대결하기 이전에 두 번 언급되었다.(애굽으로 출발하는 순간 출4:21-23과 바로와 본격적으로 대결하기 직전 출7:1-5) 바로가 상당한 이적을 보고서도 이스라엘을 보내지 않는 것은 바로의 본성이 완악하기 때문이라기보다 여호와의 다른 목적 때문이라 할 수 있다. 이와 같은 사실은 '여호와께서 모세에게 말씀하심과 같았더라.'라는 구절이 증명한다.(출7:13,22, 8:15,19, 9:12,35 참조)

태양의 아들로 자처하는 애굽의 바로조차 전적으로 여호와 하나님의 장중에서 움직이며 애굽 땅에서 일어나는 모든 자연 재해나 역사적 사건도 여호와에 의하여 일어난다는 의미이다. 바로의 마음이 완악해서 재앙이 일어난 것이 아니라 여호와 하나님의 특별한 계획, 곧 이스라엘의 구원을 통하여 여호와라는 자신의 이름(쉠, 출15:3)을 온 세상에 알리려는 계획 때문에 여호와는 바로의 마음을 완악하게 하면서까지 애굽에 재앙을 내리신 것이다.

재앙이라는 '하나님의 폭력(핫짜카)'은 '하나님의 자기 계시'가 목적이다. 출애굽 사건은 하나님의 폭력으로 진행된 여호와 하나님의 자기 계시 사건이다. 여호와의 우주적 통치권을 강조하며 그를 섬기는 예배 공동체인 이스라엘을 태동시킨 사건이다. 이와 같은 사실은 출애굽 후에 바로의 마음을 완악하게 하여 이스라엘을 추격해 오던 애굽 군대를 진퇴양난에 빠지게 한 후 이스라엘로 바다를 육지처럼 건너게 하고 애굽 군대는 수장(水葬)시킨 사건에서 더 극적으로 나타난다.(출14:4,18 참조)

# 출애굽기 12장

약속의 땅으로 들어가는 민족 이집트로 들어가는 모습
(베델성서연구원 성서편)

## 출 12:1-13:16 | 여호와의 유월절

"내가 애굽 땅을 칠 때에 그 피가 너희가 사는 집에 있어서 너희를 위하여 표적이 될지라 내가 피를 볼 때에 너희를 넘어가리니 재앙이 너희에게 내려 멸하지 아니하리라 너희는 이날을 기념하여 여호와의 절기를 삼아 영원한 규례로 대대로 지킬지니라"(출12:13-14)

이스라엘을 해방하시는 여호와의 역사가 드디어 절정에 이른다. 아홉 번에 걸친 재앙(출7-11장)에 이어 예고되었던(출11:5, 9) 마지막 재앙인 애굽의 모든 장자가 살해되는 사건이 일어났다. 마지막 재앙은 앞서 실행되었던 아홉 가지의 재앙과 다르다. 여호와께서 모세나 아론을 중재자로 사용하지 않으시고, 자연환경을 이용하지도 않으시고 손수 '멸하는 자'(마쉬키트, 파괴자, 출12:23)가 되셨다. 더 중요한 차이점은 여호와께서 모세와 아론을 통하여 이스라엘 사람들에게 특별한 예식(유월절과 무교절)을 지키도록 한 이후에 마지막 재앙을 실행하셨다는 점이다.

출12장은 앞서 연이어 소개되던 재앙 이야기(출7-11장)를 일단 중단하고 '영원히 기념하여 지킬 절기'(출12:14-17)로서의 '여호와의 유월절'(Yahweh's passover, 출12:11, 27)에 대한 장황한 설명(출12:1-27)에 이어 이스라엘 백성들의 절기 실행(출12:28) 다음에 비로소 마지막 재앙 사건을 소개한다.(출12:29-36)

그리고 이스라엘은 마지막 재앙인 장자 살해사건으로 마침내 애굽을 떠나게 된다.(출12:37-42) 그러나 출12장은 이어 유월절(逾越節)의 규례(출12:43-51), 초태생(初胎生)의 구별(출13:1-2, 11-16), 무교병(無酵餠)에 관한 세칙(출13:3-10)을 연이어 소개하고 있어서 단순히 출애굽이라는 역사적이고 객관적인 사건을 알리는 것보다는 출애굽 해방 사건과 관련된 하나님의 유월절 절기에 대한 신학적 의미를 전하는 것에 초점이 있다고 여겨진다.

이스라엘이 영원히 기념하여 지켜야 할 여호와의 유월절 절기에는 서로 다른 배경을 가진 두 가지 전승이 하나로 묶여 있다. 곧 근동의 유목문화를 배경으로 하는 유월절(출12:1-14)과 가나안의 농경문화를 배경으로 한 무교절(출12:15-20)이다.

근동의 유목인들은 봄이 되면 집을 떠나 천막을 치며 유목생활을 시작하는데 그 첫날밤에 새끼 양을 잡아 그 피를 천막의 말뚝이나 포장에 뿌리는 관습을 지켜왔다. 유목생활 중 그들의 집과 가축을 위협하는 악령을 쫓고, 신에게 유목의 여정과 풍성한 소출을 기원하며, 가족들과 공동식사를 하면서 화합을 도모하기 위해서이다. 조상들이 반유목인이었던 이스라엘은 이 관습을 출애굽사건과 연관시켜 재해석했다.

이스라엘의 유월절(출12:1-14)은 한 해 첫 달인(출12:2) 아빕 월(포로기부터는 바벨론 식 이름으로 '니산'이라 함, 태양력 3-4월로 만물이 소생하는 봄철을 첫 달로 삼은 것이다.) 14일로(14일 저녁부터 15일 해지는 때까지), 그 달 10일에 가족당 한 마리의 흠 없는 일 년 된 새끼 양, 또는 새끼 염소 수컷을 희생 제물로 준비한다.(출12:3-5) 왜 10일인가는 이유가 분명치 않으나 성서에는 10일에 중요한 일이 행해졌다는 기록이 많다. 속죄의 날(욤 키푸르)이 7월 10일이며(레23:27 참조), 희년(요벨)을 선포하는 날 역시 7월 10일이다.(레25:9-10 참조) 또한 출애굽 한 이스라엘이 요단강을 건너 가나안 여리고(Jericho) 동편 길갈(Gilgal)에 진을 친 때도 1월 10일이었다.(수4:19 참조) 희생 제물은 나흘간 준비했다가 14

일 저녁(해질 무렵)에 잡아서 그 피를 문 좌우 설주와 인방에 바른다.(출12:6-7) 나흘간의 간격을 둔 것은 아마도 그 기간에 남자들이 할례를 행했던 관습 때문인 것 같다.

고기는 불에 굽고 누룩 없는 빵, 쓴 나물을 준비했다가 이 음식을 아침이 되기 전까지 다 먹어야 한다. 남은 것은 불살라야 하고, 먹을 때는 허리띠를 띠고 신을 신고 손에 지팡이를 잡은 채 급히 먹어야 한다.(출12:8-11) 이것은 미디안에 있던 모세가 여호와의 부르심에 응답하여 애굽으로 향할 때 이미 들었던 말씀이다. 여호와께서 그 밤에 애굽의 처음 난 것을 다 죽이고(출4:22-23 참조) 그들의 신들에게 벌을 내리시는데 희생의 피가 있는 이스라엘 집은 넘어가(passover) 재앙을 당하지 않도록 하기 위해서이다.(출12:12-14) '넘어갔다'는 히브리어 '페사'는 그 의미가 '보호하다' '동정심을 갖다' '건너뛰다' 등 다양하나, 헬라어 성서 70인역(LXX)과 라틴어 성서 불가타(Vulgate)에서 '넘어가다'(passover)로 풀이한 후 유월절(逾越節), 또는 과월절(過越節)이라는 표현이 생겼다.

무교절(출12:15-20)도 유월절처럼 본디 출애굽 사건과 무관한 농경 문화적 축제였다. 이스라엘 땅에서 태양력으로 3-4월은 보리 수확기다. 한 해의 첫 달인 아빕(Abib)은 귀(ears) 또는 보리의 이삭(穗)을 뜻한다.(출9:31, 레2:14 참조) 이런 보리 수확 계절에 한 해를 시작하면서 소출이 잘 되기를 빌며 잡귀의 영향력을 없애려고 행하던 농경 축제가 무교절의 기원이다. 무교절 7일 동안 먹어야 했던 무교병(마소트)은 특별한 떡이 아니라 누룩 넣을 사이도 없이 갑작스럽게 방문한 손님을 대접하는 데 쓰던 떡이었다.(창19:3, 삿6:19-22, 삼상28:24 참조) 뿐만 아니라 이 떡은 유월절과 관련 없이 여러 봉헌행사에 사용되었다.(출

29:2, 23, 레2:5, 11, 8:2, 26 참조)

무교절은 첫 달(아빕월) 14일 저녁부터 시작되는 유월절에 이어 일주일 동안 이어진 축제로(레23:5-6, 에6:19-22, 겔45:21 참조) 그 기간 동안 무교병을 먹었다.(출12:15-20) 누룩을 넣지 않는 떡을 먹는 것은 '누룩'은 일반적으로 부패의 상징이어서 희생제사에 사용하면 안 되는 것이지만, 여기서는 그런 의미보다는 누룩으로 떡을 부풀게 할 여유조차 없는 긴급한 상황이(출12:33-39) 애굽에서 나올 때의 상황과 일치하기 때문에 그 당시를 기억하기 위해서이다.

이렇게 '여호와의 유월절(유월절-무교절)'은 근동의 유목문화와 가나안의 농경문화에 배경을 둔 두 전승이 출애굽 사건과 연결되어 묶여진 것으로 보인다. 여호와의 유월절을 영원히 지켜야 하는 '이유'를 출애굽 사건과 관련하여 분명하게 밝히고 있다.

> "이 날에 내가 너희 군대를 애굽 땅에서 인도하여 내었음이니라"(출12:17)

여기서 '이 날'은 애굽에서 나온 날인 아빕(니산) 달 14일이 분명하다. 또한 이렇게 여호와의 유월절이 애굽에서 나온 날이 된 사실은, 이 절기를 지키는 세칙, 곧 '초태생(브코르, 장자, 맏물, 첫 열매)의 구별'과 '무교병에 관한 세칙'을 말하는 출13장에 이르러서(출13:3-16) 그 세칙 수행의 '이유'를 다시 밝히면서 확증된다.

> "이는(ki, 왜냐하면) 여호와께서 강하신 손으로 너희(우리)를 애굽에서 인도하여 내셨음이니라"(출13:9, 16).

여호와의 유월절은 두 가지 사건을 기념한다. 여호와의 멸하는 자

(마쉬히트, 파괴자)가 애굽 전역의 초태생을 죽일 때 유월절 짐승의 피가 문에 묻어 있는 이스라엘 집은 들어가지 않고 그냥 '넘어간'(passover)는 사건과, 초태생의 죽음으로 놀라서 '한밤중에' 깨어난(출12:30-31) 애굽 사람들이 이스라엘 사람들을 서둘러 내어보낼 때 그들이 너무 경황이 없어서(출12:33-34, 39) 누룩 없는 떡과 그 외 유월절 음식을 허리띠를 띠고 신발을 신은 채 지팡이를 짚고 급히 먹었던 사건이다.

그렇다면 여호와의 유월절 기사는 이렇듯이 출애굽 해방사건의 상황만을 전하고 있는가? 여호와의 유월절이 알리려는 신학적인 의미가 무엇인가?

첫째, 출애굽 해방을 위하여 유월절 짐승이 죽어야 했다는 사실(출12:5-7)에서 알 수 있듯이 출애굽의 구원역사는 '희생의 피'를 통해서만 가능했다. 십보라 사건(출4:20-26 참조)을 통해 예고되었던 대로 '희생의 피'가 이스라엘을 애굽에서 해방시키는 하나님의 구원을 이루었다. 유월절 짐승은 통째로 (머리와 다리와 내장까지) 불로 구워먹고 날로 먹거나 물에 삶지 않도록 하여(출12:8-9) 짐승의 모든 '피'를 다 배출하도록 하였다. 또한 그 '희생의 피'를 이스라엘 집 문 좌우 설주와 인방에 바르게 하여(출12:7, 22) 초태생의 죽음이라는 재앙을 당하는 애굽의 집과 재앙을 피하게 된 이스라엘의 집을 분명하게 구분하는 표시가 되었다.(출12:12-13, 21-23) 이 '피'는 이스라엘에게 있어서 '여호와 하나님의 보호의 피'이며, 생명과 죽음을 갈라놓는 기준이다. 이스라엘 집에는 이 '희생의 피'가 있었다. 그러나 이 '희생의 피'가 없는 애굽의 집에는 '초태생의 죽음'이 있었다. 이런 차원에서 출애굽 사건은 이중적이다. 여호와의 장자(브코르, 초태생)를 억압한 애굽인들의 초태생을 심판하는 사건이며 흠 없는 양(염소)의 희생의 피로 이스라엘 초태생이 대속되는 사건이다.

한밤중에 여호와가 바로의 장자로부터 옥에 갇힌 사람의 장자까지와 생축의 초태생을 치시매, 초태생의 죽음으로 애굽에 큰 호곡(체아카)이 일어났고(출12:29-30), 이에 바로는 '자기 앞에 다시 나타나면 죽일 것이다'고 하던(출10:28) 모세와 아론을 즉시 불러 애굽을 떠나 여호와를 섬기라고 하였다.

"이스라엘 자손은 일어나서(쿰!), 내 백성 가운데서 떠나서(체우!), 너희 말대로 가서(러쿠!) 여호와를 섬겨라(이브두 엘 야웨!)"(출12:31).

출애굽 사건은 애굽 땅에서 죄 없이 죽은 초태생의 죽음이 전제되어 있다. 억울한 애굽 초태생의 죽음이 이스라엘의 초태생을 살리고 애굽에서 나오게 하는 해방사건을 일으킨 것이다.

여호와는 이스라엘의 초태생(출13장에는 '브코르'와 같은 의미인 '첫 수확'이라는 의미의 '페테르'가 사용됨)을 구별하여 하나님께 바치라고 하셨다.(출13:2) 애굽의 초태생이 죽는 재앙 속에서도 이스라엘의 초태생은 여호와의 보호 속에 구원 받았기 때문이다. 짐승의 맏배나 곡식의 첫 소출을 신에게 바치는 것은 고대의 일반적인 풍습이었다. 특히 가나안 사람들은 자신의 맏아들을 번제물로 바쳤으며 심지어 이스라엘의 왕아 자기 아들을 불살라 바치는 경우도 있었다.(왕하16:3, 21:6 참조) 이스라엘에서는 이를 철저히 금지시켰으며(창22:1-14, 레18:21, 20:1-5, 신12:29-31 참조) 예언자들 역시 이런 행위를 강하게 비판하였다.(렘7:31, 19:4-6, 겔20:31, 23:37 참조) 이러한 상황에서 여호와는 모세의 입을 빌어 가나안 땅을 차지하게 되거든(출13:11) 초태생을 여호와께 바치되(출13:12), 모두 물러내어(파다, '되사다, 도로 찾다, 대속하다'는 의미. 민18:16에 의하면 제사장에게 성소 세겔로 다섯 세겔을 지불하면 되었다.) 인신제사의 희생이 되는 일이 없게 하라고 하셨다. 이 일의 목적이 출애굽 때 모든 초태생을 구하신 하나님의 해방에 감사하기 위해서이며 그 역사적 근거가 출애굽 사건에 있음을 분명히 하였다.(출13:14-15)

하나님 백성인 이스라엘의 해방에는 언제나 '희생적 고난과 죽음'이 전제되어 있다. 이것이 성서가 증언하는 하나님의 구원섭리다.(아담과 하와를 위한 가죽옷, 창3:21. 아벨의 죽음을 대신한 셋, 창4:25. 이스라엘 속죄제사제도, 레4장, 16장 등 참조)

그리고 예수 그리스도의 십자가 사건은 하나님 백성(이스라엘)을 해방시키는 유월절 사건의 절정이었다.(막14:16, 요1:29, 36. 고전5:7, 벧전1:19. 계5:6-13 참조)

둘째, 출애굽 해방사건을 무교병을 쓴 나물(메로린, 구체적으로 무엇인지 알 수 없다)과 함께 먹으며 기념하라는 것은(출12:8, 15-20) 애굽에서 겪었던 '고난'을 생각하고 출애굽 사건을 기념하라는 뜻이다. 그런데 왜 출애굽 해방의 기쁨을 '고난의 떡'을 먹으면서 기념해야 하는가?

'고난의 떡'을 먹지 않고서는 출애굽 구원의 기쁨은 결코 경험할 수 없다.

누룩으로 잘 부풀린 떡은 급박하지 않은 상황 곧 고난이 배제된 상황에서 만들어진다. 그러나 이스라엘의 출애굽 해방은 애굽 사람들이 재촉하는 바람에 누룩으로 떡을 부풀게 할 수 없던 긴급한 상황에서 일어났으며(출12:33-34), 따라서 그들이 먹을 수 있었던 음식이란 고작 발효되지 못한 무교병이었다.(출12:39) 그들의 애굽 노예생활은 쓰디쓴 고난의 경험뿐이었다.(출1:11-14) 그러므로 이스라엘 사람들은 무교병과 쓴 나물을 함께 먹으면서 그들이 애굽에서 겪었던 '고난'을 생각하고, 그 고난의 기억을 통하여 해방의 기쁨을 경험하게 될 것이다.

'유월절-무교절'은 본래 가장의 주도 아래 가정에서 행해지던 예식이었다. 각 가정에서 같은 시간에 같은 방식으로 이 예식을 행함으로 모두가 출애굽의 해방을 허락하신 한분 여호와께 감사예배를 드렸다. 그러나 이후 신명기학파의 개혁에 따라 '여호와께서 그 이름을 두시려고 택하신 곳'(신16:1-8)인 예루살렘 성전에서 순례축제(pilgrim festival)로 드려졌다. 이 축제를 통하여 이스라엘 사람들은 신16:3이 '고난의 떡'이라고 밝히는 '무교병'을 통하여 과거의 고난을 현재화하면서 출애굽의 기쁨을 경험하였다. 특히 본문(출12:1-13:16)은 예루살렘에서 유월절 절기를 지킬 수 없는 바벨론 포로 상황에 있던 제사장 문서 기자(P)에 의하여 기록된 것으로 분석된다. 바벨론 포로기에도 유월절 고난의 떡을 먹으며 포로생활에서 해방될 또 다른 출애굽(New Exodus)의 희망을 마음에 품고 해방의 날을 준비했을 것이다.

'고난의 떡'을 먹지 않고서는 출애굽의 기쁨을 결코 경험할 수 없다는 것은 십자가의 고난을 통하지 않고서는 부활이라는 구원은 불가능한 것과 일맥상통한다. 예수님은 제자들에게 '누구든지 나를 따라오려거든 자기를 부인하고 자기 십자가를 지고 나를 따를 것이니라.' 고 하셨고(막8:34), 부활하신 주님은 제자들을 고난의 현장인 갈릴리(Galilee)로 부르셨다.(막14:28, 16:7)

셋째, 유월절 예식의 진행 과정이 전하는 신학적 의미를 살펴볼 필요가 있다. 모세는 여호와께 '여호와의 유월절'(출12:11, 27), 곧 유월절(출12:1-14)과 무교절(출12:15-20)에 대한 설명을 듣고 이스라엘 장로들을 불러 유월절 양을 잡아 우슬초(히소프, 정화의식에 주로 사용되었던 박하류 식물, 레14:4, 6, 49, 52, 민19:6, 18, 시51:7 참조)에 '희생의 피'를 묻혀 문인방과 좌우 설주에 뿌리라고 명하였다.(출12:21-22) 그렇게 하면 여호와의 멸하는 자(마쉬히트, 파괴자)가 그 집에 들어오지 않고 넘어갈 것이다.(출12:23) 이스라엘에게 있어서 '피'는 생명의 본질이었다.(창9:4, 레17:11, 14, 신12:23, 시72:14 참조) 이스라엘의 집에 묻어 있는 '피'는 그들의 생명을 보호하기 위해 희생된 생명의 표식이었으며, 그 '희생의 피'로 인해 생명이 보존되었다. 특히 그 피를 집의 입구인 문설주에 바르는 것은 그 피로 말미암아 해방으로 들어서는 문의 입구에 서있음을 나타낸다.

유월절 예식이 진행되는 그 밤에는 아침까지 한 사람도 자기 집 문 밖에 나가지 말아야 했다.(출12:22) 보호의 표시 밖으로 나가는 것은 이스라엘이 하나님의 장자의 위치를(출4:22) 포기하는 것이며, 애굽 사람들처럼 여호와의 파괴자로부터 살해를 당하기 때문일까? 홍수의 심판에서 생존할 수 있는 길이 오로지 방주 안이었듯이 희생의 피가 있는 이스라엘 집 안 역시 유월절 밤의 대학살로부터 생명을 보호하는 보루(堡壘)이기 때문이다.

그러나 이러한 금지명령의 신학적 의미는 출애굽 해방사건의 주도권은 오직 여호와께만 있다는 사실과, 유월절 애굽 장자 살해는 이스라엘 사람들의 참여가 불허(不許)된 애굽의 악행에 대한 하나님만의 보복임을 나타낸다.

여호와는 이스라엘 사람들이 애굽 사람들의 악행에 자기방어를 한답시고 폭력을 쓰며 여호와의 폭력에 가담하는 것을 용납하지 않으셨다. 출애굽 해방사건은 오로지 여호와 홀로 주도하시는 일이며 인간의 보복을 용납하지 않으신 하나님의 보복행사이다. 이스라엘 사람들은 애굽 사람들(바로)의 악행에 대한 복수를 단념하라는 의미이다.

이스라엘이 악인들에게 할 일은 오직 주먹을 펴는 일이다. 예수님은 동태복수법을 폐기하시고 원수를 사랑하며 그를 위해 기도하라고 가르치셨다.(마5:38-48) 원수에 대한 보복은 여호와 하나님의 소관이다.(신32:35) 바울은 '원수 갚는 것은 하나님께 맡기고 원수가 주리거든 먹이고 목마르거든 마시게 하라'(잠25:21-22)며 악에게 굴복하지 말고 선으로 악을 이기라고 권면하였다.(롬12:14-21)

유월절 사건은 앞서 진행되었던 아홉 가지 재앙에 이은 또 하나의 재앙이 아니다. 이전 재앙과는 달리 모세와 아론이 애굽을 치시는 하나님의 중재자로 나타나지 않고, 또한 자연현상도 나타나지 않는다. 오로지 하나님께서 주도자가 되시어 직접 애굽의 장자를 살해하신다. 이와 같은 사실은 이미 모세를 통하여 바로에게 예고되었으며(출4:22-23, 11:4), 그대로 진행되었다.(출12:12-13, 23, 29) 애굽의 장자 살해는 히브리인들의 부르짖음을 들으시고(출2:24) 그들을 구원하기 위해 내려오셔서(출3:8) 모세를 바로 앞에 보내시면서 말씀하셨던 대로 바로의 폭력에 대한 여호와의 폭력(핫짜카, 강한 손, 출6:1) 행사였다. 유월절 사건은 이스라엘을 구원하시며 당신의 유일하신 신성을 나타내신 결정적 사건이었다. 이일을 위해 여호와는 모세와 아론을 통하여 바로 앞에서 아홉 가지 재앙을 행하셨고 바로의 마음을 강퍅하게 하여 유월질 밤이 이르도록 했던 것이다.(출11:9-10)

## 출 12:37-42 | 애굽을 떠나는 이스라엘

"이스라엘 자손이 라암셋을 떠나서 숙곳에 이르니 유아 외에 보행하는 장정이 육십만 가량이요 수많은 잡족과 양과 소와 심히 많은 가축이 그들과 함께 하였으며"(출12:37-38)

애굽의 모든 초태생을 죽이는 여호와의 유월절 사건(이것은 한밤중에 이루어진 바로에 대한 여호와의 폭력이다.)으로 바로는 모세의 요구조건을 무조건 승낙하였다.(출12:31-32) 이에 이스라엘 백성들은 모세가 일러 준 대로(출11:2) 애굽 사람들에게 은금 패물과 의복을 취하여 애굽을 떠난다.(출12:35-36) 일찍이  여호와께서 아브라함에게 하신 말씀의(창15:14) 성취이다.

이스라엘의 출애굽은 히브리인들이 집단으로 거주하였으며 강제노역의 현장(출1:11)으로 알려진 나일강 하류에 위치한 라암셋(Rameses)을 출발하여 숙곳(Succoth)에 이르는 것으로 시작되었는데, 그 인원이 보행하는 장정만 60만 가량이었다.(출12:37) '장정(壯丁)'으로 번역된 히브리어 '라그리 하게바림'은 '걸어 다니는 강한 남자들'을 뜻하며 전쟁에 참여하는 사람을 말한다. 이 숫자에 대하여는 논란이 많다. 장정 외에 여성, 어린이, 노인 등을 포함한다면 200만 명이 훨씬 넘는데 이 많은 사람들이 무리지어 이동하는 것이 과연 가능하였을까?(출12:41에 의하면 하루만에 애굽을 빠져나왔다.)

또한 애굽에 들어온 70명이 애굽에 머문 기간이 430년(출12:40, 창15:13에는 400년, 창15:16에는 네 세대, 출6:14-27의 족보에 근거하면 4~5대에 걸친 기간으로 나타난다.)인데 그 기간에 이렇게 번성하는 것이 과연 가능하였을까?

60만이라는 숫자는 이후에도 계속 나타난다.(출38:26, 민1:46, 2:32, 11:21 26:51 참조) 60만의 문제점을 해소하기 위해 다양한 방안이 제시되었는데 멘덴홀(Mendenhall)은 60만이라는 숫자 600엘레프(elef)의 '엘레프'를 1000이 아닌 '가족, 또는 지파'로 해석하여 '600의 싸움하는 부족들'로 이해하여야 한다고 보았다.(민1:16, 수22:14, 21, 30, 삼상23:23 참조) 성서의 기록은 객관적 사실의 보도가 아니라 신앙고백적 진술(confessional statement)이므로 60만에 관한 문제는 사실성에 대한 진위를 논하기보다는 하나님께서 이스라엘 조상들에게 하신 자손번성 약속의 성취로 해석하는 것이 타당할 듯하다.

이스라엘이 출애굽 할 때 함께 나온 '잡족'(에레브, 혼합된 무리)은 혈통적으로 아브라함의 후손이 아닌 여러 다른 민족(異族)이다.(민11:4에는 '섞여 사는 무리', 곧 '아사프스푸(asafsuf)' 라는 단어를 사용했는데 이것은 '에레브'를 지칭하는 동일한 단어다.) 그러므로 출애굽 사건은 아브라함의 후손만이 아니라 애굽의 히브리였던 다양한 종족이 여호와 하나님의 구원 역사로 이스라엘과 더불어 자유를 얻게 된 사건이다. 잡족(에레브)은 할례의식을 통하여 여호와 하나님께  신앙을 고백하여 유월절 예식에 참여하는(출12:43-51) 이스라엘 신앙공동체의 일원이 되었다.

애굽에 거한지 430년이 마치는 그날 밤에 출애굽 하는 이스라엘은 만군의 여호와(야훼 체바오트, 삼상1:3, 15:2, 17:45)께서 히브리를 억압했던 바로와 싸워 승리한 기쁨을 누리는 '여호와의 군대'로 보무당당하게 약속의 땅을 향해 나왔다.(출12:40-41) 이제 이스라엘은 자손대대로 이 밤을 여호와께서 하신 일을 기념하는 특별한 밤(유월절)으로 지키게 된다.(출12:42)

# 출애굽기 13장

홍해를 건너는 이스라엘 아이들(Frederic Schopin - 'the Children of Israel Crossing the Red Sea')

## 출 13:17-22 | 바다에 이르는 광야길

"바로가 백성을 보낸 후에 블레셋 사람의 땅의 길은 가까울지라도 하나님이 그들을 그 길로 인도하지 아니하지 아니하셨으니 이는 하나님이 말씀하시기를 이 백성이 전쟁을 하게 되면 마음을 돌이켜 애굽으로 돌아갈까 하셨음이라 그러므로 하나님이 홍해의 광야 길로 돌려 백성을 인도하시매 이스라엘 자손이 애굽 땅에서 대열을 지어 나올 때에"(출13:17-18)

본문은 적어도 두 개의 자료 곧 '하나님'이라는 명칭을 사용한 E문서(17-19절)와 '여호와'라는 명칭을 사용한 J문서(20-22절)를 하나로 묶어 애굽을 탈출한 이스라엘의 처음 경로를 알려준다. 하나님께서는 람세스에서 출발하여 숙곳에 이른(출12:37) 이스라엘을 '블레셋 사람의 땅으로 가는 길'이 아닌 '홍해바다에 이르는 광야길'로 돌아가게 하셨다.(출13:17-18) '블레셋 땅으로 가는 길'(이 이름은 출애굽보다 후대에 붙여졌다. '바다로 가는 길'이라고도 함, 사9:1 참조.)은 애굽에서 시작하여 시내 반도의 북쪽 끝인 지중해 해안을 따라(라틴어로 Via Maris '해안길'이라고 부름) 가나안(팔레스틴)을 거쳐 소아시아, 메소포타미아까지 이어지는 당시 국제교역로(國際交易路)이다. 애굽에서 가나안에 이르는 가장 짧고(도보로 4-5일 거리이다.) 가장 편한 직통 길이다. 그러나 이 길은 제국의 왕들이 전쟁을 할 때 이용하던 군사도로(royal road)였기에 군사요새들이 많이 있었다. 이스라엘의 이동경로 중 하나인 '수르'(Shur, 출15:22, 창16:7, 20:1, 25:18, 49:22, 삼상15:7, 27:8 등)도 그 의미가 '담, 성벽'이므로 군사요새 중의 하나로 추측된다.

하나님은 이스라엘이 편하고 가까운 길로 가다가 전쟁에 휘말려 애굽으로 돌아가는 선택을 할까봐(민14:3-4 참조) 편하고 가까우나 장애

요소가 있는 길 대신 멀고 험한 광야 길로 인도하셨다.

'홍해바다에 이르는 광야길'에서 '홍해바다'는 히브리어로 ים סוף(얌 수프) 곧 '갈대바다(reed sea)'이다. 갈대(스푸, 파피루스)가 무성히 자란 물가를 연상시킨다. 갈대는 주로 습지에서 자란다. 그러므로 소금기가 많아 갈대가 잘 자라지 못하는 홍해(red sea)라기보다는 나일강 하류 델타지역의 팀사 호수 (Timsah lake)근처로 추측한다.

'얌 수프'가 '홍해'로 바뀌게 된 것은 70인역(LXX)에서 이를 *ερυθρα θαλασσα*(eruthra thalassa, red sea)로 번역한 이후이다.(행7:36, 히11:29 참조)

오늘날 정확히 출애굽 경로가 어디인지를 확인하는 것은 불가능하다.(출12:37의 '숙곳', 출13:20의 '에담', 출14:2의 '믹돌', '비하히롯' 이라는 지명들의 위치도 확인이 불가함) 그러나 이것이 출애굽 사건을 이해하는 데 방해가 되지는 않는다. 출애굽 사건의 요점은 지리학적 확인이 아니라 신학적 의미 찾기에 있기 때문이다.

이스라엘 백성은 애굽에서 나올 때 대열을 지어 나왔다.(출13:18) '대열'이라는 히브리어 '하무심'의 뜻이 '단단히 무장하고'에서 알 수 있듯이 이들은 오합지졸(烏合之卒)이 아니었다. 이들은 전쟁을 치를 수 있는 군대조직을 갖추고 나왔다. 이것은 유월절 밤에 급하게 애굽을 빠져나온 상황(출12:31-34, 39)과 일치하지 않는다. 그러므로 '대열'을 지어 나왔다는 것은 무기로 무장하고 전투대형을 갖추었다기보나는 출애굽한 이스라엘은 하나님께서 인도하시는(출13:17-18) '여호와의 군대'이어서(출12:41), 그 어떤 장애에도 두려움 없이 앞을 향해 행진하였다는 의미로 해석한다.

이스라엘은 애굽을 떠나면서 요셉의 해골(아체모트, 유해)을 가지고 나와서(출13:19) 그의 유언(창50:25 참조)을 지켰다. 요셉의 기대대로(창50:24 참조) 그 백성을 가나안으로 인도하시겠다는 하나님의 약속이 성취되었다.

하나님의 인도하심에 따라 이스라엘은 홍해에 이르는 광야 길로 행하여 에담(Etham)에 장막을 쳤다.(출13:20) 이런 이스라엘의 여정에 여호와 하나님은 이들이 밤낮으로 행군할 수 있도록 낮에는 구름기둥으로 밤에는 불기둥으로 인도하셨다.(출13:21-22) '구름기둥과 불기둥'은 성서 여러 곳에 나타난다.(구름기둥과 불기둥이 함께 나타나는 구절은 민14:14, 느9:12, 19, 구름기둥만 나타나는 구절은 출14:19, 시99:7) 불과 구름은 하나님의 임재를 상징한다.(출19:16-18, 24:15-18, 33:7-11, 34:5 등 참조) 구름기둥과 불기둥은 이스라엘의 광야여정에 여호와께서 함께 계시며 그들을 인도하신다는 강력한 증거다.

학자들은 기둥(아무드)은 솔로몬의 성전 전면에 세워져 있던, 곧 성전제사(축제)가 진행될 때 불을 밝혔던 보아스(Boas, '힘'이라는 의미)와 야긴(Jachin, '그가 설 것이다'라는 의미)으로 알려진 두 놋 기둥에서 유래했거나(왕상7:15 참조), 번제단에서 솟아오르는 불꽃과 연기에서 유래된 표현으로 본다. 따라서 구름기둥과 불기둥은 서로 구분되는 것이 아니라 하나님의 현존을 가리키는 표지라고 할 수 있다. 모세가 꺼지지 않는 떨기나무 불꽃 가운데 계시는 하나님을 만났던 경험(출3:2-3)을 이제 출애굽한 이스라엘이 광야 길에서 경험하고 있다.

낮에는 구름기둥, 밤에는 불기둥이 백성 앞에서 떠나지 않았다는 사실은(출13:22) 모세에게 이스라엘을 구원하시겠다고 말씀하셨던 여호와 하나님이 이제 그들을 해방시키시고 그들을 약속의 땅으로 인도하신다는 증거이다. 이와 같은 사실은 애굽 군대가 이스라엘을 추격하여 왔을 때 그들을 막은 것이 구름기둥이며(출14:19-20), 가나안으로 향하는 이스라엘 행진을 구름이 이끌고(민10:11-12), 모세에게 해야 할 일을 여호와께서 구름 가운데 계시면서 지시하셨다는 사실을 통하여 확인할 수 있다.(민11:24-25)

광야(미드발)는 척박한 불모의 땅이다. 낮에는 이글거리는 태양열에 떨기나무가 쉽게 사라지지만, 땅거미가 지면 급격히 기온이 내려가 온몸을 떨게 하는 추위가 엄습한다. 물과 음식을 쉽게 구할 수 없고, 야생짐승의 습격에 노출되어 생존하기 어려운 곳이다. 그러나 여호와는 출애굽한 이스라엘을 젖과 꿀이 흐르는 약속의 땅 가나안으로 인도하시면서 편하고 가까운 블레셋 길이 아닌 광야 길로 인도하셨다. 전쟁이 일어나면 애굽으로 돌아갈까 염려했기 때문이라지만(출13:17) 단순히 이런 이유 때문이었을까? 어쨌든 이스라엘의 광야생활은 40년 동안 이어진다. 이스라엘은 광야에서 생활하는 동안 무장한 적에게 공격을 받고(출14장, 민21:1 참조), 목마름의 시련도 겪으며(출15:22-23, 민20:2-3 참조), 굶주림에 시달리기도 했다.(출16:1-3, 민11:4-6, 21:5 참조)

이런 열악한 상황에서 이스라엘에게 닥친 가장 심각한 위험은 '환(還) 애굽' 움직임이었다. 출애굽으로 자유를 얻었지만 광야는 그들에게 육체적 정신적 안정을 허락하지 않았다. 광야 여정이 목마르고 배고프고 불안하고 고통스럽기 때문에, 비록 억압은 있었지만 물과 양식을 제공받으며 절대 권력자 바로의 신민으로 보호를 받던 애굽으로 되돌아가고 싶었다. 그들 중 일부는 모세의 지도권을 부정하고, 여호와 하나님을 부인하며 온갖 불평불만으로 각종 시위를 벌였다. 이런 '환 애굽' 움직임은 출애굽기보다 민수기에서 빈번하게 발생한다.(민

12:1, 13:26-33, 14:26-35, 16:1-35, 21:4-9 참조)

광야에서 어려움을 겪을 때마다 백성들은 모세에게 불평을 터뜨리고 하나님의 도움을 요청하며 부르짖었다.(체아카) 이때마다 하나님은 문제를 해결해주시며 끝내 가나안 땅으로 그들을 인도하셨다. '애굽'이 히브리들이 바로에게 억압당하던 땅이었다면, '가나안'은 하나님께서 그들 조상들에게 하셨던 약속을 실현시켜 새로운 공동체를 세우는 터전이다. '광야'는 하나님께서 애굽에서 이끌어낸 그들의 자유와 삶을 근본적으로 위협하는 여러 요소들을 해결해주면서 그들을 하나님의 백성, 곧 이스라엘로 훈련시켜 가나안으로 들어가게 하는 교육의 현장이었다. 광야는 이스라엘이 생존을 위협받을 때마다 자신들의 무력함을 고백하고 하나님을 찾으며 그분의 말씀에 귀 기울이고 그분의 도움을 갈망하면서 생명의 하나님을 체험하는 은혜의 현장이었다. 하나님은 이 일을 위해 출애굽한 이스라엘을 광야로 인도하셨다.

진정한 자유(해방)을 얻기 위해서는, 약속의 땅 가나안으로 들어가기 위해서는 반드시 광야를 거쳐야 한다. 부활에 참여하기 위해서는 광야의 이스라엘이 그러했듯이 하나님의 말씀에 귀 기울이며 그분만을 섬기고 그분의 뜻대로 행하여야 한다. 그렇게 예수 그리스도의 십자가의 길에 동참해야 한다.

# 출애굽기 14장

이집트로 떠나는 모세 (Pietro Perugino - 'Moses Leaving for Egypt' 1482)

## 출 14:1-31 | 바다(얌 수프)에서 행해진 하나님의 구원행동

> "내가 바로의 마음을 완악하게 한즉 바로가 그들의 뒤를 따르리니 내가 그와 그의 온 군대로 말미암아 영광을 얻어 애굽 사람들이 나를 여호와인 줄 알게 하리라 하시매 무리가 그대로 행하니라"(출14:4)

오경(五經, Pentateuch) 또는 육경(六經, Hexateuch)은 본래 서로 독립적으로 따로 존재한 것이 아니다. 여러 전승들, 곧 출애굽 전승, 가나안 점령 전승, 족장 전승, 광야 전승, 시내산 전승을 연대기적으로 정리하여 '하나님의 약속과 성취'라는 하나의 연속성 있는 '하나님의 위대한 구원행위의 역사'(원역사-족장사-출애굽-시내산 계시-광야생활-가나안점령)로 만들어 놓은 '신앙 고백적 역사서'라는 것이 구약성서학자들의 공통된 주장이다. 이러한 하나님의 위대한 구원행위는 '이스라엘 형성'을 위한 것이며 그 중에서 가장 중요한 행위가 '출애굽 사건'이다. 그 중에서도 '바다에서의 구원행위'인 본문이 가장 중요하다고 학계에서 널리 인정하고 있다.

바다에서 일어났던 하나님의 위대한 구원행위의 전개과정은 다음과 같다.

1) 여호와께서 광야로 이끌던 이스라엘 백성의 행하던 길을 돌이켜(슈브, return) 바알스본(Baal Zephon) 맞은 편 바닷가에 장막을 치게 하셨다. 출애굽 이후 숙곳(출12:37), 에담(출13:20)에 이어 세 번째로 장막을 치는 것이다. 본문의 의도는 이스라엘의 출애굽 경로를 정확히 알리려는 것이 아니라 이스라엘이 광야에서 길이 막혀 헤매고 있는 진퇴양난(進退兩難)의 상황에 처했음을 알려준다.(1-3절)

2) 여호와께서 바로의 마음을 완악하게 하여(하자크) 강력한 전열을 갖춘 군대로 진퇴양난에 빠진 이스라엘을 추적(追跡)하도록 하였다.(4-9절, 출14장에는 '하자크'가 세 번 반복되어 있다, 4, 8, 17절 참조) 이스라엘이 처한 위기는 그들의 잘못 때문이 아니라 철저히 여호와 하나님에 의한 것이다. 여호와께서 이스라엘 백성들을 바닷가에 장막을 치게 하고 바로의 마음을 완악하게 하여 애굽 군대로 추적하도록 하셨다.

3) 앞에는 바다, 뒤에는 군대의 추적으로 진퇴양난에 빠진 이스라엘 백성들이 여호와께 부르짖으매(체아카) 이스라엘을 구원하셨다.(10-31절) 이스라엘의 부르짖음은 출1장부터 이어져 온 바로의 억압(강제 노역, 유아학살, 노동력 착취, 해방의 요청에 대한 거부 등)으로 이스라엘이 극한의 한계상황에 도달했을 때 시작되었다.

하나님의 위대한 구원행위가 증언하려는 신학적 메시지는 무엇인가?

우선 하나님의 위대한 구원행위는 전적으로 하나님 자신의 구원의지에 의해 시작된다. 진퇴양난의 위기에 빠진 이스라엘이 여호와께 부르짖자 즉시 그들을 바다에서 구원하셨다. 이스라엘을 바다에서 구원하신 것은 처음부터 하나님의 의지였다.

둘째, 그렇다면 하나님의 구원의지로 시작된 이스라엘의 구원행위의 목표는 무엇인가? 여호와는 출7-11장까지의 열 가지 재앙을 통하여 재앙의 목적이 여호와 자신의 신성(monotheism)을 애굽에 알리는데 있음을 강조하였다.(출7:17, 8:10, 19, 22, 9:14, 16, 29, 10:2, 14-17, 25, 11:7) 신격화된 바로가 참신이 아니라 여호와 자신이 유일한 하나님임을 나타내려 하셨다. '바다에서의 구원행위'는 이와 같은 여호와의 신성을 극적으로 나타낸 행위였다. 앞에는 바다와 뒤에는 군대의

추격이라는 위기 상황에서 이스라엘을 구원하심으로 당신의 신적 영광을 나타내셨다.(4, 17-18, 31절)

셋째, 눌림 받는 자의 '부르짖음'이 하나님의 위대한 구원행위를 충동하는 기폭점이 된다. 구약에서 '부르짖음'(체아카)은 전문적인 법적 용어로 권리를 침해당한 자가 도움을 요청할 때 부르짖는 외침이다. 지금 이스라엘은 사회적, 정치적, 법적 권리를 보호받을 수 있는 상황에서 부르짖는 것이 아니다. 그들은 정당한 법적보호를 요청할 수 없는 '히브리'의 신분으로 오로지 하나님께 부르짖을 수밖에 없다. 본문의 부르짖음 역시 바로라는 억압자가 악에 충만하여 쫓아낸 무임금(無賃金) 노동자들을 군대를 동원하여 다시 붙잡으려고 최후 발악을 하는 가운데 발생하였다. 극한적 한계상황에서 일어난 부르짖음이었다.(10절) 이런 의미에서 이들의 부르짖음은 종교적 관습에 의한 습관적인 부르짖음이나, 또는 정당한 권리를 요구하는 안정된 사회적 신분자의 부르짖음과는 다르다. 사회적으로나 법적으로 누구에게도 하소연할 수 없어 오직 하나님께 사정을 아뢰고 도움을 요청하는 부르짖음, 곧 한(恨)의 소리였다. 그런데 이 부르짖음이 하나님의 구원행위를 이끌어낸다.(출2:23-24, 3:7-8, 9-10, '부르짖음-〉 구원'이라는 도식은 이스라엘의 가장 오래된 역사신조인 신26:5-9에도 나타난다.)

넷째, 하나님의 구원행위는 철저하게 신인협력(神人協力)을 거부한다. 바로의 군대가 추격하는 상황에서 이스라엘은 전쟁에 대비하고 참여하는 것이 아니라 오직 두려움 없이 여호와께서 그들을 위하여 행하시는 일을 보면서 서 있을 뿐이었다.(13-14절) 지도자 모세 역시 바다 위로 팔을 내미는 것 말고 할 수 있는 일이 없었다.(16절) 팔을 처음 내밀었을 때 여호와께서 큰 동풍(베루하흐 카딤)으로 밤새도록 바닷물을 물러가게 하여 마른 땅이 되게 하셨다. 동풍은 아라비아 사막에서 불어오는 건조한 바람으로 이 바람으로 바다를 육지처럼 말리신 것은 여호와의 창조적 능력과 우주적 주권을 나타낸다.(창1:2, 8:1 참조) 드디어 이스라엘 백성들이 바다를 육지처럼 건넜다. 이어 뒤따르던 바로의 군대가 바다 가운데 들어왔을 때 불과 구름 기둥 안에 계시는 여호와께서 그들을 어지럽게 하고('하맘'은 '정신이 산만하여 혼란에 빠지다'는 의미) 병거 바퀴들을 수렁에 빠뜨려 도망치게 하셨다. 여호와의 명령으로 모세가 팔을 다시 바다 위로 내밀자 물이 제자리로 돌아오면서 바로의 군대를 하나도 남김없이 덮었다.(21-29절) 그 날 여호와께서 이렇게 이스라엘을 애굽 군대로부터 구원하셨으며(30절), 이스라엘 백성들은 바닷가에 처참하게 널려 있는 애굽 군사의 시체를 목격하며 여호와께서 애굽 사람들에게 행하신 큰 일(하야드 하그돌라, 위대한 능력)을 보고 여호와를 경외하게 되었다.(31절)

하나님의 위대한 구원행위는 신인합작(神人合作)으로 이뤄지는 것이 아니다. 이러한 '신인협력의 거부'는 진정한 인간구원은 왕권의 힘이나, 정치권력이나 무력전쟁, 또는 국제간의 전략무기의 평형이나 감축 등 인간적인 힘의 논리에 의하지 않고, 오로지 하나님 홀로 수행한 일이라는 사실을 증언한다.

그렇다면 하나님의 위대한 구원행위에 인간은 아무 것도 하지 않아도 될까? 그렇지 않다. 인간은 여호와 하나님에 대한 '절대 신앙'을 갖고 있어야 한다. 추격한 바로의 군대 앞에 이스라엘 백성들은 '두려움 없이 확고히 서야 했고'(13절), 모세는 여호와의 명령에 순종하여 '팔을 바다 위에 내밀어 바다를 갈라야 했으며'(16, 21, 26-27절), 백성들은 '바다 가운데를 마른 땅처럼 걸어야' 했다(15, 29절). 하나님의 위대한 구원행위는 인간의 능력에 의한 것이 아니라 여호와 하나님께 대한 절대적 신뢰에 좌우된다.

마지막으로 여호와 하나님은 억압받는 자의 편이 되어 정치권력과 싸우는 '거룩한 전사'(the Divine warrior)이시다.(14, 25절) 여호와께서 편드신 이스라엘은 어디까지나 '도망치는 히브리'(출14:5)이며, 이들을 추적하는 자들은 신격화된 절대 권력자 바로(the great house 라는 의미로 신성화된 존재다.)의 군대다. 여호와는 도망치는 히브리 편이 되어 바로의 군대를 바다에 몰살하신다. 앞서 행한 10가지 재앙을 통하여 당신의 신성을 드러내신 여호와께서 이제 히브리를 편드는 거룩한 전사가 되어 바로의 군대를 치신 것이다. 거룩한 전사로서 여호와는 도망치는 히브리를 추적하는 군대의 길을 막거나(19절), 그들을 바다에 처넣으므로(27-28) 억압받는 자들을 지키고 구원하신다. 하나님의 위대한 구원행위는 일방적으로 이스라엘을 편들어 바로의 군대를 무참히 바다에 수장시키는 비인도적 전쟁행위가 아니라 분명한 '방어전'(防禦戰)의 성격을 띤다. 그러므로 여호와의 구원행위에 대한 '마르시온적' 평가는 오해다. 마르시온이 비판했던 것처럼 여호와는 무섭게 진노하시고 죽이시는 잔인한 전쟁의 신이 아니다.

또한 여호와는 바로의 군대를 패배시키므로 신격화된 바로와 신성화된 그의 왕권을 무력화시킨다. 고대 제국주의의 정치권력의 신성화를 거부하며 오직 여호와만이 하나님이심을 나타내신다.(4, 17-18, 31절) 거룩한 전사로서 여호와의 전쟁은 약자 보호의 전쟁이다, 하나님의 위대한 구원행위는 '억압받는 자를 구원하는 행위'라는 특징을 지니고 있다.

# 출애굽기 15장

모세와 놋뱀, 참나무에 기름
(anonymous Flemish painter - 'Moses and the Brass Serpent, oil on oakwood' 17C)

## 출 15:1-21 | 바다의 노래(詩)

"여호와는 용사시니 여호와는 그의 이름이시로다"(출15:3)
"여호와께서 영원무궁 하도록 다스리시도다."(출15:18)

진퇴양난의 위기에서 극적으로 여호와의 구원을 경험한 이스라엘이 기쁨에 겨워 하나님을 찬양한 '바다의 노래'에는 두 개의 시가 담겨 있다. '모세의 노래'(1-18절)와 모세(아론)의 누이 '미리암의 노래'(21절)다. 이 '바다의 노래'는 '아론의 누이 선지자 미리암이 손에 소고를 잡으매 모든 여인도 그를 따라 나오며 소고를 잡고 춤추니'(출15:20)에서 알 수 있듯이 '예배의식'에서 사용된 '제의적 찬송시'가 분명하다. 출15:21의 미리암의 노래는 출15:1-18의 '바다의 노래'가 시작되는 도입문(導入文)이라 할 수 있다. 이 시에는 '블레셋 거민'(14절)이 등장하고, 14-15절은 이스라엘이 가나안 진입할 당시 상황을 암시하므로 모세 시절에 지어졌다고 보기는 어렵다. 학자들은 이 시가 왕조시대 이전에 편집된 고대(古代)의 시로 알려진 창49장, 출15장, 민23장, 24장, 신33장, 삿5장 중 하나로 기원전 12-11세기에 지어졌으리라 추측한다. 이 시를 '바다의 사건'(출14장) 바로 뒤에 편집해 놓은 이유는(삿4-5장도 편집형태가 동일하다.) 이스라엘이 하나님의 위대한 구원행위를 기억하고 그들의 신앙을 굳건히 지키도록 하기 위해서였을 것이다.

바다의 노래는 내용상 다음과 같이 구분할 수 있다.

1) 위대한 권능으로 바로의 병거와 군대를 돌처럼 바다에 잠기게

하신 여호와 하나님께 대한 찬양(1-12절),

2) 가나안에로의 인도(13-16절),

3) 성소에서 영원히 통치하시는 여호와에 대한 고백(17-18절)

13절에서 이스라엘을 '구속하신 백성'이라고 할 때 '구속하다'의 히브리어 '가알'은 법률용어로, 종을 자유롭게 해주기 위해 대가(代價)를 치르는 행위를 말한다.(룻기의 '고엘' 곧 '기업 무를 자' 참조) 이스라엘이 애굽에서 구원받은 것은 애굽 장자들과 유월절 어린양의 죽음이 전제되었다는 의미다. 또한 13절의 '주의 인자하심(헤세드)으로 주께서 구속하신 백성을 인도하시되 주의 힘(오즈)으로 그들을 주의 거룩한 '처소'(나바)에 들어가게 하시나이다.'에서 '처소'는 17절의 하나님의 처소인 '성소'를 지칭하는 '처소'(야샤브)와는 의미가 다르다. 유목인들이 확정된 거주지(목초지, 시23:2, 렘23:10 참조), 곧 광야생활을 마감하고 들어간 약속의 땅 가나안으로 보아야 한다. 14절의 '여러 나라', '블레셋', 15절의 '에돔 두령들', '모압 영웅', '가나안 주민'이 이스라엘에 대하여 두려움에 사로잡혔다는 사실이 이를 뒷받침한다

'바다의 노래'의 핵심 사상은 '여호와는 바로의 말과 그 탄 자(기병)들을 바다에 던지시는'(1, 21절) '용사시다'(3절)라는 말로 축약된다.

'여호와는 용사시다'(야훼 이쉬 밀하마, Yahweh is the Divine Warrior)

이 사상은 기독교 역사 속에서 전쟁에 대한 몇 가지 오해를 불러 일으켰다. 이를 근거로 기독교 국가들이 일으키는 전쟁을 '성전'(聖戰, 여호와가 싸워주시는 거룩한 전쟁)이라며 그 정당성을 찾으려 했고(중세기의 십자군 전쟁, 근세기 미국의 이라크 침공 등이 대표적이다.), 또한 마르시온적으로 이해하여 구약의 여호와 하나님은 잔혹한 전쟁의 신이기에 신

약의 사랑의 하나님과는 차이가 있다고 구별하려고도 했다.

과연 구약성서의 여호와 하나님은 피비린내 나는 살육의 신이신가? 이스라엘의 가나안 정복은 '이방민족을 진멸하라!'(신7:1-2의 헤렘법)는 전쟁의 신인 여호와의 명령에 따른 '거룩한 전쟁'의 결과인가? 다윗왕조가 영토 확장을 위해 주변 국가들에게 자행한 폭력적 전쟁을 정당한 것으로 받아들여야 하는가? '바다의 노래'가 전하는 신학적 의미는 무엇이며, '거룩한 전쟁 용사'로서의 여호와 하나님의 이미지는 어떤 의미를 갖고 있는가?

성서의 시(노래)는 실제역사(real history)를 근거로 작성되었다. 비록 성서의 기록이 역사에 대한 객관적 보도가 아니라 후대에 신화화(mythologization of history)한 것일지라도 '바다의 노래'(출15장)는 '바다의 사건'(출14장)에 대한 최초의 증언이다. 이를 근거로 '바다의 노래'를 이해해야 한다. '여호와는 용사시다'(야훼 이쉬 밀하마, '이쉬'는 '사람', '밀하마'는 '전쟁'을 의미한다. 출15:3)라는 신앙을 나타내는 '바다의 사건'(출14장)은 몇 가지 중요한 주제를 담고 있다.

우선 여호와의 전쟁은 약자를 돕는 방어전(defensive war)이었다.

바다의 사건은 신격화된 절대 권력자 바로 군대의 추격으로부터 도망치는 난민 히브리들을 여호와께서 보살피기 위해 펼친 방어전이었다. 이스라엘은 철저한 약자요, 그들을 추격하는 군대는 막강한 힘을 갖고 있는 바로의 군대다. 여호와는 도망자들의 편에서 그들을 위해 대신 싸워(출14:14, 25) 추격자들을 바다에 수장(水葬)시켰다. 여호와의 원수(아야브, 출15:6)는 이스라엘을 추격하는 바로와 그의 군대요, 이들은 또한 도망치는 난민의 원수다. 여호와의 전쟁은 억압을 위한 지배 이데올로기가 아니라 눌린 자들을 보살피고 해방시키는 해방 이데올로기 전쟁이었다. 여호와가 용사이신 전쟁은 이스라엘의 가나안 땅 진입의 성격을 바르게 이해하도록 한다. 가나안 정착을 위한 전쟁(거룩한 전쟁)은 결코 지배와 정복 이데올로기의 산물이 아니다.

참고 | 가나안 전쟁에 대한 학계의 3가지 이론

1. 군사 정복설(de Vaux의 주장)

여호수아서를 근거로 한 이론으로 여호수아의 영도 아래 출애굽한 이스라엘 백성들이 여리고(Jericho)와 아이(Ai) 등 중부지역을 점령하는 것으로 시작하여 남부에 이어 북부까지 점령하였다. 그러나 수2-12장의 정복기사는 12지파 전체의 이야기라기보다는 베냐민 지파의 정복 이야기다. 여호수아는 베냐민 지파의 지도자에서 전체 이스라엘의 영도자로 부각되었다. 가나안에는 다윗 시대까지도 완전히 정복되지 않은 도성들이 있었고(삼하5:6-9 참조), 고고학적 발굴 결과, 여리고와 아이는 이스라엘의 가나안 정착기간인 기원전 13세기보다 훨씬 오래 전에 파괴된 도성이라는 사실에서 알 수 있듯이 가나안이 전체 이스라엘 군사력에 의해 정복되었다는 이론은 부자연스러운 면이 있다.

2. 평화 이주설(Weippert, Sment의 주장)

사사기를 근거로 한 이론으로 가나안에 들어온 이스라엘 백성들이 긴 시간을 두고 산지로부터 평지로 거주영역을 넓혀나갔다는 주장이다.(삿1:1-2:5 참조) 외부에서 가나안에 들어온 출애굽한 반(半)유목의 히브리 이민자들이 가나안 땅의 히브리와 협력을 통하여 가나안 도시들 사이에 있는 공지(空地)부터 시작해서 긴 세월 동안 서서히 이주하여 도시국가 주변의 농경민까지 접촉하면서 끝내 완전히 침투하였다는 이론이다.

3. 사회 혁명설(G. E Mendenhall, N. Gottwald의 주장)

가나안 정복은 가나안의 도시국가 봉건군주들에게 억압받던 가나안 히브리들의 반란과 혁명에 출애굽한 이스라엘이 가세하여 이루어졌다는 주장이다. 당시 가나안은 수세기 동안 도시국가의 봉건군주들이 지배하던 땅이었다. 이들 봉건군주들은 가나안의 대다수인 농민과 이들과 연대관계를 가진 유목인들에게 과중하게 생산물을 공납하게 하였고 강제 부역과 징병을 부과했다. 이로 인해 채무자와 노예로 전락한 가나안의 히브리들이 봉건군주들의 학대와 착취에 대하여 항거하며 투쟁하였다. 이들은 지배자들의 반격에 대비하기 위하여 여호와를 숭배하는 출애굽 히브리인과 동맹체를 형성하며 사회혁명을 효과적으로 진행하였다. 출애굽 히브리들과 가나안 히브리들은 억눌리고 소외받은 '고난의 경험'이라는 공통점을 가지고 있다. 출애굽한 이스라엘이 가지고 온 여호와 종교는 눌린 자의 편에 서서 억압자들을 물리치는 투쟁적인 구원의 하나님에 대한 신앙이다. 가나안 히브리들이 이런 여호와 하나님을 그들의 '신앙의 공통성'으로 받아들이면서 바알종교를 국가 종교로 공인하고 있는 가나안의 봉건군주들을 무너뜨리는 혁명을 성공적으로 이끌 수 있었다.

가나안 정복은 평안하게 살고 있는 가나안의 일곱 족속들을 무력으로 침공해서 무자비하게 진멸(헤렘)시킨 지배와 정복의 성격을 지닌 전쟁이 아니었다. 약자의 하나님 여호와의 해방 이데올로기를 신봉하는 히브리들이 지배 이데올로기 종교인 바알주의를 신봉하는 봉건군주들을 몰아낸 '정치-종교적 사회혁명'이었다.(삿6:7-10, 삿11:1-11, 수12:7-24 참조) 이후 가나안에 자리 잡은 이스라엘은 가나안의 국가종교인 바알종교와 철저한 적대관계에 놓이게 된다.

둘째, 여호와의 전쟁은 인간의 참여가 거부된 하나님 홀로 싸운 전쟁이었다. 이스라엘은 단지 가만히 서서 그들을 대신하여 싸우는(출14:14, 25) 여호와의 전쟁을 보기만 했다.(출14:13) 여호와는 병거와 기병과 칼로 무장한 군대(출14:6, 9, 17, 18, 23-28)인 그의 원수들을 바람(출14:12, 15:10), 구름 기둥과 불 기둥(출14:24) 등 자연을 이용하여 전쟁을 수행하셨다. 출15장에서는 이와 같은 여호와의 전쟁수행을 여호와의 오른손(6절), 콧김(8절), 위엄(7절), 진노(7절)로 묘사하고 있다. 이렇게 '여호와의 전쟁'은 인간의 참여를 거부하고 전쟁용 무기나 군대 등을 사용하지 않으며 여호와 홀로 이스라엘을 대신하여 수행하였다. 그 결과 용사이신 여호와 홀로 영광 받으시게 되는데(출15:1-3), 왕정시대 지배 이데올로기에 의한 전쟁과 대비된다.

이스라엘을 구원하는 전쟁은 오직 여호와의 일(Yahweh's business)이지 결코 왕이나 인간의 일(human affair)이 아니다. 이스라엘 주변의 다른 이방나라처럼 왕 또는 어떤 특별한 사람이 백성들을 대신하여 싸워 이스라엘을 구원하는 것이 결코 아니다.(삼상8:2, 삼하11:1 참조)

용사이신 여호와의 전쟁을 통하여 해방의 은혜를 경험한 이스라엘 백성들의 찬양인 '바다의 노래'는, 여호와의 유일한 왕권(sole Yahweh's Kingship, 말쿠트 야훼)을 선언하는 고백으로 마무리된다.

> "여호와께서 영원무궁 하도록 다스리시도다!"(출15:18, 야훼 이믈록 러올람 와에드)

'여호와만이 영원히 다스릴 왕이시다'라는 고백이다.(시96:10, 99:1 대관시 참조) 용사이신 여호와가 대신 행하신 전쟁을 통하여 해방 받은 이스라엘은 이제 인간의 왕권을 철저하게 거부하고 오로지 '여호와의 왕권'(말쿠트 야훼)만을 인정하여 그분의 통치만을 받겠다는 선언이다. 특히 '바로'로 대표되는 군주적 왕권은 여호와의 적대 세력이므로 세속적인 왕정제도를 용납하지 않겠다는 선언이다.

이후 이스라엘은 오랜 기간 반왕권적(反王權的) 사회체제인 신정정치제도(神政政治制度)를 지향했다.(삿8:22-23, 9:1-57, 룻1:1-2 참조) 가나안 입성 후 이스라엘이 왕정이 아닌 지파동맹시대(Tribal Confederacy, 주전 1200~1020년)를 유지하였고(삿17:6, 18:1, 19:1, 21:25 참조), 또한 백성들의 왕정요구에 여호와 하나님이 부정적인 입장이었던 것은 이스라엘이 신앙의 근본이 되는 출애굽 사건으로 고백한 '여호와는 용사다(거룩한 전쟁)'라는 신앙에 근거한다.(삼상8:4-22, 12:9-25, 참조. 王을 의미하는 단어 '멜레크'는 사람을 제물로 삼는 이방신 '몰록'에서 유래되었다.)

이스라엘은 오직 여호와의 통치만이 참 구원이고 평화이며 행복임을 고백한 사람들이다. 이것은 예수님의 이 땅에 오심과 '하나님 나라'(바실레이아 토 데우) 선포를 통해서도 재현되었다. 여호와의 용사되심은 '예수의 메시아로서의 성격'을 결정한다. 예수님은 천하만국과 그 영광을 가지신 분으로 온 세상 사람들에게 섬김을 받거나(마4:8-9 참조), 지배 권력의 상징인 말을 타고 예루살렘에 입성하는 다윗과 같은 정치적 메시아가 아니다.(막12:35-37 참조) 평화의 왕으로 오시는 예수님은 나귀를 타고 입성하시고(막11:1-7 참조) 사회적 약자(오클로스, 암하 아레츠)를 편드시고 이들을 섬기시고 끝내는 이들을 대신하여 십자가에 죽으신다.(눅4:16-21 참조)

이제 우리는 누구를 의지하고 누구의 지배를 받아야 할까? 하나님과 그 외 누구를 섬길 것인가? 누구의 백성이 될 것인가? 신앙은 '이것이냐 저것이냐'의 양자택일의 문제지, 이것도 좋고 저것도 좋을 수는 없다. 여호수아(수24:14-15)와 엘리야(왕상18:20-21)는 여호와와 바알(Baal) 중 누구를 섬길 것인지 결단하라고 촉구하였다. 예수님도 우리의 결단을 촉구하신다.

"한 사람이 두 주인을 섬기지 못할 것이니, 혹 이를 미워하며 저를 사랑하거나 혹 이를 중히 여기며 저를 경히 여김이라. 너희가 하나님과 재물을 겸하여 섬기지 못하느니라."(마6:24).

## 출 15:22-27 | 마라 사건

"백성이 모세에게 원망하여 이르되 우리가 무엇을 마실까 하매"(출 15:24)

애굽을 탈출한 이스라엘은 바다를 건넌(출14-15장) 이후 약속의 땅 가나안에 이르는 긴 여정을 시작하는데 구약성서에서는 이 여정을 '광야 전승'이라고 한다. 광야 전승에는 바다(얌 수프)를 건넌 이후 시내산에 이르는 '제1광야 여정(출15:22-18:27)'과 시내산에서 가나안 땅이 마주 보이는 모압 평지에 이르는 '제2광야 여정(민10:11-36:13)'이 있다. 이 두 여정 사이에 '시내산 계약'이라는 중요한 사건이 있다. 이스라엘 백성들이 2년 여 세월을 시내산에 머물면서 여호와 하나님과 계약을 맺어 '계약 공동체(예배 공동체)'가 되는 사건이다.

이 시내산 계약 사건으로 출애굽한 이스라엘이 비로소 진정한 하나님의 백성 이스라엘이 된다. 광야 전승은 연대기적으로 배열되었지만 '므리바 사건'(출17, 민20장)과 '만나와 메추라기 사건'(출16, 민11장)등이 제1, 제2 여정에 모두 기록된 것으로 보아 현재의 배열은 매우 복잡한 전승 과정을 통하여 편집되었을 것이다.

첫 번째 광야 여정은 바다(Yam suph) → 수르(Shur, 출15:22) → 마라(Marah, 출15:23) → 엘림(Elim, 출15:27) → 신 광야(Sin wilderness, 출16:1) → 르비딤(Rephidim, 출17:1) → 시내산(Mt. Sinai, 출19:1-2)에 이르는 3개월간의 여정이다.

첫 번째 광야 여정의 중심주제는 먹는 것, 마시는 것과 같은 육적 고난이라는 순수한 욕구가 동기가 된 '원망'(룬)이다.('원망'이라는 주제는 출15:24, 16:2, 7, 8, 9, 12, 17:3에 반복하여 나타난다.) 마라에서는 마실 물을 구하지 못하고(출15:25), 신 광야에서는 먹을 것이 없어 주리게 되었으며(출16:3), 르비딤에서도 역시 마실 물이 없어 원망하게 된다.(출17:3) 그러나 여호와는 이렇게 원망하는 이스라엘을 애굽에서 이끌어낸 것을 후회하지 않으시고, 그들의 욕구를 해결해 주며 약속의 땅으로 인도하신다.

광야 여정 기간 동안 이스라엘 백성은 하나님이 그들과 함께 계시며 구체적으로 그들을 인도하시는 분임을 다시 체험하며 그분을 신뢰하여 그분의 말씀에 순종해야 함을 훈련받았다.(출15:25-26, 16:4, 16-20, 23-30, 17:5-7 참조)

마라 사건(출15:22-27)은 바다를 건넌 이스라엘이 광야 여정이 시작되는 수르 광야에서 사흘 길을 가면서 물을 만나지 못했을 때 일어난다. 마라 사건을 이해하기 위해 지난 이야기를 살펴볼 필요가 있다.

1) 이스라엘은 최강대국 애굽의 신격화된 절대군주 바로에게 억압 받던 히브리였다(출1-2장).

2) 여호와께서 이스라엘 조상들에게 약속하셨던 대로 그들을 젖과 꿀이 흐르는 땅으로 인도하시고자 모세를 세우셨다. 여호와는 히브리인의 하나님이며 이스라엘은 하나님의 장자(長子, 브코르)이기에 그들을 내어놓지 않을 때 바로의 장자가 죽임을 당할 것이라고 하셨다.(출3-5장)

3) 9가지 재앙과 맏아들이 살해되는 유월절 사건(재앙)을 통하여 강퍅했던 바로는 항복하였고 이스라엘은 애굽에서 나오게 되었다. 출애굽의 궁극적 목적은 하나님을 예배하는 것, 곧 히브리를 예배공동체인 이스라엘로 만드는 것이었다.(출6-13장)

4) 이스라엘을 대신하여 싸워 바로의 군대를 수장시키는 바다 사건을 통하여 또 다시 여호와가 참 신이심을 바로와 애굽 사람들뿐 아니라 이스라엘 백성에게 나타내셨다. 이제 이스라엘은 '여호와는 용사시다'(야훼 이쉬 밀하마, 출15:3)라는 찬양과 함께 '여호와만이 영원히 다스릴 왕이시다'(야훼 이믈록 러올람 와에드, 출15:18)라는 '하나님의 통치(Malkut Yahweh)'를 고백하게 된다.(출14-15장)

그런데 이런 엄청난 하나님의 은혜를 경험하고 위대한 신앙고백을 한 이스라엘이 수르 광야(애굽과 맞닿는 시내반도 제일 왼쪽 광야다, 창25:18에는 이스마엘의 거주지로, 민33:8에는 에담 광야로 나타난다.)에 이르렀을 때 새로운 신앙적 위기에 직면한다. 더 이상 바로의 추격이 없는 안전지대에 도달했는데 새로운 역경을 맞이한 것이다.

사흘간 광야를 헤맸으나 마실 물을 만나지 못했다. 홍해를 건너기 전에는 물이 넘쳐서 문제였으나 지금은 물이 없다. 다행히 한곳에서 물을 발견했지만 그 물은 써서 마실 수 없었다. 광야의 물은 소금기가 많이 함유되어 있어 쓴 물인 경우가 흔했다. 그 이름을 '마라'(쓰디 씀)라고 할 정도였다.

이 일로 백성들은 모세에게 '원망(불평)'을 터뜨리게 된다.(24절)

여기서 중요한 것은 백성들의 원망이 '모세'를 향했다는 사실이다. 이는 이스라엘 백성들이 여기까지 자신들을 인도한 역사의 주체가 누구인지를 망각했음을 의미한다. 해방사건의 주체가 여호와이심을 깨닫지 못하고 있다.

그들을 이곳까지 이르게 한 역사의 주체는 모세가 아니라 참 신이신 여호와 하나님이시다. 모세는 역사를 이끄는 하나님의 대리자일 뿐이다. 9가지 재앙과 유월절 사건으로 그들을 바로의 억압에서 해방시키시고 또한 바다를 육지처럼 건너게 하신 분은 여호와 하나님이셨다. '야훼 이믈록 러올람 와에드(여호와께서 영원무궁 하도록 다스리시도다)'라고 고백한 지 얼마 되지 않았다.

그런데 쓴 물을 만나고는 그만 지금 그곳에 그들을 있게 하신 여호와 하나님을 잊고 말았다. 영원히 여호와의 다스리심을 받겠다며 북치고 장구 치고 춤추며 노래했던 신앙고백을 까맣게 잊은 것이다. 사흘 전까지 위대한 여호와를 기억하고 있었는데 이제 여호와를 망각하니 작은 일 앞에서 자신들의 현실을 한탄하며 모세를 원망하게 된 것이다.

원망하는 백성들과 달리 모세는 어떠했는가? 그는 여호와께 부르짖었다.(25절) 이것이 고난에 맞서는 그리스도인의 바른 모습이다. 여호와는 문제해결을 위해 당신에게 간구하는 기도를 들으시는 분이다. 애굽에서 고통받을 때에도 부르짖는 것만이 아니라 간구할 때 응답하시는 분이다.

모세가 부르짖었을 때 여호와께서 지시하신 한 나뭇가지를 물에 던지니 물이 달게 되었다. 마라의 현실을 해결하는 해답은 의외로 간단하였다. 그저 주변에 있는 '나무(에츠, 겔37:16, 19에는 '막대기'로 번역됨) 한 그루', 즉 일상에서는 하찮은 것이 하나님이 쓰시는 능력의 도구가 된다.

여기서 그 나무가 어떤 종류인지를 밝히는 것은 무의미하다. 하나님의 도구로 사용되는 것은 그 자체가 능력이 있는 것이 아니라 하나님께서 능력을 발휘하기 때문이다. 모세가 바로 앞에 섰을 때 들었던 지팡이도 마찬가지이다. 물건도 그렇거늘 하물며 사람은 더 하지 않겠는가? 모세가 바로 그 구체적인 예다. 그의 인물 자체가 위대한 것이 아니다. 하나님의 도구가 되어 하나님께 쓰임 받을 때 위대한 민족 지도자가 되었다. 교회를 핍박하던 사울이 하나님의 교회를 세우는 사람이 되었고, 보잘 것 없는 어부들도 예수님의 제자가 되어 하나님 나라의 일꾼이 된다.

이 사건과 함께 여호와께서는 이스라엘에게 '법도와 율례'를 정하시고 '바로 거기에서' 그들을 시험하사(나사) 그들이 이 율례(법도)를 잘 지키면 애굽에 내린 모든 질병을 하나도 내리지 않겠다고 약속하시면서 당신이 '치료하는 여호와'이심을 밝히신다.(25 하반절-26절) 여기서 '법도(호크)와 율례(미쉬파트)'란 하나님의 백성으로서 지켜야 할 '법도나 규성'을 의미하는데 구체적으로는 시내산에서 받은 10계명을 포함한 여러 가지 율법이다. 여기서는 하나님이 무슨 규칙을 주셨으며 어떤 시험을 하셨는지 분명하지 않다. 학자들은 이 구절이 신명기 학파가 마라 사건을 해석하여 덧붙여 놓은 것으로 본다.

'법도와 율례'는 넓은 차원의 '하나님의 뜻, 하나님의 말씀'으로, 쓴 물이 단물로 바뀐 마라라는 '바로 거기', 곧 하나님의 능력을 경험한 바로 '그 때 그 현장'이 하나님의 말씀에 순종해야 하는 시험의 때요 장소임을 의미한다. 이것은 놀랍고 위대한 바다 사건을 경험했음에도 여호와 하나님을 망각하고 모세를 향하여 원망했던 이스라엘에게 의미하는 바가 매우 크다. 하나님을 망각하지 말고 그 말씀을 순종하는 것이 모든 질병으로부터 안전을 보장받는 길이라고 가르쳐 주신다. 이스라엘은 '질병'을 '범죄한 사람들이 하나님으로부터 받는 진노'라고 여겼다. 그래서 하나님 말씀에 순종하는 것이 자신의 안정을 보장받는 길이라고 특히 강조한 것이다.

광야(미드발)는 본디 사람이 사는 거주지가 아니다. 야생짐승의 거처요, 목마름과 기근의 고난이 있는 곳이다. 위기의 장소요. 불편함과 불안정의 장소다. 이제 이스라엘은 가나안에 이르기까지 길고 긴 광야 여정을 거쳐야 한다. 이러한 삶의 여정에서 안전을 보장받는 최선의 방법은 다름 아닌 하나님의 말씀에 순종하는 것이다.(마6:24-34, 특히 33절 참조) 마라의 쓴물 사건을 통해 하나님의 능력을 새롭게 경험한 이스라엘이 장래의 안전을 어떻게 찾을 것인가를 가르쳐주고 계시다.

마침내 이스라엘은 물 샘 열둘과 종려 칠십 주가 있는 엘림에 이르러 장막을 쳤다.(27절) 엘림은 '큰 나무들', 또는 '엘로힘'을 연상시키는 은총의 자리이다. 열두 개의 우물은 열두 부족이 충분히 마시고도 넘치는 샘이 있다는 의미이다. 종려나무 70그루는 70이라는 완전 숫자와 함께 완전한 풍요와 안전과 평화를 주는 곳이라는 의미이다. 종려나무는 사람에게 의식주의 모든 부분을 제공해주는 나무이다.

마라의 쓴 고통을 하나님의 도우심으로 이겨내니 엄청난 은혜가 준비되어 있다. 목마름도 부족함도 불안함도 위험도 불편함도 없는 평화가 기다리고 있다. 특히 27절에서 "그들이 엘림에 이르니"는 22절의 "모세가 홍해에서 이스라엘을 인도하매"와 비교하면 모세가 인도한다는 언급이 생략되었다.(출16:1, 17:1, 19:1-2 참조)

그들을 인도하시는 분은 모세가 아니라 여호와 하나님이시다. 여호와께서 앞서 가시면서 불기둥, 구름기둥으로 그들을 보호하며 인도하신다.(출13:20-22 참조) 이스라엘이 그들 앞서 인도하시는 여호와 하나님의 말씀(법도와 율례, 계명)에 충실하며 따라갈 때 엘림의 축복을 누리게 된다.

# 출애굽기 16장

만나 수집(Tempesta - 'Gathering of the Manna')

## 출 16:1-36 | 만나 사건

"여호와께서 이같이 명령하시기를 너희 각 사람은 먹을 만큼만 이것을 거둘지니 곧 너희 사람 수효대로 한 사람에 한 오멜씩 거두되 각 사람이 그의 장막에 있는 자들을 위하여 거둘지니라 하셨느니라. 이스라엘 자손이 그같이 하였더니 그 거둔 것이 많기도 하고 적기도 하나 오멜로 되어 본즉 많이 거둔 자도 남음이 없고 적게 거둔 자도 부족함이 없이 각 사람은 먹을 만큼만 거두었더라."(출16:16-18)

'만나 사건'은 이스라엘이 제1광야 여정에서 만난 두 번째 사건이다. 출애굽한 이후 두 번째 달 보름이 되었을 때(출애굽한 지 정확히 한 달이 되는 날이다. 출12장, 민33:3 참조) 이스라엘이 신(Sin) 광야에 이르러(약 2주 후에는 시내산에 도착한다. 출19:1 참조) 모세와 아론을 원망하였다. '원망'(룬, 불평)은 이스라엘 광야 여정의 특징적인 모습으로 본문에서만 7번 언급된다.(출16:2, 7-9, 12) 신 광야에서의 원망은 '이스라엘 온 회중'(카할)으로부터 나왔다는 것으로 보아 마라의 경우(출15:24)보다 강력한 집단적인 원망이라 할 수 있다.(1-2절) 그들은 애굽에서는 고기 가마 곁에 앉아서 배불리 먹었는데 광야로 나오니 먹을 것이 없어 죽게 되었다고 원망한다.(3절) 지금 그들은 하나님이 주신 자유보다도 자유가 속박당한 채 육체가 배불렀던 시절을 그리워하며 원망하고 있다. 이 현실에 대해 유대 랍비 부남(Bunam)은 "여호와 하나님이 참을 수 없었던 것은 당신의 형상대로 지음 받은 이스라엘이 애굽 노예생활의 괴로움 그 자체보다 노예생활 주는 육체의 배부름에 익숙해져 가는 현실이다"고 했다.

하나님은 당신의 형상대로 창조된 인간이 자유를 남에게 빼앗기는 것을 용납하지 않으신다. 하나님은 인간의 자유를 구속하지 않으셨다. 그래서 자유를 구속당한 채 에덴의 평화를 즐기는 아담보다는 자유를 행사하고 차라리 에덴을 상실하는 아담을 원하셨다. 하나님이 원하신 자유에는 그 자유를 스스로 팔아넘길 자유까지 포함되어 있다. 그래서 하나님은 아담이 금지된 열매를 따먹을 때, 그의 자유의지를 속박하지 않으셨다.

지금 이스라엘은 허락받은 자유보다 배부르기만 하면 좋다며 노예 시절을 그리워하고 있다. 이들의 원망은 생존권 차원에서 제기된 정당한 원망이기에 여호와께서 적극적으로 개입하시어 해결하셨다. 여호와께서 이들의 원망을 들으시고(출16:7, 8, 9, 12) 직접 하늘로부터 양식을 내려주시는데(4절) 해질 때에는 고기를 먹고 아침에는 떡으로 배부르게 하셨다.(12절) 저녁에는 메추라기(13절에만 언급되었다. 따라서 메추라기가 계속 주어졌는지, 일시적이었는지 분명하지 않다. 이스라엘의 필요에 의해 주어졌다는 본문과 달리 같은 내용을 담고 있는 민11장에는 고기를 탐하는 이스라엘 백성을 벌하는 차원에서 메추라기가 언급되어 있다.)가 와서 진을 덮었고, 아침에는 이슬이 진 사면에 있는데 이것이 마르니 땅에 작고 둥글며 서리 같은 세미한 것이 있었다.

이것을 처음 본 이스라엘 사람들이 "이것이 무엇이냐(만 후)?"라고 물은데 대하여 모세는 "이는 여호와께서 너희에게 주어 먹게 하신 양식이라"(15 하반절)고 대답했다.(13-15절) '만나'(manna)는 '만 후'라는 질문에서 유래된 말이며 31절에 이름이 소개된다.

만나는 자연현상으로 설명될 수 있다. 광야에 자라는 위성류 나무(높이 5미터 내외의 낙엽성 작은 관목류로 가지가 많고 밑으로 늘어져 있음)에 기생하는 깍지벌레의 분비물이다. 이 분비물은 햇빛이 나면 물기가 빠져 결정체가 되어 땅에 떨어지는데 매우 달고 쫀득하지만 온도가 섭씨 21도 이상 되면 녹아 버리거나 개미 등 다른 곤충이 먹어 버린다. 연중 계속 나타나지 않고 6월 초순부터 약 6주간 동안 생산되는데 시나이 반도에서 일 년 총 생산량은 약 250~270㎏ 정도다.

이스라엘은 이런 만나를 하나님의 적극적인 개입으로 40년간 양식으로 먹게 되는 초자연적 경험을 한다. 이것을 하나님께서 당신 백성을 위하여 먹이시는 은총의 선물이라고 고백한다. 시편 기자들도 이 만나를 '하늘 양식'(시78:24, 105:40) '권세 있는 자의 떡'(시78:25)이라고 고백하였다.

만나는 광야에서 굶주린 이스라엘을 배부르게 하여 여호와가 이스라엘의 하나님이심을 나타내는(12절) 은총의 양식이다. 그러나 한편 이스라엘이 하나님의 지시를 따르는지를 보시는 하나님의 시험이기도 했다.(4절) 이스라엘은 이 만나를 먹을 때 세 가지를 반드시 지켜야 했다.

첫째, 각 사람이 먹을 만큼의 일용할 양식만(한 오멜) 거둬야 했다.(16절) 오멜(omer)은 본래 조그만 토기 사발을 가리켰는데, 후에 마른 곡식을 되는 부피 단위로 쓰였고 약 2.2 리터 정도다. 이스라엘이 여호와의 명령대로 했더니 많이 거둔 자도 남지 않고 적게 거둔 자도 모자라지 않았다.(17-18절) 하나님께서 어떤 사람들에게는 그들의 분량을 축소하시고, 어떤 사람들에게는 그들의 분량을 확장시키신 것이다. 애굽에서는 계급과 신분에 따라 소유의 격차가 심했다. 그러나 이제 하나님은 출애굽한 공동체의 모든 사람들에게(스스로 거둘 수 없는 처지의 사람들까지도) 어떤 차등이 있어서는 안 되며, 모든 사람들이 동일한 존재이기에 그의 생명과 자유를 보존하는 데 필요한 일용한 양식을 균등하게 충족시켜 주신다. 하나님은 빈부격차로 파생되는 인간의 자유, 속박 등을 거부하시며 경제 평등을 원하시는 분이다.

둘째, 먹고 남은 것을 '다음 날을 위하여' 남겨두어서는 안 되었다.(19절) 내일을 위하여 비축(備蓄)해서는 안 되었다. 이들에게는 잉여물자의 축적이나 물려줄 재산의 비축이 허용되지 않았다. 내일을 대비하여 필요 이상의 것을 더 갖는 것은 용납되지 않았다. 물질은 한 날의 것으로 충분했다.

인간의 일반적 사고로는 불투명한 미래에 대비하는 것이 현명한 행동이다. 그러나 이것은 인간의 지혜를 무시하는 것이 아니라 미래를 보장해 주는 '제도'나, 지금 자신을 안심시켜주는 '재산'에 궁극적이고 절대적인 신뢰를 두지 말라는 의미이다. 대신 오직 여호와 하나님만을 전적으로 신뢰하라는 말씀이다. 내일의 주인은 '나'가 아니라 '여호와 하나님'이시니, 그분께 미래를 맡기고, 필요할 때마다 채워주심을 믿어야 한다. 그래야 매일매일 새롭게 하나님의 현존하심과 인도하심을 경험할 수 있다.(시37:5, 눅12:16-21, 마6:24-34, 약4:13-3 참조)

이 말씀을 청종치 않고 아침까지 남겨둔 물질에는 벌레가 생기고 냄새가 났다.(20절) 하나님을 불신하는 자들의 미래는 온전할 수 없다. 물이 고이면 썩듯이 끊임없이 순환되지 않은 물질은 무가치하게 된다. 내일의 삶을 하나님께 절대적으로 의지하면서 기회마다 물질을 나누는 것이 생명의 주인이신 하나님이 원하시는 삶의 방법이다.

셋째, 여섯째 날은 갑절로 거두고, 안식일은 다른 날과 구별하여 쉬어야 했다.(5, 22-30절) 여섯째 날 거둔 것은 다른 날과 달리 남겨도 냄새가 나거나 벌레가 생기지 않았다. 일주일에 하루는 쉬라는 의미이다. 안식일은 사람과 창조주 하나님의 관계를 생각하는 날이다. 피조물인 인간의 삶이 창조주 하나님께 종속되어 있음을 확인하는 날이다. 일하던 것을 멈추고 쉬는 것은, 인간의 삶이 하나님의 주관과 지배와 인도 아래에 있음을 승복하여, 맡기고 신뢰하는 신앙 고백적 행위이다.(출20:8-11 참조) 안식일을 지키는 것이 여호와 하나님의 계명과 율법을 지키는 것이며(28절), 일하지 않고도 먹을 수 있는 안식일에 보다 더 큰 하나님의 돌보심을 체험할 수 있게 된다. 신명기 기자는 모세의 입을 통해 여호와께서 만나를 주신 목적이 하나님의 계명을 지킬 것인지 아닌지 시험하신 것이라고 분명히 밝혔다.

> "너를 낮추시며 너를 주리게 하시며 또 너도 알지 못하며 네 조상들도 알지 못하던 만나를 네게 먹이신 것은 사람이 떡으로만 사는 것이 아니요 여호와의 입에서 나오는 모든 말씀으로 사는 줄을 네게 알게 하려 하심이니라"(신8:3)

출애굽한 이스라엘이 과거 바로의 속박 아래 있었던 시절처럼 물질의 노예로 돌아가려 했을 때, 하나님은 만나 사건을 통하여 더 이상 물질의 노예가 되어서는 안 되며 오직 여호와의 말씀에 순종하며 살아야 한다고 알려주셨다. 평화의 삶으로 인도하는 것은 물질이 아니라 여호와 하나님이심을 만나 사건으로 확인시켜 주셨고, 그와 같은 신앙고백으로 안식일을 거룩하게 지키게 하셨다. 만나는 하나님이 그들을 평화의 삶으로 인도하신다는 가장 확실하고 구체적인 증거였으며 하나님의 사랑의 선물이었다.

모세는 여호와의 명에 따라 아론을 통하여 만나 한 오멜을 단지에 넣어 여호와 앞에 보관하도록 하였다. '여호와 앞'이란 '증거판(에두트) 앞'을 의미하는데 증거판은 '십계명의 증거판'이나 또는 십계명의 돌판을 넣어둔 '언약의 법궤'이다. 출16장에는 이것이 존재하지 않으므로 시대착오적 내용이다. 그러나 이처럼 만나의 보존을 강조한 이유는 여호와께서 이스라엘에게 만나 공급을 통해 자신의 존재를 나타내신 것을 후손들에게 가르치려 했기 때문이었다.(32-34절) 이스라엘 자손은 '사람 사는 땅'(가나안)에 이르기까지 40년 동안 만나를 먹었다.(35절, 수5:10-12 참조). 광야 생활 내내 하나님의 인도로 살아갔다는 의미이다.

여호와께서 이루시려는 이스라엘 사회는 평등경제 질서를 통한 평화공동체였음을 만나 사건을 통하여 알 수 있다. 이스라엘을 향한 하나님의 평등경제 질서는 이후 왕정시대의 상황과 얼마나 다른가? 솔로몬(Solomon, 히브리어로는 쉐로모)의 이름에는 '평화'(shalom)라는 의미가 담겨 있다. 성서의 기자도 솔로몬이 다스리던 시절을 이렇게 기록해 놓았다.

> "솔로몬이 사는 동안에 유다와 이스라엘이 단(Dan)에서부터 브엘세바(Beersheba)에 이르기까지 각기 포도나무아래와 무화과나무아래에서 평안히 살았더라."(왕상4:25).

정말 모든 사람들이 평화롭게 살았을까? 열왕기상 4장에는 솔로몬 시절의 행정조직을 기록해 놓았는데 특별한 점이 발견된다. 중앙조직(2-6절)이나 지방조직(7-19절)의 관료의 이름이 '누구의 아들'로 기록되어 있다. 솔로몬이 '중요한 가문'을 중심으로 행정조직을 이끌어 갔다는 의미이다. 특히 지방조직은 전국토를 12지역으로 분할하여 각 지역에서 일 년에 한 달씩 순번제로 왕과 왕실을 위해 식물을 공급하도록 했다.(7절, 27절 참조) 이런 행정조직을 바탕으로 한 솔로몬의 하루 먹거리는 고운 밀가루 30석(1석은 대두 10말), 굵은 밀가루 60석, 살찐 소 10마리, 초장의 소 20마리, 양 1백 마리, 그 외 수사슴, 수노루, 암사슴, 살찐 새들이었다.(왕상4:22-23) 통치자의 행위를 합법화하려는 역사가의 입장에서 기록된 내용이다. 그러나 솔로몬이 죽었을 때 백성들이 그의 아들 르호보암(Rehoboam)에게 요청한 말을 통해 솔로몬 시절의 상황이 어떠했는지를 알 수 있다.

> "왕의 아버지가 우리의 멍에를 무겁게 하였으나 왕은 이제 왕의 아버지가 우리에게 시킨 고역과 메운 무거운 멍에를 가볍게 하소서 그리하시면 우리가 왕을 섬기겠나이다."(왕상12:4).

솔로몬의 부요와 평화는 백성을 혹사시켜 착취한 기득권자들의 것이지 결코 모든 백성들의 것이 아니었다.

솔로몬 시대처럼 오늘날 세계 인구의 26%인 선진국(대부분이 기독교 국가)이 세계 총생산의 78%와 에너지의 81%를 소비하고 나머지는 굶주림에 허덕이는 현실은 여호와 하나님의 뜻과는 거리가 멀다.

예수님은 자신의 기도를 알려주시며, '오늘날 우리에게 일용할 양식을 주옵소서'(마6:11, 눅11:3)라고 기도하라고 하셨다. '일용할'의 헬라어 '에피우시온'은 '삶에 필요한', '오늘을 위한', '다가오는 날을 위한'이라는 의미다. 어떠한 의미이든 우리의 생명이 하나님에 의해 유지되니 하나님께 그날에 필요한 양식(아르톤)을 구하라는 것이다. 또한 이 간구는 '나'만을 위해서가 아니라 '우리'를 위한 간구여야 한다. 그런데 오늘날 하나님께 드리는 우리들의 간구는 어떠한가?

오병이어 기적을 목격한 사람들이 예수님을 임금 삼으려 하자 산으로 피하셨다. 바다 건너까지 찾아온 사람들에게 예수님은 그들이 자신을 찾는 것은 표적을 본 까닭이 아니라 먹고 배부른 까닭이라, 썩는 양식을 위하여 일하지 말라 하시며 만나를 들먹이는 이들에게 분명히 말씀하셨다.

> "너희 조상들은 광야에서 만나를 먹었어도 죽었거니와 이는 하늘에서 내려오는 떡이니 사람으로 하여금 먹고 죽지 아니하게 하는 것이니라. 나는 하늘에서 내려온 살아 있는 떡이니 사람이 이 떡을 먹으면 영생하리라. 내가 줄 떡은 곧 세상의 생명을 위한 내 살이니라."(요6:49-51)

만나와 예수님은 둘 다 하늘에서 내려온 생명의 떡이지만, 예수님은 만나를 뛰어 넘어 영원한 생명을 주셨다. 오늘날 우리들에게 필요한 것은 현세의 삶을 위한 만나만이 아니라, 영생으로 인도하시는 예수 그리스도와 하나 되어(먹고 먹히는 것은 둘이 온전한 하나가 되는 것이다.) 사는 것이다. 그리스도인은 만나 사건을 통하여 여호와께서 이스라엘에게 바라셨던 평등경제를 통한 평화사회를 이 땅에 실현하기 위해 당신의 살과 피를 내놓으신 예수님을 본받아 분배정의를 실천하며 살아야 한다.(마20:1-16 참조)

# 출애굽기 17장

모세가 바위에서 물을 뽑다
(Jacopo Robusti - 'Moses Drawing Water from the Rock')

## 출 17:1-7 | 므리바 사건

"그가 그곳 이름을 맛사 또는 므리바라 불렀으니 이는 이스라엘 자손이 다투었음이요 또는 그들이 여호와를 시험하여 이르기를 여호와께서 우리 중에 계신가 안 계신가 하였음이더라"(출17:7)

신(Sin) 광야를 떠나 르비딤(Rephidim)에 장막을 쳤으나 마실 물이 없을 때 반석에서 물을 내어 목마른 백성을 먹인 사건이 있었던 르비딤이 어디인지 그 위치를 정확히 알 수 없다. 단지 출19:1-2과 민33:15이 이곳을 시내산에 이르기 직전의 마지막 장소로 밝히고, 출17:6에 '호렙산 반석'이 언급되어 있어서 시내산 근처 어느 곳으로 짐작한다. 이 사건은 민20:1에 가데스(Kadesh)에서 발생한 사건으로 반복되어 소개된다.

출16장에서 먹거리가 없어서 원망했던 백성이 이번에는 마실 물이 없다고 다시 모세를 원망한다.(3절) 마라에서는 쓴물이라도 있었는데(출15:22-25) 지금은 그런 물조차 없다. 생존위기가 한층 극심해졌다. 목마름은 배고픔보다 더한 위기다. 이런 상황에서 백성들에게서 원망이 터져 나오는 것은 지극히 당연하다. 여기서 원망의 대상이 누구인가를 살펴보는 것이 중요하다.

"백성이 모세와 다투어 이르되~"(2절), "백성이 모세를 대하여 원망하여 가로되~"(3절) 모세에게 원망하며 대들었다. 예전에도 그랬다. 이스라엘은 위기를 만날 때마다 모세를 원망했다.(출15:24. 16:2 참조) 여기서 르비딤 사건의 배경에 대한 언급을 무심히 넘겨서는 안 된다.

"이스라엘 자손의 온 회중이 여호와의 명령대로 신 광야에서 떠나 그 노

정대로 행하여 르비딤에 장막을 쳤으나 백성이 마실 물이 없는지라"(출 17:1)

이와 같은 언급은 마라의 쓴물 사건 때 "모세가 홍해에서 이스라엘을 인도하매"(출15:22)라는 언급과, 신 광야의 만나 사건 때 "이스라엘 온 회중이 엘림에서 떠나 엘림과 시내산 사이 신 광야에 이르니"(출 16:1)라는 언급과는 분명히 다르다.

즉 르비딤 사건의 배경에는 "여호와의 명령대... 르비딤에 장막을 쳤으나..."라고 확실하게 이스라엘을 인도하시는 분이 모세가 아니라 여호와이심을 밝히고 있다. 그런데 백성들은 지금 마실 물이 없다고, 물을 내어놓으라고 '모세'를 향하여 원망하고 그에게 대들고 있다. 그러자 모세는 "너희가 어찌하여 나와 다투느냐, 너희가 어찌하여 여호와를 시험하느냐?"(2절)리고 했다.

이스라엘은 자신들을 애굽에서 해방시키고 광야 길로 인도하시는 분이 여호와 하나님이심을 망각하고 모세가 저질러 놓은 잘못으로 생각하고 있다. "당신이 어찌하여 우리를 애굽에서 인도해 내어서 우리와 우리 자녀와 우리 가축이 목말라 죽게 하느냐?"(3절) 라고 원망했다.

이들은 지금도 여전히 그들 가운데 함께 계시면서 약속의 땅 가나안까지 인도하시는 하나님의 존재와 능력, 그분의 섭리와 계획 등을 까맣게 잊고 지금 맞이한 고난의 현실에만 집착하여 모세를 원망하고 있었다. 이런 상황에서 모세가 여호와께 부르짖었다.

"내가 이 백성에게 어떻게 하리이까? 그들이 조금 있으면 내게 돌을 던지겠나이다."(4절).

돌로 치는 것은 공동체 전체가 죄 지은 사람을 처형하는 방법이다. 안식일에 나무한 사람을 온 회중이 돌로 쳐 죽였으며(민15:32-36), 아이(Ai) 성 공격 중 바친 물건을 취한 일로 아골 골짜기에서 처형당한 아간(Achan)도 백성들이 던진 돌에 맞아 죽었다.(수7:25) 또 신약시대에도 간음한 현장에서 잡힌 여인을 무리들이 돌로 치려했으며(요8:1-7), 최초의 순교자 스데반도 유대인들이 던진 돌에 맞아 죽었다.(행8:54-60)

모세의 부르짖음에 여호와께서 문제를 해결해 주셨다. 모세에게 반석을 치게 하셔서 백성들을 마시게 하셨다. 이것은 단순히 기적을 일으켜서 이스라엘의 위기를 해결해 주신 것 이상의 의미가 있다. 여호와는 지금까지 그들을 인도하시고 그들과 함께 계시며 도우시고 생명을 주시는 분이시다. 백성들이 믿고 신뢰하고 의지해야 할 분은 사람 모세가 아니라 여호와 하나님이심을 확인시켜 주신 것이다.

여호와는 모세에게 '백성의 장로들(대표자들)'의 목전에서 지팡이로 반석을 쳐서 물을 내어 먹이도록 하셨다.(6절) 지팡이는 그냥 모세의 지팡이가 아니라 '하수를 치던 지팡이'다.(5절) 일찍이 나일강을 쳐서 생명의 물을 죽음의 물로 만든 그 지팡이다.(출7:20) 그런데 이제는 거꾸로 이 지팡이가 죽음의 바위에서 생명의 물이 쏟아져 나오게 하여 백성들의 절망을 희망으로 바꿔 놓은 도구가 되었다.

여기서 모세를 한번 생각해 보자.

모세는 '지팡이로 바위를 치라'는 여호와의 명령을 들었다. '바위에서 물이 나온다고?' '과연 그런 엉터리 같은 일이 일어날까?' 잘못되어 물이 나오지 않으면 장로들에게 톡톡히 망신을 당할 것이다. 그러나 모세는 주저하지 않고 이스라엘 장로들의 목전에서 그대로 행했다.(6절) 어떻게 이런 담대한 행동을 할 수 있었을까? 5,6절에그 해답이 있다.

여호와께서는 떨기나무 가운데서 모세를 만나셨듯이(출3:2-4) 호렙 산 반석 위에서 모세에게 나타나겠다고 하셨다.(6절). 그리고 여호와 하나님은 그냥 '네 지팡이를 손에 잡고' 하시지 않고 '나일강을 치던 네 지팡이'로 반석을 치라 하셨다.(5절) 모세가 장로들 앞에서 담대하게 지팡이로 반석을 칠 수 있었던 것은 바로 이와 같은 '여호와의 함께 하심'과 '그 능력의 예전 경험을 통한 믿음'이 있었기 때문이었다. 한번 실험해 볼까 또는 안 되면 말고 식의 믿음이 아니었다.

여호와께서 자신과 함께 하시며 하나님의 능력이 자기 손에 들려 있는 지팡이를 통하여 지금도 나타날 것을 확신하는 '믿음'이 있었기에 주저함 없이 지팡이로 반석을 쳤고 그 결과, 물이 쏟아져 나와 목마른 백성들이 생수를 먹을 수 있었다.

백성들은 여호와께서 그들 중에 계신가 안 계신가 의심했지만, 모세는 자신과 함께 하시는 하나님의 현존을 확고히 믿었다. 그곳 이름을 므리바(Meribah) 또는 맛사(Massah)라고 부르게 되었는데(7절), 므리바는 두 사람 간의 다툼을 일컫는 법률용어 '리브'(riv)에서 유래된 말이다. 백성들이 모세에게 대들었지만 결국은 여호와와 분쟁했기에 그곳을 '불평하는 장소'라는 차원에서 므리바라고 붙인 것이다. 또한 맛사는 시험하다는 뜻의 '나사'(nassa)에서 유래된 말로 출애굽시키고 가나안으로 인도하시는 여호와 하나님의 뜻과 능력을 문제 삼으며 그분의 현존 여부를 시험했던 장소이기에 붙여진 이름이다.

이 사건은 성서 여러 곳에 언급되어 있다.(시95, 78편, 사48장 참조) 특히 신6:16, 9:22에서는 이스라엘 백성들이 광야에서 일으켰던 최악의 불신앙 사건으로 손꼽힌다. 학자들은 본문 사건이 예루살렘 패망 이후 바벨론 포로 시절을 연상시킨다고 한다. '과연 여호와 하나님이 우리 가운데 계시는가?' 회의를 가질 수밖에 없는 상황에서 본문은 '여호와 하나님은 이스라엘과 함께 계시고 바위에서 물을 내어 먹이시는 생명의 하나님이시다!'라고 분명히 말한다.

"그는 우리의 하나님이시요, 우리는 그가 기르시는 백성이며 그 손이 돌보시는 양이기 때문이라. 너희가 오늘날 그의 음성을 듣거든 너희는 므리바에서와 같이 또 광야 맛사에서 지냈던 날과 같이 너희 마음을 완악하게 말지어다. 그때에 너희 조상들이 내가 행한 일을 보고서도 나를 시험하고 조사하였도다."(시95:7-9)

곧 그때처럼 흔들리지 말고 지금 하나님이 함께 계시며 인도하심을 확고히 믿고 신뢰하라고 하신다.

바울은 "다 같은 신령한 음료를 마셨으니 이는 그들을 따르는 신령한 반석으로부터 마셨으매 그 반석은 곧 그리스도시라"(고전10:4)라고 하며 생명의 물이 터진 바위가 예수 그리스도라고 밝혔다. 예수님도 친히 "내가 주는 물을 마시는 자는 영원히 목마르지 아니하리니 내가 주는 물은 그 속에서 영생하도록 솟아나는 샘물이 되리라"(요4:14)고 하시며 당신을 통하여 영생수를 얻을 수 있다고 말씀하셨다.

우리는 지금 광야 같은 세상에 장막을 쳤으나 마실 물을 얻지 못하는 르비딤의 상황에 살아가고 있다. 이런 세상에서 누구를 의지하고 믿어 진정한 생명을 얻을 수 있을까? 예수님은 지금 성령으로 당신의 백성인 성도들과 함께 계시며 우리를 먹이시고 인도하신다. 예수님을 통하여 영원한 생명을 얻는 영생수를 충만히 마셔야 한다.

## 출 17:8-16 | 이스라엘의 첫 번째 전투

"모세가 손을 들면 이스라엘이 이기고 손을 내리면 아말렉이 이기더니"(출17:11)

홍해를 육지처럼 건넌 이스라엘의 감격은 오래 지속되지 못했다. 시내산에 이르는 광야 생활(1차 광야 여정)은 고난의 연속이었다. 그러나 고난을 받을 때마다 여호와 하나님은 이스라엘의 원망을 해결해 주시며 여전히 그들과 함께 하시며 그들을 도우신다는 사실을 확인시켜 주셨다. 수르 광야의 쓴물은 한 나뭇가지를 물에 던짐으로 해결해 주셨고(출15:22-27), 신 광야에 이르러 먹거리가 없을 때에는 만나와 메추라기로 먹여주셨다.(출16:1-36) 르비딤에서 다시 마실 물을 구하지 못했을 때는 반석에서 물을 내어 마시게 하셨다.(출17:1-7)

광야의 여정은 산 넘어 산과 같은 고난의 연속이었다. 바위에서 솟아난 물을 마신 르비딤에서 이스라엘은 무장한 아말렉(Amalek) 군대의 공격을 받게 된다.

아말렉이 누구인가? 이들은 에서(Esau)의 아들 엘리바스(Eliphaz)가 첩 딤나(Timna)에게서 낳은 아들의 후손으로(창36:12, 16), 본래 에돔(Edom) 족에 속해 있다가 독립하여 남방(Negeb)과 시내 반도 일원에서 유목 생활을 하던 사람들이다.(민13:29, 삼상15:7, 27:8) 이들은 광야 일대의 오아시스와 목초지 등을 장악한 강력한 세력이었다.(민24:20)

아말렉은 광야로 들어온 이스라엘을 자신들의 기득권을 위협하는 존재로 여겨 공격했다. 이들이 이스라엘을 어떻게 공격했는지 본문은 밝히고 있지 않지만 신명기 기자는 이들이 비열하게도 광야 길에 뒤쳐진 약한 사람들을 뒤에서 공격했다고 알려준다.

“너희는 애굽에서 나오는 길에 아말렉이 네게 행한 일을 기억하라. 곧 그들이 너를 길에서 만나 네가 피곤할 때에 네 뒤에 떨어진 약한 자들을 쳤고 하나님을 두려워하지 아니하였느니라.”(신25:17-18)

아말렉은 이스라엘이 가나안에 정착한 이후 사사시대에도 계속 이스라엘을 괴롭혔다.(삿3:12-13, 6:3-6, 7:12, 10:12 참조). 이후 사울에 의해 거의 궤멸되다시피 했으나(삼상15장), 다윗시대에도 네겝(남방) 일대의 이스라엘 국경지역을 유린하고 다닌(삼상27:8, 30:17, 삼하1:1 참조) 이스라엘의 숙적(宿敵)이었다.

모세는 여호수아(Joshua)에게 사람들을 택하여(바하르, 기쁨으로 원하여 선택한다는 의미로 강제적인 募兵이 아니다.) 나가서 아말렉과 싸우라고 명령하였다.(9절) 여호수아가 택한 사람들은 전쟁에 나갈 수 있는 건강한 20세 이상의 장정(壯丁)일 것이다.(민1. 26장 병력조사 참조). 여기서 여호수아는 아직 별다른 소개 없이 군대지휘관으로 등장한다.

그는 후에 엘리사마(Elishama)의 손자이자 눈(Nun)의 아들로서 에브라임 지파의 대표로 소개된다.(민1:10, 13:8, 대상7:26-27 참조) 광야 여정 내내 모세를 모시는 시종이었으며(출33:11), 바란(Paran) 광야 가데스(Kadesh)에서 실시된 40일간의 가나안 정탐결과에 대해 긍정적인 보고를 한 사람이다.(민13-14장) 이후 모세로부터 지휘권을 물려받고(민27:12-23), 가나안 전쟁을 이끈 이스라엘 백성의 지도자이다.(여호수아서 참조). 여기서 아무런 소개 없이 여호수아가 갑자기 군대지휘관으로 등장하는 이유는 그의 이름이 ‘여호와께서 구원하신다’라는 의미이므로 아말렉과의 전쟁의 성격과 결과를 미리 알려주려는 의도로 짐작된다. 아말렉과의 전쟁은 단순히 이스라엘 백성의 전쟁이 아니라 여호와께서 그들을 도와 치르는 거룩한 전쟁이라는 뜻이다.

더욱이 이 전쟁의 장소가 '르비딤'이다. 반석에서 솟아난 물을 먹은 곳, 즉 하나님이 그들 중에 계심을 확인한 곳이다.(출17:7). 이렇게 여호와의 임재와 동행을 경험한 후였기에 백성들은 아무런 불평이나 주저함 없이 아말렉과의 전쟁에 임할 수 있었다. 그만큼 믿음이 성장한 것이다. 하나님의 은혜를 경험하였으므로 적극적이고 긍정적인 신앙인으로 전쟁에 임할 수 있었다.

산 아래에서는 여호수아가 전쟁을 지휘하고 모세는 하나님의 지팡이를 잡고 산꼭대기에 올라 팔을 들어 올린다. 모세가 든 지팡이는 애굽의 절대 권력자 바로를 굴복시켜 출애굽이라는 위대한 역사를 일으킨 지팡이다. 또한 홍해를 육지처럼 건널 때 바다에 내밀어 하나님의 역사를 경험하게 한 지팡이다. 조금 전에는 르비딤의 바위를 쳐서 생명의 물을 솟아나게 했던 능력의 지팡이다. 그러므로 이 지팡이는 단순한 나무 막대기가 아니라, 여호와 하나님의 대리자인 모세가 하나님의 능력을 행사하는 지팡이다. 하나님이 모세와 함께 하신다는 상징이다.

그런데 모세가 산꼭대기에 올라 팔을 들면 산 아래 전쟁하는 이스라엘이 이기고, 팔이 내려지면 아말렉이 이겼다. 이스라엘 사람들에게 팔을 드는 것은 청원기도의 모습이다. 모세의 팔에 힘이 빠지자 아론과 훌(Hur, 갈렙의 아들로 성막을 지은 유명한 예술가 브살렐의 조부다. 또 아론과 함께 백성을 재판하는 지도자이다. 출24:14, 31:2, 대상2:19-20 참조. 유대 전승은 그를 모세의 누이 미리암의 남편이라고 한다.)이 돌받침을 만들어 모세를 앉게 하고, 그들이 좌우편에서 모세의 손을 붙들어 올려 해가 지

도록 내려오지 않게 함으로 마침내 승리하였다.(10-13절)

전쟁 승리 후 지금까지 언급이 없던 여호와 하나님이 14절에 처음 나타난다. 여호와는 모세에게 아말렉을 완전히 망하게 하실 것이라는 당신의 약속을 책에 적어기념하게 하고, 여호수아의 귀에 외워 들리게 하라고 하셨다.(14절) 이에 모세는 그곳에 단을 쌓고 "여호와 닛시"(Yahweh nissi, 여호와는 나의 깃발)라 이름 붙이고(15절) "여호와께서 맹세하시기를 여호와가 아말렉과 더불어 대대로 싸우리라"고 외쳤다.(16절)

아말렉과의 전투는 애굽 사람들을 바다에서 멸절시킨 이후 처음으로 겪는 '여호와의 전쟁'이었다. 전쟁의 승패는 산 아래 전투 병력에 달려있지 않고, 산 위에서 하나님의 지팡이(마테 하엘로힘)를 잡은 손을 들어 올린 모세에게 달려있었다. '손'(야드)은 활동과 힘을 상징하며, 기도의 도구로 손을 하늘을 향해 든다는 것은 하나님께 도움을 요청하며, 또한 허락받은 능력을 이스라엘 용사들에게 전해주는 몸짓이다. 따라서 이것은 이스라엘의 전쟁이 여호와께 달려있음과 여호와의 도움으로 승리할 수 있음을 확인시켜 주는 행위이다. 여호와는 거룩한 용사(Divine warrior)로서 이스라엘을 억압하고 착취하던 바로를 굴복시켰듯이, 이제 약속의 땅 가나안을 향해 가는 이스라엘을 가로막고, 또한 그들을 역사 속에서 항상 괴롭힌 아말렉도 무력하게 하시는 분이다. 여호수아가 아무런 예고 없이 군대지휘관으로 소개된 것으로도 짐작할 수 있는 사실이다.

이스라엘은 이 사건을 통하여 앞으로 진행될 가나안 전쟁을 어떻게 준비하고 또 누구를 의지하여 치러야 할 것인지를 확실히 알게 되었다. 또한 그들의 삶 속에서 누구의 도움을 받아야 하는지도 분명히 알게 되었다.

이스라엘은 전투 병력으로 상징되는 인간의 힘이 아니라 오로지 전능하신 여호와 하나님을 향해 기도함으로 승리하였다. 그래서 여호와께서 아말렉을 완전히 멸망시킬 것이라는 약속을 책(여호와의 전쟁기가 존재했을 가능성이 있다.)에 기록하여 기념하게 하셨고, 여호수아의 귀에 외워 들리라고 하셨다(14절). 후대까지 계속 구전되어 전승되어야 하기 때문이다(신25:17 참조). 특히 여호수아의 귀에 외워 들리라는 것은 모세 이후 차기(次期) 지도자인 여호수아가 이름의 의미대로 여호와를 의지함으로 승리한다는 믿음을 확고히 가져야 했기 때문이었다.

어찌 여호수아만일까? 험한 세상 살아가는 그리스도인의 귀에도 들려 외워지도록 해야 한다. 이와 같은 믿음의 역사는 자자손손 대대로 전달되어야 한다. 광야 같은 세상을 살아가는 우리를 끊임없이 괴롭히는 아말렉과 같은 위협적인 요소는 무엇인가? 재난, 질병, 실패, 실수, 오해, 모함 등일 것이다. 이런 것들을 이길 방법은 무엇인가? 그것은 오직 하나님을 향해 기도함으로 하나님의 도움을 받는 것이다.

아말렉 전투에서의 승리는 '여호와 닛시'라는 이름처럼 하나님의 능력으로 이루어졌지만 인간 쪽에서 해야 할 일도 있으니 바로 '공동체 구성원들의 협력'이다. 기꺼이 전쟁에 참여한 장정들은 여호수아와 함께 목숨을 바쳐 싸웠고, 지도자는 기도했고, 또 지도자를 옆에서 격려하고 돕는 사람들이 있었다. 공동체 구성원 모두가 각자의 역할을 분담하여 자기 역할에 최선의 노력을 기울이는 태도가 필요하다.

아말렉 전투는 모세 혼자 기도함으로 승리를 이끈 것이 아니라 전선(戰線)에서 싸우는 여호수아를 포함한 젊은이들과 모세의 협력자(원로들) 모두가 함께 자기의 책무에 최선으로 임했기에 가능했다.

오늘날 하나님의 백성들의 공동체인 교회에도 아말렉과 같은 내적, 외적 세력의 침략은 언제나 존재한다. 교회가 내외(內外)의 악한 세력을 이기고 하나님의 승리를 경험하기 위해서는 성도들 모두가 제각기 맡은 책임을 잘 감당해야 하는 믿음의 태도가 필요하다.

# 출애굽기 18장

이드로가 모세에게 충고하다
(Jan van Bronchorst - 'Jethro advising Moses')

## 출 18:1-12 | 모세와 이드로의 만남

"모세의 장인 이드로가 번제물과 희생제물들을 하나님께 가져오매 아론과 이스라엘 모든 장로가 와서 모세의 장인과 함께 하나님 앞에서 떡을 먹으니라"(출18:12)

모세의 장인(丈人) 이드로(Jethro)가 이스라엘 백성이 애굽에서 나왔다는 소식을 듣고 하나님의 산에 진치고 있는 모세를 만나러 왔다.(1-6절) 모세의 장인은 미디안(Midian) 족의 제사장으로 그의 이름이 르우엘(Reuel, 출2:18 참조, 그러나 민10:29에는 모세의 장인의 아버지의 이름으로 나타남), 이드로(출3:1, 4:18, 18:1-12 참조), 호밥(Hobab, 민10:29, 삿4:11 참조) 등 다양하게 나타난다.

창25:1-4에 의하면 미디안은 아브라함이 사라(Sarah) 사망 후 '그두라(Keturah)'라는 여인을 새 아내로 맞이하여 낳은 자식의 후손이다. 이들은 겐 족(Kenite)이라고도 불리는데 가나안 정착 초기에는 모세의 영향으로 이스라엘과 우호적 관계였으나(삿1:16 참조), 후에 적대관계로 바뀐다.(삿6장 참조) 그러나 사울이 아말렉 족을 징벌할 때에 그들 주변에 살고 있던 겐 사람들에게 보낸 전갈을 통해 볼 때 겐 족과 이스라엘의 관계는 특별했던 것 같다.

"사울이 겐 사람에게 이르되 아말렉 사람 중에서 떠나가라 그들과 함께 너희를 멸하게 될까 하노라 이스라엘 모든 자손이 애굽에서 올라올 때에 너희가 그들을 선대하였느니라 이에 겐 사람이 아말렉 사람 중에서 떠나니라"(삼상15:6)

처음 모세가 호렙산에서 하나님을 만나 출애굽 사명을 받았을 때(출3장) 장인 이드로에게 찾아가 귀향을 허락을 받고 가족을 데리고 애굽으로 돌아갔다.(출4:18-20) 그런데 이드로가 친정에 와 있던 모세의 가족을 데리고 그를 맞으러 나왔다는 내용(5-6절)으로 보아 위험한 상황에서 모세가 일찍이 그의 가족을 친정으로 되돌려 보낸 듯 하다.(2-3절) 다윗도 사울을 피하여 다닐 때 그의 부모를 모압 왕에게 맡겼던 적이 있다.(삼상22:1-4 참조)

모세는 중동의 관습대로 이드로에게 입 맞추고 절하며 그를 맞이하고는 그동안의 모든 일을 보고하였다.(7-8절)

이스라엘 백성과 함께 모세가 경험한 흥미진진한 하나님의 구원역사 이야기. 이것은 단순히 그가 경험한 과거 이야기가 아니라 '신앙간증'이었다.

모세는 백성을 인도한 민족 지도자다. 출애굽 역사에서 그의 역할은 누구보다 중요했다. 그러나 모세는 자신에 대해서는 전혀 언급하지 않는다. 오직 여호와 하나님만을 이야기할 뿐이다. "여호와께서 이스라엘을 위하여 바로와 애굽 사람들에게 행하신 모든 일~, 또 여호와께서 그들을 구원하신 일~"이라고 언급하고 있다.(8절)

여호와 없이는 출애굽 해방 사건이나 광야에서 고난 극복 경험은 있을 수 없고, 또한 모세 자신이나 이스라엘 자손도 존재할 수 없다. 오직 여호와 하나님만이 자신들의 역사를 이끄신 역사의 주인이시라고 고백한다.

모세의 간증은 사변적이거나 추상적인 교리 설명이 아니었다. 하나님의 은혜를 경험한 구체적인 고백이었다. 오늘날 우리가 읽고 공부하는 이스라엘의 출애굽 사건은 본문처럼 모세가 다른 사람에게 간증한 은혜의 체험들이 오랜 세월 동안 후손들에게 전승되면서 더 뚜렷해지고 생생히 고백되는 가운데 활자화된 것이다. 성서는 이와 같은 신앙고백들의 모음이다.

어느 종교인이 냉정한 머리로, 또는 어떤 신비스런 영적감각으로 받아 적은 것이 아니다. 여러 시대, 여러 사람으로 이어지는 전승과정을 통하여 '그때 그곳에서' 경험한 하나님의 역사를 성서 기자가 '지금 여기서'에서 뜨겁게 경험하는 이야기로 모은 것이다. 하나님의 은혜는 장소와 시간을 초월하여 모든 사람에게 동일하게 임하신다.

그러므로 우리가 성서를 읽고 공부할 때 필요한 것은 냉정한 머리를 가지고 과거에 어떤 일이 일어났는지에 대한 정보와 지식이나 이해의 욕구가 아니라, 지금 여기서 과거 신앙의 선배들이 경험한 그 생생한 은혜를 사모하는 마음이다. 그래서 과거의 사건이 오늘 여기에 있는 자신에게도 동일하게 경험되는 구원의 사건이 되어야 한다.

모세의 이와 같은 신앙고백의 결과는 9-11절에서 확인할 수 있다. 이방신을 섬기던 미디안 제사장 이드로는 출애굽의 현장에 함께 있지 않았고, 광야를 향하던 무리 속에 있지 않았다. 그러나 그는 모세의 신앙고백을 생생한 자기 경험으로 받아들였다. 그는 기뻐하고 찬송하며 위대한 신앙고백을 하게 된다.

"이제 내가 알았도다. 여호와는 모든 신보다 크시므로 이스라엘에게 교만하게 행하는 그들을 이기셨도다"(11절).

여기서 '알다'라는 히브리어 '야다(yadah)'는 '깨닫다, 동침하다, 함께 경험하다'라는 의미다. 이 말은 이드로가 모세의 과거 경험을 머리로 이해한 것이 아니라 현재의 사건으로 생생하게 경험했다는 고백이다.

이런 고백과 함께 이드로는 번제물(올라)과 희생제물(제바흐)을 하나님께 드렸다.(12절) 출애굽 이후 하나님께 드린 첫 번째 예배였다.

'번제물'은 히브리어 '올라'의 번역으로, 소나 양, 염소의 흠 없는 수컷을 제단에 제물로 올려 완전히 불태워 바치는 제사다. 제사자의 전 삶을 하나님께 온전히 봉헌한다는 의미이다. 자신의 삶의 주인이 하나님이라는 자기부인의 고백으로 드리는 제사이다.(레1:1-17 참조) '희생제물'은 히브리어 '제바흐'의 번역으로 '화목제'를 말한다. 이 제사는 제사자가 제물의 기름은 태워 바치고 제물의 일부를 자신의 몫으로 되돌려 받아 그의 가족 및 이웃과 함께 잔치를 베풀고 기쁨으로 제물을 나누어 먹음으로 하나님 안에서 공동체의 화합을 도모하는 제사이다.(레3:1-17 참조) 그러므로 이드로가 번제와 화목제를 드렸다는 것은 모세의 신앙고백을 통하여 여호와 하나님의 위대하신 신성과 능력을 자신의 것으로 받아들이고 이후 자신의 전 삶을 하나님께 의탁한다는 의미를 갖고 있다. 동시에 이스라엘 백성들과 자신을 동질화한다는 의미를 갖는다. 그래서 아론과 이스라엘 모든 장로가 이드로와 함께 하나님 앞에서 공동식사를 나누었다.(12절)

참으로 놀라운 것은 하나님께서 처음 모세를 호렙산에서 부르시고 애굽으로 보내실 때 "네가 그 백성을 애굽에서 인도하여 낸 후에 너희가 이 산에서 하나님을 섬기리니 이것이 내가 너를 보낸 증거니라"(출3:12)고 하셨고, 출애굽의 목적이 '여호와 하나님을 섬기는 것'이었는데(출3:18, 5:1, 8, 17, 7:16, 8:1, 8, 20, 25-28, 9:1, 13, 10:3, 7-11, 24-26), 그 첫 예배가 미디안 제사장 이드로를 통하여 드려졌다는 사실이다. 이것은 이방인의 제사장 이드로가 여호와 신앙으로 개종하여 이스라엘 백성과 친교를 나누는 공동체 일원이 되었음을 나타낸다.

예배가 무엇인가? 예배는 형식이 아니다. 하나님의 구원역사를 찬양하고 그분께 경배하는 것이다. 하나님의 구원역사를 오늘날 생생하게 동일한 사건으로 경험하는 사람들이 비로소 진정한 예배를 드릴 수 있다.

## 출 18:13-27 | 이드로의 조언

"모세의 장인이 그에게 이르되 네가 하는 것이 옳지 못하도다"(출18:17)

이드로의 조언에 의해 이스라엘의 사회 조직이 확립되는 본문의 내용은 사회 조직의 확립 과정을 동일하게 설명하는 민11:10-30과 신1:9-18을 비교하면 차이점이 발견된다. 민수기에서는 백성에 관한 무거운 책임을 혼자 감당하기 어려웠던 모세가 하나님께 하소연하자 하나님께서 모세에게 장로 70명을 뽑아 회막 주위에 둘러서게 하여 그들에게 하나님의 영을 부어주신다. 모세의 짐을 나누어 질 장로들이 하나님의 말씀에 의해 선택되었다. 신명기에서는 하나님의 축복으로 이스라엘의 인구가 번성하자 그들에 관한 책임을 혼자 감당할 수 없다고 생각한 모세가 각 지파에서 지혜와 지식이 유명한 자를 택하여 백성의 우두머리, 곧 천부장과 백부장과 오십부장과 십부장을 삼았다. 여기서는 이스라엘의 사회 조직이 모세의 생각에서 나왔다고 되어 있다. 그런데 본문에 의하면 이스라엘의 사회 조직은 모세의 장인 이드로의 조언에 의해 이루어진 것이 된다.

모세가 이드로의 조언에 따라 백성들에게 율례와 법도를 가르쳤다는 내용으로 볼 때(20-24절) 논리의 전개에 따르면 본문은 아무리 빨라도 출24장 다음에 와야 한다. 그런데 본문이 여기에 위치하는 것은 출19장 이하에 언급된 십계명을 포함한 다양한 율법을 받아야 할 필요성이 이스라엘 백성에게 있음을 나타내기 위한 장치로 보인다.

모세는 아침부터 저녁까지 하루 종일 백성들을 재판하느라(샤파트, '옳고 그름을 판단하다', '다스리다'라는 의미 '사사'라는 '쇼프팀'이 '샤파트'에서 유래됨) 앉아 있었다.(13절) 지도자로서 백성을 위하여 온종일 애쓰는 모세의 행위는 아름다운 것이 틀림없다. 그러나 이드로가 보니 그의 방식에 문제가 있었다. 뜻도 중요하지만 일하는 방식, 방법도 중요하고, '생각이 좋으면 그만'이라고 할 수는 없었다. 이드로는 모세에게 백성을 다스리는 방법이 잘못되어 자신과 백성들이 모두 지치게 될 것이라며 해결책을 알려준다.(18-19절)

이드로가 제시한 해법은 먼저 하나님 앞에서 백성을 위하여 그 사건을 가져오라고 말한다.(19절 하반절) 백성의 일을 하나님께 가져가라는 것은 모든 소송의 궁극적인 판결을 하나님이 기뻐하시는 대로 처리하라는 의미다.

둘째, 백성들에게 율례와 법도를 가르쳐서 마땅히 갈 길과 할 일을 그들에게 보이라고 한다.(20절) 백성들에게 걸어가야 할 길과 해야 할 일들을 밝히는 규정을 교육하여서 재판할 사항을 축소시키라는 말이다.

셋째, 백성들 가운데 하나님을 두려워하며 진실하며 불의한 이익(베짜, '유익' '소득'을 의미)를 미워하는 유능한 사람들을 가려내어 백성의 지도자로 세워 작은(카탄, '판에 박힌'이라는 의미, 22, 26절) 일은 그들이 재판하고 크고(가돌, '복잡한'이라는 의미, 22절) 어려운(카쉐, 26절) 일만을 모세가 담당하라고 한다.(21절) 이른바 역할분담을 하라는 충고이다. 이렇게 해서 천부장, 백부장, 오십부장, 십부장이 세워졌다(24-25절).

이와 같은 역할분담은 예루살렘교회가 히브리파 유대인과 헬라파 유대인 사이에 구제(diakonia) 문제로 갈등이 발생했을 때 열 두 사도들이 일곱 봉사자를 선출한 것과 같은 맥락이다.(행6:1-6) 제자들이 기도하는 것과 말씀 전하는 일에 전무(專務)하기 위해 일곱 집사('deacon' 이라는 단어는 'diakonia' 에서 유래된 말)를 선택하여 식탁 봉사하는 일에 매이지 않게 했다.

모세는 자기 장인의 말을 듣고 그 모든 말대로 하였다.(24-26절) 모세는 바로의 억압 아래 있던 이스라엘 백성을 이끌고 나온 위대한 민족지도자이다. 그러나 그가 진정으로 위대한 이유는 이드로가 자신의 부족한 점을 알려주었을 때 그것을 인정하고 그의 조언을 겸허하게 수용할 줄 아는 겸손한 사람이었기 때문이다. 모세는 비록 장인이 이방인이었으나 그의 지혜를 선하게 받아들여 공동체의 질서를 바로잡은 사람이다. 겸손은 무조건 자신을 낮추는 것이 아니라 만나는 사람과 사건 속에서 자신을 개방하고 그 안에서 하나님의 섭리와 은총을 발견하는 것이다.

아무리 유능한 지도자라도 모든 것을 혼자 할 수 없고 또한 혼자 하려할 때 무질서가 나타나게 된다. 간혹 마땅한 사람이 없다고 할 때가 있을 것이다. 백성 가운데 '하나님을 경외하고 진실하며 불의한 소득을 싫어하는 유능한 사람'을 찾기가 쉽지 않을 수도 있다. 사람이 좋고 신앙심이 깊으면 유능하지 못하고, 유능하다 싶으면 신앙이 떨어져 세속적인 경우가 많을 것이다. 그러나 하나님의 일꾼은 주어지는 것이 아니라 발견하는 것이요, 또 키워나가야 한다. 신뢰하면서 맡기고 도와주며 함께 지혜와 힘을 모으다보면 훌륭한 파트너가 될 것이다.

# 출애굽기 19장

하나님이 모세와 이야기를 나누다
(The Phillip Medhurst - 'God talks with Moses')

창세기부터 신명기에 이르는 율법서(Torah, Pentateuch)를 '모세오경'이라 부르는 것은 모세가 율법서의 기록자이기 때문이 아니라 율법서의 중심인물이기 때문이다. 오경은 모세 이전 시대(창세기)와 모세 이후 시대(출애굽기~신명기)로 구분할 수 있는데, 모세 이전 시대는 인류의 창조와 타락, 그리고 타락 이후의 인류사를 다룬 원역사(창1-11장)와 이스라엘(야곱)이라는 인물을 조상으로 하는 한 부족의 탄생 이야기를 다루는 족장사(창12-50장)를 담고 있다. 모세 이후 시대는 애굽에서 바로의 억압으로 고통당하던 이스라엘이 모세의 인도로 출애굽하여 여호와 하나님께 율법을 받아 신앙공동체가 되어 가나안 건너편 모압 평지에 이르기까지의 역사를 담고 있다. 모세의 일대기에 해당하는 출생과 성장(출2장), 죽음(신34장)은 짧게 기록되어 있고, 공생애는 길고 세밀하게 기록되어 있다.

야곱이 이스라엘 자손의 혈연적 조상이라면 모세는 이스라엘 자손의 정신적 또는 신앙적 조상이라 할 수 있다. 이스라엘이 신앙공동체가 되는 과정에서 중요한 장소는 시내산이다. 애굽에서 나온 이스라엘은 시내산에서 여호와 하나님과 계약을 체결한다. 출애굽기에서 가장 중요한 사건인 시내산 계약(Sinai Covenant, 또는 '모세 계약'이라고도 부른다)은 출19-24장과 출32-34장 두 부분에 기록되어 있다.

첫 부분(출19-24장)은 하나님의 현현(출19장), 계약조건(십계명과 기타 규범들)의 제시(출20-23장), 백성의 동의와 계약 체결(출24장)이고, 두 번째 부분(출32-34장)은 이스라엘의 계약파기(출32장), 모세의 중재(출33장), 재계약(출34장)으로 이어진다.

계약(Covenant, 언약)은 구약성서 전체를 관통하는 중심사상으로 하나님은 성서 속 인물들과 계약을 통하여 자신의 뜻을 역사 속에 펼치셨다. '계약'이라는 히브리어 '베리트'은 고대근동문화의 계약, 특히 힛타이트(Hittite)의 종주권 계약에서 발견되는 '~사이를 자르다'라는 'karath berith'라는 말이 시간이 지나면서 '자르다'라는 'karath'는 사라지고(자르는 것은 소, 양 등 가축이나 비둘기였다) '사이에'라는 'berith'가 명사화된 용어이다.(창15장 참조) 고대사회의 계약은 두 종류가 있는데 계약 당사자가 동등한 입장에서 맺는 '상호조약'과 계약 당사자가 주종관계에서 맺는 '종주권계약'이 있다.

## 출 19:1-25 | 하나님의 현현과 이스라엘의 계약 준비

"이스라엘 자손이 애굽 땅을 떠난 지 삼 개월이 되던 날 그들이 시내 광야에 이르니라 그들이 르비딤을 떠나 시내 광야에 이르러 그 광야에 장막을 치되 이스라엘이 거기 산 앞에 장막을 치니라"(출19:1-2)

출19장은 이스라엘이 시내산에서 여호와 하나님과 계약을 준비하는 내용으로 '이스라엘의 시내 산 도착과 시기'(1-2절), '하나님의 계약체결 제의'(3-6절), '이스라엘 백성의 동의'(7-8절), '계약체결 준비'(9-15절), '하나님의 현현'(16-25절)으로 나눌 수 있다.

르비딤을 떠난 이스라엘은 시내 광야에 이르러 시내산 앞에 장막을 치는 것으로 1차 광야여정을 멈춘다.(1-2절) 이스라엘이 시내산에 도착한 때는 애굽에서 나온 지 '삼 개월이 되던 날'(바호데쉬 핫쉬리쉬, '세 번째 되는 새 달에'로 번역된다.)이었다.(1절) 유대전승에도 시내산 도착을 유월절 후 일곱째 주가 지난 오순절이라고 하는데, 출애굽한 날이 정월 십사일이므로(출12:17-18) 시내산 도착은 한 달 보름 후인 셋째 달 초하루이다.

이스라엘이 진을 치고 마주한 시내산은 모세가 일찍이 하나님을 개인적으로 만났던 거룩한 산이다.(출3:1-5). 이 산에서 하나님은 모세에게 출애굽이라는 위대한 계획과 목적을 밝히시며 그를 바로에게 보냈다.(출3:12, 참조 출5:1-3, 7:16)

백성을 이끌고 애굽을 탈출하여 시내산에 도착한 모세는 백성은 산 아래에 장막을 치고 머무르게 하고 홀로 하나님 앞에 부름받아 올라간다.(3절) 시내산에 이르기까지는 수평이동(장소이동)이었다. 라암셋에서 시작된 이동은 숙곳을 거쳐(출12:37) 광야 끝 에담(출13:20), 바알스본 맞은 편 바닷가(출14:2), 수르광야의 마라(출15:22-23), 엘림(출15:27), 신 광야(출16:1), 그리고 르비딤을 거쳐(출17:1) 시내산에 이르렀다. 그러나 시내산에 도착한 이후에는 백성들은 움직이지 않고 모세만 산 위의 하나님께 올라갔다가 산 아래 백성들에게 내려오는 수직이동을 한다. 모세의 수직이동은 출39:43까지 일곱 차례에 걸쳐 진행된다.(1차 등정 출19:3-8, 2차 등정 출19:9-19, 3차 등정 출19:20-20:20, 4차 등정 출20:21-24:8, 5차 등정 출24:9-32:30, 6차 등정 출32:31-34:3, 7차 등정 출34:4-39:43 참조)

산 위에 오르는 모세는 참으로 감격스러웠을 것이다. 하나님의 계획이 성취되었음을 생생히 경험하였고 그리고 이제는 무슨 말씀을 하실까 긴장하고 하나님 앞에 섰을 것이다.

이때 하나님께서 산 아래 있는 백성들에게 전할 말씀을 들려주셨다.(3-6절) 하나님은 이스라엘 백성과 계약을 맺으시겠다고 하신다.

> “내가 애굽 사람에게 어떻게 행하였음과 내가 어떻게 독수리 날개로 너희를 업어 내게로 인도하였음을 너희가 보았느니라.”(4절)

하나님은 먼저 자신이 이스라엘에게 베푼 은혜를 언급하셨다. 하나님의 강력한 힘을 경험한 구원역사였다. "마치 독수리가 자기의 보금자리를 어지럽게 하며 자기의 새끼 위에 너풀거리며 그의 날개를 펴서 새끼를 받으며 그의 날개 위에 그것을 업는 것 같이 여호와께서 홀로 그를 인도하셨다"(신32:11-12)는 말씀처럼 광야를 거쳐 이곳까지 오면서 어미 독수리가 새끼를 훈련시키듯이 이스라엘을 구원하셨을 뿐 아니라 정화시키고 훈련시키셨음을 말씀하였다.

하나님께서 자신이 베푸신 구원역사를 먼저 말씀하신 것은 고대근동의 종주권계약에서 종주국(suzerain) 임금이 봉신국(vassal) 임금에게 베푼 은혜가 먼저 나열되는 양식과 일치한다. 이스라엘을 향한 하나님의 은혜가 먼저 언급되기는 하지만 이제부터 하실 그분의 말씀은 과거 바로의 명령처럼 강제적이거나 일방적인 관계와는 다르다. 이 계약은 법적 구속력만 있는 무미건조한 계약이 아니다. 오히려 은혜를 베푸신 하나님과 그 은혜를 경험한 이스라엘, 곧 사랑하는 이들 사이에서 맺어지는 계약이다. 그러므로 이스라엘은 먼저 구원의 은혜를 경험한 백성으로서 그분의 말씀(율법)을 감격으로 감사하며 기쁨으로 응답해야 한다.

구원역사를 먼저 말씀하신 하나님은 이어 계약의 내용을 밝히신다.

> "세계가 다 내게 속하였나니 너희가 내 말을 잘 듣고 내 언약을 지키면 너희는 모든 민족 중에서 내 소유가 되겠고 너희가 내게 대하여 제사장 나라가 되며 거룩한 백성이 되리라"(5-6절)

여기서 '만약(im, 영어 if에 해당되는 부사다) …하고 …하면…' 라는 표현은 시내 산 계약의 성격이 노아(창9장), 아브라함(창15, 17장), 다윗(삼하7장)과 맺은 '무조건적 계약'이 아니고 '조건적 계약'임을 나타낸다. 만약(if) 이스라엘이 하나님의 계약을 성실히 지킬 때(then), 그들이 '하나님의 소유'가 되고 '제사장 나라'가 되며, '거룩한 민족'이 될 것이다. 이것은 이스라엘은 하나님의 계약 내용을 지켜야 하며 그렇게 할 때 여호와 하나님은 반드시 이스라엘을 당신의 소유, 제사장 나라, 거룩한 백성이 되게 하시는 쌍무적(雙務的) 책임이 주어졌음을 의미한다. 이스라엘은 이 계약을 통하여 새로운 정체성을 갖게 되는 것이다.

'소유'라는 히브리어 세굴라(Segullah)는 단순한 소유물이 아니라 가장 아끼고 값비싼 소유물을 의미한다.(신7:6, 14:2, 26:18, 대상29:3, 시135:4, 전2:8, 말3:17 참조) 세계만국이 모두 하나님께 속한 것이지만(출19:5) 이스라엘은 하나님과의 특별한 관계 속에서 하나님의 백성이 되는 지위와 권리와 특권을 누린다. 그들이 남달리 높은 지위에 놓이게 되는 것이 아니라 하나님의 사랑으로 그분 가까이에 있는 특별한 관계를 맺게 된다는 의미다.

이것은 야곱이 노년에 라헬을 통해 얻은 아들 요셉을 특별한 사랑하여 17세가 되었음에도 다른 형제들과 달리 채색옷을 입힌 것(창37:1-4)이나, 모든 사람이 하나님의 피조물이지만 성도들은 그 중에서 선택받아 하나님의 자녀로 특별한 사랑을 받는 존재가 된 것과 같은 의미다.

특별히 '하나님의 소유'라는 이스라엘의 특권이 '제사장 나라', '거룩한 백성'과 연결되어 있음은 특권과 함께 그들의 역할이 무엇인지를 알려준다.

'제사장(코헨)'은 하나님을 섬기고 사람들을 하나님께로 인도하는 특별한 삶을 살도록 봉헌된 사람들이다.(벧전2:9 참조) 특히 제사장은 다른 사람들의 죄를 대신 하나님께 아뢰고 사함 받게 해주는 성스러운 의무를 수행하는 사람이다. 그러므로 이스라엘은 제사장 나라로 여호와만을 섬기며 다른 민족에게 여호와 하나님을 증언하고 여호와께로 인도해야 할 성스러운 선교적 의무를 지닌다.

이제 이스라엘은 거룩한 백성(am, '가족'이라는 의미), 곧 구별된 하나님의 가족인 성민(聖民)이 된다. 하나님이 그 가족의 가장이며 이스라엘은 그의 식솔이다. 독수리 날개와 같은 전능하신 능력으로 지금 이곳으로 인도하신 하나님이 그들의 가장이시다. 이제 그들의 앞길에 평화와 평안만이 있게 될 것이다. 그러나 이러한 특권과 함께 이스라엘은 하나님의 성민답게 살아야 할 책무가 있다. 다름 아닌 계약의 준수, 곧 하나님의 말씀을 잘 듣고 언약을 지켜야 할 책무이다. 이 계약의 내용이 바로 이어서 선포되는 십계명(출20:1-21)과 계약법전(출20:22-23:33)이다.

모세가 이스라엘 장로와 백성에게 이와 같은 하나님의 언약의 말씀을 전하니 그들이 일제히 응답하였다.

"여호와께서 명령하신 대로 우리가 다 행하리이다"(8절)

아직 구체적으로 하나님의 말씀이 무엇인지 모르지만 이미 베푸신 그 능력과 은혜에 감사하여 전적으로 순종할 것을 약속한다. 하지만 응답 안에 담긴 구체적인 내용이 무엇인지 그들은 더 분명하게 인식할 필요가 있었다. 여호와 하나님은 이스라엘 백성에게 사흘을 따로 떼어 내어 계약을 체결하기 위한 준비를 하게 하신다.(9-15절)

모세가 백성들의 응답을 하나님께 아뢰자 여호와께서 구름 속에서 나타나시겠다고 말씀하신다.(9절) 하나님은 직접 볼 수 없는 거룩한 분이시기에 그 현존을 감추어 주는 구름 속에 나타나시겠다는 것이다. 그 누구도 그분의 모습을 볼 수 없고 음성만 들을 수 있을 뿐이다.(신4:11-15 참조) 훗날에도 성소에 계신 하나님을 대제사장도 볼 수 없도록 지성소에 하나님의 임재와 영광을 상징하는 '세키나(Shekinah)'라는 향불을 피웠다.

여호와께서 현현(顯顯)하시려고 하자 백성들은 사흘 후 하나님을 만날 특별한 준비를 해야 했다. 여호와께서 모세에게 요구한 준비는 세 가지였다.

먼저 이틀 동안 성별하는 것으로 '여인을 가까이 하는'(히브리어 '나가쉬'는 성교에 대한 완곡한 표현이다) 행위를 금해야 했다.(10, 15절) 성관계할 때 정액은 남녀를 부정하게 만들기 때문에 금지되었다.(레15:16-18 참조) 둘째, 옷을 빨아야 했다.(10, 14절) 하나님을 알현하기 위하여 정결례(淨潔禮)를 행하는 이유는 애굽에서 입고 나온 옷의 정결치 못한 상태를 없애고 겉과 속을 깨끗하게 하여 새로운 모습으로 하나님을 맞이할 준비를 하라는 의미이다. 셋째, 하나님의 현현장소인 산을 성역화하고 나팔('요벨'은 '희년' 또는 '양각나팔'을 의미한다)을 불 때까지 산에 가까이 하는 것을 금지하였다.(11-13, 16, 19절)

마침내 셋째 날 아침이 되었다.(16절) 성서에서 '셋째 날'은 새로운 사건이 벌어지는 역사의 전환점이다.(창22:4, 31:22, 34:25, 40:19, 42:17-18, 수1:11, 3:2 마28:1, 막16:2, 눅24:1, 요20:1 참조) 이 때 우뢰와 번개와 빽빽한 구름이 산 위에 있고 나팔 소리(쇼파르, 16, 19절에서는 '요벨'이었지만 여기에는 '쇼파르'다.)가 매우 크게 나는 가운데 연기와 불 가운데 여호와 하나님이 이스라엘에게 음성으로 나타나셨다.(16-19절) '음성(콜)'은 '천둥소리'로 번역할 수 있는데 이것은 하나님의 초월성과 그분이 말씀하시는 것에 대한  두려움, 또 멀리 계신 그분의 존재 등을 함축적으로 나타내고 있다.

이런 현상을 화산현상으로 보기도 하지만 이것은 고대근동에서는 신이 나타날 때의 징조이다. 본문은 이런 표현을 빌려 사람이 볼 수 없는 거룩한 여호와 하나님의 신비스런 현현을 나타냈다.(시97:1-5, 사13:13, 욜2:10 참조) 그러나 중요한 것은 하나님이 말씀으로 나타나셨다는 사실이다.(왕상19:11-12 참조)

하나님의 말씀은 그분의 신적인 권위와 위엄을 드러낸다. 우리는 말씀을 대할 때 하나님을 대하는 것 같이 경건하고 엄숙하게 순종해야 한다. 특히 말씀에 순종하는 것은 강요에 의한 무조건적인 복종이 아니라 이미 받은 은혜에 대한 자발적인 감사의 응답이어야 한다.

여호와의 부름으로 산꼭대기에 오른 모세에게 여호와는 산 아래 백성들에게 당신께서 택하여 부르시는 모세와 아론을 제외하고는 누구든지 거룩한 땅의 지경을 넘어 오지 않도록 단단히 일러주셨다.(20-24절) 하나님은 누구도 가까이 할 수 없고 범접할 수 없는 거룩한 분이다. 그러나 자신을 열어 생명과 자유를 주시려고 모세와 같은 중재자를 택하여 당신의 백성에게 생명에 이르는 길인 말씀을 주신다. 이것을 겸허히 받아 하나님을 경외하며 그의 말씀에 순종하는 사람들은 누구나 생명과 자유를 누리는 하나님의 소유가 되고, 제사장 나라와 거룩한 백성이 되는 것이다.(벧전2:9-10)

# 출애굽기 20장

모세가 십계명을 가지고 시내산에서 내려오다
(Ferdinand Bol - 'Moses Descends from Mount Sinai with the Ten Commandments' 1662)

시내 광야에 도착한 모세는 산에 올라 여호와로부터 특별한 말씀을 듣고 내려와 백성들에게 전한다. 이스라엘이 여호와의 말씀을 잘 듣고 그의 언약을 지키면 그들이 모든 민족 중에서 하나님의 소유, 제사장 나라, 거룩한 백성이 될 것이라는 말씀이었다.(출19:3-6) 이에 백성들은 일제히 여호와의 명하신 대로 준행할 것을 서약하였다.(출19:7-9) 이스라엘 백성들의 가슴에는 하나님의 구원의 은혜가 생생히 남아있다. 하나님께서 그들을 위하여 애굽에서 어떻게 행하였고 어떻게 독수리 날개로 업어 이곳까지 인도했는지 생생하게 기억하고 있다. 이스라엘이 계약을 맺는 데그들이 준행해야 할 하나님의 말씀이 바로 '십계명(출20:1-21)'과 '계약 법전(출20:22-23:33)'이다.

구약 성서의 율법은 '시내산 율법'(출19-민10:10)과 '모압 율법'(신12-26장, '신명기 율법'이라고도 함)에 담겨 있다. 여기에는 총 613개 조항의 율법('~하라'는 긍정적 율법이 248개 항목, '~하지 말라'라는 부정적 율법이 365개 항목)이 있어 248개의 뼈로 구성된 인간이 일 년 365일 동안 하루도 빠짐없이 지켜야 할 하나님의 계명이라는 의미를 부여하기도 한다.

613개 조항의 율법을 요약한 것이 십계명이지만 신약시대의 유대인 율법교사인 바리새인들은 십계명만이 아니라 613개의 세부 조항을 일일이 지킬 것을 강요하였다. 이것이 모호한 율법조항을 구체적으로 해석하여 구전되어 내려온 규정(장로들의 전통)들을 문서화한 미쉬나(mishnah)이다. 미쉬나에는 특히 안식일 규정이 강조되었는데, 안식일에 금지된 규정이 39가지나 되었다. 대표적인 금지규정은 파종, 쟁기질, 수확, 단으로 묶는 일, 타작, 키질, 빻기, 제분, 반죽, 굽는 일, 털 깎는 일, 염색, 사냥, 가죽 다듬기 등으로 대부분 일반인에게 적용되는 규정이었고 율법학자에게는 두 글자 이상 쓰는 일과 두 글자를 지우는 일의 두 가지 금지규정이 있었다. 미쉬나는 일반인들에게 올무가 될 수밖에 없었다.(막2:23-3:6 참조)

유대인은 13세가 되면 성년의식을 행하고 이때부터 모든 율법을 준수할 의무를 갖게 된다. 남자의 성년의식은 '바르 미쯔바'(bar Mitzbar, 계명의 아들) 여자의 성년의식은 '바트 미쯔바'(bat Mitzbar 계명의 딸)라고 부른다. 성년의식은 주로 유대인의 가정이나 회당에서 거행되며 결혼식과 더불어 유대인의 가장 중요한 의식이다. 오늘날에는 특히 예루살렘의 '통곡의 벽(하코텔)'에서 거행되는 것을 최고의 영광으로 생각한다.

"십계명(Ten Commandments)"이라는 말은 구약성서 어디에도 사용되지 않으며 다만 히브리어로 '열 마디의 말씀들(아세레트 하드바림)'이라고 되어 있다. 더욱이 출20:1-17(신5:1-21 참조)에는 '열 마디의 말씀들'이라는 말도 나타나지 않고 출34:10-26에 가서야 나타난다.(출34:28, 또 신4:13, 10:4에도 언급됨) 그러나 출34:10-26에서는 계명의 수(數)를 정확히 열 개로 정리하는 것이 불가능하다. 십계명을 영어로 'Decalogue'라고 부르게 된 것은 70인역(Septuagint)에서 히브리어 '아세레트 하드바림'을 헬라어 '데카 로고이'로 번역한 데서 비롯된다. 오늘날 학자들은 출20장(신5장)을 윤리적 십계명(Ethical Decalogue), 출34장을 제의적 십계명(Cultic Decalogue)이라고 부른다.

십계명의 구분은 종파에 따라 차이가 있다.

정통 유대교에서는 탈무드에 근거하여 1계명이 '너희 하나님은 나 여호와다'이며, 2계명은 1계명의 '나 외에 다른 신들을 네게 두지 말라'와 2계명의 '새긴 우상을 만들지 말라'가 합쳐져 있다.

정교회, 성공회, 칼빈파에서는 찬송가 성서표지 안에 기록된 일반 십계명을 사용한다. 이것은 유대인 철학자인 알렉산드리아의 필로(Philo, 주전 20-주후 45/50?)가 나눈 것이다.

가톨릭과 루터교회에서는 1계명과 2계명을 합쳐 1계명으로 하고 열 번째 계명을 둘로 나눠 9와 10계명으로 한다. 이것은 어거스틴(주후354-430년)의 분류에 근거한다. 루터는 '소교리 문답서'(Der Kleine Katechismus)에서 제1계명을 '나 외에 다른 신들을 네게 두지 말라', 제9계명을 '네 이웃의 집을 탐내지 말라', 제10계명을 '네 이웃의 아내나 그의 남종이나 여종이나 그의 소나 그의 나귀나 무릇 네 이웃의 소유를 탐내지 말라'로 하였다.

십계명을 포함하여 모든 율법을 어떻게 이해하여야 하는가? 법(法)이라는 것 자체가 제한성을 가지고 있다. 어떤 조직이나 사회나 법이 많으면 행동이 제한된다. 현대사회는 감정의 문제는 개방하려고 하면서, 생각은 법으로 제한하려고 한다. 십계명을 비롯한 하나님의 율법은 어떠한가?

기독교 최초의 이단자 마르시온(Marcion, 주후 140년경)은 구약성서의 하나님과 신약성서의 하나님이 다르다고 생각했다. 구약성서의 하나님은 율법으로 사람들을 심판하시는 분이며 신약성서의 하나님은 사랑과 용서의 하나님으로 이해했다. 그래서 구약성서를 기독교 경전에서 제외하였고 신약성서 중에서도 율법을 강조하는 마태복음 같은 것은 제외하였다.(마르시온은 디모데전후서와 디도서를 제외한 바울서신 10개와 누가복음만을 경전으로 인정했다) 과연 구약성서는 율법이고 신약성서는 복음인가? 이 문제에 답하기 위해 율법의 핵심이라고 할 수 있는 십계명이 주어진 배경을 살펴볼 필요가 있다.

## 출 20:1-2 | 십계명 서언

"나는 너를 애굽 땅, 종 되었던 집에서 인도하여 낸 네 하나님 여호와니라"(출20:2)

모든 법령에는 전문(前文)이 있으며 각 법령을 이해하기 위해 전문을 아는 것이 중요하다. 전문에 법령의 제정목적과 제정과정 그리고 지도이념들이 담겨 있기 때문이다.

우리나라 헌법전문에는 "유구한 역사와 전통에 빛나는 우리 대한민국은 3.1운동으로 건립된 대한민국 임시정부의 법통과 불의에 항거한 4.19민주 이념을 계승하고......"이 나오고 이어 헌법 "제1조 1항. 대한민국은 민주공화국이다. 2항. 대한민국의 주권은 국민에게 있고 모든 권력은 국민으로부터 나온다."로 되어 있다. 그러므로 헌법 전문에는 130개 조에 해당하는 헌법조항이 만들어진 그 법의 정신이 담겨 있다. 3.1독립운동이라든지 4.19민주항쟁 정신을 바탕으로 헌법이 만들어졌음을 전문에서 밝히고 있다.

십계명의 역사적 배경, 곧 십계명이 언제, 누가, 누구에게 선포된 것인지를 살펴볼 필요가 있다. 림버그(James Limburg, 미국 아우구스타나 대학 종교학 교수)는 십계명 연구를 위해 출20:1-2을 근거로 "3R"을 강조하였다.

여호와 하나님은 이스라엘 백성들에게 십계명의 조항들을 선포하시기 전 먼저 그들이 애굽 땅에서 종살이(히브리)하던 사실을 '회상' 시키며(Remind), 자신이 이스라엘을 애굽 땅에서 인도하셨음을 강조하며 이스라엘과 자신과의 '관계', 곧 자신이 이스라엘의 구원주(Redeemer)이심을 밝히셨다.(Relationship). 그리고 십계명의 조항들을 구체적으로 선포하신다. 그러므로 십계명은 여호와 하나님께서 백성들에게 행하신 구원의 은혜에 대한 '응답'(Response)으로 지켜야 할 조항이다.

십계명은 여호와 하나님과 아무런 관계가 없는 사람들에게 강요된 율법조항이 아니다. 오히려 하나님의 구원행위와 계속되는 사랑을 이미 경험한 백성들이(출1-17장의 내용) 이제 시내산에서 여호와와 특별한 계약를 맺고(출19장), 그 은혜에 진심어린 감사로 응답해야 할 행동강령이다. 이스라엘 백성들이 하나님의 구원의 은혜에 감사하며 응답해야 할 구체적인 삶의 내용이다. 십계명은 하나님과 이스라엘 백성의 관계가 사랑으로 시작하여 사랑으로 지속되기를 바라는 규범이다.

이런 차원에서 십계명은 하나님 나라의 헌법(憲法)과 같다. 하나님이 먼저 이스라엘에게 생명과 자유를 주셨고, 이스라엘이 구체적이고 지속적으로 살아야 할 가르침이 십계명이다. 십계명은 인간의 생명을 제한하거나 자유를 제한하는 올가미가 아니라 하나님의 백성으로 하나님과 함께 살면서 그로부터 나오는 생명과 자유를 보장받는 든든한 울타리이다.

예수님이 선포하신 계명도 마찬가지다. 예수님의 십자가 죽음을 통해 죄와 사망에서 구원받은 은혜에 감사하여 그의 백성으로 사는 길이 계명이다. 감사하고 감격하여 기쁨으로 행하는 것이다. 십계명은 복음이다. 백성들이 계명을 지킬 때 그들은 하나님의 소유가 되고 제사장 나라가 되며 하나님의 백성이 된다. 먼저 하나님이 그들을 사랑하시어 그들에게 구원의 은혜를 베푸셨으니 이제 은혜를 허락받은 백성답게 살아야 할 응답이 바로 이 계명이다. 그래서 시인은 "복 있는 사람은 오직 여호와의 율법을 즐거워하여 그 율법을 주야로 묵상하는 자로다"(시1:1-2)라고 노래했다.

## 출 20:3 | 제1계명(신5:7, 출34:14 참조)

"너는 나 외에는 다른 신들을 네게 두지 말라."

맨 처음에 나오는 이 계명은 '가장 중요한 계명'이다. 배타적으로 오직 여호와만을 섬기라는 명령이다. 그러나 "나 외에는(알 파나이)"의 "알"이 "이외에"와 "앞에서"로 번역될 수 있어서 그 의미가 이중적일 수 있다. "나 외에는"으로 번역할 때는 유일신 신앙(monotheism)이 강조되어 여호와 외에는 다른 신이 없다는 의미가 되지만, "내 앞에서"로 번역하면 단일신교 신앙(henotheism)을 강조하는 계명이 된다. 즉 다른 신의 존재를 인정하지만 그 신들을 섬겨서는 안 된다는 명령이다. 학자들은 "알 파나이(al-panay)"를 "내 앞에서"로 번역하는 것을 선호한다. 여호와 앞에서 다른 신을 섬기는 예배가 있어서는 안 된다. '다른 신'에 대한 부정이라기보다 '다른 예배'에 대한 금지 명령이다. 어떻게 번역하든 제1계명은 여호와만을 섬겨야 한다는 명령이다.

여기서 '네게 두지 말라'는 '네게 있게 해서는 안 된다'라고 강조된 금지명령이다. 히브리어에는 두 가지 금지 명령이 있는데 하나는

'단순금지명령'으로 어떤 행위를 '지금 하지 말라'는 것으로 부정사 '알'(al)을 사용하고, 또 하나는 '강조금지명령'으로 '언제든지 절대로 해서는 안 되는 것, 절대로 못하도록 금지되어 있음'을 말하는 것으로 부정사 '로'(lo)를 사용한다. 제1계명을 포함하여 제2계명, 제3계명, 제6-제10계명까지의 ',,,하지 말라'와 제4계명의 '아무 일도 하지 말라'에는 절대금지명령인 '로'가 사용되었다. 십계명의 금지명령은 절대로 해서는 안 되는 철저한 금지를 의미한다.

"다른 신들(엘로힘 하헤림)"이란 말은 구약성서에 73회 언급되었다.(출34:14-16, 신4:39, 6:14, 7:4, 13:13, 17:3, 수24:16, 20 등 참조) 이스라엘 백성들은 수없이 많은 신의 홍수 속에 살았다. 성서에도 많은 신의 이름이 언급되어 있다. 가나안의 대표적인 신 바알(Baal)을 포함하여 그의 배우자 아세라(Asherah), 그리고 시돈 여신 아스다롯(Ashtaroth), 암몬의 밀곰(Milcom), 모압의 그모스(Chemosh), 암몬의 몰록(Molok), 블레셋의 다곤(Dagon) 등 매우 많다.(민22:41, 삼상5:1-5, 왕상11:1-8, 왕하23:13-14 참조) 또한 이스라엘은 애굽사람들의 신 아몬(Amon)과 레(Re)를 알았고 이런 신의 현현이라고 생각한 바로(Pharaoh)의 억압을 받았다. 그 외에도 구약시대에는 태양신, 달신, 폭풍의 신, 산신, 강신, 질병의 신 등 자연신(정령숭배신앙)이 있었고(왕하23:5), 각 성읍마다 그들의 수호신이 있었다.

이런 상황에서 "너는 나 외에는 다른 신들을 네게 두지 말라."라는 제1계명은 이스라엘 신앙의 대원칙을 선언한다. 여호와만을 하나님으로 섬기는 것은 이스라엘의 절대적 신앙(radical monotheism)으로 그 어떤 타협의 여지가 있을 수 없다. 유일신 신앙이 흔들려 버린다면 이스라엘 자체가 완전히 와해되기 때문이다.

유일신 신앙은 신명기에 모세가 모압 땅에서 가나안을 바라보며 설교한 내용에 잘 담겨 있다.

1) 쉐마(shema, 들어라)!

"이스라엘아 들으라, 우리 하나님 여호와는 오직 유일한 여호와이시니 너는 마음을 다하고 뜻을 다하고 힘을 다하여 네 하나님 여호와를 사랑하라"(신6:4-5)

이스라엘은 오직 '여호와 한 분'(야훼 에하드)만 섬겨야 한다. 여호와 외에 다른 신을 섬기거나, 여호와를 섬기며 다른 신을 섬겨서는 안 된다. 이런 절대적인 신앙을 지키기 위해 철저한 말씀 교육이 필요했다.(신6:6-9)

2) 헤렘(herem, 진멸하라)!

"네 하나님 여호와께서 그들을 네게 넘겨 네게 치게 하시리니 그때에 너는 그들을 진멸할 것이라 그들과 어떤 언약도 하지 말 것이요 그들을 불쌍히 여기지도 말 것이며 또 그들과 혼인하지도 말지니..."(신7:2-3 상반절)

가나안에 진입할 때 그곳 원주민을 불쌍히 여기지 말고 진멸하여 그들과 평화조약을 맺거나 그들과 혼인하지 말라고 하였다. 혼혈 결혼을 금지한 이유는 단순히 이스라엘 혈통의 순수성을 유지하기 위해서가 아니다. 그들과 결혼으로 말미암아 여호와 신앙의 순수성을 잃을 수 있기 때문이다.(왕상11:1-8에 나타난 솔로몬의 경우가 대표적인 예다.) 헤렘을 강조하는 것은 넓은 의미로는 이방문화와의 접촉을 금지하는 것으로 아간(Achan)의 예(수7장)에서 확인할 수 있다. 이방문화와 접촉을 방지하기 위해 이방신상(異邦神像)을 훼파해야 했으며(신7:5), 우상숭배자들에 대해서는 가혹한 형벌로 다스리도록 하였다.(신17:2-5 참조)

### 3) 예배의 중앙화

> “오직 너희의 하나님 여호와께서 자기의 이름을 두시려고 너희 모든 지파 중에서 택하신 곳인 그 계실 곳으로 찾아 나아가서 너희의 번제와 너희의 제물과 너희의 십일조와 너희 손의 거제와 너희의 서원제와 낙헌 예물과 너희 소와 양의 처음 난 것들을 너희는 그리로 가져다가 드리고”(신12:5-6, 참조 10-11, 13-14절)

이스라엘의 생활터전인 가나안 땅은 이방신들의 예배처소가 산재되어 있는 곳이었다. 가나안 신들을 섬기는 제단 밑에 서 있는 돌기둥은 비를 주관하는 남성 신 바알을 나타내고, 나무로 만든 상(像)은 대지의 여신 아세라를 나타낸다. 이러한 신들의 처소, 곧 산당(山堂, High Place, ‘바마’)은 주로 높은 산이나 푸른 나무 아래에 있었다. 그런 상황에서 이스라엘이 아무데서나 하나님께 예배를 드리다가는 부지중에 이방신앙과 혼합될 수 있었다. 이것을 방지하기 위해 예배는 오직 한 곳, 하나님이 그의 이름을 두시려고 한 그곳에서만 드리라고 하셨다. 이곳이 바로 예루살렘 성전이었으며 성전건축 이전까지는 성막(언약궤)이 있는 곳이었다.

신명기학자들이 북 이스라엘 왕국의 여로보암 I세(Jeroboam I)에 대하여 부정적인 평가(왕상12:26-33 참조)를 하고, 남 유다 왕국의 히스기야(Hezekiah)와 요시야(Josiah)에 대하여 긍정적인 평가(왕하18:1-8, 23:1-25 참조)를 하는 이유는 이와 같은 유일신 신앙을 강조하는 제1계명에 근거한다.

오직 여호와 하나님만을 섬길 것을 강조한 이유가 무엇인가? 여호와는 이스라엘이 다른 신들을 섬길 때 질투하신다고 하셨다.(출34:14, 신4:24, 5:9, 6:15, 32:16, 21, 수24:19 등 참조) 하나님의 질투 때문에 여호와만을 섬겨야 할까? 그럴 수 있다. 이스라엘 백성은 하나님을 '신인동형론적(神人同形論的)'으로 표현해서 하나님의 이름이 '질투'이고(출34:14), '질투하시는 분'으로 고백했다.(출20:5)

그러나 이것은 유일신 신앙을 강조하는 극단적이며 상징적인 표현이다. 여호와만을 하나님으로 섬겨야 할 근본적인 이유는 우상숭배가 단지 어떤 신의 이름을 부르며 섬기느냐의 단순한 문제가 아니기 때문이다. 어떤 신을 섬기느냐에 따라 사회체제와 질서, 문화와 가치관이 달라지기 때문이다.

여호와 하나님은 애굽의 히브리였던 이스라엘을 해방시키신 분이다. 여호와는 자유의 하나님이시며 억눌리고 고통받는 사회적 약자를 보살피시는 하나님이시다. 그분은 정의와 평등을 통한 평화 공동체를 이루기를 원하신다. 율법의 많은 부분이 약자를 보호하는 규정으로 되어 있는 이유이다. 대표적인 것이 안식일 규정, 안식년 규정, 희년법이다.(출20:10-11, 21:2, 23:10-12, 레25:2-17, 신15:7-14 참조)

이스라엘 백성에게 가장 유혹적인 이방신 바알(Baal)은 비를 주관하는 농업의 신으로 가난한 사람들을 위한 나눔보다는 개인의 물질적 풍요를 추구하는 이기적 종교였다. 더욱이 신전에서 성창과 혼음을 종교적 행위로 간주하여 육체적 향락을 만족시켜주는 비윤리적 종교였다. 결국 바알종교는 물질숭배와 향락주의적인 비윤리 문화를 양산하고 사회계층의 심각한 빈부의 격차를 발생시킨다.

암몬 신 몰록(Molok)은 인신희생제사(人身犧牲祭祀)를 최고의 경건한 행위이며 어려움을 극복하기 위한 최선의 신앙행위로 간주하는 반윤리적 비인간적 종교였다.(왕하16:3, 17:17 참조)

이와 같이 이방신을 섬기는 것은 이스라엘을 향한 여호와 하나님의 뜻인 '정의, 평등, 평화 사회 건설'을 가로막는 것이므로 여호와 하나님은 제1계명을 통하여 유일신 신앙을 강조하였다.

오늘날 바알이라는 신의 이름은 사라졌으나 그 자리를 대신 차지하고 있는 것이 있다. 여호와 하나님 외에 신격화되어 있는 것이 엄연히 존재한다. 돈, 이데올로기, 성, 권력, 과학기술, 쾌락, 명예 등이 그것이다. 오늘날 기독교인들은 제1계명 앞에 진지하게 자신을 돌아봐야 한다.

"한 사람이 두 주인을 섬기지 못할 것이니 혹 이를 미워하고 저를 사랑하거나 혹 이를 중히 여기고 저를 경히 여김이라 너희가 하나님과 재물을 겸하여 섬기지 못하느니라."(마6:24)

"그러므로 이제는 여호와를 경외하며 온전함과 진실함으로 그를 섬기라 너희의 조상들이 강 저쪽과 애굽에서 섬기던 신들을 치워 버리고 여호와만 섬기라. 만일 여호와를 섬기는 것이 너희에게 좋지 않게 보이거든 너희 조상들이 강 저쪽에서 섬기던 신이든지 또는 너희가 거주하는 땅에 있는 아모리 족속의 신들이든지 너희가 섬길 자를 오늘날 택하라 오직 나와 내 집은 여호와를 섬기겠노라"(수24:14-15)

## 출 20:4-6 | 제2계명(신5:8-10, 출34:17 참조)

"너를 위하여 새긴 우상을 만들지 말고 또 위로 하늘에 있는 것이나 아래로 땅에 있는 것이나 땅 아래 물속에 있는 것의 어떤 형상도 만들지 말며 그것들에게 절하지 말며 그것들을 섬기지 말라 나 네 하나님 여호와는 질투하는 하나님인즉 나를 미워하는 자의 죄를 갚되 아버지로부터 아들에게로 삼사 대까지 이르게 하거니와 나를 사랑하고 내 계명을 지키는 자에게

는 천 대까지 은혜를 베푸느니라."(출20:4-6)

우상숭배를 금지하는 계명은 대부분의 개신교와 동방정교회에서는 제2계명으로 분류하지만 가톨릭과 루터교회에서는 제1계명의 일부로 간주하고 있다.

고대로부터 사람들은 동물의 모습이나 사람의 형태를 모방하여 많은 신의 형상을 만들어 왔다. 형상으로 신을 완벽하게 표현할 수는 없다고 믿었지만, 형상이 그 신의 현존을 나타내고 그 신의 능력을 드러내는 매개체라고 생각했기 때문이다. 그러다가 점차 신과 형상을 동일시하게 되었고, 신상(神像)을 통해 그 신의 능력을 자신에게 유리하게 이용할 수 있다고 생각하게 되었다.

이스라엘 주변에도 바알이나 다곤, 아나돗, 아세라 등 가나안의 주요 신이 형상화되어 섬겨졌다. 이러한 신들의 형상은 팔레스틴 지역 유물에서도 발견된다. 돌로 만든 황소 등에 서 있는 바알의 모습이나 나무를 깎아 만든 여성의 풍만한 형태, 곧 젖가슴이 여러 개 달려 있는 다산(多産)의 여신상 등이 그것이다. 라헬이 야곱과 함께 가나안 땅으로 도망쳐 나올 때 아버지 집에서 훔쳐 가지고 나온 '드라빔(teraphim)'도 일종의 가신상(家神像)이었다.(창31장)

이렇게 무수한 신상들로 가득찬 세계에 살던 이스라엘에게 제2계명은 제1계명과 함께 이스라엘 신앙의 특징을 강조하는 엄격한 명령이다.

"너를 위하여 새긴 우상을 만들지 말고… 어떤 형상도 만들지 말며"(4절)에서 '우상'으로 번역된 히브리어 '페셀'은 어떤 물건, 특히 돌을 '자르다' '모양을 만들다'라는 동사 '파살'에서 파생된 말로 신에게 예배드리기 위해 다양한 재료로 만든 여러 가지 모양을 의미한다.(사 40:19, 44:10) 또 '형상'으로 번역된 히브리어 '테무나'는 어떤 물체의 외적 형태를 의미한다.(민12:8, 신4:12, 15, 16, 23, 25, 5:8 참조) 여기서 문제 되는 것은 '우상'과 '형상'의 금지가 여호와 하나님을 형상화하는 것에 대한 금지인지, 아니면 다른 신의 형상을 만드는 것에 대한 금지인지가 불확실하다는 점이다. 더욱이 4절에서 '우상'과 '형상'은 단수형이 쓰였는데 5절에는 '그것들에게 절하지 말며 그것들을 섬기지 말라'고 복수형으로 되어 있어 문제를 한층 복잡하게 만든다.

이런 차원에서 제2계명에 담긴 두 가지 의미를 함께 살펴봐야 한다.

먼저 하나님의 백성인 이스라엘은 어떤 이방신이든 '다른 신'의 신상을 만들거나 그것을 섬겨서는 안 된다는 의미이다.(출20:23, 34:17, 레위19:4, 26:1, 신27:15 참고) 옵빙크(H.W. Obbink)는 '여호와는 질투하는 하나님'(5절)을 근거로 여호와는 자신의 모상(模像)에 대해서 질투할 수 없기에 이것은 여호와의 형상이 아닌 이방신의 형상금지를 의미한다고 하였다. 침멀리(W. Zimmerli)도 '절하며 섬긴다'(5절)는 구절이 다른 신에 대한 예배를 금지하는 표현이기에 제2계명은 '여호와의 형상 금지'의 의미와 아울러 일체의 '이방신의 형상'을 만들어 섬기는 것도 금지하는 의미라고 하였다.

신들의 신상은 다만 우상일 뿐이며, 그것을 섬기는 것은 참으로 어리석고 가소로운 일이다. 예언자들은 땔감에 불과한 나무로 만든 신상은 말도 못하고 화를 내리거나 복도 주지 못하는데 이것들에 절하며 섬기는 일이야말로 얼마나 어리석은 일이냐고 경멸하며 조롱하였

다.(사40:18-20, 41:7, 44:15-17, 렘10:3-5 등 참조)

둘째, 제2계명은 여호와 하나님의 신상을 만드는 것을 금지하는 의미이다. 침멀리(W. Zimmerli)는 이스라엘은 출애굽 사건을 통하여 여호와 하나님을 '역사의 주'로 만났기에 여호와를 인간이 만든 어떤 형상 속에 감금하는 것을 금지하고 있다고 보았다. 이스라엘 주변 국가들은 그들이 섬기는 신의 신상을 만들어 의복을 입히고 음식을 제공하는 종교의식을 행하지만, 여호와 하나님은 인간이 마음대로 취급할 수 있는 신이 아니기에 여호와의 신상을 만드는 것을 절대로 금지했다고 하였다.

"형상 그 자체"가 아니라 어떤 방법이 가장 올바른 여호와의 자기 계시 방식인가가 중요한 문제이다. 무엇이 가장 올바른 여호와 예배인가? 그러므로 제2계명은 신의 형상이 신과 일치될 수 있다는 원시적 신앙을 거부하는 것이 아니다. 오히려 여호와는 인간의 뜻대로 취급될 수 없으며, 여호와는 인간에 의해 마음대로 장악될 수 있는 보이는 형상으로 계시하지 않으신다는 의미이다. 더 나아가 여호와 예배는 형상과 같은 제의적 상징을 통하여 예배하는 이방종교와 혼돈될 수 없다는 점을 강조한다.

이사야는 여호와 하나님은 하나님 자신 이외의 어떤 형태나 형상으로 묘사되거나 비교될 수 없다고 하였다.

"너희가 하나님을 누구와 같다 하겠으며 무슨 형상을 그에게 비기겠느냐"(사40:18)

신명기 기자는 모세의 입을 빌려 여호와는 '볼 수 있는 형상으로가 아니라 들을 수 있는 말씀'으로 계시한다고 증언하였다.

"여호와께서 불길 중에서 너희에게 말씀하시되 음성뿐이므로 너희가 그 말소리를 듣고 형상은 보지 못하였느니라."(신4:12)

여호와 하나님은 온 우주 만물을 만드신 창조주시다. 이 세상에 존재하는 모든 것은 그분의 피조물일 뿐이다. 따라서 창조주 하나님과 피조물 사이에는 근본적인 구별과 차이가 있으며, 이 둘은 결코 혼돈될 수 없고 혼동되어서도 안 된다.

창조주 하나님을 피조물의 형상으로 나타내는 것은 불가한 일이요, 불가능한 일이다. 피조물을 뛰어넘어 존재하고 계시는 창조주를 물질적인 형태로 한정시킬 수 없으며, 무한하신 하나님을 어떤 형상 안에 유한한 존재로 제한시킬 수 없다.

창조주 여호와 하나님을 어떤 모양으로 형상화 시킨다면 그것은 하나님이 아니라 '다른 신'에 불과한 우상일 뿐이다. 여호와 하나님은 성(性)을 갖고 있지 않으며(no sex), 신화가 없으며(no myth), 형상이 없다(no image)는 3대 특징 중에 가장 중요한 것을 제2계명이 강조하고 있다.

이스라엘 사람들에게는 여호와의 신상이 없는 대신 조각목(쉬팀, 아카시아 나무을 일컫는다)으로 만들어 순금으로 덮개를 씌운 작은 상자가 있었다.(출25:10-22)

이 상자는 '언약궤'(민10:33), '주의 권능의 궤'(시132:8), '하나님의 궤'(삼상4:11), '거룩한 궤'(대하35:3), '주의 언약궤'(수3:11), '여호와의 궤'(왕상8:4), '여호와의 언약궤'(렘3:16) 등 다양한 이름으로 불렸다. 일반적으로 "언약궤(아론 하베리트)"로 불리는 이 상자가 이처럼 다양한 이름으로 불리는 것은 하나님이 써주신 율법의 두 돌판(신10:5, 왕상8:9) 또는 증거판(출25:16, 22, '하에도트'는 여호와와의 관계 속에서 살아가는데 필요한 원칙들을 설명해 놓은 십계명이 적혀 있는 돌판으로 이해된다. 신10:1-5 참조)이 상자 안에 있었기 때문으로 여겨진다. 언약궤 안에는 십계명을 기록한 두 돌판과 함께 만나를 담은 금 항아리(출16:33-34), 그리고 아론의 싹이 난 지팡이(민17:10)가 보관되어 있었다.(히9:4-5 참조)

하나님은 영(靈)이시기에 지극히 불완전한 인간의 육안으로 볼 수 없다. 모세가 시내산에서 하나님의 영광스런 모습을 보여 달라고 했을 때에 하나님은 "나를 보고 살 자가 없다"고 하셨다.(출33:20) 이렇게 볼 수 없는 하나님이기에 그 어떤 형상으로 표현되는 것이 철저히 금지되었다.

그런데 하나님이 이스라엘과 함께 계시다는 임재와 현존을 나타내는 '눈에 보이는 상징물'(the visible symbol of the presence of the invisible God)을 허락하셨는데 이것이 언약궤다.(출37장) 언약궤는 하나님의 임재를 상징하였기에 이스라엘 사람들은 40년 동안 시내광야에서 생활할 때 언약궤를 앞세우고 행진했다.(민10:33-34 참조) 여호와가 그들의 길을 친히 인도해주신다는 믿음 때문이었다. 모세가 죽은 후 여호수아의 인도로 요단강을 건너 가나안에 들어갈 때도 제일 먼저 제사장들이 언약궤를 메고 요단강을 건넜다.(수3장) 이 역시 하나님께서 친히 그들을 가나안 땅으로 인도해주신다는 믿음이며 고백이었다. 가나안에 입성한 후 세겜(Shechem)에서 드린 예배도 "하나님 앞에서" 모여 드렸는데(수24:1), 하나님 앞은 다름 아닌 언약궤 앞이었다.

솔로몬이 예루살렘 성전을 건축한 후 언약궤를 성전 내전인 지성소에 안치하자 예전 성막에 충만했던 것처럼(출40:34-35) 여호와의 영광이 충만하여(왕상8:1-11) 예루살렘 성전이 하나님의 예배처소가 되었다.

성서는 우상숭배를 금지하는 이유를 "하나님은 질투하는 분"이시기 때문이라고 했다.(5절) 질투(킨아)란 말은 이스라엘이 여호와 하나님을 다른 신과 혼합시키거나 다른 신을 섬기는 일체의 태도를 배격한 인격적인 표현이다. 여호와는 이스라엘 백성들에게 온전하고 순수한 헌신을 요구하신다.(신18:13) 제2계명에 순종하여 여호와 하나님의 형상을 만들지 않을 뿐 아니라 다른 신들의 신상을 섬기는 것을 철저히 배격해야 한다. 그렇지 않는 자에게는 4대에 걸쳐 그 죄를 묻는다.(겔18:2, 렘31:29 참고) 하지만 그분의 사랑은 수천 대에 달하도록 극진하시다.(6절)

오늘날 우리들은 이스라엘 백성들이 역사 속에서 거역했던 것처럼 신상을 만들거나(삿8:24-27, 17:1-6), 금송아지를 만드는(출32:1-4, 왕상12:25-33) 불경스럽고 어리석은 행동은 하지 않는다. 그렇다면 제2계명은 우리와 관계없는 계명일까?

우상숭배를 금지하는 것은 여호와 하나님이 유일한 창조주요, 유일한 하나님이시기에 인간이 절대적인 충성과 순종을 바치는 동시에 신앙과 경배의 유일한 대상으로 섬겨야 한다는 의미이다. 한 분 하나님 이외에 어떤 것도 위대한 창조의 능력과 권위를 인정해서는 안 되며, 그것을 숭상하는 일체의 행위가 바로 우상숭배이다.

하나님만이 창조주로서 절대적인 존재요, 이 땅의 모든 것은 피조된 상대적 존재다. 상대적 존재에게 절대적 가치를 부여하는 것이 우상숭배다. 바울은 피조물을 조물주보다 더 경배하고 섬기는 것이 모두 우상숭배라고 하였다.(롬1:25) 혹시 우리 안에 이 세상의 물질, 명예, 권세, 인간의 지식, 사상 등이 절대적인 가치로 자리하고 있지는 않은가 살펴볼 일이다.

## 출 20:7 | 제3계명(신5:7 참조)

"너는 네 하나님 여호와의 이름을 망령되이 부르지 말라. 여호와는 그의 이름을 망령되이 부르는 자를 죄 없다 하지 아니하리라"(출20:7)

구약성서에서 '여호와'(Yahweh, 야웨)라는 이름(쉠)은 6,823번 등장한다. 이스라엘의 신앙고백과 예배 속에 하나님의 이름이 얼마나 중요한 위치를 차지하고 있는지 알 수 있다. 이스라엘은 하나님의 이름을 부르며 예배드렸고(창4:26), 하나님의 이름으로 예언을 하고(신18:19, 렘11:21), 하나님의 이름을 찬양하고(시69:30, 72:18-19), 하나님의 이름을 의탁하여 피난처를 찾았다.(습3:12)

솔로몬은 하나님의 이름을 위하여 성전을 지었고(왕상3:2, 5:5, 8:17, 20), 이스라엘은 하나님이 당신의 이름을 그곳에 두셨다고(신12:5, 21, 왕상8:29, 왕하23:27) 믿었다.

우리가 어른의 이름을 함자(銜字)라 하여 함부로 부르지 못했던 것처럼 이스라엘도 하나님의 이름을 함부로 발음하지 않았다. 이것은 제3계명에 근거하여 인간의 부정한 입술로 거룩한 하나님의 이름을 부를 수 없다고 생각했기 때문이다. 성서를 읽을 때 하나님의 이름 '여호와'(Yahweh)가 나오면 발음하지 않거나 '주님'이라는 뜻을 가진 일반명사 '아도나이'(Adonay)로 읽었다. 여호와라는 이름을 부를 수 있는 경우는 일 년에 오직 한 번 대제사장이 속죄의 날(레16장. Yom Kippur)에 지성소에 들어가 이스라엘 백성의 죄를 사해줄 것을 요청할 때였으며, 그것도 지극히 작은 소리로 부를 수 있었다. 하나님의 이름인 거룩한 네 글자(Tetragrammaton)인 YHWH를 쓸 경우에는 사용하던 붓이 아니라 아주 깨끗한 붓으로 정성껏 썼다. 이와 같은 오랜 관습으로 하나님의 이름 거룩한 네 개의 자음은 히브리어의 모음을 잃어버렸다. 그래서 네 개의 자음에다 'Adonay'의 모음을 붙여 읽게 되어 "여호와"(Yehowah)라는 하나님의 이름이 만들어졌다.

제3계명은 이스라엘의 관습처럼 사람들이 하나님의 이름을 함부로 부르는 것을 금지하는 단순한 의미의 계명이 아니다. 십계명 중에서 제3계명은 그 뜻을 분명히 이해하기 가장 어렵다. '너는 너의 하나님 여호와의 이름을 망령되게 부르지 말라'에서, '망령되게'의 히브리어 '솨워'(shewe)의 의미가 다양하고, 또 '부르다'의 히브리어 '나사'가 '들어 올리다', '높이 세우다'라는 의미가 있기 때문이다.

여러 가지 해석 중에서 가장 오래되고 정통한 해석은 유대인들의 해석이다. 유대인들은 이 계명을 '하나님의 이름으로 거짓 맹세하지 말라'는 의미로 해석한다. 누구의 이름을 걸고 맹세하는 것은 그의 존엄성과 권위가 그 맹세의 이행을 보증한다는 의미이다. 그래서 맹세할 때는 조상, 또는 아버지, 자신의 이름, 신의 이름으로 하였다.

구약시대의 이스라엘 사람들은 맹세할 때 하나님의 이름을 사용하였다.(신6:13) 맹세의 중요성과 또한 맹세의 효능, 권위 등을 하나님의 이름까지 높였다. 이것은 하나님의 이름을 부른다는 말이 하나님의 이름을 '높이 올린다'의 의미가 있는 것과 관련이 있다.

사사 입다(Jephthah)는 암몬 자손과 전쟁을 하러 나갈 때, 승리하게 해주시면 돌아올 때 집 문에서 나와 영접하는 자를 여호와께 번제로 드리겠다고 하나님께 서약하였다. 그런데 그를 영접한 사람이 그의 무남독녀였다. 그의 딸은 처녀로 죽는 것을 애곡하기 위하여 동무들과 두 달 동안 산에 올라 애곡하였고 그것이 이스라엘 여자들이 매해 나흘간 애곡하는 관습이 되었다.(삿11:29-40)

입다의 딸을 번제로 드렸다는 본문은 해석의 문제가 있다. 인신희생제사는 여호와께서 절대 용납하지 않는 이방제사인데(레위18:21, 20:1-5, 신12:29-31, 렘7:31, 겔23:37, 왕하3:26-27, 16:1-3 참조), 히브리서에 믿음의 사람 명단에 오른(히11:32) 입다가 과연 그런 행위를 하였으며 또한 여호와께서 그 일을 용납하셨을지 의문이 든다. 입다가 자신의 딸을 제물로 바친 것이 아니라 '일평생 처녀로 지내며 성막에서 수종을 드는 일을 하며 생을 마감하는 사람'(출38:8, 삼상2:22 참고)이 되었다고 이해해야 한다. 어쨌든 입다 이야기는 맹세가 지켜진 것으로 마감되었다.

다윗(David)은 요나단(Jonathan)과 여호와의 인자를 대대로 베풀어 서로를 해치지 않게 하자고 여호와의 이름으로 맹세하였다.(삼상20장) 다윗은 이 맹세를 근거로 보행에 장애가 있는 요나단의 아들 므비보셋(Mephibosheth)을 끝까지 돌봐준다. 사울(Saul)의 종 시바(Ziba)를 통해 사울 집안의 재산을 그에게 주어 보호하도록 하고 그를 왕자로 대우하였다.(삼하9장) 다윗과 요나단이 여호와의 이름으로 한 맹세도 역시 준행되있다.

문제는 여호와의 이름으로 맹세한 것을 지키지 못할 때 하나님의 존엄성, 권위를 손상시키는 결과를 초래하게 되어 하나님의 영광을 가리게 된다는 점이다. 성서는 하나님의 이름으로 거짓 맹세를 하여 하나님의 이름을 욕되게 해서는 안 된다고 철저하게 금하였다.

> "너희는 내 이름으로 거짓 맹세함으로 네 하나님의 이름을 욕되게 하지 말라, 나는 여호와이니라"(레19:12)

이 말씀을 근거로 유대인들은 제3계명을 하나님의 이름으로 거짓 맹세하는 것을 금지한다고 해석했다. 예레미야(Jeremiah)의 성전설교에서 백성들의 잘못을 나열하는 항목에 '거짓 맹세'가 들어가 있는 것은(렘7:9) 제3계명을 근거로 한 것이다.

제3계명에 대한 또 다른 중요한 해석은 다른 사람을 "저주"할 때 하나님의 이름을 사용해서는 안 된다는 것이다.

여호와 하나님은 저주의 하나님이 아니라 축복하시는 분이시다. 그러므로 "축복"하기 위해서는 하나님의 이름을 사용할 수 있었다. 레위(Levi)지파 제사장의 임무 가운데 하나는 "여호와의 이름으로 백성들을 축복하는 것"이었다.(신10:8)

아론(Aron) 제사장들에게 이스라엘 백성들을 축복하는 것이 중요한 임무 중 하나였고(민6:27), 그 내용이 "여호와는 네게 복을 주시고 너를 지키시기를 원하며 여호와는 그의 얼굴을 네게 비추사 은혜 베푸시기를 원하며 여호와는 그 얼굴을 네게로 향하여 드사 평강 주시기를 원하노라"였다(민6:24-26)

다윗도 가드(Gittite) 사람 오벧에돔(Obed-edom)의 집에 석 달 간 있던 언약궤를 다윗 성에 옮겨 놓은 후 번제와 화목제를 드린 다음, "만군의 여호와의 이름으로" 백성들을 축복하였다.(삼하6:18)

고대 근동에서는 신과 신의 이름은 불가분의 관계가 있다고 믿었다. 신의 이름에는 신이 가지고 있는 능력과 속성이 담겨 있다고 믿었다. 신의 이름으로 축복하면 축복이 내리고 저주하면 저주가 실현된다고 믿었다. 고대인들이 신의 이름으로 다른 사람을 저주한 '저주문서'(execration texts)가 많이 발굴되었다. 신의 이름이 축복보다는 저주하는 데 많이 사용되었음을 알 수 있다. 이런 상황에서 제3계명은 여호와 하나님은 축복의 신이지 저주의 신이 아니므로 이스라엘 사람들은 남을 저주하는 일에 거룩하신 하나님의 이름을 사용해서는 안 된다는 규정이다.

제3계명을 이해함에 있어 또 다른 중요한 지점은 '샤워'(망령되게)의 다양한 의미를 어떻게 볼 것인가이다.

우선 개역개정판 성서에 번역된 대로 '망령(妄靈)되게'(영어로 in vain)로 보는 것이다. 이것은 '헛되이' '빈'이라는 의미로 '생각 없이', '제멋대로', '헛되이' 하나님의 이름을 사용해서는 안 된다는 뜻이다. 생각 없이 제멋대로 하나님의 이름을 부르면 하나님의 존엄성과 권위가 상실되기 때문이다. 유대인들이 입술로 하나님의 이름을 부르지 않는 것은 바로 이런 생각 때문이었다.

두 번째는 '샤워'를 '가치 없다'(영어로 worthless)는 의미로 보는 것이다. 욥기에서 소발(Zophar)은 '하나님은 허망한 사람을 아시나니'라고 했는데(욥11:11) '허망한'이라는 뜻은 곧 '가치 없는 사람' '사람 같지 않는 사람'을 의미한다. '샤워'를 '가치 없는' 이라는 의미로 해석하여 제3계명을 본다면 그 의미는 '하나님의 이름을 가치 없는 일에 내세우지 말라'는 뜻이 된다. 여호와 하나님은 이스라엘을 애굽에서 해방시키신 분으로 예배와 찬양과 숭배의 대상이지 하찮게 대우받으실 분이 아니라는 의미이다.

세 번째로는 '샤워'를 '거짓'(영어로 deceit)으로 보는 것이다. 십계명의 제9계명인 '네 이웃에 대하여 거짓 증거하지 말라'의 '거짓'이라는 말은 출20:16에서는 '사케르'라는 단어가 사용되었으나, 신5:20에서는 '샤워'가 사용되어 제3계명은 하나님의 이름을 거짓되게, 또는 거짓된 목적으로 내세우지 말라는 의미가 된다. 이것은 하나님의 이름을 거짓된 목적으로 도용(盜用)하고, 남용(濫用)하고 오용(誤用)하는 것을 금지한다는 뜻이다. 하나님의 이름을 잘못 사용하는 모든 것을 금지한다. 마르틴 루터(M. Luther)와 대부분의 성서학자들이 이와 같은 의미를 지지한다.

하나님의 이름을 오용하거나 도용하는 경우가 언제인가? 물론 거짓맹세를 하거나 다른 사람을 저주하는 경우가 여기에 해당된다. 그러나 더 중요한 경우는 '거짓 예언자들'의 예언이다.

예언자(나비)는 하나님의 말씀을 받아서 백성들에게 전하는 사람(messenger)이다. 그래서 그들이 예언할 때 "하나님이 가라사대~"(코 아마르 야훼)로 시작하고 마지막에는 "여호와의 말씀이니라."(네움 야훼)라고 마치는 특별한 전달양식(messenger form)을 사용하였다.(암1:3-5 참고) 그런데 거짓 예언자들도 참 예언자들과 똑같이 이 전달양식을 이용하여 거짓을 전하면서 하나님의 이름을 도용했다.(렘14:15, 23:30-31, 겔22:28 참조) 대표적인 예로 거짓 예언자 시드기야(Zedekiah)는 길르앗라못(Ramoth-gilead)을 정복하려는 아합(Ahab) 왕의 출전을 하나님의 이름을 빌려 지지하였고(왕상22:11), 예레미야 당시 거짓 예언자 하나냐(Hananiah) 역시 하나님의 이름을 도용하여 부패한 유다와 예루살렘이 바벨론에 멸망하기는커녕 이내 구원받게 되리라고 하였다.(렘28:1-4) 이러한 거짓 예언자들이 하나님의 이름을 망령되이 일컫는 제3계명을 위반한 사람들이다.

여호와의 이름(쉠)은 곧 하나님의 존재 자체와 일치한다. 여호와는 찬양과 경배의 대상이며 또한 우리의 기도를 들어주시고 축복해 주시는 분이시다. 거짓맹세, 저주 또는 미혹케 하는 일 등 인간의 도구로 이용해서는 안 된다. 하나님의 이름은 거룩하시며(마6:9, 눅11:2), 인류의 구주이신 예수 그리스도의 이름 역시 거룩하시다.(행4:12) 그러므로 그리스도인들은 "무엇을 하든지 말에나 일에나 다 주 예수의 이름으로 하고 그를 힘입어 하나님 아버지께 감사하여야"한다.(골3:17) 이것이 오늘날 "너의 하나님 여호와의 이름을 망령되게 부르지 말라 여호와는 그의 이름을 망령되게 부르는 자를 죄 없다 하지 아니하리라"는 제3계명을 지키는 길이다.

## 출 20:8-11 ı 제4계명 (신5:12-15, 출23:12, 31:12-17, 34:21, 레19:3, 23:3, 26:2 참조)

> "안식일을 기억하여 거룩하게 지키라 엿새 동안은 힘써 네 모든 일을 행할 것이나 일곱째 날은 네 하나님 여호와의 안식일인즉 너나 네 아들이나 네 딸이나 네 남종이나 네 여종이나 네 가축이나 네 문안에 머무는 객이라도 아무 일도 하지 말라. 이는 엿새 동안에 나 여호와가 하늘과 땅과 바다와 그 가운데 모든 것을 만들고 일곱째 날에 쉬었음이라 그러므로 나 여호와가 안식일을 복되게 하여 그날을 거룩하게 하였느니라"(출20:8-11)

'쉬다, 일을 중지하다'라는 의미의 히브리어 '사바트'에서 나온 안식일(사비트)은 고대부터 있었던 이스라엘의 오래된 제도다. '사바트'는 종교적인 이유 때문에 정상적인 일상생활을 멈추고 하루를 쉬는 특별히 정해진 날이다. 하나님께서 세상을 창조하실 때 6일을 사용하시고 일곱째 날에는 쉬셨다. 쉬셨다고 하기보다는 그날을 축복하셨다.(창1:1-2:3 참조). 그래서 그날이 '거룩한 날'이 되었다. 그때에 하나님께서 축복하신 것은 '시간'이었다.

유대인들은 장소나 공간보다 시간을 중요시한다. 어디에 있든지 늘 자신과 함께 있는 시간을 의식하는 민족이다. 그들이 일곱째 날에 쉬는 것은 일에 지쳤고 피곤하기 때문이 아니다. 종교적 의무로 쉰다. 엿새 동안은 일을 하고, 식사를 하고, 술을 마시고, 이리저리 바쁘게 뛰어다니지만 일곱째 날에는 그들이 인간이며 하나님의 형상대로 창조된 존재임을 상기하며 안식한다. 안식을 통해 자기를 되찾는다.

유대인의 속담인 히브리 잠언에 '유대인이 안식일을 지켜왔다기보다는 안식일이 유대인을 지켜왔다'라는 말이 있다. 만일 유대인이 안식일을 잃어버렸다면 오늘날의 유대인은 존재하지 않았을 것이라는 말이다. 유대인들에게는 안식일 법은 목숨과 맞바꿀 만큼 중요하였다.

희랍의 통치자 안티오커스 4세(Antiochus Epiphanes, 기원전 175-163년)가 팔레스틴을 통치할 때 유대인은 극심한 종교적 탄압을 받았다. 그는 유대인들에게 그리스 문화(Hellenism)를 강요하여 할례와 안식일 준수를 금지시키고 유대인들이 불결하게 여겨 금기하는 돼지고기를 강제로 먹게 했으며, 예루살렘 성전에 제우스(Zeus) 제단과 자신의 신상을 만들게 하였다.(단11:31 참조) 도시 전체가 그리스 문화에 물들어 있어서 거룩한 유대인들은 신앙을 지키기 위해 산이나 광야로 피신하였다. 안티오쿠스는 군대를 파견하여 안식일에 피신한 유대인들을 공격하였다. 안식일을 범할 수 없었던 유대인들은 군대와 싸우지 않고 죽음을 택하였다.

그로부터 약 백년이 지난 후인 기원전 63년 경 로마의 폼페이(Pompey) 장군이 보낸 군대가 예루살렘을 공격하였는데 그들이 공격을 감행한 날은 언제나 안식일이었다. 안식일 준수를 위해 전쟁을 거부한 예루살렘은 함락되었고 로마제국의 유대통치시대가 시작되었다.

기원후 1973년 10월 6일. 이 날은 안식일이자 유대의 최대 명절인 속죄의 날(욤 키푸르)이었다. 이날 유대인들은 종교관습에 따라 아무런 노동을 하지 않고 크게 움직이지도 않으며 음식이나 음료수를 삼가고 아침부터 저녁까지 토라(율법)를 낭독하고 참회의 기도를 드리고 있었다. 이스라엘의 남쪽 시나이 반도와 북쪽 골란 고원을 점령하고 있던 이스라엘 군인들도 마찬가지였다. 그런데 그날 정오에 남쪽의 이집트와 북쪽의 시리아가 예고 없이 이스라엘을 침공해왔다. 안식일이라 속수무책으로 당했던 이스라엘은 모세 다이안(Mose Dayan, 1915-1981) 장군의 지휘 아래 다음날부터 반격을 시작하여 6일만에 전쟁을 승리로 끝내고 다음 안식일을 지켰다. 이것이 현대판 다윗과 골리앗의 싸움이라고 평가받는 제4차 중동전쟁이다.

이스라엘 전쟁사를 보면 적들은 주로 안식일에 공격을 감행하였다. 유대인들이 안식일에 아무 일도 하지 않는 것을 알기 때문이다. 유대인들은 공격하는 적군에 대항하여 안식일을 범하기보다는 죽음을 택하였다. 전쟁의 결과는 대부분 패배였다. 이 정도로 유대인들은 금요일 해진 다음부터 토요일 해질 때까지의 특별한 시간 안식일을 지켜왔다. 지금도 이스라엘 성지순례를 하는 여행객들은 안식일이 되었을 때 도심이 적막해지는 것을 경험하면서 그들이 안식일을 얼마나 중요하게 여기는지 확인한다.

이스라엘이 가나안에 들어가기 전 광야에 거할 때 안식일에 나무하던 사람이 돌에 쳐 죽임당하는 일이 발생하였다.(민15:32-36) 안식일에 아무 '일'도 하지 말라는 율법을 어겼기 때문이었다.(출20:10) 물론 이와 같은 기사는 이스라엘 초기역사에서 율법의 중요성을 강조한 극단적 예라고 할 수 있지만 그만큼 이스라엘에게 안식일 준수는 생명과 맞바꿀 만큼 중요한 일이었다.

안식일은 '일, 노동'이 금지된 날로 성서에는 금지 목록에 대한 구체적인 기록은 없다. 그러나 유대인의 구전법(口傳法)의 모음집인 미쉬나(Mishnah)에는 39가지 금지 조항이 수록되어 있다. 곧 파종하는 일, 밭가는 일, 수확, 곡식 단 묶기, 타작, 키질, 곡식 고르기, 맷돌질, 체질, 반죽, 빵 굽기, 양털 깎기, 표백, 짐승 털 다듬기, 염색, 물레질, 끈으로 고쳐 매는 일, 바늘귀 꿰는 일, 모직물 직조하는 일, 분류하는 일, 끈 매기, 끈 풀기, 바느질, 찢는 일, 사냥, 짐승 잡는 일, 가죽 벗기기, 고기를 소금에 절이는 일, 가죽 처리하는 일, 닦는 일, 자르는 일, 글씨 쓰는 일, 불 끄는 일 등이다. 안식일에 자기 아이를 안아 줄 수는 있으나, 책을 들고 있는 아이를 안아주는 것은 금지되었다. 아이의 손에 들린 책을 '이동시키는 일'을 하기 때문이다.

안식일 규정은 출23:12과 34:21에서 알 수 있듯이 초기에는 "일곱째 날에는 쉬어라"처럼 매우 짧고 이 계명을 주는 동기나 이유를 설명하는 말들이 전혀 덧붙여 있지 않은 '기초 계명'(basic command)의 형태를 취하고 있다. 이러한 기초 계명에 여러 설명구들이 덧붙여진 것은 후대의 일이다. 이유를 나타내는 접속사인 히브리어 '키'(ki, 왜냐하면~)와 '알켄'(al ken, 그러므로~)에 의해 소개되는 설명구들이 후대에 확장되었음을 짐작하게 한다.

> "안식일을 기억하여 거룩하게 지키라... 이는(왜냐하면, ki) 엿새 동안에 나 여호와가 하늘과 땅과 바다와 그 가운데 모든 것을 만들고 일곱째 날에 쉬었음이라. 그러므로(al ken) 나 여호와가 안식일을 복되게 하여 그날을 거룩하게 하였느니라"(출20:8-11)

출20:8-11과 신5:12-15은 초기계명이 확대된 것으로 여겨진다. 그러나 이 두 곳에도 뚜렷한 차이점이 발견된다. 우선, 안식일을 지켜야 할 대상들에 대한 언급 중에서 출20장의 '가축'이, 신5장에서는 소, 나귀, 모든 가축으로 세분되었으며, 또한 남종과 여종이 다시 한 번 반복되어 "네 남종이나 여종으로 너같이 안식하게 할지니라"(신5:14)라고 강조되었다. 더 중요한 차이점은 안식일을 지켜야 할 이유에 대한 언급이다. 출20장에서는 안식일을 지켜야 할 이유를 하나님께서 6일간 창조하신 후 일곱째 날에는 안식하셨기 때문이라고 알려준다.

> "이는 엿새 동안에 나 여호와가 하늘과 땅과 바다와 그 가운데 모든 것을 만들고 일곱째 날에 쉬었음이라"(출20:11)

이것은 안식일 법을 창조의 질서 차원에서 강조한 것이다(창2:3 참조). 그러나 신5장에서는 안식일을 지켜야 할 이유를 출애굽 사건과 관련하여 강조한다.

> "너는 기억하라 네가 애굽 땅에서 종이 되었더니 네 하나님 여호와가 강한 손과 편 팔로 거기서 너를 인도하여 내었나니 그러므로 네 하나님 여호

와가 네게 명령하여 안식일을 지키라 하느니라"(신5:15).

과거 애굽에서 노예 생활하던 것을 구해주었으니 이제 해방 받은 은혜에 감사하여 안식일을 지키라고 한다. 그런데 "네 남종이나 네 여종으로 너같이 안식하게 하라"(14 하반절)고 안식의 대상에서 '남종과 여종'을 너같이(카모카) 안식하게 하라고 반복하고 있어서 사회적 약자 보호의 차원에서 안식일 규정이 강조되고 있음을 알 수 있다.

이렇게 출20장과 신5장이 안식일 규정의 근거가 다른 것은 이미 구약시대에 유대인들 사이에서 안식일 규정에 관한 견해 차이가 존재했음을 증명한다. 이런 견해 차이에도 불구하고 안식일 규정은 고대사회에서 혁명적이었다. 고대사회는 종들에게 안식이 전혀 제공되지 않았다. 이런 상황에서 제4계명은 종들에게 안식을 줄 뿐 아니라, 신5장에서 주인과 '똑같이' 쉬도록 한 것은 사회계층(주인, 종, 얻어먹는 나그네)에 관계없이 '휴식의 평등화'를 선언한 혁명적이며 인도주의적 규정이었다.

또한 출20:9과 신5:13의 "엿새 동안은 힘써 네 모든 일을 행할 것이나"는 종이 아니라 주인을 향한 말씀이다. 종이 비록 네(주인) 일을 돕는 것이지만 주인인 너도 그 일이 '네 일'이기에 힘써 일하라는 것이다. 주인이라고 쉬지 말고 엿새 동안은 종처럼 열심히 일하라고 하여 '휴식의 평등화' 뿐 아니라 '노동의 평등화'도 강조하였다.

주인일지라도 6일 동안 아무 일도 하지 않고 있다가 안식일에 또 쉬는 것이 아니라 주인이나 종이나 6일 동안은 자신의 일이 있기에 힘써 일하고 일곱째 날에는 종들도 쉬고 주인도 쉬라는 것이다. 안식일 규정은 하나님의 이름으로 실시된 노동과 휴식의 평등화를 위한 위대한 사회제도였다.

출20장과 신5장의 안식일 규정의 또 다른 차이점은 출20:8은 안식일을 '기억하여'(짜콜) 거룩히 지키라(히브리어 원문에는 '지키라'는 '티쉬모루'라는 말이 없다. '거룩하게 하라'로 번역해야 한다.)고 하여 '기억하라'가 강조되었고, 신5:12은 '안식일을 '지켜'(샤몰) 거룩하게 하라'고 하여 '지켜라'가 강조되었다는 점이다. 이 두 강조점 중 어느 것이 전승사적으로 앞선 것인지 명확하게 알 수 없다. 이런 차이점이 있음에도 불구하고 두 구절에 공통점이 있다. 안식일을 '거룩하게 하라'(러칻드쇼)는 말씀이다.

이와 같은 사실은 중요한 신학적 의미가 있다. 안식일은 여호와를 위하여 '성별된 날'이다.(출20:10 상반절, 신5:14 상반절 참조) 출20장에서는 천지창조, 특히 인간 창조에 기초하여 성별된 날이고, 신5장에서는 출애굽 해방에 기초하여 성별된 날인데, 이 둘은 모두 '인간의 존엄성'의 중요함을 강조하고 있다.

출20장은 여호와 하나님도 엿새 동안 창조 행위를 열심히 하신 후 일곱째 날에는 쉬셨으니 너도 일곱째 날을 거룩하게 하여 그와 같이 하라고 한다. 말씀으로 세계를 창조하신 창조주 하나님도 쉬셨는데 하물며 피조물인 인간이(네가), 더군다나 '종'은 얼마나 고달프겠느냐는 말씀이다. 하나님에 의해 여섯째 날 창조된 존재가 인간이며, 창조된 인간이 맞이하는 첫 날이 안식일이다. 이것은 사람의 삶은 안식으로부터 시작된다는 의미로 쉼 곧 안식이 사람의 생명에 얼마나 중요한 영향을 미치는지를 가르쳐 준다. 그러므로 일곱째 날에 네가 쉬어야 네 자녀와 특히 네 남종, 여종, 가축, 네 문 안에 유하는 객이 쉬지 않겠느냐고 하신다. 이것은 인권보호의 대상을 약자에게까지 승화시킨 인도주의적 규범이다.

신5장은 과거의 고달픈 노예생활에서 해방되어 자유의 기쁨을 누리고 있는 네가 엿새 동안은 힘써 일하다가도 일곱째 날에는 노동에 지쳐 있는 종을(남종과 여종이 반복하여 강조되었다) 너같이 쉬도록 해야 하지 않겠느냐는 말씀이다. 주인이 하나님으로부터 허락받은 해방의 은혜를 사회적 약자에게 전수하라는 규범이다.

모든 날이 다 동일한 날일 수 없고 반드시 일곱째 날은 여호와를 위한 날로 성별하여 그날 하루는 노동을 중단하고 쉬어야 한다는 것은 하나님의 창조 질서에 부합되고 동시에 하나님의 인간 해방섭리에도 부합되는 것이다. 최소한 일곱째 날조차도 쉴 수 없는 자는 스스로 죽음에 이르는 자이다. 안식일 규정은 인간의 생명과 기본 권리를 보장하고 인간을 얽어 맨 모든 제한으로부터 해방시키려는 해방과 보호의 선포라고 할 수 있다.

오늘날 생존경쟁에 시달린 사람들은 과중한 업무와 스트레스로 정신과 육체가 피폐해지며, 여러 가지 질병으로 사망하고 있다. 오늘날에도 안식일 법은 생명을 위한 하나님의 은총의 규범이다.

영어의 'rest'는 '휴식, 또는 나머지'를 뜻한다. 인간은 휴식하므로 나머지(rest) 삶을 살게 된다. 휴식하지 않으면 인간의 생명과 에너지가 '나머지' 없이 모두 고갈되어 사망에 이르게 된다. 'recreation'(휴양)이라는 말이 글자 그대로 '재창조'의 의미가 있는 것은, 휴식은 새로운 창조를 위해 꼭 필요한 요소이기 때문이다.

이스라엘은 남북 왕조로 분리되어(기원전 922년) 북 왕국 이스라엘이 기원전 722년에 아시리아 제국에 의해 멸망하고(왕하17장), 이후 남 유다 왕국마저 기원전 587년 바벨론에 의해 예루살렘의 함락과 함께 멸망한다.(왕하25장) 바벨론 왕 느부갓네살(Nebuchadnezzar)은 유다의 왕족을 포함한 많은 정치 종교지도자들을 바벨론으로 붙잡아 갔다. 이렇게 시작된 포로생활은 페르시아 고레스(Cyrus)의 칙령에 의해 고국으로 귀환이 공포된 기원전 538년까지 계속되었다.(대하 36:22, 스 1:1-3) 바벨론 포로에서 귀환사건은 이스라엘 백성의 신앙과 사상에 큰 변화를 가져왔다.

우선, 이스라엘 사회가 '귀환 공동체'(바벨론 포로민)와 '팔레스틴 잔존 공동체'로 양분되는 갈등이 일어났다. 귀환 공동체는 비록 바벨론의 포로였지만 전통신앙을 잘 지킨 사람들이었으며, 이에 비해 본토에 남아있던 공동체는 이민족의 신앙과 혼합된 상태였다. 이제 누가 참된 이스라엘인가라는 정체성의 문제가 대두되었다.

또 하나, 이스라엘의 생활과 종교의 중심이었던 예루살렘 성전이 붕괴된 상황에서 어떻게 신앙을 유지할 수 있을까 하는 문제가 발생했다. 그래서 성전 없이도 신앙을 유지하기 위해 율법이 강조되었다. 특히 안식일, 할례, 금식, 정결법이 강화되었다. 이제까지 예루살렘 성전이 '거룩한 장소'였다면, 이제부터는 그들에게 '거룩한 시간' 곧 안식일이 중요하게 되었다. 안식일 준수는 성전 없이 포로생활을 하던 바벨론뿐 아니라 이방에 흩어진 유대인들(디아스포라)이 거하는 어느 곳에서든지 가장 중요한 신앙유지의 수단이 되었다.

귀환 후의 팔레스틴 땅에는 바벨론에서 남자만 거의 2000여명을 예루살렘에 데리고 돌아온(기원전458 또는 397년, 스8장 참조) 율법 학사 겸 제사장인 에스라(Ezra)에 의해 종교개혁이 실행되었다.(느8장 참조) 백성들에게 철저한 율법준수가 강조되었고 이방 여인과 결혼한 사람들은 아내들을 포기해야 했다.(스9-10장 참조) 에스라의 종교개혁은 바벨론 포로기를 신앙적으로 반성하며 유대사회를 새롭게 하는 것이 목적이었다. 하나님의 선민인 이스라엘이 이방인들에게 고난을 받은 이유는 하나님의 말씀에 불순종하였기 때문이다. 그래서 철저한 회개와 함께 율법을 준수함으로 선민으로 다시 세움을 받자는 의도였다. 이 때부터 선민사상이 강조되고 기원전 515년에 세워진 제2예루살렘 성전예배도 주로 속죄제를 드리는 것으로 강화되었다.

유대교(Judaism)는 이와 같은 율법준수와 선민의식과 인과응보 신앙을 강조하는 에스라의 종교개혁에 의해 탄생한 종교다. 그래서 에스라를 유대교의 아버지라고 부른다. 유대사회는 예루살렘 성전예배를 드릴 수 없던 바벨론 포로시절 유대인의 교육과 기도를 위해 모였던 공공집회장소인 회당(시나고그)에서 율법교육을 강화하였다. 율법교육은 서기관(그람마튜스, 전문적인 율법해석자이자 교사를 지칭함)인 바리새파(Pharisee) 사람들이 주도했다. 당연히 회당에서 이들의 역할과 위치는 매우 중요했다. 이들은 신구약 중간시대에 마카비 혁명(Maccabean Revolt, 기원전168년)을 지지하며 자신들의 목숨을 내놓고 안식일을 준수했던 '경건한 사람들' 이라는 핫시딤(Hasidim)의 선조들이다.

신약시대의 예수님은 이와 같은 교조주의적 율법주의에 사로잡힌 유대교와 갈등을 겪었다. 당시 유대교는 안식일에 지켜야 할 39가지 금지 규정을 강조했다. 이들 금지규정은 주로 서민층을 대상으로 한 것으로 사람들의 삶은 엄격히 제한되었으며 피폐해졌다. 이러한 상황에서 예수님은 안식일 규정으로 문제가 발생할 때마다 그 정신을 밝히신 것이다.

대표적인 몇 가지 사건을 살펴본다.

(막2:23-28) 안식일에 예수님의 제자들이 밀밭 사이로 지나면서 밀 이삭 잘라 먹은 것이 수확하는 일을 금지한 안식일 법을 어긴 것이라

고 바리새인들이 비난하였다. 예수님은 안식일이 사람들 위하여 있는 것이지 사람이 안식일을 위하여 있는 것이 아니라고 하시며 다윗도 사울을 피해 다닐 때 대제사장만 먹을 수 있는(레24:9 참조) 진설병(陳設餠)을 먹었음을 상기시켰다.(삼상21:1-6 참조) 이것은 율법을 준수하는 것보다 생명을 우선하는 것이요, 율법준수의 궁극적 목적이 생명의 보호와 증진임을 밝히신 것이다.

(막3:1-6) 사람들이 엿보고 있는 상황에서 안식일에 유대인 회당에서 한 편 손 마른 사람을 공공연히 공개적으로 고치시고 바리새인에게 질문하셨다. 안식일에 선을 행하는 것과 악을 행하는 것, 생명을 구하는 것과 죽이는 것 중 어느 것이 옳으냐? 예수님이 강조하신 것은 안식일은 '~을 하지 않는 날'이 아니라 '~을 하는 날'이라는 정신이다. 안식일은 선한 일을 하고 생명을 구하는 날이니 안식일 규정에 얽매어 인간의 삶이 제한되어서는 안 된다고 알려주신 것이다.

(요5:1-18) 예수께서 예루살렘 베데스다 연못가에 있던 38년 된 병자에게 '자리를 들고 걸어가라'고 말씀으로 고쳐주셨는데 마침 그날이 안식일이어서 문제가 되었다. 안식일에 일을 해서는 안 되는데 이런 일을 행하였으니 규정을 어겼다는 것이다. 이 때 예수님은 "내 아버지께서 이제까지 일하시니 나도 일한다."(17절)고 하시면서 안식일 개념을 완전히 뒤집어 놓으셨다. 하나님은 안식일을 사람의 생명을 위하는 날로 정하셨다. 그냥 쉬는 날이 아니라 생명을 위하는 날이니 사람 살리는 일을 하시며 예수님이 바로 하나님이심을 나타내셨다. 이 일로 유대인들은 더욱 예수를 죽이려 했는데 예수께서 안식일을 범할 뿐 아니라 하나님과 자기를 동등하게 여기는 신성모독죄를 범한 것으로 여겼기 때문이다.(18절)

예수께서 안식일을 범한 것은 주로 병자를 고친 일과 관련되어 있다. 아주 긴급한 상황은 아니지만 병자를 고치셨다. 안식일의 근본정신이 사람의 생명을 증진하는 것임을 가르치며 사람을 안식일의 노예로 만든 유대교의 문자주의, 교조주의, 제도주의, 율법주의를 반대하셨다. 예수님은 안식일 규정을 폐지하신 것이 아니다. 일로부터 휴식이라는 소극적인 안식일 개념을 생명을 위하고 선을 행하는 적극적인 안식일 개념으로 그 정신과 의미와 목적의 폭을 넓히셨다. 예수께서는 "내가 율법이나 선지자나 폐하러 온 것이 아니라, 완전하게 하려 함이니라"고 하셨다.(마5:17).

예수께서는 안식일 법으로 '인간의 생명'이 중시되지 않고 '제도나 규정'등이 강조되어 사람이 노예화되고 삶이 위축되고 제도 속에 제한 받는 것을 용납하지 않으셨다. 안식일의 휴식(rest)을 통해 생명을 이어가게 된다. 휴식하지 않으면 힘과 에너지를 잃게 되고 인간의 나머지 생명은 계속될 수 없다. 안식일은 지난 엿새 동안의 삶과 앞으로 엿새 동안의 삶을 위한 '중간의 휴식, 생명의 휴식'일 뿐 아니라 엿새의 완성이다. 엿새 동안의 생명의 절정(climax)이다. 안식일이 이토록 소중한 날이기에 하나님은 일곱째 날을 '복주시고 거룩하게 하신 유일한 날'이 되게 하셨다.

창1-2장에 기록된 모든 피조물 중에서 하나님이 '거룩하게 만드신 것은 오직 안식일'뿐이다. 이 날은 모든 사람들을 위한 '하나님의 날'이며 '시간의 여왕'이다. 사람은 엿새 동안 생존에 필요한 것들을 생산하기 위해 열심히 일한다. 그리고 일곱째 날에는 쉰다. 그런데 사람은 엿새 동안 일한 것만으로 생존에 필요한 모든 것을 충족할 수 없다. 사람은 육(肉)을 위한 양식이 필요하듯이 영(靈)을 위한 생명의 양식도 반드시 필요한 존재다. 사람은 스스로 엿새 동안 일한 것으로 자기 생명을 유지할 수 있다는 자족과 자만에 사로잡히지 말아야 한다. 안식일을 통하여 '피조물로 창조주 앞에 겸허히 서서' 창조주 하나님의 명령을 듣고 따르면서 궁극적인 생존을 위한 영의 양식을 얻어야 한다. "사람이 떡으로만 사는 것이 아니요 여호와의 입에서 나오는 모든 말씀으로 사는 것이기"(신8:3) 때문이다. 이것은 6 대(對)1 이라는 안식일의 비중이 얼마나 위대한가를 상기시켜 준다.

오늘날 기독교인들은 제4계명, 곧 금요일 저녁부터 토요일 해질 때까지를 성일로 지켜야 한다는 안식일 규정을 지키지 않는다. 오히려 한주간의 '첫째 날'이 되는 일요일을 '주님의 날'(Lord's Day)을 줄인 말인 '주일'로 지킨다. 기독교인들이 십계명의 중요한 규정이며 유대인들이 생명처럼 소중하게 여기는 안식일을 지키지 않는 이유는 무엇일까? 이것은 교회사적으로나 신학적으로 간단한 문제가 아니다.

예수님은 유대인이었기에 당연히 안식일을 지키셨다.(막3:1, 눅4:16) 바리새인이요 율법으로 흠 없다는 사도 바울 역시 철저히 안식일을 지켰다. 그래서 안식일에 회당에 들어가 강론하였다.(행17:1-2, 18:4 참조)

그런데 예수님을 그리스도로 고백하는 기독교인들이 예수님이 지키셨던 안식일을 지키지 않는 것은 잘못이 아닐까? 기독교는 유대종교에 그 뿌리를 두고 있음에도 불구하고 할례, 짐승제사, 음식의 구별, 특별 절기의 예루살렘 순례 등 중요한 여러 가지 신학, 제도, 전통의 변화를 가져왔다.

신약성서에 나오는 초대교회 상황을 보면 안식일 문제로 기독교인과 유대교인이 갈등하거나 충돌했다는 기록이 없다. 초대교회까지는 안식일 규정이 이어져 왔다고 보아야 한다.(행1:12 참조) 그런데 어느 결에 유대인의 거룩한 날인 안식일이 주일(일요일)로 바뀌었다.

주님의 날(主日, 큐리아케 헤메라)은 예수께서 부활하신 날을 의미한다. 예수님의 십자가 사건을 요일에 따라 살펴보면, 안식일 전날 예비일(금요일, 막15:42 참조) 삼시(오늘날 시간으로 오전 9시)에 십자가에 달리셨고, 육시(오늘날 시간으로 정오)부터 온 땅에 어둠이 덮혔으며, 구시(오늘날 시간으로 오후 3시)에 운명하셨다.(막15:34 이하, 마27:46 이하, 눅23:44 이하) 그리고 안식일이 거의 된 때(금요일 늦은 오후) 아리마대 사람 요셉이 예수님의 시신을 가져다가 바위무덤에 안치하였다.(막15:42-47) 안식 후 첫날 새벽(막16:1-2, 일요일 새벽)에 막달라 마리아를 비롯한 여인들이 향유를 바르기 위해 무덤을 찾았다가 비어있는 것을 발견했다. 아무 일도 못하는 안식일 규정 때문에 하루를 기다렸다가 무덤을 찾았던 것이다. 예수님의 부활은 일요일이었다.

기독교회에서 언제부터 주님이 부활하신 날인 일요일을 "주일이라는 성일"로 지켰는지 정확한 기록이 없다. 아마도 긴 과정 속에서 자연스럽게 정착되었을 것이다.

신약성서에 "안식 후 첫날"(일요일)이 특별한 날로 언급된 곳은 단 두 곳뿐이다. 바울이 제3차 전도여행에서 예루살렘으로 돌아오는 길에 '드로아'(Troas)에 머물렀을 때 '안식 후 첫날에 우리가 떡을 떼러 모였다'는 기록이 있다.(행20:7-9) 여기서 떡을 떼러 '모였다'의 '쉬나고오'는 예배로 모일 때 사용하는 말이다.(행11:26, 고전5:4 참고) 또한 떡을 떼었다는 말은 성만찬을 의미한다.(막14:22, 마26:26, 눅22:19 참고) 일반적인 식사를 하기 위해 모인 것이 아니라 성만찬이 있는 예배로 모였다는 의미이다. '주일'이라 부르지 않고 '안식 후 첫날'이라 부른 것으로 보아 그때까지는(약 기원후 50년대) 주일 개념이 확립되지 않았음을 알 수 있다.

또 바울이 예루살렘 교회를 위한 연보(헌금)을 권면할 때 '매 주일 첫날' 곧 '일요일'에 할 것을 권면했다는 기록이 있다.(고전16:2). 초대교회에서는 매주일 첫날(일요일)에 예배 모임을 가졌음을 나타낸다.(W. Rordorf 주장)

'주의 날'(Lord's Day) 곧 '주일'이라는 용어는 신약성서에서 밧모(Patmos island)섬에 유배되었던 요한이 계시를 받은 상황을 설명하는 "주님의 날에 내가 성령에 감동되어 내 뒤에서 나는 나팔 소리 같은 큰 음성을 들으니"(계1:10)에 한 번 나타난다. 요한계시록은 기원후 90년 도미시안 황제(Caesar Domitianus Augustus 81-96년) 박해 때 기록되었으니 초대교회에 '주일'이라는 용어가 사용되기까지는 상당한 시간이 필요했을 것이다.

초대교회 내에서 '안식일과 주일 문제'가 크게 신학적 문제로 대두되지는 않았던 것 같다. 만약 그랬다면 첫 번째 종교회의(예루살렘에서 모였던 사도회의. 행15장 참조)에서 안건으로 다루어졌을 것이다. 또 만약 기독교인들이 안식일을 처음부터 거부했다면 유대인들의 박해 이유 중 하나였을 텐데 그런 흔적은 전혀 없다. 이런 것으로 보아 초대교회에서는 안식일과 주일은 병행되어 지켜오다 서서히 안식일과는 별도로 주일이 기독교의 성일로 굳어졌을 것으로 짐작된다.

기원후 1세기 말경 안디옥 교회 감독이었던 교부 이그나티우스(Ignatius, 기원후 35-107년?)는 "기독교인들은 이제 안식일을 지킬 것이 아니라 주님의 날을 따라서 산다. 이 날에 그들은 예수 그리스도를 통해, 그리고 그의 죽음을 통해 새롭게 탄생한다"고 말했다. 기원후 155년 경 교부 저스틴(Justinus)이 기록한 변증서(Apology) I권에는 기독교인들이 주일(태양력에 따라 이름을 붙인 날, 곧 일요일)에 갖는 예배의 성격을 자세히 밝힌 기록이 있다. 2세기 후반 고린도 교회 감독이었던 디오니시우스(Dionysius, 기원후 170년경)는 그의 편지에 '오늘 우리는 주님의 거룩한 날(Lord's Holy Day)을 지켰습니다'라는 기록을 남겼다. 이런 자료들로 보아 1세기 말부터 기독교회에서 '주일'을 지킨 것으로 짐작할 수 있다.

3세기 초 교부신학자 터툴리안(Tertullian, 기원후 150-220년경)은 "주님의 날을 더 잘 지키기 위해서 일상적인 일을 중단한 엄격한 그리스도인도 있다"는 기록을 남겼다. 이때까지 '주일'을 지키기는 했지만 안식일과 같이 '휴식의 날'은 아니었다고 해석할 수 있다. '주일'에도 일을 했지만 어떤 엄격한 사람들은 일을 중단하기도 했다는 뜻이다.

주일이 안식일처럼 일하지 않는 노동 금지의 날이 된 것은 로마 황제 콘스탄티누스(Constantius, 재위 기원후 306-337년)의 밀라노 칙령(Edict of Milan, 기원후 313년) 이후이다. 이 때 기독교를 국교로 선언하고 기원후 321년에 태양일(일요일)을 공식적인 휴일로 선포하게 되었다. 기원후 538년에는 농사일까지 금지하면서 주일과 안식일의 성격이 결합되었다. 이후 교회역사가 알퀸(Alcuin, 기원후 735-804년)과 기독교 철학자 토마스 아퀴나스(Tomas Aquinas, 기원후 1225-1274년)가 주일에 모든 육체노동을 금지시키며 상세한 금지규정을 만들었고 중세 기독교회의 주일이 거룩한 날로 고정되었다.

그러나 기독교인들이 주일을 휴일로 지키면서 안식일을 폐기한 것이 아니었다. 주일과 안식일을 한 날로 합쳐서 주일을 '안식일화(化)' 했다. 주일을 휴식의 날로 지킴으로써 안식일을 지키는 것을 대체한 것이다.

오늘날 '주일성수'의 신학적 의미는 구약성서의 안식일 준수보다 훨씬 더 넓다. 구약성서의 안식일 의미에 더하여 주님의 부활을 경배, 찬양, 예배하며 부활의 주님을 기독교인들의 삶과 마음에 영접하는 날로 지내는 것까지 포함하고 있다. 주일 성수는 지킬 수도 있고 지키지 않아도 괜찮은 선택의 문제가 아니라, 반드시 지켜야 할 필수사항이다. 물질의 십일조를 하나님께 바침으로 자신이 소유한 물질이 모두 하나님의 선물임을 고백하며 감사를 표현하듯이 안식일(주일)을 지키는 것은 "시간의 칠일조"의 실천이다.

역사의 주인이시며, 생명의 주인이신 하나님께 시간의 7분의 1을 드림으로 내 생명을 주신 하나님께 감사하는 날이며 생명과 우주를 창조하신 하나님을 찬양하고 경배하며 아울러 나를 죄에서 구원하시기 위해 십자가에 죽으시고 사망권세를 이겨 소망을 주신 하나님 안에서 주님의 역사를 새롭게 고백하고 감사하는 날이다. 주일은 주님의 부활을 경축하는 날이다.

안식 후 첫날(이제 한주간의 시작이 일요일이 되었다.)은 예수께서 부활하신 날이며(마28:1 이하, 막16:2 이하, 눅24:1 이하, 요한20:1 이하) 또한 부활하신 주님이 당신을 나타내신 날이다.(마28:9, 눅24:12 이하, 요20:19) 그리고 성령께서 성도들에게 임하신 날이다.(요20:22) 하나님께서 결정적인 구원을 베푸신 이 날은 성도들이 성령의 강림과 은총을 간구하는 날이다. 이그나티우스는 "우리가 주일을 기쁘게 지내는 것은 그리스도의 유월절 신비를 거룩하게 경축하는 것이다"라고 했다.

주일은 성례전과 말씀을 통하여 주님의 은총을 허락받는 날이다.(행20:7-12) 행20:7-9에서 확인할 수 있듯이 드로아에서 바울 일행이 행한 일은 떡을 떼며 모인 말씀의 잔치였다. 초대교회 성도들은 주일에 함께 모여 성례전을 베풀며 말씀을 들음으로 한주간의 삶을 주님이 주시는 은총으로 시작했다.

3세기 중엽 시리아의 "사도들의 가르침"이라는 기록에는 다음과 같은 글이 있다.

"여러분은 그리스도의 지체이기 때문에 함께 모이지 않음으로써 교회로부터 흩어져 나가서는 안 됩니다. 여러분이 당신 자신의 약속대로 현존하시고 여러분과 함께 친교를 맺으시는 그리스도를 머리로 모시기 때문에 자신을 경시하거나 주님의 그 지체로부터 멀리 떨어지게 하거나 그분의 몸을 분할하여 파괴하거나 여러분의 지상생활에 필요한 것을 하나님의 말씀보다 더 중요시해서는 안 됩니다. 여러분은 주님의 날 모든 것을 제쳐두고 서둘러서 함께 모이러 가십시오. 왜냐하면 이 날 구원의 말씀을 듣고 영원히 존속하는 영적인 양식으로 자양분을 섭취하기 위해 집회에 와야 하는데, 오지 않는다면 하나님 앞에서 어떠한 변명을 할 수 있겠습니까?"

또한 4세기 초 북아프리카의 순교자들은 "우리는 주일의 성찬 없이는 존재할 수 없습니다."라고 고백했다. 이들은 주일예배에 참여하는 것을 지상생명보다 더 중요하게 여겼다.

기독교인은 주일을 성수할 수 있는 것 자체가 하나님께서 우리에게 주신 은총이며 특권임을 감사해야 할 것이다.

## 출 20:12 | 제5계명(신5:16 참조)

"네 부모를 공경하라 그리하면 네 하나님 나 여호와가 네게 준 땅에서 네 생명이 길리라"(출20:12)

제의적 십계명(출34:10-26)에는 빠져 있는 "네 부모를 공경하라"는 제5계명은 십계명 안에서 중요한 위치에 있다. 제1계명부터 제4계명이 이스라엘 백성과 여호와 하나님 사이의 수직적 관계에 대한 계명이라면, 제5계명부터 제10계명은 이스라엘과 사람 사이의 수평적 관계에 대한 계명이다. 제5계명은 사람 즉 이웃과의 관계에 대해 제일 처음으로 언급되는 계명이다. 사람과의 관계 계명 중에서 부모에 대한 계명이 가장 중요하다는 의미다.

또한 제2계명부터 제4계명들이 여러 면에서 제1계명의 확대라고 말할 수 있듯이 제5계명은 제6계명부터 제10계명까지의 기초라고 할 수 있다. 인간사회에 있어서 가장 기본적인 관계는 부모와 자식의 관계이기 때문이다. 부모 없이는 그 누구의 생명도 이 땅에 존재할 수 없다. 또한 공동체를 이루며 살아가는 모든 사람들은 모두 부모와 관계 속에서 그 존재가 시작되었고 그런 사람들이 인간 사회를 이루게 된다. 부모와 자식의 관계가 사회를 유지하는 가장 중요한 질서다. 말라기(Malachi) 예언자는 엘리야(Elijah)가 다시 와서 메시아 시대를 준비할 때 그가 할 중요한 일 중 하나가 "아버지의 마음을 자녀에게로 돌이키게 하고 자녀들의 마음을 그들의 아버지에게로 돌이키게 하리라"(말4:6)고 선포하였다. 가장 기초 공동체인 가족의 회복이 메시아를 통한 새 시대의 출발이기 때문이다. 사도 바울이 이 계명을 '약속 있는 첫 계명'(엡6:2)이라고 한 사실에서도 확인할 수 있다. 첫 계명이란 순서상 첫 번째라는 의미가 아니라 '가장 중요하다'는 의미이다.(마 22:37-38 참조) 인간 공동체에 있어서 가장 기본적인 관계는 부모와의 관계이다.

제5계명은 하나님과의 관계적 계명(1-4계명)과 사람과의 관계적 계명(5-10계명)을 연결하는 고리와 같다. 십계명을 살펴보면 제1계명의

"다른 신들"(엘로힘 하헤림)에서 사용된 "하나님"(elohim)이라는 단어가 제5계명까지만 사용되고 제6계명부터는 사용되지 않는다. 이것은 우연이 아니다. 제5계명은 인간과의 관계적 계명인데도 "엘로힘"이 사용되어 앞의 계명들과 뒤의 계명들의 연결고리와 같은 역할을 한다. 어떻게 부모공경이라는 제5계명이 하나님과 관련되는가?

부모는 자녀에게 생명을 주신 분이다. 이런 뜻에서 부모는 자녀에게 있어서 '생명의 창조자 되는 존재'다. 물론 모든 생명의 궁극적 근원은 창조주 하나님이시다. 부모는 하나님으로부터 생명을 창조하는 신적인 권위(divine authority)를 부여받았다. 자녀들에게 있어 부모는 하나님만이 가질 수 있는 생명의 원천(source of life)이라는 위치에 있다. 부모는 여호와께서 주시는 생명의 선물을 받는 경로이다. 부모 없이 하나님의 창조사업은 이루어질 수 없다. 부모는 하나님의 창조사업에 있어서 하나님의 동역자와 같은 존재다. 말씀(logos)이 육신이 되셨던 예수님도 부모 없이 이 땅에 오실 수 없으셨다. 그러므로 '부모에 대한 태도'는 사람과의 관계 중에서 가장 중요하며 '하나님께 대한 태도'와 동일해야 한다. 이 같은 사실을 레19:3에서 확인할 수 있다.

"너희 각 사람은 부모를 경외하라"(레19:3)

여기서 '경외하다'(yareh 야레)라는 말은 "두려워하다"라는 뜻으로 이 단어는 하나님께만 적용하는 말이다.(출1:21, 3:6, 레19:14. 32, 신6:24, 10:12, 14:23, 17:19, 31:13, 잠1:7, 29 등 참조) 부모를 경외하라고 표현하여 부모의 권위를 특별히 강조했다. 부모를 대하는 것은 하나님을 대하듯이 해야 한다는 의미이다.

경외하다(야레)는 북 이스라엘이 패망하게 된 원인을 밝힐 때에도 언급된 단어다. 북이스라엘이 패망한 이유는 여호와께 죄를 범하고 또 다른 신들을 경외하였기 때문이다.(왕하17:7) 경외(야레)해야 할 분은 오직 그들을 애굽에서 해방시켜주신 여호와 하나님뿐인데 다른 신들을 여호와를 대하듯 경외(야레)하였기 때문에 앗수르에게 패망하게 되었다. 여호와 하나님을 경외하지 않는 결과는 징계와 심판이다. 그런데 경외의 대상에 있어 하나님 외에 한 가지 예외(例外)가 있다. "부모"만은 경외해야 한다. 이것은 경외해도 되고 안 해도 괜찮다는 선택의 여지가 있는 말이 아니라 하나님을 경외하듯 '반드시' 부모를 경외해야 한다는 말이다. 제5계명은 부모의 위상을 하나님에게까지 높인 것이다. 부모를 하나님처럼 경외해야 하는 이유는 부모가 하나님을 대신하여 자녀에게 생명을 주신 분이기 때문이다.

구약성서에서는 여호와를 경외하지 않을 때 죽음이라는 처벌을 받듯이 부모를 공경하지 않을 때도 '반드시 죽이라'(모트 유마트)고 하였다.

> "자기 아버지나 어머니를 치는 자는 반드시 죽일지니라"(출21:15)
> "자기의 아버지나 어머니를 저주하는 자는 반드시 죽일지니라"(출21:17)
> "누구든지 자기의 아버지나 어머니를 저주하는 자는 반드시 죽일지니라"(레20:9)

부모를 공경하지 않을 때 처해지는 엄격한 심판은 신명기에도 나타난다. 완악하고 패역하여 부모의 말을 순종치 않고 술 취하고 방탕한 아들은 성읍 장로들이 그를 돌로 쳐 죽이게 하였다.(신21:18-21) 특히 12가지 저주받을 죄의 목록을 나열하는 신27:15-26에는 제일 먼저 저주받을 죄가 우상숭배이며(15절) 두 번째로 부모를 경홀히 여기는(칼랄, 저주하다, 가볍게 여기다) 죄(16절)가 언급되어 있다. 이토록 부모에 대한 멸시와 반항의 죄가 하나님께 대한 죄에 이어 나오는 것은 깊은 신학적 의미가 있다. 이스라엘은 하나님을 그들이 경험을 통해 이해할 수 있는 관계로 묘사했다. 목자와 양의 관계, 왕과 백성의 관계, 남편과 아내의 관계 등 유추적(analogical) 묘사를 통하여 하나님을 이해하였다. 이런 유추적 묘사 중에서 제일 중요한 것이 아버지와 아들, 곧 부자(父子)의 관계로 묘사한 것이다.

"여호와의 말씀에 이스라엘은 내 아들 내 장자라"(출4:22)
"이스라엘이 어렸을 때에 내가 사랑하여 내 아들을 애굽에서 불러냈거늘"(호11:1)

이와 같은 부자관계 묘사는 신약시대에 와서 더욱 보편화되어 기독교인들이 하나님을 부를 때 '아버지'라고 부르게 되었다.(마6:9, 눅11:2) 여기서 깨달을 수 있는 중요한 진리는 육신의 부모를 공경하지 않는 사람은 하나님을 아버지라고 부를 수 없다는 사실이다. 눈에 보이는 육신의 아버지를 공경하지 않는 사람이 보이지 않는 하나님을 아버지로 사랑할 수 없다. 그러므로 제5계명은 부모와 자식이라는 인간관계에 대한 계명이 아니라 하나님과 인간의 관계까지 포함하는 계명이다.

"부모를 공경하라"는 제5계명은 구체적으로 무슨 의미일까?

여기서 "공경하다"의 히브리어 '카베드'(kabed))는 중요하거나 풍부한 것(창13:2, 겔27:25), 심각한 것(창18:20), 품위를 소유한 상태(삼하6:20, 욥14:21)를 가리키는데 사용된 말이다. 사람에게 적용할 때는 그 사람을 신중하게 취급하거나 우선권을 부여한다는 의미다. 중히 여기고 존경하고 공경한다는 뜻이다.(삼상2:30, 사24:15, 시22:23, 잠3:9 참조)

이 말의 의미를 하나님께서 엘리 제사장을 책망하시는 내용인 삼상 2:27-30에서  확인할 수 있다. 엘리(Eli) 제사장의 두 아들 홉니(Hophni)와 비느하스(Phinehas)는 불량자였다. 백성들이 제물을 드릴 때 기름으로 태우기 전에 자기들의 것을 빼돌리거나 자기들의 원대로 제물을 빼앗으며 여호와의 제사를 멸시했다. 또 회막문에서 수종 드는 여인들과 동침하기도 하였다. 이들은 엘리의 책망을 듣지 않았다. 이런 엘리를 여호와께서 책망하신다. '네가 어찌하여 네 아들들을 나보다 더 중히 여기느냐?'(29절) 여기서 "중히 여기다"가 "카베드"이다. 또 이어지는 여호와의 말씀, "나를 존중히 여기는 자를 내가 존중히 여기고 나를 멸시하는 자를 내가 경멸하리라"(30절)는 선언은 '존중히 여기다'(카베드)와 그 반대되는 단어 '멸시하다, 경멸히 여기다'(칼랄)의 의미가 잘 드러난다.

그러므로 "부모를 공경하라"는 의미는 우선 부모를 중(重)히 여기는 것이다. 부모의 말씀과 존재를 중요하게 생각하고 존중해야 한다. 부모를 공경하는 일은 그들이 마땅히 지녀야 할 중요성과 진지한 품위를 누리게 하는 것이다. 그래서 유대인들의 교훈에는 "아버지가 비록 금화가 가득한 돈주머니를 바닷물에 던지라 해도 그 말에 순종하라"고 가르친다. 한 가지 예외가 있는데 "자녀를 향해 하나님의 말씀을 지키지 말라"고 명령하는 경우다. 이러한 경우 부모의 말보다 하나님의 말씀에 순종해야 한다는 가르침이다.

둘째, 부모의 존재는 곧 내 생명의 근원이시기에 지극한 감사가 있어야 한다. 부모에 대한 감사가 없는 것은 자기 생명의 존엄성과 가치를 무시하는 것이다. 더 나아가 생명을 주신 하나님을 무시하는 것이다. 그러므로 부모에게 감사하지 않는 자는 하나님께 감사하지 않는 자이다. 여호와께서 그 무엇보다도 우선적으로 공경을 받아야만 하는 것처럼 부모들도 자식들에게 생명을 주셨기에 우선적으로 공경을 받아야만 한다.

셋째, 특히 생산력이 없는 늙은 부모를 보살펴야 한다. "아비를 구박하고 어미를 쫓아내는 자는 부끄러움을 끼치며 능욕을 부르는 자식이니라,"(잠19:26)라는 말씀은 노쇠하고 병들어 더 이상 기동할 수 없는 부모를 가정에서 추방한 관습에서 나온 명령이다.(Childs의 주장) 이런 상황에서 구약성서의 지혜문학에서는 부모공경을 매우 강조하고 있다.(잠언1:8, 15:5) 부모를 공경하라는 제5계명은 부권(父權)의 그늘 밑에서 교육받고 있는 어린아이들에게 준 계명이라기보다는 직접 부권을 행사하고 있으며 또한 연로한 부모를 모시고 공양해야 할 성인(成人)에게 준 계명이다. 만약 어린이에게 주는 계명이라면 '공경'보다는 '순종'이라고 하였을 것이다.

노인은 이제 그의 인생에서 안식년을 맞이하고 있다. 엿새 동안 열심히 일하고 일곱째 날에 안식하듯, 노인 부모는 일평생 자식을 위해 일하다가 이제 안식을 취하는 것이다. 이런 노인 부모를 보살펴할 책임과 의무는 당연히 자녀의 몫이다. 노인 부모를 보살피는 책임을 다한 자녀가 그의 인생의 안식년을 맞이하게 될 때 그 역시 자녀로부터 보살핌을 받게 된다. 노인들이 공경 받는 사회를 만드는 사람들은 언젠가 그들 자신도 그 공경을 누리게 될 것이다.

이 제5계명은 "네 하나님 여호와가 네게 준 땅에서 네 생명이 길리라"는 말씀대로 약속이 보장된 계명이다. 부모는 자녀에게 생명을 주신 분이요, 부모를 공경하는 것은 궁극적으로 생명의 근원이신 하나님을 공경하는 것이다. 따라서 자녀가 이 계명을 지켰을 때 생명과 관계된 보상이 주어지는 것은 자연스러운 일이다. 생명의 근원이신 하나님이 오래 살게 해 주신다. 오래 산다는 말은 단순히 '수명(壽命)의 길이'라기보다는 '인생의 질(質)'이 풍부하고 충만한 삶을 뜻한다. 신명기 기자는 제5계명과 같은 하나님의 명령에 순종하는 사회에는 풍요한 축복이 내리리라는 약속을 전하고 있다.(신4:40, 5:33, 11:8-9 참조) 초대교회의 사도 바울도 제5계명의 축복을 "자녀들아 주 안에서 너희 부모에게 순종하라. 이것이 옳으니라. 네 아버지와 어머니를 공경하라. 이것이 약속이 있는 첫 계명이니 이로써 네가 잘되고 땅에서 장수하리라"(엡6:1-3)고 확장하였다.

예수님은 "고르반"(corban, 하나님께 드린 예물이라는 의미) 제도를 이용하여 입술로는 하나님을 섬긴다고 하면서 마음은 하나님에게서 멀어서 하나님의 계명은 버리고 사람의 전통을 지키는 외식하는 바리새인들을 책망하셨다.(막7:6-13) 이와 같은 책망은 과거의 일이 아니다. 예배 참석하고 각종 헌금은 의무적으로 하면서 노인 부모를 보살피는 방문과 물질적 지원에는 인색하여 부모들의 노년이 고독하고 핍절하다면 예수님의 책망은 오늘날 기독교인들을 향한 것일 수 있다. 부모 공경을 통하여 건전하고 화목한 가정이 세워질 때 건강하고 안정된 사회가 이 땅에서 오래 지속될 것이다. 부모에 대한 공경이 한 가문과 한 국가의 흥망에 깊이 연루되었음을 구약성서는 여러 곳에서 증언한다. 룻과 나오미의 관계(룻기 참조), 에스더와 모르드개의 관계(에2:5-7 참조), 요나난과 사울의 관계(삼상14:24 46 참조), 엘리와 두 아들의 관계(삼상2:12-36 참조), 다윗과 압살롬의 관계(삼하15 참조) 등이 그 예라 할 수 있다.

모든 사람은 노인이 된다. 부모님에 대한 자녀의 행동이 결국 후손에게 교육이 된다. 현대사회는 핵가족화(核家族化)되면서 부모님과 떨어져 살아가는 것이 보편화된 상황이다. 그러나 부모님에게 물질적인 지원뿐 아니라 이분들이 가정과 사회의 당당한 일원으로 자신감과 보람을 가지도록 하는 인격적이고 정신적인 대접이 자녀를 통하여 꼭 실천되어야 한다. 대물림에는 경제적이고 사회적인 것만이 아니라 행실의 대물림도 있다. 부모공경은 건전한 가정생활에서 더 나아가 사회를 건강하고 안정되게 만드는 중요한 요소라는 차원에서 오늘날 기독교인들에게 주어진 절박한 신앙적 과제이다.

## 출 20:13 | 제6계명(신5:17 참조)

"살인하지 말라"(출20:13)

제6계명은 제의적 십계명(출34:10-26)에는 나타나지 않으며 짧은 계명들(6-9계명) 맨 앞에 위치해 있다. 히브리 성서(Masoretic Text, TX) 어떤 사본에는 제6계명부터 제9계명까지가 한 구절, 즉 13절에 기록되어 있다. 이런 사본은 출20장이 26절이 아니라 23절로 끝난다. 대부분의 사본에는 한 구절에 한 계명이 기록되어 있다. 또한 70인역(Septuagint, LXX)에는 제6계명부터 제8계명의 순서가 바뀌어 '간음하지 말라-〉 도둑질하지 말라-〉 살인하지 말라'로 되어 있다. 살인에 대한 계명과 간음에 대한 계명 중 우선적으로 중시되는 것은 무엇인가? 마5:21-32, 마19:18, 막10:19은 마소라역(TX)을 따랐고, 눅18:20과 롬13:9은 70인역을 따랐다.

제6계명은 '살인하지(murder) 말라'는 것인가? '죽이지(kill) 말라'는 것인가? 즉 사람의 생명을 죽이는 것을 금지하는 계명인가 아니면 사람은 물론이요, 가축을 포함한 모든 생명을 죽이는 것을 금지하는 계명인가? 이스라엘에 짐승희생제사가 제도화되어 있으며(레1-7장 참조), 노아의 방주 사건 이후 피를 제거한 짐승과 새 등 살아있는 모든 동물이 식물(食物)로 허용된 것으로 보아(창9:2-4), 사람의 생명을 해치는 것을 금지하는 계명임을 알 수 있다.

제6계명을 이해함에 있어 근본적으로 문제가 되는 것은 살인하다(라차흐)의 의미이다. 라차흐는 구약성서에 약46회 사용되었다. '라차흐'와 유사한 의미의 '하라그'(죽이다, 살해하다)는 165회 사용되었고, '모트'(죽이다, 살해하다의 사역형)은 201회 사용되어, '라차흐'는 다른 두 단어에 비하여 사용빈도가 적지만 단순하지 않은 개념의 단어다.

제6계명은 어떠한 경우라도 사람을 죽이는 것을 금지하는 것일까? 그렇다면 이스라엘 역사 속에 일어났던 전쟁에서 많은 사람을 죽인 것은 이 계명을 어긴 것인가? 사형제도는 이 계명에 저촉되므로 이 계명을 근거로 사형제도는 폐지되어야 하는가? 또한 '양심적 병역거부'라는 명분으로 국방의 의무에 불응하는 것은 이 계명을 근거로 타당한 것인가? 그 외 안락사와 낙태 등의 사회윤리문제들은 이 계명과 어떻게 관련하여 이해하여야 할까?

이런 문제들이 제기되는 이유는 이 계명에 아무런 부연설명이 없기 때문이다. 이 계명을 독립시켜 문자적으로 이해하기보다는 구약성서의 전체문맥에서 이해해야 할 필요가 있다.

'라차흐'에 대해 철저히 연구한 스탐(Stamm)은 '라차흐'는 공동체에게 해를 끼치는 비법정적, 또는 비합법적인 살인, 이른바 고의성을 가진 살해행위를 가리키는 단어라고 하였다. 제6계명은 이스라엘 공동체에서 은밀하게 또는 공권력에 의해 자행된 폭력으로부터 생명을 보호하기 위하여 제정하신 하나님의 인권보호법이라고 주장하였다. 레벤틀로(Reventlow)는 십계명은 구체적인 상황 속에서 나타난 것이며 제6계명의 구체적인 상황은 원수를 죽이는 일이라고 주장하며 이 계명은 이스라엘 공동체 내의 '피의 복수법'(lex talionis, 同態復讐法)과 관련하여 무죄한 자의 피를 흘리지 못하도록 제정된 인권법이라고 하였다.(민35:9-34, 신4:42, 19:1-13, 수20:1-9 참조)

제6계명을 구약성서 전체의 맥락에서 그 의미를 살펴보자. 이 계명은 인간 생명의 존엄성이 하나님의 존엄성과 일치한다는 점에서 중요하다. 하나님은 인간을 창조하실 때 '하나님의 형상대로'(tselem Elohim, image of God) 만드셨다.(창1:26-28) 구약시대에 '신의 형상'이라는 표현은 '한 나라를 통치하는 왕'을 지칭할 때 사용된 표현이다. 왕은 신의 형상을 가진 존재로 신을 대신하여 백성을 다스리는 권위를 지닌 자이다. 구약성서에서 하나님은 인간을 "하나님의 형상"대로 창조하셨다. 인간 한 사람 한 사람을 모두 왕과 같은 위대하고 존엄한 존재로 만드셨다는 의미이다. 모든 사람은 사회적 지위나 빈부의 격차 없이 존엄한 존재이다. 이 사실을 시편기자는 이렇게 증언하였다.

> "그(인간)를 하나님(천사)보다 조금 못하게 하시고 영화와 존귀로 관을 씌우셨나이다 주의 손으로 만드신 것을 다스리게 하시고 만물을 그 발아래 두셨나이다"(시8:5-6)

왕관은 왕만이 쓸 수 있는 것이며, 왕의 역할은 다스리는(radah) 것이다. 하나님은 인간을 하나님과 같은 고귀한 존재요, 왕 같은 존재요, 하나님을 대신한 존엄한 존재로 창조하셨다. 인간에게는 하나님의 존엄성이 담겨 있다. 인간의 생명은 하나님께 속해 있고, 하나님 외에는 자신이든 타인이든 누구도 생명을 좌지우지 할 수 없다. 인간 생명의 주인은 오직 하나님이시다. 사람을 죽이는 것은 생명의 주인이신 하나님의 권한을 침범하는 행위이다.(창9:6 참조) 자기 생명이라고 해서 제 맘대로 해서도 안 되고, 더군다나 다른 사람의 생명을 해쳐서는 안 된다. 하나님의 형상대로 창조된 사람은 누구든지 생명을 보호받을 권리가 있다. 그래서 하나님의 고유권한을 침범한 살인자는 "하나님의 제단에서라도 잡아내어 죽이라"고 했다.(출21:14 참조) 이럴 때는 살인이 허용되었다. 아니 명령되었다.

구약성서에서 살인이 허용된 경우를 세 가지로 구분할 수 있는데 제6계명의 관계에서 살펴본다.

먼저 살인행위가 필연적으로 자행되는 현장인 전쟁이다. 구약성서에는 수많은 전쟁 이야기가 기록되어 있다. 이스라엘 사람들은 전쟁의 피해자가 되기도 했고, 가해자가 되기도 했다. 특히 이스라엘 백성들은 원주민이 살고 있는 가나안 땅을 전쟁으로 차지해야만 했다. 이 전쟁은 여호수아를 지도자로 한 성전(聖戰, 하나님이 군대장관으로 치르는 전쟁, 또는 하나님의 뜻과 명령에 의해 진행되는 전쟁이라는 의미)이었다.

이때 하나님은 "그 때에 너는 그들을 진멸할 것이라 그들과 어떤 언약도 하지 말 것이요 그들을 불쌍히 여기지도 말라"(신7:2)고 하였다. 이 명령은 단순히 땅을 빼앗기 위해 원주민을 살해하라는 정복의 의미를 넘어 살려두었을 때에 신앙의 혼합화가 발생되는 것을 방지하기 위한 종교적 의미가 포함되어 있다.

신20:10-18에는 이스라엘 사람들이 지켜야 할 전쟁에 관한 두 가지 규정이 나온다.

가나안 땅 밖에 있는 성읍과 전쟁을 할 경우는 먼저 화친을 청하여 받아들이면 조공을 받고 전쟁하지 말고, 거부하면 남자는 살해하고 여자와 어린이는 살려두어 소유하라고 하였다.(10-15절). 그러나 가나안 땅 안에 있는 성읍과 전쟁을 할 경우에는 호흡 있는 자는 모두 살해하라고 하였다. 살려주었다가 그들로 말미암아 종교적 혼합이 생길 수 있기 때문이다(16-18절)

구약성서에서 전쟁의 경우에는 제6계명이 적용되지 않았다. 구약성서의 전쟁에서는 "살인하다"(라차흐)라는 용어가 단 한 번도 사용되지 않았다.

둘째, 사형의 경우다. 구약성서에는 사형에 처할 죄에 대한 규정이 있고 실제로 사형이 시행되었다. 사형제도는 제6계명의 금지 명령 범주에 해당하지 않는다. 구약에서 사형에 처해질 죄는 두 가지로 매우 엄격했다.

우선, 하나님께 범하는 죄로, 다른 신에게 희생을 드린 자(출22:20), 몰록(Molok)에게 어린이를 희생 제물로 드린 자(레20:2), 천체 숭배자(신17:2-5) 등 우상숭배자가 있다. 또한 하나님의 이름을 모독하거나 저주한 자(레24:15-16)는 돌로 쳐서 죽이도록 하였다.

다음으로, 사람의 생명을 범한 죄는 사형에 처해졌다. 고의로 사람을 죽인 경우(출21:12-14, 레위24:17, 민35:30-31, 신19:11-13) 이것은 동태복수법(출21:23)에 근거하여 사형에 처해졌다. 또 부모를 저주하거나 불순종한 죄(출21:15,17, 신21:18-21)도 사형에 해당되었다. 부모는 생명의 근원이신 하나님을 대신하여 생명을 주신 분으로 경외해야

(야레) 할 분이기에 다른 사람과는 달리 특별히 존중되어야 했다. 간음죄(레20:10, 신22:22-27)도 사형에 해당되었는데 성적인 범죄 역시 궁극적으로 인간의 생명과 관계된 것이어서 성적 범죄자는 남녀 모두를 돌로 쳐 죽이게 하였다. 사람을 유괴한 죄(출21:16, 신24:7)도 사형에 해당되었다. 유괴는 생명을 훔친 죄이며, 유괴를 당하는 사람은 주로 어린아이나 노약자, 또는 지체부자유자 등으로 사회적으로 지극히 약자다. 사회적으로 보호받아야 할 약자들이 악한 강자에 의해 인권이 유린되는 것을 방지하는 목적에서 유괴는 엄히 다루어졌다.

하나님께 범하는 죄와 사람의 생명을 범한 죄는 사형에 처해졌기 때문에 사형제도 역시 제6계명이 금지한 살인의 범주에 해당되지 않는다.

셋째, 개인적인 살인이 발생했을 경우다. 구약성서에서는 개인적인 살인이 발생했을 경우 그것이 고의적으로 일어난 것(故殺)인지 실수에 의한 것(誤殺)인지를 엄격하게 구별하였다. 고의적 살인은 철이나 돌, 나무 연장 등으로 죽이고, 높은 곳에서 밀어 죽이고, 일부러 무엇을 던져 죽이고, 원한을 품고 때려죽인 경우다.(민35:16-21) 잠복해 있다가 기습해서 죽인 것도 증오심에 의한 살상이기 때문에 고의적 살인으로 간주하였다.(신19:1) 우발적인 실수에 의한 살인은 벌목하다가 도끼자루가 빠져나가 살인을 한 경우이다.(민35:22)

고의적 살인과 실수에 의한 살인을 구별하는 판정은 장로들이나 몇 사람의 증인이 하는 것이 아니라 한 성읍의 회중이 내리도록 하였다.(민35:12, 24) 고의적 살인의 판결은 반드시 두 명 이상의 복수 증인이 있어야 했으며 고의적 살인으로 판결된 사람은 반드시 죽이도록 하였다.(민35:30-31)

고살한 자는 의도적으로 계획하여 살상을 했으므로 반드시 죽이라는 이 법령은 "반드시 죽이라"(모트 유마트)는 '심판적인 처벌'에 강조점이 있는 것이 아니다. 그렇게 하여서 어떤 경우라도 고의적 살상을 막으려는 것이 목적이다. 하나님은 피살자의 생명이나 살인자의 생명 모두를 보호하시는 분이시다.

하나님은 아벨(Abel)을 죽인 가인(Cain)의 살상행위가 고의적이었으나 그의 생명을 보호해주셨다.(창4장) 살인자인 가인의 생명도 여호와 하나님으로 말미암은 생명이었다.(창4:1) 이 땅의 어떤 생명도 하나님의 존엄성을 지닌 고귀한 존재이기에 하나님은 그 생명을 보호하신다.

고의성이 없는 살인일 경우에는 피의 보복을 피하도록 도피성(City of refuge) 제도를 마련하여 생명을 보호해 주었다.(신19:1-10, 수20:1-9) 도피성 제도는 피의 복수자의 증오심에 의한 보복적 살상을 금지시키고 또한 약자가 된 오살자의 생명을 보호해주려는 이중적 목적이 있다. 연쇄적인 살상을 미연에 방지하려는 제도였다. 이스라엘의 도피성은 납달리 지역의 게데스, 에브라임 지역의 세겜, 유다 지역의 기럇아르바(헤브론), 르우벤 지역의 베셀, 갓 지역의 길르앗 라못, 므낫세 지역의 바산 골란에 위치했다.

제6계명 '살인하지 말라'에서 '살인하다'라는 히브리어 '라차흐'는 개인적인 살인을 의미하는 말로 고의적인 살인이나 실수로 인한 살인 모두를 포함한다. 그런데 실수로 인한 살인은 도피성 제도를 통하여 그의 생명을 보호해주었다. 문제는 고의적인 살인으로 의도적이고 계획적인 경우이다. 제6계명은 이와 같은 고의적 살인을 금지하는 계명이다.

고의적 살인의 대표적인 예는 나봇(Naboth)의 포도원 사건이다.(왕상21장) 북 이스라엘 왕 아합(Ahab)은 이스르엘(Jezreel) 골짜기에 있는 나봇의 포도원을 빼앗기 위해 그의 아내 이세벨(Jezebel)의 계략에 따라 나봇을 살해했다. 나봇이 하나님과 왕에게 반역했다며 두 사람의 거짓 증인을 세운(신17:5-6, 19:15 참조) 재판에서 유죄 판결을 받게 하여 돌로 쳐 죽게 했다. 그리고 아합은 나봇의 포도원을 차지한다. 나봇의 처형은 비록 재판이라는 형식을 취했지만 아합이 자신의 이익을 위하여 자신의 요구를 거부한 나봇을 미워하고 증오한 음모에 의한 의도적 살인이었다. 예언자들은 이와 같은 고의적 살인행위가 여호와 하나님을 거스르는 행위라고 고발한다.(렘7:9, 호4:2)

이스라엘 백성은 평범한 백성이 아니라 하나님과 계약을 맺은 백성이다. 계약의 상대자인 여호와 하나님은 당신의 형상대로 창조된 모든 사람들이 평등과 평화 속에 당신의 축복을 누리며 살기를 바라신다. 공동체 안에서 힘없는 고아나 과부, 가난한 사람들을 억압하고 착취하는 행위도 역시 제6계명을 어기는 것이다.(욥24:14, 시94:6, 호6:9 참조) 여호와 하나님은 거룩하시므로 그의 백성 역시 거룩해야 한다.(레19:2) 하나님처럼 거룩해진다는 것은 구체적으로 형제를 미워하는 마음을 품지 않고(레19:17) 동족에게 앙심을 품어 원수를 갚지 않는 것이다.(레19:18) 한마디로 이웃을 자신처럼 사랑해야 한다.(레19:18) 여기서 이웃의 개념은 혈연의 경계를 넘어 몸 붙여 사는 타국인까지다.(레19:34) 타국인이든 원수이든 사랑의 계명에서 제외될 수 없다. 여호와 하나님은 사랑이요 생명이기 때문이다. 그리하여 예수님은 제6계명의 의미를 완전히 밝혀주셨다.

"옛 사람에게 말한 바 살인치 말라 누구든지 살인하면 심판을 받게 되리라 하였다는 것을 너희가 들었으나 나는 너희에게 이르노니 형제에게 노하는 자마다 심판을 받게 되고 형제에 대하여 라가라 하는 자는 공회에 잡혀가게 되고 미련한 놈이라 하는 자는 지옥 불에 들어가게 되리라"(마 5:21-22).

살인은 직접적으로 다른 사람의 생명을 빼앗는 행위를 넘어 형제에게 성을 내고 바보나 멍청이라고 말하는 것까지 포함한다고 말씀하셨다. 예수님은 살인을 유발시키는 내적 동기까지 계명을 어기는 것이라고 가르치셨다. 다른 사람의 생명과 인격을 해쳐서는 안 된다는 소극적 의미가 아니라 오히려 다른 사람의 생명과 인격을 '사랑해야 한다'는 적극적 의미이다. 요한서신 기자는 형제를 미워하는 것이 곧 살인하는 것이라고 하였다.

"그 형제를 미워하는 자마다 살인하는 자니 살인하는 자마다 영생이 그 속에 거하지 아니하는 것을 너희가 아는 바라"(요1서 3:15).

우리는 제6계명을 잘 지키고 있는가? 지금 내 손에 피가 묻어 있지 않다고 해서 이 계명을 지키는 것이 아니다. 내 자신만을 위하여 타인의 인격에 손상을 주고, 미움과 시기와 질투로 타인과의 관계를 소원하게 했다면 이 계명을 위반하고 있는 것이다. 제6계명은 뒤집어 적극적으로 표현하면 '생명을 사랑하라'는 계명이다. 이 생명은 내가 사랑하는 사람의 생명을 의미하는 것이 아니라 하나님이 사랑하시는 모든 사람의 생명을 의미한다. 남녀노소, 인종과 종교와 사상과 장애유무를 초월하고 원수까지 포함되는 개념이다. 하나님은 세상 그 누구도 예외 없이 모두를 사랑하셨다. 그래서 영광과 존귀를 포기하고 육신으로 이 땅에 오신 예수님은 모든 사람을 사랑하시기에 십자가에 달려 죽으셨다. 예수님의 십자가는 당신을 배반한 모든 사람을 용서하시는 사랑의 증표이며 그 모든에는 내가 포함되어 있다. 나 같은 죄인을 사랑하신 예수님의 사랑에 감사하며 이웃을 사랑하는 것이 제6계명을 지키는 길이다.

## 출 20:14 | 제7계명(신5:18 참조)

"간음하지 말라"(출20:14)

십계명(Decalogue) 속에서 간음을 금지하는 제7계명의 위치는 다분히 의도적이다. 제6계명인 살인 금지 다음에 위치해 있는 것은 살인이 간음의 영향 때문에 발생할 수 있기 때문이며, 제8계명인 도둑질 금지 앞에 위치해 있는 것은 간음이 도둑질의 한 형태이기 때문이다. 또한 제7계명은 제10계명의 일부인 "네 이웃의 아내를 탐내지 말지니라"를 예고한다. 제7계명은 전후 다른 계명들과 밀접히 관련되어 현 위치에 놓이게 되었을 것이다.

성 개방 사고의 급속한 확산에 따라 개인의 내밀한 성적 사생활은 법적으로 통제할 수 없는 사적 문제라는 인식이 커지고 있다. 이제 성도덕 유지를 위한 사회적 법익(社會的 法益)보다는 성적 자기결정권을 존중하는 개인의 법익이 더 중요시되고 있다. 남녀의 성문제에서 야기되는 간통, 혼인빙자간음죄 등은 위헌(違憲)이다. 그러나 인류역사가 시작된 이래 '간음'은 온전한 사랑을 깨뜨리는 불의한 것으로 간주되었으며, 간음한 자들에게는 끔찍한 비난과 형벌이 가해졌다. 이와 같은 현실은 성서에서도 마찬가지였다.

성서에 등장하는 악명 높은 도시를 꼽는다면 우선 구약성서의 소돔(Sodom)이 있다. 이 도성은 성적문란 때문에 하늘에서 떨어지는 유황불로 심판을 받았다. 저녁에 그 성을 나그네로 방문한 하나님의 사자들을 영접한 롯(Lot)에게 소돔 사람들이 한 말에서 그 사실을 확인할 수 있다.

"오늘 밤에 네게 온 사람들이 어디 있느냐 이끌어 내라 우리가 그들을 상관하리라"(창19:5)

여기서 '상관하다'는 히브리어 '야다'로 '성관계를 갖다'라는 의미다. 또한 그들이 상관하겠다는 '사람'의 히브리어 '아나쉼'은 '남자'를 지칭한다. 소돔 사람들의 죄악은 비정상적인 동성애(同性愛)였으며, 남색(男色)을 의미하는 영어 'sodomy'라는 말이 여기서 파생되었다. 소돔의 죄악상은 이스라엘 역사에서 지파간의 전쟁인 '베냐민 전쟁'을 발발하게 한 기브아(Gibeah) 사람들의 만행에서 그대로 재현되었다.(삿19:11-30 참조)

신약성서에 나타나는 고린도(Corinth)는 성적으로 문란한 도시다. 사도 바울은 음행을 행하는 자들에 대해 교회가 무관심하고 아무런 대책을 강구하지 않는 것을 엄히 질책하였다.(고전5:1-13) 심지어 근친상간을 하는 자도 있었다. 고린도 교인들이 성(性)에 대해 자유분방한 태도를 취한 것은 성령을 영접하여 거듭 났으니 윤리적 규범을 넘어 '모든 것이 가하다'(고전6:12 참조)고 생각했기 때문이었다. 바울은 그리스도인의 자유는 방종이 아니며 부르심에 합당한 윤리적 삶을 통하여 주를 위하여 살아야 한다고 강조하였다.(고전6:12-20) 고린도의 이런 음행으로 영어의 'corinthian'(행실이 단정치 못한 난봉꾼)이라는 단어가 파생되었다.

제7계명은 하나님의 백성으로 택함 받은 이스라엘 사람들이 성의 순결을 통하여 다른 이방사람들과 구별되어야 함을 강조한 것이다. 하나님이 거룩하시기에 이스라엘 사람들도 거룩해야 하는데 그 징표 중 하나가 성의 순결이었다.

구약성서는 이 점을 반복하여 강조하는데 신27:11-26에 기록된 12가지 저주받을 죄악 중 네 가지가 성과 관련(20-23절 참조)되어 있어서 성의 순결이 얼마나 강조되었는가를 잘 보여준다. 또한 레18장 전체는 성과 관련된 규정을 자세하게 기록하고 있는데 처음(1-4절)과 마지막(24-30절)에서 강조하고 있는 것은 이스라엘 사람들은 성과 관련된 규정을 잘 지켜서 이방 사람들과 달리 구별된 삶을 살아야 한다는 점이었다. 성과 관련된 규정은 레20:10-21에도 나타나는데 여기서도 이스라엘이 이러한 규정을 잘 지켜야 하는 이유는 다른 이방 사람과 달리 거룩하신 하나님의 구별된 거룩한 백성이기 때문이라고 밝힌다.(레20:22-27)

이스라엘 사람들은 가나안 원주민과는 구별된 성민(聖民)으로 가나안 사람들의 풍습과 행위를 따라 해서는 안 되었다. 가나안 사람들은 비를 주관하는 바알(Baal) 신을 섬기며 신전 창기를 제도화 하였고, 종교 의식이라는 명분 아래 바알 신과 그의 배우자인 아세라(Asherah) 여신의 성적인 결합을 모방하는 음행을 행하였다.(르호보암 때 남색하는 자가 있었다. 왕상14:24 참조) 이런 특성은 유혹적이었기에 여호와 하나님은 이들에게 유혹되지 말고 하나님의 법을 따르며 성결한 생활을 할 것을 명령하였다.

성결한 생활 가운데 특히 강조되었던 것이 결혼의 신성함이었다.

결혼은 하나님이 제정하신 것이요 창조의 질서 안에 있는 제도이다.(창2:18-25) 하나님과 이스라엘 사이에 맺은 언약을 부부관계로 묘사할 만큼 하나님은 결혼을 중요하게 여기셨다.(호세아, 겔16, 23장 참조) 이렇게 중요한 결혼의 신성함을 더럽히는 행위에 대해서는 엄한 처벌이 내려졌다.

구약성서에서 '간음하다'라는 단어로 '자나'(zanah)와 '나아프'(naaph)가 사용되는데 두 단어 모두 종교적 부정을 의미하는 비유적 표현이다.(출34:15-16, 렘3:8-9 참조) '자나'는 '나아프'보다 빈번하게 사용되지만 주로 돈을 받고 성행위를 하는 경우에 사용되고(창34:31, 38:15, 레21:7, 14, 수2:1, 6:17 참조), '나아프'는 혼인 언약을 깨뜨리는 경우에 사용되었다.(레20:10, 잠6:32, 렘29:23 참조)

제7계명의 '나아프'(naaph)는 이스라엘에서 남편과 아내라는 '법적 결혼 관계의 신성함'을 깨뜨리는 행위를 의미한다. 그러나 이때의 '결혼'은 일부일처(一夫一妻)의 결혼이 아니라, 당시의 일부다처(一夫多妻)의 결혼관습에 기초한 것이다. 남자는 자기 집에 속해 있는 여자 노예들과 성관계를 할 자유가 있었지만 그 성관계는 엄격한 법적 보호를 받는 '결혼의 형식' 안에서 이루어져야 했다. 여자 노예를 아내로 맞이해야 했으며 결혼 후 혹 그를 기뻐하지 아니할 때는 자유롭게 보낼 수는 있어도 돈을 받고 팔아서는 안 되었다.(신21:10-14) 그것을 무시할 때 '간음'이 되었다. 이처럼 '결혼'의 질서를 깨는 경우와 혼전 성교, 동성연애 등의 일체의 포르노 행위는 모두 간음이었다.

압살롬(Absalom)의 친동생인 다말(Tamar)이 단지 한번만 함께 눕기를 요구해 온 이복오빠 암논(Amnon)을 향해 그러한 행위가 '이스라엘에서는 행치 못할 괴악한 일'이라고 말하면서, 지금이라도 부왕인 다윗에게 자기를 아내로 맞기를 요청하면 그 동침은 수치가 되지 않는다고(삼하13:12-13) 말한 이유는 결혼을 전제하지 않은 성관계가 간음이었기 때문이다.

제7계명은 결혼의 질서를 유지하려는 목적으로 제정된 규범이다. 구약성서에서는 결혼의 신성함을 더럽혀 부부관계의 정절을 범하는 자는 남자든 여자든 엄벌에 처했다. 처벌 규정은 다음의 두 가지 사항을 중요하게 고려했다.

첫째는 여자의 동의 여부이며, 둘째는 여자의 결혼상태 여부이다. 여자가 결혼한 여자인가, 약혼한 여자인가, 혹은 약혼하지 않은 여자인가 등이다. 이 두 사항에 따라 사형에 처하느냐 아니냐를 결정했다.

먼저 결혼한 여자가 동의하여 남자와 동침했을 때는 남녀 모두 돌로 사형에 처했다.(신22:22) 둘째, 남자가 약혼한 여자를 범했을 경우는 '장소가 어디냐'에 따라 판결이 달라졌는데 성읍 안(內)이었을 때는 남녀 모두 사형에 처했으며(신22:23-24), 성읍 밖일 경우 여자는 처벌이 면제되고 남자만 사형에 처했다.(신22:25-27) 여자가 도움을 요청할 수 있었느냐 여부에 따라 처벌을 달리했다. 셋째는 남자가 약혼하지 않은 여자를 범했을 경우는 남자는 처벌을 면하나 대신 반드시 그 여자와 결혼해야 했다. 남자는 장인(丈人)에게 50세겔을 지불해야 했으며 평생 여자를 버릴 수 없었다. 이 경우 남자에게는 이혼이 허락되지 않았다.(신22:28-29)

이외에도 결혼한 여자가 남편에게 결혼 전의 순결을 의심받는 경우에 남편의 의심이 근거가 없음이 판명되면 남편은 장인에게 은 100세겔을 벌금으로 지불하고 그 아내를 평생 버릴 수 없었고(신22:13-19), 남편의 의심이 사실로 드러났을 경우 성읍 사람들이 여자를 돌로 쳐 죽이도록 했다.(신22:20-21) 결혼 후 아내의 부정을 남편이 의심하게 될 경우에는 여자를 제사장에게 데리고 가 시죄법(試罪法)의 쓴 물을 마시도록 하여 몸이 부어오르는 여부에 따라 죄의 유무를 결정하였다.(민5:11-31) 구약성서에서 이렇게 성에 대한 규정을 자세하게 다루고 있는 이유는 결혼과 성의 순결을 이스라엘 사람들이 중요하게 여겼기 때문이다.

어디서나 그렇듯이 구약성서에서도 간음은 주로 '강자의 횡포'로 나타난다. 대표적인 예가 다윗과 밧세바 사건이다.(삼하11장) 최고의 권력자 다윗이 귀화인 헷(Hittite) 사람 우리아(Uriah)의 아내 밧세바(Bathsheba)를 궁으로 불러들여 성관계를 가졌다. 그리고 임신 사실을 알게 되자 자신의 명예를 지키고 부정을 감추기 위해 요압(Joab)에게 지시하여 우리아를 최전선에 보내어 살해당하도록 하였다. 이 일로 여호와께서 나단(Nathan) 선지자를 다윗에게 보내어 강자와 약자의 비유를 통해 꾸짖으셨다.(삼하12장) 이후 다윗 집안에 간음이 연이어 일어나는데 암논이 누이동생 다말을 겁탈하고(삼하13장), 반란을 일으킨 압살롬은 아버지 다윗의 첩과 백주에 동침을 하였다.(삼하16:20-22) 다윗으로부터 시작된 이 모든 사건들은 간음이 강자의 횡포에 의한 것임을 나타낸다.

구약성서에서 간음은 남녀 사이에 일어나는 부정한 육체 관계만을 의미하지 않는다. 이스라엘이 힘의 논리를 숭배하면서 하나님 대신 이방 강대국을 따르는 것 역시 간음이었다. 이스라엘이 이방제국을 의지하는 것은 국제동맹이라는 정치적 문제로 끝나지 않고 종교적 문제와 연결될 수밖에 없다.(왕하16:10-16 참조) 예언자들은 이스라엘과 여호와 하나님의 관계를 결혼한 신부와 남편으로 묘사하는데 이방제국을 의지하는 행위는 여호와 하나님의 계약백성인 이스라엘이 하나님 대신 강대국과 연애하는 간음에 해당된다. 이런 행위를 일삼는 사람들은 주로 왕, 제사장, 장로등 지도층 인물이었다.

호세아 예언자는 당시 남자들이 일방적으로 간음한 여자들의 죄만을 문책하던 것에 반대하면서 이렇게 말한다.

> "그들이 산꼭대기에서 제사를 드리며 작은 산 위에서 분향하되 참나무와 버드나무와 상수리나무 아래에서 하니 이는 그 나무 그늘이 좋음이라. 이러므로 너희 딸들은 음행하며 너희 며느리들은 간음을 행하는도다. 너희 딸들이 음행하며 너희 며느리들이 간음하여도 내가 벌하지 아니하리니 이는 남자들도 창기와 함께 나가며 음부와 함께 희생을 드림이니라. 깨닫지 못하는 백성은 패망하리라"(호4:13-14).

호세아가 하나님께서 이스라엘의 며느리와 딸들의 간음에 대해 벌하지 않으시리라고 말하는 것은 참으로 놀랍다. 지도층 남자들이 이미 신전 창녀에게 가서 간음을 했기 때문이다. 예언자들은 '간음한 사람'은 이스라엘의 딸과 며느리가 아니라 여호와 하나님 대신 이방제국을 의지하며 그들의 종교를 받아들여 신전에서 행음하는 방백들, 제사장들이라고 질타하였다. 예언자들은 간음의 성행을 국가 멸망의 한 징조로 여겨 맹렬히 비난하였다.(겔7:1-9, 23장, 호4장 참조)

예수께서는 마5:27-32에서 '음욕을 품고 여자를 보는 자마다 마음에 이미 간음한 것'으로 규정하였다. 여기에서 '마음으로 간음한 것'이라는 예수의 말씀은 여자를 보고 음욕을 품은 자는 단지 '마음으로만' 간음했을 뿐, 실제로는 간음하지 않은 것이라는 논리를 뒷받침하는 것이 아니다. 유대인들은 이원론적으로 영과 육을 분리하지 않는다. '마음으로'라는 말은 철저하게 전인적 차원을 의미하며, '음욕을 품고 여자를 보는 자'라는 예수의 말씀은 실제로 자신의 전 존재로

'간음한 자'라는 의미이다. 행위의 결과로 간음을 했느냐가 아니라 간음은 이미 마음으로부터 출발했다는 의미이다.

예수의 이러한 말씀은 당시 유대사회의 전통으로 볼 때 어처구니 없는 말이었다. 당시 유대사회는 일부다처제여서 '남의 아내'를 제외하고는 합법적으로 자기 아내 외에 다른 여자를 성적 대상이나 소유로 삼을 수 있었다. '간음'은 남자들보다는 여자들에게 적용되는 개념이었다. '간음'은 남자의 소유물로 간주 되던 '결혼한 여자가 자기 남편 외의 다른 남자와 성관계를 갖는 것'을 의미했다. 이 때문에 유대 남자들은 합법적으로 많은 여자를 탐내고 성적 소유로 삼으면서도 자기 아내가 다른 남자와 관계를 맺으면 그 여인을 '간음한 자'로 규정했을 뿐 아니라 무서운 형벌을 가하였다. 신22:22을 근거로 남자, 여자가 모두 죽어야 했지만 남자는 여자의 아버지에게 돈을 주고 죄를 면책받고 여자만 무서운 형벌을 받아 죽었다. 요8장 간음한 현장에서 붙잡혀 온 여인 옆에 상대 남자는 존재하지 않았다는 사실에서도 확인할 수 있다.

그런데 예수에게는 돌로 쳐 죽임 받아 마땅한 '간음한 여자'와 멸시와 비난의 대상이었던 '창녀들'이 전혀 비난의 대상이 아니었다. 오히려 예수는 자신들은 깨끗하며 의롭다고 자랑하던 유대 바리새파 남자들에게 '창녀들이 그들보다 먼저 하나님 나라에 들어갈 것이라'고 하였다.(마21:31) 간음한 현장에서 붙잡힌 여인을 돌로 치려 하는 무리를 향하여 '죄 없는 자가 이 여인에게 먼저 돌로 쳐라'(요8:7) 고 말씀하셔서 간음한 여인보다 돌로 치려는 무리, 특히 유다 장로들이야말로 죄 많은 사람임을 폭로하였다.

마5:27-30은 예수께서 당시 "간음하지 말라"라는 율법을 내세우고 여자들에게 폭력을 행사하던 남자들을 겨냥하여 하신 말씀이다. 지체 하나를 없애서라도 마음으로부터 죄짓지 않도록 하라고 근본요인을 철저히 제거할 것을 촉구하신다. 예수는 이어 31-32절에서 간음을 이혼문제와 연결시키셨다. 예수는 당시 율법을 끌어다 대며 합법적으로 아내에게 이혼증서를 써주고 아내를 버리던 남자들에게 말한다. 개역 성서 32절의 '음행한 연고 없이 아내를 버리면 이는 저로 간음하게 함이요'라는 구절은 번역의 문제로 오해를 일으키고 있다. 개역개정판 성경은 '누구든지 음행한 이유 없이 아내를 버리면 이는 그로 간음하게 함이요'로 되어 있다. 그러나 최영실 교수(성공회 신약학)는 '음행이라는 말이 없는 자기의 아내를 버리는 자는 누구든지 그 여자로 하여금 간음하도록 만드는 자이다'로 번역한다. 개역성서의 번역은 마치 음행한 연고가 있을 때 자기 아내를 버리는 것이 타당한 것처럼 오해를 불러 일으켰다. 예수는 '음행을 하지도 않은' 자기 아내를 버림으로써 '그 여자로 하여금 간음을 하도록 만드는' 유대 남자들이야말로 죄인이라고 말씀하셨다. 예수님의 말씀은 당시 유대 남자들이 율법을 마음대로 해석하여 아내를 버리던 문제와 관련 있다. 유대 남자들이 이혼의 근거로 삼았던 신24:1을 문제 삼으신 것이다.

> "사람이 아내를 맞이하여 데려온 후에 그에게 수치 되는 일이 있음을 발견하고 그를 기뻐하지 아니하면 이혼증서를 써서 그의 손에 주고 그를 자기 집에서 내보낼 것이다"(신24:1)

결혼한 여자에게 무엇인가 수치스런 일(그것이 무엇인지 분명치 않다. 간통의 경우는 죽음이니까 그러한 경우는 아니다. 아마 일반적인 불결상태일 것이다.)이 있을 때 이혼증서를 써서 내보낼 수 있다. 이 법의 목적은 아무런 이유 없이 아내를 버릴 수 없게 하여 여자의 위치를 남녀평등의 자리까지 상승시킬 뿐 아니라, 여자가 경제활동을 할 수 없는 시대에 이혼한 여자가 다른 남자를 만나 생존을 할 수 있도록 하는 일종의 약자 보호법이었다.

당시 유대 남자들은 이 구절의 '수치 되는 일'을 음식을 잘 만들지 못하고, 바느질을 못하고, 질투하는 것 등으로 해석하고, 심지어 자신은 다른 여자를 탐하면서 아내가 다른 여자보다 매력적이지 못하면 그것을 아내의 수치스런 일로 트집을 잡아 합법적으로 이혼증서를 써서 내보냈다. 그리고 다른 여자를 데려왔다. 쫓겨난 여인은 먹고 입을 것을 위해 다른 남자를 만날 수밖에 없었고 그러면 남자들은 여자를 간음한 여인으로 낙인찍었다. 예수는 이러한 상황에서 남자들이 자기 아내를 내어버림으로써 '그녀로 하여금 간음을 하도록 만들고 있는' 당사자라는 점을 지적할 뿐 아니라, 사실상 남자들이야말로 아내를 버리고 다른 여자를 탐하고 있는 '간음자'라는 사실을 폭로한 것이다. 예수님의 제7계명은 남자들의 이러한 성적횡포와 문란을 근본적으로 막고 여성들을 보호하려는 규범이었다.

오늘날 미성년자와 장애자들에게 행해지는 성폭력이나 미투(Me Too) 운동을 통해 확인되는 직장상사나 교수, 그리고 목회자 등에 의한 성폭력은 우리 사회의 성윤리가 강자인 남성들에 의해 심각하게 추락하고 있음을 보여준다. 성은 하나님이 주신 복이요 선물이다. 성은 사람의 인격과 결부되어 있다. 성문제는 인격의 존엄성과 가치, 특히 성의 동등성이란 바탕에서 다루어져야 한다. 성을 인격이 아닌 상품이나 사물로 대하는 일체의 태도를 버리고, 상대방을 존중하고 충동적 욕구가 아닌 사랑과 절제로 대할 때 제7계명의 의미를 되살릴 수 있다.

## **출 20:15 | 제8계명**(신5:19 참조)

"도둑질하지 말라"(출20:15)

구약성서에 55번 등장하는 '도둑질하다'라는 히브리어 '가나브'(ganab)는 본디 '은밀히 옮기다', '몰래 빼돌리다', '살짝 옆으로 치우다'라는 의미를 지니고 있다. 일하지 않고 부당하게 불로소득(不勞所得)하는 행위를 뜻한다. 이런 행위는 근본적으로 하나님의 창조질서에 어긋나는 행위다. '일, 노동'은 본래 하나님의 창조질서에 속한다. 하나님도 엿새 동안 창조의 일을 하셨고 일곱째 날에 안식하셨다. 하나님은 일하시는 분이다. 그리고 인간도 일하는 존재로 창조되었다.

"여호와 하나님이 그 사람을 이끌어 에덴동산에 두어 그것을 경작하며 지키게 하시고"(창2:15).

인간의 삶의 터전으로 묘사된 에덴동산을 창조주께서 인간으로 하여금 '경작하게'하셨다고 할 때 사용된 히브리어 '아바드'(avad)는 '밭을 갈다', '일하다'라는 의미다. 에덴동산은 인간이 일할 것도 없고, 일할 필요도 없이 무위도식하는 곳이 아니다. 땅을 갈고 밭을 경작하며 일하는 곳이다. 부지런히 일하면서 정당하게 노동의 열매를 얻어 살아가는 것이 창조의 질서요, 에덴에서의 인간의 모습이다. 혹자는 창3:17-19을 근거로 노동을 타락한 인간에게 내려진 하나님의 형벌이라고 주장한다. 그러나 이것은 하나님의 명령에 불순종한 인간들의 삶과 생존의 어려움을 강조하는 것이지 노동 자체가 인간 타락의 형벌은 아니다. 에덴동산은 일하는 곳이었다. 인간의 노동은 신성한 것이요, 노동을 통해 삶을 유지하는 것이 하나님의 뜻이다. 자신은 일하지 않고 다른 사람의 노력을 훔치는 도둑질은 하나님의 창조 질서를 파괴하는 행위이다. 도둑질이야말로 성서적 삶의 자세가 아니며 사람됨을 스스로 포기하는 행위다.

구약성서가 규정하는 도둑질은 두 종류가 있다.

첫째, 사람(또는 사람의 마음)을 훔치는 도둑질로 이것은 사형에 해당하는 범죄다.(창31:20,26,27 출21:16, 신24:7, 삼하15:6, 19:42, 왕하11:2, 렘23:30 등 참조) 이스라엘 민족의 역사에 사람을 훔쳐 파는 도둑은 일찍부터 있었다. 대표적인 경우가 애굽에 팔려간 요셉(Joshep)이다.(창37:28) 요셉은 성서에 나타난 최초의 인신매매의 희생자였다. 그는 보디발(Potiphar)의 아내의 일로 억울하게 감옥에 있을 때 자신이 유괴된 자임을 분명히 밝혔다.

"나는 히브리 땅에서 끌려온 사람이다"(창40:15).

자신은 히브리 사람들의 땅에서 유괴되어 온 사람이다. 이스라엘 족장시대에 노예로 팔려가는 일이 드물지 않았다. 구약성서의 계약법전은 사람을 도둑질하여 요셉처럼 노예로 파는 사람은 반드시 죽이도록 규정해 놓았다.

"사람을 납치한(가나브) 자가 그 사람을 팔았든지 자기 수하에 두었든지 그를 반드시 죽일지니라"(출21:16).

노예제도가 시행되던 고대 사회에서 사람을 훔치는 일은 드물지 않게 일어났다. 고대 바벨론 법전이나 로마 법전에도 관련 법령이 있었으나 유괴범에게 사형을 언도하지 않았다. 노예를 유괴하여 팔았을 경우 벌금만 물면 되었다. 바벨론의 함무라비 법전(Code of Hammurabi)에 사형에 해당되는 유괴 조항이 있었으나 '자유인'(awilum)에게 일어난 경우로 국한되었다.(함무라비 법전 제14조) 나머지 계층 사람들의 경우는 피해보상을 하면 되었다. 그러나 구약성서의 계약법전에는 계층, 성별, 나이의 고하를 막론하고 모든 유괴범은 사형에 처해졌다.

사람을 유괴하는 범죄의 이면에는 경제적인 이익추구가 도사리고 있다. 사람을 훔쳐 노예로 팔거나 훔친 사람의 노동력을 착취하거나 아니면 유괴된 사람의 몸값을 받아내어 이익을 취하는 것이다. 이스라엘의 신앙은 이런 부당한 착취를 하나님의 이름으로 거부한다. 사람을 훔쳐 파는 행위는 "하나님의 형상대로 창조된 사람"(창1:27)을 물품으로 취급하는 악한 짓이다. 한 사람의 인격, 품성에는 하나님의 거룩함이 담겨 있다. 존엄한 존재인 사람을 물건 취급하는 것은 하나님에 대한 모독으로 여겨 엄하게 다스렸다.

또한 사람을 유괴하는 것은 하나님의 구원역사를 되돌리는 범죄행위에 해당되었다. 이스라엘은 과거 애굽에서 노예생활을 하던 종이었다. 인격적 대접을 받지 못하여 짐승과 다를 바 없었던 그들을 하나님께서 자유하게 하여 해방공동체를 건설하게 되었다. 그러므로 다른 사람의 자유를 속박하는 도둑질은 하나님의 은혜에 역행하는 범죄이다. 유괴는 죽음으로 벌받아 마땅한 범죄이다.

둘째, 재물을 훔치는 도둑질로 여기에는 배상이 뒤따랐다.(창31:19,30,32, 44:8, 출21:37, 22:3, 6-8, 수7:11, 삿17:1-4 등 참조) 구약성서에서 "훔친다"는 것은 누군가를 "속인다"는 것과 일맥상통한다.

압살롬(Absalom)이 아버지 다윗에게 반란을 일으킬 때 그는 아침마다 일찍 성문으로 나가 길목을 지키고 있다가 재판을 받으러 오는 사람들의 마음을 훔쳤다.(삼하15:6) 라헬(Rachel)은 친정집의 수호신(守護神)인 드라빔(teraphim)을 훔쳤고 아버지까지 속였다.(창31:19, 30, 32)

구약성서에서 물건을 훔치는 행위는 유괴행위처럼 사형에 처해지지는 않는다. 대신 피해를 입힌 경우 정해진 기준에 따라 변상해야 한다. 다른 사람의 황소나 양을 훔쳐다가 잡아먹거나 팔았을 때 황소는 다섯 배, 양은 네 배로 변상해야 했고(삼하12:6 참조), 아직 도둑질한 것이 산 채로 있을 경우는 갑절로 배상해야 했다.(출22:1-4)

농사나 유목으로 살아가는 사람들에게 소나 양은 단순히 가축이나 재산이 아니다. 그것은 그들의 삶 자체이다. 목수의 손에서 대패나 톱을 빼어가거나, 어부의 손에서 그물을 빼어간다면 어찌 될 것인가? 이러한 도둑질은 자기 욕심을 채우기 위해 이웃의 생존에 피해를 입히는 범죄행위다. 또한 이스라엘을 향한 하나님의 거룩한 뜻인 '더불어 살아가기'를 가로막는 범죄행위다. 하나님께서 이스라엘이 광야에 있을 때 '만나'를 일용할 양식으로 주시고 가나안에 입성한 후 땅을 공평하게 나눠주신 것은 그들이 더불어 평등하고 공존하기를 원하셨기 때문이다. 다른 사람의 것을 취하여 제 것으로 삼으려는 욕심은 이러한 뜻에 역행하는 행위이다. 그러나 물건을 훔치는 것이 사람을 훔칠 때처럼 사형으로 이어지지 않는 것은 재물은 소중하되 사람만큼 소중하지는 않았기 때문이다. 그러나 여기에도 예외가 있는데 하나님의 것을 훔치는 도둑은 반드시 사형에 처해졌다.

성서에서 대표적인 예는 아간(Achan)의 도둑질이다. 그는 아이(Ai)성을 공격할 때 시날(Shinar) 산(産) 아름다운 외투 한 벌과 은 이백 세겔 그리고 금덩어리 오십 세겔을 탐내어 취하였다. 아간이 취한 은과

금은 여호와의 곳간에 들여야 할 것이었다.(수6:19 참조) 하나님의 것을 도둑질한 아간은 결국 아골(Achor) 골짜기에서 가족을 비롯한 그에게 속한 모든 것이 돌로 쳐 불살라 죽게 되었다.(수7:1-26) 신약성서의 아나니아(Ananias)와 삽비라(Sapphira)의 처형도 이와 같은 맥락이다.(행5:1-4).

이런 차원에서 기독교의 헌금제도는 다시 생각해봐야 할 신앙의 문제다. 예언자 말라기(Malachi)는 이스라엘 사람들을 하나님의 것을 도둑질한 사람이라고 책망하였다.

> "사람이 어찌 하나님의 것을 도적질하겠느냐 그러나 너희는 나의 것을 도적질하고도 말하기를 우리가 어떻게 주의 것을 도적질하였나이까? 하는도다 이는 곧 십일조와 봉헌물이라"(말3:8)

이스라엘이 하나님의 것인 '봉헌물과 십일조'를 도둑질했다는 책망이다. '봉헌물'이라는 히브리어 테루마(terumah)는 자원해서 하나님께 바치는 예물을 말한다.

> "이스라엘 자손에게 명령하여 내게 예물(terumah) 을 가져오라 하고, 기쁜 마음으로 내는 자가 내게 바치는 모든 것을 너희는 받을지니라"(출25:2).

봉헌물은 짐승이나 곡식 등 제한은 없으나 다만 '기쁜 마음'으로 바쳐야 했다. 하나님께 바치는 예물인 봉헌물은 성물(聖物)이라고도 하는데, 히브리어로 코데쉬(qodesh)로 '하나님의 것'이라는 의미다. 말라기는 기쁜 마음으로 바쳐야 할 성물을 드리지 않는 것이 곧 하나님의 것을 도둑질한 것이라고 책망하고 있다.

'십일조'(마아세르, maaser)는 세상 모든 것이 다 '하나님의 것'이라는 신앙에서 출발하는 예물이다. 땅도 하나님의 것이고(레위25:23), 산과 들의 모든 짐승도 하나님의 것이며(시50:10), 이런 것으로부터 얻는 모든 소산이 하나님의 것이다. 그 중에서 십분의 일을 드림으로 모든 것의 주인이 하나님임을 잊지 않고 기억하며 감사하는 제도가 십일조다.

> "그 땅의 십분의 일 곧 그 땅의 곡식이나 나무의 열매는 그 십분 일은 여호와의 것이니 여호와의 성물이라"(레27:30)

십분의 일은 '여호와의 것'이요 성물(聖物, qodesh)이라고 분명히 밝힌다. 그러므로 내가 소유한 것이 '내 것'이라고 착각하는 사람은 십일조를 드리지 못하여 여호와의 것을 도적질하게 된다. 십일조는 '하나님께 드리는 성전 십일조'와 '경제적 약자를 돕는 구제 십일조'(신14:28-29, 26:12-15 참조)가 있는데, 말라기 때 이스라엘은 이것을 제대로 드리지 않아서 성전유지와 사회적 약자보호가 제대로 이루어지지 않았다.

오늘날 일부 기독교인들은 십일조를 더 이상 의미 없는 제도로 여긴다. 이와 같은 생각은 십일조를 '드림으로 받는 하나님과의 상거래' 곧 투자의 의미로 오해하기 때문이다. 나의 모든 소유가 하나님의 선물이요, 내게 주신 것은 나 혼자 독식하라고 주신 것이 아니요, 함께 나누며 더불어 살며 하나님의 구원역사를 펼치는 도구로 사용하라고 주신 것임을(신15:7-11 참조) 믿는 사람들에게 십일조는 지극히 당연하고 기쁨으로 행하는 믿음의 행위다.

예수께서는 "한 사람이 두 주인을 섬기지 못할 것이니 혹 이를 미워하고 저를 사랑하거나 혹 이를 중히 여기며 저를 경히 여김이라 너희가 하나님과 재물을 겸하여 섬기지 못하느니라"(마6:24)고 하셨다. 하나님을 주인으로 섬기는 사람이라면 결코 아간의 실수를 범해서는 안 된다. 하나님을 주인으로 섬기는 사람들은 서기관과 바리새인들처럼 "박하와 회향과 근채의 십일조는 드리되 율법의 더 중한 바 정의와 긍휼과 믿음을 저버리는 일"(마23:23)을 해서는 안 된다.

이스라엘 역사에서 도둑이 활개치던 시절이 있었다. 가난해서 남을 것을 훔쳐야 하는 생계형(生計形) 도둑을 말하는 것이 아니다. 많이 가지고 있음에도 불구하고 더 가지려고 남을 것을 내 것으로 착복하려는 무리들이 있었다. 이들은 대도(大盜)들로 왕정시대 권력자들이다. 이들은 힘으로 약자들을 억압하고 빼앗았다.

대표적인 예가 북 이스라엘 왕 아합(Ahab)이 그의 아내 이세벨(Jezebel)과 담합해서 나봇(Naboth)을 죽이고 그의 포도원을 빼앗은 사건이다.(왕상21:1-16) 이세벨은 시돈(Sidon) 왕 엣바알(Ethbaal, 바알이 함께 하신다는 의미)의 딸로 철저한 바알 신봉자인데 오므리(Omri)가 엣바알과 국제동맹을 맺으며 그의 아들 아합의 아내로 데려온 여인이었다. 바알종교는 수단을 가리지 않고 물질만을 추구하였고, 이세벨 역시 다른 사람의 것을 내 것으로 삼는 일에 수단과 방법을 가리지 않았다.

여기에 분노한 양심세력이 이스라엘의 예언자들이었다. 이들은 여호와 하나님의 윤리와 가치관인 '더불어 사는 것'을 강조하였다. 이들은 안식일법, 안식년 법, 희년법 등 약자보호법을 강조하면서 이스라엘 사회에 경제정의를 실천하고자 애썼다. 예언자들은 가난한 자들의 현실을 그들의 운명 탓으로 여기지 않았다. 예언자들이 보기에 가난한 자들은 부자들의 도둑질에 희생된 사람들이었다.

부자들은 저울눈을 속여서 재산을 축적하였고(호12:8, 암8:5, 믹6:10-11, 사3:14, 렘5:27), 권력으로 땅을 차지하였으며(믹2:1-3, 겔22:29, 사5:8-10), 뇌물을 받고 재판을 왜곡하였다.(암5:7, 렘22:13-17, 믹3:9-11, 사10:1-2) 또한 자기 이익을 위해 남을 등쳐먹었고(암4:1, 믹3:1-2, 6:12, 렘22:13-17), 빚을 빌미로 가난한 사람을 노예로 삼았다.(암2:6, 8:6) 이들은 더불어 살라는 하나님의 뜻에는 관심이 없고 오직 개인적 부귀영화에만 혈안이었다. 결국 이들에게 하나님의 심판이 선포되었다.(사5:8-12)

부자들의 도둑질로 말미암은 빈익빈 부익부 현상은 이스라엘에게 물질적 가뭄과 정신적 흉년을 들게 하였다. 도둑질은 하나님 백성의 공동체 질서를 무너뜨리는 창조 질서(창2:18, 돕는 배필, ezer kenegidho) 파괴 행위이다.

제8계명의 도둑질하지 말라는 말씀은 사람이든 물건이든 모든 종류의 잘못된 소유를 규제하는 것이다. 착복, 횡령 등 남의 것을 부당하게 자기 것으로 삼는 모든 행위를 금지하는 가르침이다. 특히 이 계명은 제9계명과 제10계명을 연결시켜 볼 때 거짓증거로 가난하고 힘없는 자들의 소유를 가로채는 부자들의 횡포를 고발하고 있다.

제8계명을 적극적으로 해석하여 "사람을 훔쳐 노예로 팔아서는 안된다"로 읽는다면 하나님의 구원역사인 출애굽 정신을 계속 이어나가야 한다는 계명이 된다. 애굽의 노예 생활에서 해방 받은 것이 하나님의 구원역사의 절정이었다. 그런데 이웃을 도둑질해서 노예로 부린다면 이것은 '환(還) 애굽의 비극'을 되풀이 하는 것이다. 자유민인 하나님의 백성 이스라엘은 그 누구도 "환 애굽"되는 일은 없어야 한다.

또한 제8계명을 "이웃의 재물을 훔쳐서는 안 된다"로 읽을 경우 이스라엘을 향한 하나님의 뜻인 경제적 평등 정의사회의 구현이 강조된다. 하나님이 이룩하시고 원하시는 평등사회가 그 누구의 욕망으로 파괴되어서는 안 된다. 가난한 자가 없는 사회, 누구든지 동일한 일용할 양식으로 평등하게 사는 사회가 실현되어야 한다.

> "거둔 것이 많기도 하고 적기도 하나 오멜(omer, 됫박)로 되어 본즉 많이 거둔 자도 남음이 없고 적게 거둔 자도 부족함이 없이 각 사람은 먹을 만큼만 거두었더라"(출16:17-18)

많이 거둔 자도 남음이 없고, 적게 거둔 자도 모자람이 없던 사회, 하나님의 인도를 따라 광야를 헤쳐 나가던 이스라엘의 세상살이는 이렇게 평등한 경제 공동체였다. 한 사람이 다른 사람의 몫까지 독점해서는 안 되었다. 이 세상 땅의 주인은 하나님 한 분뿐이시다.(레25:23). 재산이란 하나님의 것을 빌려 쓰는 대여물에 불과하다. 내 것이 아닌 하나님의 것을 일정부분 빌려 쓰고 있는 현실에서 하나님께서 타인에게 빌려주신 것을 내 것으로 소유하려는 것은 하나님의 것을 침범하는 일이다.

이 계명은 내 것이라고 착각하고 있는 재물의 정체를 밝혀 준다. 많이 갖는 것이 인생의 전부인 양 몸부림치는 사람들에게 많이 갖는 것보다 모자라지 않게 소유하는 것이 하나님의 뜻임을 일깨워준다. 부유하게 사는 것이 삶의 목표인 양 애쓰는 사람들에게 바르게 사는 것이 훨씬 더 소중하다고 가르쳐 준다.

이 땅의 가난함은 없어서 일어난 일이 아니라 있음에도 불구하고 남의 것을 내 것으로 소유하려는 누군가의 '욕망'에서 기인한다. 가난을 해소할 수 있는 방법은 가난한 사람이 벌어서 해결되는 것이 아니라 가진 사람들의 '나눔'을 통하여 가능해진다.

'나눔'은 모든 것은 네가 임의로 먹되 '선악을 알게 하는 나무의 실과는 먹지 말라 즉 네 것으로 소유하지 말고 이웃(共, 公)을 위하여 남겨두라. 네가 먹는 날에는 정녕 죽으리라'(창1:16-17)는 말씀에 순종하여 하나님의 창조질서를 실천함으로 가능해진다.

바울은 예루살렘 교회를 위한 마게도냐 교회의 구제헌금을 칭찬하면서 예수님을 하나님의 뜻을 실천한 모델로 소개한다.

> "우리 주 예수 그리스도의 은혜를 너희가 알거니와 부요하신 이로서 너희를 위하여 가난하게 되심은 그의 가난함으로 말미암아 너희를 부요하게 하려 하심이라"(고후8:9)

신약성서 시대 권력자의 억압과 착취로 가난한 사람(프토코스)이 양산되었다. 헤롯대왕은 광대한 토지수용 정책을 실시하여 얻은 토지를 지주들에게 팔았다.(요세푸스, 고대사). 이렇게 해서 엄청난 사유재산이 부자들에게 집중되었다. 비옥한 갈릴리 지방의 농부들은 예루살렘 대지주들에게 예속되어 있던 소작인들로 날품팔이 농부들이었다. 가난한 자들은 또 이중과세에 시달려야 했다. 로마인들의 과세인 인두세와 예루살렘 성전의 종교세가 바로 그것이다. 로마인들이 유대지방에 부과한 인두세는 매년 600달란트였다는 기록이 있으며, 성전과세는 반 세겔이었다.(마17:24-27 참조) 게다가 성전의 환전은 2.1~4.2%의 프리미엄이 붙었다. 프리미엄은 성전 환전상들과 성전 사제들이 나눠 가졌고 그 일부는 성전에 축적되었다. 그리고 축적된 돈은 다시 고리 대금에 사용되었다.

성전 수익의 혜택을 가장 많이 누린 자는 대제사장으로 이들은 로마 총독에 의해 임명되었고 사두개파에서 나왔다. 당연히 사두개파는 친로마적일 수밖에 없었다. 대제사장은 제사장계급(사두개파), 율법학자(바리새파), 장로(민간종교지도자들로 지주계급)들로 구성된 팔레스틴 자치통치기구인 산헤드린(sanhedrin)의 의장을 맡았다. 제사장 가족은 성전의 동물매매를 관장하였고 예루살렘 대지주이거나 부유한 상인이었던 장로들은 결국 이들과 결탁하여 성전 상권을 장악하였다.

대제사장과 장로들은 유대의 가난한 자들을 억압하고 착취하는 도적들이었다. 이들에 반해 민중(오클로스)은 가난하고 병들고 소외된 존재들이었다. 예수는 가난한 자들을 편애하였다는 인상을 준다. 이와 같은 사실은 예수의 첫 설교에서 확인할 수 있다.

> "주의 성령이 내게 임하셨으니 이는 가난한 자에게 복음을 전하게 하시려고 내게 기름을 부으시고 나를 보내사 포로 된 자에게 자유를, 눈 먼 자에게 다시 보게 함을 전파하며 눌린 자를 자유롭게 하고 주의 은혜의 해를 전파하게 하려 하심이라"(눅4:18-19).

예수께서는 자신의 정체를 확인하기 위해 세례 요한이 보낸 사람들에게 전할 대답에서도 가난한 자들에 대한 깊은 관심을 나타내셨다.

> "맹인이 보며 못 걷는 사람이 걸으며 나병환자가 깨끗함을 받으며 못 듣는 자가 들으며 죽은 자가 살아나며 가난한 자에게 복음이 전파된다 하라"(마11:5)

또한 "너희 가난한 자는 복이 있나니 하나님의 나라가 너희 것임이요, 지금 주린 자는 복이 있나니 너희가 배부름을 얻을 것임이요 지금 우는 자는 복이 있나니 너희가 웃을 것임이요"(눅6:20-21)라는 말씀으로 복음 선포의 대상이 가난한 사람들임을 분명히 밝히신 반면 부요하고 배부르고 웃는 부자들에게는 화를 선포하였다.(눅6:24-25) 가난한 자들에 대한 예수의 관심은 성령의 역사로 계속 이어져 초대교회의 공동생활로 나타났으며(행2:44-46, 4:34-35), 사도 바울은 진정한 신앙인의 기본덕목이 욕심에서 벗어나는 것임을 강조하였다.(딤전6:3-10 참조). 청빈한 삶이 제8계명을 실천하는 길이다.

## 출 20:16 | 제9계명(신5:20 참조)

"네 이웃에 대하여 거짓 증거하지 말라"(출20:16)

제9계명의 "네 이웃에 대하여 거짓 증거하지 말라"에서 '거짓 증거'라는 히브리어 '에드 샤케르'(ed shaker)는 좁은 의미에서 볼 때는 재판의 상황에서 거짓 증언하는 것을 금지하는 계명이다. 이스라엘에서 왕이 임명한 재판관이 소송을 처리한 것은 후대의 일이고, 대부분의 소송은 마을의 장로들이 성문 앞에 모여 해결하였다.(룻4:1-12 참조) 이 때 유무죄를 가리고 죄지은 사람을 죽이려면 두세 사람의 증인이 있어야 했다.(신17:6) 따라서 증인으로 나선 사람은 진실한 증인이 되어 사람 목숨을 건질 수도 있지만(잠14:25), 거짓 증인이 되어 동족을 해칠 수도 있었다.(잠6:19) 이처럼 재판에서 거짓 증인은 직접 이웃의 생명과 자유, 명예를 해치고 이스라엘 사회의 토대를 무너뜨리는 중대한 죄를 짓는 행위이므로, 제9계명은 이와 같은 거짓 증언을 철저히 금지했다.

제9계명은 넓은 의미에서 볼 때 모든 형태의 부정직한 말을 금지하는 계명이다. 구약성서에서 '거짓 증거'는 다양하고 포괄적인 의미로 사용되었다.

1. 법정에서 고소인으로 등장하는 이가 거짓된 고발을 하는 것(왕상21:10).

2. 상호관계에서 계약을 어기는 신실하지 않은 행동(잠6:19, 12:17, 14:5).

3. 여호와 신앙과 대립되는 우상숭배에서 주술적인 예언(합2:18, 슥10:2).

4. 참 예언자와 대치되는 거짓 예언자의 말(사9:15, 렘14:14, 믹2:11) 등이다.

따라서 제9계명의 거짓 증언하지 말라는 것은 재판에서의 거짓말을 뛰어넘어 허위 사실을 조작하고 날조하는 말, 악의로 다른 사람을 중상하여 모략하는 말 등을 모두 포함한다. 하나님은 거짓을 행하고 거짓을 말하는 사람들을 결코 용납하지 않으신다.

> "거짓을 행하는 자는 내 집 안에 거주하지 못하며 거짓말(샤케르)하는 자는 내 목전에 서지 못하리로다."(시101:7).

또한 시편기자는 거짓말을 하는 사람의 예배는 하나님께서 기뻐 받으시지 않으신다고 분명히 밝힌다.

"여호와여 주의 장막에 머무를 자 누구오며 주의 성산에 사는 자 누구오니이까 정직하게 행하며 공의를 실천하며 그 마음에 진실을 말하며 그의 혀로 남을 허물하지 아니하고 그의 이웃에게 악을 행하지 아니하며 그의 이웃을 비방하지 아니하며"(시15:1-3).

여기서 '허물하다'는 말은 남을 헐뜯고 중상하는 것으로 거짓 증언하는 것을 의미한다. 예언자 스바냐는 '악을 행하지 아니하며 거짓을 말하지 아니하며 입에 거짓된 혀가 없는 자'만이 구원받는 '이스라엘의 남은 자'가 될 것이라고 선포하였다.(습3:13) 남을 거짓말로 교묘히 속이는 사람은 결코 여호와의 날에 구원받을 수 없다.

구약성서 가운데 가장 으뜸 되는 거짓 증언의 예는 나봇(Naboth)의 포도원 사건(왕상21장)이다. 나봇은 가나안 땅에서 가장 비옥한 평원인 이스르엘(Jezreelite) 골짜기에 포도원을 가지고 있었고, 그의 포도원 가까운 곳에 아합(Ahab) 왕의 별장이 있었다. 아합은 자신의 별장 정원을 넓히려고 나봇의 포도원을 자기 소유로 삼고자 자신의 더 좋은 포도원과 교환하든지 아니면 그의 포도원을 팔 것을 요구하였다. 그러나 나봇은 아합 왕의 제안을 거부하였다. 더 많은 값을 받아내기 위해서가 아니라 조상 때부터 물려받은 유산을 후손이 다른 사람들에게 팔지 않는 이스라엘의 전통적인 신앙을 지키려 했기 때문이다.(레25:23, 민27:1-11, 36:7 참조) 아합은 원했던 포도원을 차지하지 못하게 되자 식음을 전폐하고 자리에 누웠다. 아무리 왕이라 할지라도 이스라엘 농부의 전통신앙을 지키려는 정당한 권리를 맘대로 빼앗을 수 없었다.

자리에 누운 아합을 본 그의 아내 이세벨(Ezebel)은 이스라엘 왕이 백성의 땅 하나를 제 것으로 삼을 수 없다는 것을 이해할 수 없었다. 이세벨은 한 통의 밀서를 이스르엘 성에 사는 장로와 귀족들에게 보냈다. 두 명의 거짓 증인을 세워 나봇이 하나님과 왕을 저주하였다고 고발하게 하여 그들의 증거를 근거로 나봇을 돌로 쳐 죽이라는 내용이었다. 이세벨의 음모는 하나님의 율법을 이용하여 나봇의 처형을 합법적으로 위장하려는 것이었다. 이스라엘에서는 왕이나 하나님을 저주하는 것을 엄격히 금지하고 있었고, 특히 하나님을 저주하는 자는 돌로 쳐 죽이게 되어 있었다.(레24:15-16) 또한 죽일 만한 죄의 확정은 두 사람 이상의 증인이 있어야 했기에(민35:30, 신17:5-6, 19:15 참조) 불량배 두 명을 거짓증인으로 세워 나봇을 재판하여 돌로 쳐 죽이려 했다. 결국 나봇은 왕과 하나님을 저주했다는 억울한 누명을 쓰고 두 명의 거짓 증인이 동원된 위장된 합법적 재판에 의해 돌에 맞아 죽었고, 포도원은 아합에게 넘어갔다. 나약한 농부 나봇은 거짓증인에 의해 거룩하게 지킨 그의 신앙적 명예, 재산, 생명 모두를 빼앗겼다.

사형에 해당하는 범죄의 재판에 반드시 복수증인(複數證人)이 필요한 것은 거짓 증언을 막고 또한 거짓 증언으로 인한 억울한 재판을 방지하기 위함인데 이세벨은 이것을 악용하여 무고한 생명을 죽이는 무서운 범죄를 저질렀다.

시편 기자는 이런 거짓 증인들로 인해 겪는 억울함을 하나님께 호소했다.

> "내 생명을 내 대적에게 맡기지 마소서. 위증자와 악을 토하는 자가 일어나 나를 치려 함이니이다"(시27:12)

잠언 기자는 여호와가 미워하시고, 그 마음에 싫어하시는 것 일곱 가지를 열거하는데, "교만한 눈, 거짓된 혀, 무죄한 자의 피를 흘리는 손, 악한 계교를 꾀하는 마음, 빨리 악으로 달려가는 발, 거짓을 말하는 망령된 증인, 형제 사이를 이간하는 자"(잠6:16-19)라고 했다. 이 일곱 가지는 결국 거짓 증언으로 인해 나봇을 살해하고 토지를 빼앗은 이세벨의 행위를 그대로 표현한 것이다.

거짓 증인은 하나님께서 증오하시고 징벌하신다.(잠19:5, 9) 계약법전에는 "너는 거짓된 풍설(風說)을 퍼뜨리지 말며, 악인과 연합하여 위증하는 증인이 되지 말며, 다수(多數)를 따라 악을 행하지 말며, 송사(訟事)에 다수를 따라 부당한 증언을 하지 말라"고 했다.(출23:1-2) 만약 반대 심문을 통해 거짓 증언이 판명되면 그의 거짓증거로 인해 받게 되려던 형벌이 그대로 그에게 내려진다. 동태복수법(lex talionis)에 의한 형벌을 받게 된다.(신19:18-21)

그래도 위증의 범죄가 사라지지는 않는다. 그래서 유대인들은 거짓 증거를 막기 위한 여러 가지 상세한 규정들을 구전 율법을 수집한 책인 미쉬나(mishnah)에 규정해 놓았다. 이런 규정들 가운데 중요한 몇 가지를 열거하며 다음과 같다.

1) 증인들은 서로의 증언내용을 알 수 없도록 분리하여 단독적으로 증언해야 한다.

2) 증인들의 증언이 일치하지 않을 때 그 증언은 모두 무효가 된다.

3) 증인은 증언과 관련하여 어떤 형태로든 보상을 받을 수 없다. 보상이 있을 시 그 증언은 무효가 된다.

4) 다음의 사람들은 증인이 될 수 없다. 사건과 관련하여 혐의를 받고 있는 자, 피고인과 혈연관계가 있는 자, 피고인의 재산 상속자, 피고인과 원한이 있거나 적대 관계가 있는 자이다. 증언에 공정성의 문제가 있을 수 있기 때문이다.

구약성서에서 또 다른 거짓 증언은 거짓 예언자들의 선포를 들 수 있다. 임박한 조국 유다의 멸망을 내다보며 눈물로 회개하기를 외치고 있던 예레미야와 달리 거짓 예언자들은 선민의식과 예루살렘 성전이 영원히 존재할 것이라는 다윗계약신앙에(삼하 7장 참조) 근거하여 백성들을 그릇된 평안의식에 빠지게 하였다. 거짓 예언자들은 비록 여호와의 이름으로 예언하지만 여호와는 그들을 보내지 않으셨고, 전해야 할 말씀도 이르지 않으셨다.(렘23:21) 이들이 전하는 말은 여호와의 말씀이 아닌 속임수요, 헛된 점술이며, 스스로 꾸며낸 사람의 거짓말일 뿐이었다.(렘14:14) 이들은 하나님의 계시를 전달받는 적법한 수단인 꿈(할롬, 창28:10-22, 37:5-11, 41장, 민12:6-8, 삼상28:6, 15, 욜2:28 참조)으로 하나님의 뜻을 전달받았다고 하지만, 실상은 꿈으로 거짓(샤케르)을 말하는 거짓 증인이었다.(렘23:25-26)

거짓 예언자 중에 대표적인 인물이 예레미야와 대결하며 백성들을 오도했던 하나냐(Hananiah)다. 예레미야는 멍에를 메는 상징적인 행동으로 유다는 바벨론에 의해 멸망할 것이며 바벨론 왕 느부갓네살(Nebuchadnezzar)의 70년간의 통치를 받아들여야 한다고 전하였다.(렘27장) 그러나 하나냐는 이스라엘의 하나님 만군의 여호와의 이름으로 '여호와께서 바벨론 왕의 멍에를 꺾으셨고, 느부갓네살이 바벨론으로 탈취해간 성전 기구를 두 해 안에 다시 가져오시고, 포로로 잡혀간 여호야긴(Jehoiachin)과 백성들을 귀환시키시겠다고 말씀하셨다'고 선포하였다.(렘28:2-4) 또 하나냐는 예레미야의 목에서 멍에를 꺾고 '여호와의 이름으로' 다시 2년 안에 바벨론이 패망할 것이라고 선포하였다. 하나냐는 예레미야의 상징적 행위를 상징적 행위로 맞선 것이다. 그러나 하나냐의 선포는 하나님의 이름을 빙자한 거짓 증언이었다. 백성들로 하여금 그릇된 안전 의식에 빠져 진정으로 하나님께 돌아오는 길을 가로막는 범죄였다. 예레미야는 이런 하나냐를 향해 '하나님께 보냄 받지 않은 사람'이라고 하며 여호와의 말씀을 전하였다. "여호와께서 말씀하시되 내가 너를 지면에서 제하리니 네가 여호와께 패역한 말을 하였음이라 네가 금년에 죽으리라 하셨느니라"(렘28:16) 하나냐는 그해 칠월에 죽었다.(렘28:17) 여기서 '패역한 말'의 히브리어 '사라'(sarah)는 '위증'을 의미한다. 죽고 사는 것이 혀의 힘에 달렸으며(잠18:21), 거짓 증인은 벌을 면할 수 없으므로(잠19:5, 9), 하나님께서 거짓 증언하는 하나냐를 죽이셨다.

신약시대에도 유대사회에서는 구약성서의 증인제도가 유지되었다.(딤전5:19 참조) 그래서 예루살렘의 대제사장과 유대인 공회 산헤드린이 예수님을 죽이려 할 때 거짓 증인을 구했다. 사형을 집행하기 위해선 복수의 증인이 필요했다. 그러나 이들의 증언이 서로 일치하지 않았으므로 무효가 되어야 함에도 불구하고 대제사장이 "네가 찬송 받을 이의 아들 그리스도냐?"라는 질문에 예수께서 "내가 그니라"고 대답한 것을 근거로 이 증언을 "신성 모독하는 말"(블라스 페미아) 곧 하나님을 모독한 말이라 판단하여 예수를 사형에 처할 것을 결정하였다.(막14:53-65)

예수의 십자가 처형과 부활승천 이후의 신약성서의 기록은 '증인들'에 관한 기록이요, '증인'이라는 헬라어 '마르투스'(martus)는 '보고 들은 것을 거짓 없이 사실대로 말하는 사람'을 일컫는다. 제9계명을 온전히 지키는 사람을 의미한다.

누가복음에서 예수님은 그의 제자들에게 마지막으로 "너희는 이 모든 일의 증인이라"(눅24:48)고 하면서 예수의 십자가와 부활사건을 증언하며 살 것을 부탁하였다. 예수께서는 감람산에서 승천하시면서 "오직 성령이 너희에게 임하시면 너희가 권능을 받고 예루살렘과 온 유대와 사마리아와 땅 끝까지 내 증인이 되리라"(행1:8)고 명령하셨다. 또 예수 승천 이후 예수님의 제자들이 배반자 가룟 유다 대신에 제자 한 사람을 새로 뽑을 때에 제자의 자격은 "예수의 부활하심을 증언할 사람"(행1:22), 곧 '부활의 증인'이었다.(행2:32, 3:15, 13:31, 22:15 참조) 베드로는 그의 설교를 통해 자신이 '예수 부활의 증인'임을 강조했다.(행5:32, 10:41)

그리스도인들은 베드로와 요한의 말씀처럼 "보고 들은 것을 말하지 아니 할 수 없는"(행4:20) 사람들이다. 곧 제9계명을 철저히 준수하는 '증인들'이다. 당연히 초대교회에 순교의 역사가 시작되었다. 기독교 최초의 순교자 스데반(Stephan)은 거짓 증인들의 증언에 의해 성전을 모독하고 율법을 모독했다는 불경죄로 돌에 맞아 죽었는데(행6:8-7:60, 특히 6:10-14, 7:58), 후일 사도 바울은 순교자 스데반을 '주의 증인'(마르투스)이라고 불렀다.(행22:20) 요한계시록의 저자 요한은 버가모 교회에 보낸 편지에 순교자 안디바(Atipas)를 언급하면서 주님의 충성된 '증인'이었다고 지칭했다.(계2:13) 순교자라는 영어 'martyr'는 증인이라는 '마르투스'에서 유래되었다. 초대교회 순교자들은 예수의 부활의 증인들이었다.(계17:6 참조) 교부 신학자 터툴리안(Tertullian, 기원후 160-220년)은 "교회는 순교자들의 피로 세워졌다"고 하였다.

그리스도인들은 '보고 들은 것을 증언하며'(행4:20), '예' 할 때 '예' 하고 '아니오' 할 것은 '아니오' 해야 하는 사람들이다.(마5:37) 예를 아니라 하고 아니를 예라 하는 것보다 예를 예라 하고 아니를 아니라 하는 것이 훨씬 쉬운 일이다. 보고 들은 대로 그대로 말하면 되니 말이다. 그러나 예를 아니라 하려면 머리를 많이 굴려야 하고 그 거짓을 정당화시키려면 또 다른 거짓을 꾸며야 한다. 참으로 어려운 일이다.

자연을 거스르는 일이기에 어려울 수밖에 없다.

그리스도인은 예수님의 죽음과 부활의 '증인(마르투스)'으로 자연에 순응하며 살아야 하는 사람들이다. 죽음이 닥치는 위협 앞에서도 예와 아니오를 분명히 밝혀 죽음을 넘어서는 부활의 능력을 나타내야 한다. 온갖 불신의 시대에 그 어떤 부정도 거부하며, 말해야 할 때 침묵하지 말고 오로지 진실을 말하므로 정의로운 사회를 세우는 것이 오늘날 그리스도인들에게 주어진 성스러운 책임이다.

## 출 20:17 | 제10계명(신5:21 참조)

"네 이웃의 집을 탐내지 말라. 네 이웃의 아내나 그의 남종이나 그의 여종이나 그의 소나 그의 나귀나 무릇 네 이웃의 소유를 탐내지 말라."(출 20:17)

제10계명은 사람의 외적 행위를 다룬 십계명(Decalogue)의 다른 계명들과 달리 다른 사람의 권리를 침해하려는 내적 동기와 욕망을 중시한다는 점에서 특별하다. 그러나 헤르만(J. Hermmann)을 포함한 대부분의 학자들은 '탐내다'라는 히브리어 '하마드'(hamad)는 단순히 '탐하는 감정'만을 의미하지 않고 그 감정에서 뻗어 나오는 '취하는(take) 행동'까지 내포한다는 데 동의한다. 사실 외적 행위와 탐냄이라는 내적 감정 사이에는 큰 차이가 없다. '하마드' 다음에는 '행위' 동사가 뒤따르기 때문이다.(창3:6, 신7:25, 수7:21, 믹2:2, 마5:27-28 참조)

대표적인 예는 인간의 타락 기사에서 볼 수 있다. 성서는 인간의 죄의 근본을 에덴동산에서의 탐심으로 보았다. 뱀의 유혹을 받은 여자가 그 나무를 본즉 "먹음직도 하고 보암직도 하고 지혜롭게 할 만큼 탐스럽기도(하마드) 한 나무인지라" 여자가 나무의 실과를 따먹게(라카흐, '취하다'라는 의미) 된다.(창3:6). '탐하다'와 '취하다'가 연속적으로 일어난 것이다. 금지된 나무의 실과를 보았을 때 일어난 '탐심'이 결국 실과를 취하게 했다.(라카흐)

또 다른 예는 아이(Ai) 성 공격의 실패 사건에서 확인할 수 있다. 이스라엘 백성이 가나안에 진입하던 두 번째 전쟁인 아이 성 전쟁은 여리고 성과 달리 작은 성이었음에도 불구하고 실패한다. 그 이유는 아간(Achan)의 범죄 때문이었다. 아간이 아이 성 공격 중 시날(Sinar) 산(產) 아름다운 외투 한 벌과 은 이백 세겔, 금 오십 세겔을 탐내어(하마드) 취했기(라카흐) 때문에 하나님의 진노가 있었다.(수7:21) 가나안 전쟁에서 취한 물건은 모두 하나님께 바치도록 되어 있었다.(수6:17-24 참조) 가나안 전쟁은 하나님께서 이스라엘을 위하여 친히 싸워주시는 전쟁이므로(수10:42) 전쟁의 승리자는 이스라엘이 아니라 하나님이시다.

하나님의 것을 도적질한 행위로 그에게 속한 온 가족이 아골 골짜기(고난, 괴로움의 골짜기)에서 돌에 맞아 죽었다. 탐욕, 탐심(하마드)이 죽음이라는 파국을 맞이한 것이다. 욕심이 잉태하여 하나님의 것을 취하는 죄를 낳고 죄가 장성하여 사망을 낳게 된 것이다.(약1:15 참조)

제10계명의 '탐내지 말라'고 금지한 대상을 언급한 출20:17과 신5:21에는 공통점과 차이점이 있다. 공통점은 두 곳 모두에 집, 아내, 남종, 여종, 소, 나귀 등이 언급되어 있다. 이 법이 선포된 배경은 유목사회가 아닌 정착사회, 곧 농경사회이기 때문이다. 또한 '네 이웃의 아내'라고 아내를 단수로 표현한 것은 일부일처제도가 정착되었음을 의미한다.

차이점은 출20:17에는 집이 독립문장으로 나오고, 이웃의 아내, 그의 남종과 여종, 소, 나귀 등 네 이웃의 소유가 다음 문장에서 나열된다. 반면 신5:21에는 이웃의 아내가 독립문장으로 나오고, 이웃의 집, 그의 밭과 남종, 여종, 소, 나귀 등 이웃의 소유가 다음 문장에 나열되었다. 출20:17과 비교할 때 아내와 집의 순서가 바뀌었고 밭이 첨가되어 있다. 이런 차이점은 무엇을 의미하는가?

구약성서에서 '집'을 의미하는 '바이트'(bayit)은 단순히 건물이 아니다. 포괄적인 의미로 가족, 재산, 소유물 모두를 포함한다. 여호와께서 노아에게 '너와 네 온 집(바이트)은 방주로 들어가라'(창7:1)고 했을 때, 집의 의미는 노아의 아내와 아들들과 며느리들을 모두 포함하는 것이었다.(창7:7, 13) 그러므로 출20:17에서 '집'이 독립된 문장으로 가장 먼저 언급된 이유는 집이 어떤 사람에게 포함된 모든 가족과 소유물을 나타내는 포괄적인 단어였기 때문이며, 이어 다음 문장에 소유물을 구체적으로 언급한 것이다. 여기서 아내가 한 남자의 소유물로 언급된 것은 당시 이스라엘에서 가족 개념 때문이다. 이스라엘은 부계(父系) 사회로 자식들은 아버지 소유였다가 딸이 결혼하여 남자의 아내가 되면 남편의 소유로 인정되었다. 아내는 남편을 주인(바알), 곧 '자기의 소유자'라고 불렀다.

신5:21에 '아내'가 독립적으로 나타나는 것은 인도주의적 차원에서 여성보호와 여성의 지위향상이라는 관점이 반영되었기 때문이다. 신명기에서는 아내의 위치를 남자의 개인 소유물의 범주에 넣지 않는다. 신명기에서 아내의 지위 향상을 명확히 언급한 예는 포로로 잡혀온 여인을 아내로 삼았을 경우 결혼 후에 혹 남편이 그녀를 원치 않게 될지라도 결코 다른 사람에게 돈을 받고 팔지 못하도록 한 규정에서도 찾아볼 수 있다.(신21:10-14 참조) 아내는 종처럼 사고파는 개인의 소유물이 아니다.

또 신명기에 '밭'(사데)이 첨가된 이유는, 광야 생활을 기초하고 있는 출애굽기 본문에는 '밭'이라는 소유물이 있을 수 없지만, 신명기는 가나안의 정착생활을 염두에 두었기에 소유물로서 밭의 가치가 중요해졌기 때문이다. 신명기에는 이웃 땅의 경계표(신19:14), 이웃의 포도원(신23:24), 이웃의 곡식밭(신23:25) 등 밭과 관련된 규정들이 많이 등장한다.

제6계명부터 제9계명까지는 남의 것, 곧 이웃의 생명, 아내, 소유물, 권리 등을 탐내어 빼앗고 해치는 행동을 금지하는 계명이다. 그러나 제10계명은 이러한 불의한 행동을 일으키게 하는 내면의 탐욕, 탐심 자체를 금지하는 규정이다. 불의한 행동의 뿌리가 되는 탐욕적인 동기 자체를 금지하는 규정이다. 본래 인간의 탐욕은 끝이 없는 것이요, 모든 부정과 불의의 근원이 된다. 특히 권세 있는 자들은 자신의 위치를 이용하여 탐욕을 채우려 했다.

대표적인 예는 자신의 신하 우리아까지 죽이면서 그의 아내 밧세바를 자신의 아내로 삼은 다윗의 탐욕이다.(삼하11장) 선지자 나단은 어느 부자가 가난한 이웃의 가축을 빼앗는 비유로 말하지만, 사실은 다윗이 왕의 권력으로 신하의 아내를 탐하여 빼앗은 것을 빗대어 질타한 것이다.(삼하12:1-4). 다윗은 자신의 탐욕을 채우기 위하여 제6계명부터 제9계명까지를 어겼다. 또한 아합과 그의 아내 이세벨이 나봇을 죽이면서까지 포도원을 빼앗은 사건에서도 권력자의 탐욕의 극치를 발견할 수 있는데(왕상21:1-16), 아합 역시 자신의 탐욕을 채우려고 제6, 8, 9계명을 어긴 것이다.

미가 예언자는 권력자의 무절제한 탐욕을 강하게 질타하였다.

"그들이 침상에서 죄를 꾀하며 악을 꾸미고 날이 밝으면 그 손에 힘이 있으므로 그것을 행하는 자는 화 있을진저. 밭들을 탐하여 빼앗고 집들을 탐하여 차지하니 그들이 남자와 그의 집과 사람과 그의 산업을 강탈하도다. 그러므로 여호와의 말씀에 내가 이 족속에게 재앙을 계획하나니 너희의 목이 이에서 벗어나지 못할 것이요 또한 교만하게 다니지 못할 것이라 이는 재앙의 때임이니라 하셨느니라"(미2:1-3)

탐욕은 권력자에게만 특별한 것이 아니었다. 이스라엘의 기득권자인 부자들에게서도 똑같이 발견된다. 예언자 아모스는 이들이 자신들의 욕망을 채우기 위해 행하였던 불의를 강하게 비판한다.

"가난한 자를 삼키며 땅의 힘없는 자를 망하게 하려는 자들아 이 말을 들으라. 너희가 이르기를 월삭(月朔)이 언제 지나서 우리가 곡식을 팔며 안식일이 언제 지나서 우리로 밀을 내게 할꼬 에바를 작게 하고 세겔을 크게 하여 거짓 저울로 속이며 은으로 힘없는 자를 사며 신 한 켤레로 가난한 자를 사며 찌꺼기 밀을 팔자 하는도다"(암8:4-6).

탐욕은 또한 이스라엘의 백성들에게도 다양한 삶의 모습으로 나타나는 불의였다.

"너는 그들이 조각한 신상들을 불사르고 그것에 입힌 은이나 금을 탐내지(하마드) 말라"(신7:25 상반절)에서 보듯이 물질에 대한 탐욕, "너희 어리석은 자들은 어리석음을 좋아하며 거만한 자들은 거만을 기뻐하니(하마드)...어느 때까지 하겠느냐"(잠1:22)에 보듯이 죄를 즐기는 탐욕이 있었다. 또 "네 마음에 그 아름다움을 탐하지(하마드) 말며 그 눈

꺼풀에 홀리지 말라"(잠6:25)는 말씀이 반영하듯 여성에 대한 성적인 욕망과, "너희가 기뻐하던(하마드) 상수리나무로 말미암아 너희가 부끄러움을 당할 것이요"(사1:29 상반절)와 "우상을 만드는 자는 다 허망하도다 그들이 원하는(하마드) 것들은 무익한 것이거늘"(사44:9 상반절)에서 확인되듯 우상숭배를 갈망하는 욕망을 드러냈다.

이스라엘은 탐욕을 금하는 제도를 가지고 있었다. 안식일, 안식년, 희년법 규정으로 이는 모두 탐욕을 억제하는 상징성과 실천성을 가지고 있는 법이었다. 세 가지 규정의 공통요소는 '일의 중단' 곧 '휴식'을 강조하여 이스라엘은 이를 통하여 자신의 탐욕을 자제하고 이웃들과 어울려 사는 공동체 건설을 추구해야 했다. 안식일은 사람의 휴식, 안식년은 자연 곧 땅의 휴식, 그리고 희년은 자연과 인간 공동체의 휴식과 회복을 강조한다.

'안식일'에는 주인이 일하지 않으므로 그에게 속한 모든 사람 특히 그의 남종, 여종, 그의 문안에 거하는 객도 쉬고 심지어 가축까지도 쉰다. 사람이 쉬는 동안 누군가를 부리지 않는다. 생산하지 않고, 벌어들이지 않고, 소유하는 행위를 중단하는 것이다. 욕심을 스스로 억제하는 것이다.

'안식년'에는 휴경(休耕)한다. 모든 밭을 묵힌다. 거기서 저절로 나온 소출은 밭의 주인 것이 아니라 나그네와 가난한 사람, 들짐승의 몫이다.(출23:10-12, 레25:1-7) 또한 동족이 종으로 팔렸을 경우 6년은 부려도 안식년에는 자유인이 된다.(출21:2-4, 신15:12-14) 빚을 진 동족이 6년이 되어도 갚을 능력이 되지 못하면 안식년에는 그 빚을 면제해 주어야 했다.(신15:1-5)

'희년'은 잃었던 밭과 집과 몸이 다시 제 주인에게로 돌아가는 해다. 가난한 사람들의 밭과 집과 몸을 맡았던 부자들은 자신들이 사들였던 모든 것을 본래 주인에게 되돌려줌으로써 탐욕을 스스로 억제할 뿐 아니라 경제 평등주의를 실천한다. 원래의 경제정의 질서를 회복하는 것이다.(레위25:8-12 참조)

이와 같이 탐욕을 억제하는 규정이 있었음에도 탐욕으로 인한 빈부 격차는 언제나 존재했다. 탐욕으로 공동체가 파괴되고, 탐욕을 억제하는 개혁을 통해 파괴된 공동체를 회복한 예를 느헤미야서를 통해 확인할 수 있다.

느헤미야는 페르시아 제국의 아닥사스다(Artaxerxes I, 기원전 465-424년) 왕 20년(기원전 465년)에 왕들의 겨울 피서지였던 수산(Susa) 궁에서 왕의 술을 담당하는 관리였다.(느1:1, 2:1) 그는 예루살렘 성을 재건하기 위해 왕에게 조국 귀환을 요청하여 허락받았다. 그러나 이전 고레스(Cyrus)의 귀환 허락이 있을 때에도(기원전 538년) 바벨론에 포로로 잡혀가 있던 백성들이 선뜻 대열에 참여하지 않았듯이 느헤미야의 귀환에도 일부만이 참여하였다. 예루살렘은 폐허가 되어 있었고 팔레스틴은 황폐해져 있었다. 느헤미야와 함께 귀환한 사람들은 성곽을 다시 쌓고 집을 지으며 성곽을 재건하려 했지만 사마리아 사람들의 방해로 어려움을 겪었다. 백성의 반은 무장을 하고 방어를 해야 했고 백성의 반은 성곽을 쌓았다.(느4장 참조) 이러한 역경 가운데 돌아온 백성들에게서 불평이 터져 나왔다. "살아보겠다고, 목에 풀칠이라도 해야겠다고, 우리는 아들 딸을 잡혔다"고 하는 사람이 있는가 하면, "흉년이 들어 입에 풀칠이라도 해야겠어서 우리는 밭도 포도원도 집도 모두 잡혔다"고 하는 사람도 있고, "황제에게 세금 낼 돈이 없어서 우리는 밭도 포도원도 모두 잡혔다"고 외치는 사람도 있었다.(공동번역느5:2-4) 먹을 것이 없어 밭이나 포도원을 저당 잡히거나 심지어 자식을 종으로 팔아야 하는 극한 경제적 어려움을 겪고 있었다.

반면 이런 역경 중에도 어떤 사람들은 밭과 집과 사람을 사들였다. 빈부격차가 심각해진 상황에서 가난한 백성들은 탄식을 했다.

> "한겨레인데 저희 살이나 우리 살이나 무엇이 다르냐? 제 자식이 아까우면 남의 자식 아까운 줄도 알아야 할 것이 아니냐? 우리 꼴을 보아라. 우리는 제 아들 딸을 종으로 팔아먹는 신세다. 딸들이 짓밟히는데도 우리는 어떻게 손쓸 힘이 없구나. 우리 밭이나 포도원은 이미 남의 손에 들어가고 말았다"(공동번역 느5:5)

부자들의 탐욕이 평등공동체를 파괴하고 말았다. 이스라엘을 향한 여호와 하나님을 뜻을 철저히 배척한 것이었다. 느헤미야는 백성들의 부르짖음을 듣고 크게 노하여 유지들과 관리들을 모아놓고 이들의 돈놀이, 장리변(長利邊), 밭이나 포도원, 집을 저당 잡는 일체의 행위를 금지하고, 모든 재산을 돌려주게 하여 평등공동체를 회복하였다.(느5:6-13) 예루살렘 재건은 그 후에 마무리하였다.(느6:15) 느헤미야에게 최우선의 관심은 예루살렘 재건이 아니라 백성들의 탐욕을 없애는 것이었다.

예수님의 교훈 중 상당 부분은 탐욕을 물리치라는 것이었다. 부모의 유산을 홀로 취한 형을 둔 동생이 예수께 와서 형에게 유산을 공정하게 분배하도록 발해달라고 요청하였을 때 예수님은 그의 요청을 거부하시며 "삼가 모든 탐심을 물리치라. 사람의 생명이 그 소유에 넉넉한데 있지 아니하니라"(눅12:15)하시고 '어리석은 부자의 비유'(눅

12:16-21)를 말씀하셨다. 이 비유를 통해 많은 물질을 소유한 것 자체를 나쁜 것이라고 정죄하시는 것이 아니다. 문제는 그 부자의 어리석음이다. 물질의 소유 자체를 삶의 목적으로 두고 그것을 절대적 가치, 최고의 가치라고 생각하는 태도가 문제다. 물질의 소유는 그 자체가 목적이 될 수 없음에도 물질 획득과 축적에 인생의 목적을 두는 어리석음이 문제다. 이렇게 어리석은 인생을 사는 이유는 탐욕 때문이다. 탐욕에 눈이 가려져 참된 가치를 바로 보지 못하기 때문이다.

또 예수께서는 어려서부터 제5계명부터 제9계명까지를 잘 지켰다며 영생을 얻고자 찾아온 청년에게 "한 가지 부족한 것이 있으니 가서, 네 있는 것을 다 팔아, 가난한 자들에게 주고, 그리고 와서 나를 따르라"고 하셨다. 이것은 탐욕을 금하는 제10계명을 확대 적용한 것이다. 하나님의 백성으로서 평등경제 질서를 위해 분배할 것을 말하셨다. 그러면서 예수께서는 "낙타가 바늘귀로 들어가는 것이 부자가 하나님 나라에 들어가는 것보다 쉽다"고 하셨다. 부자가 하나님 나라에 들어갈 수 없는 이유는 물질 그 자체가 나쁘기 때문이 아니라 물질의 소유와 하나님을 섬기는 것 가운데 우선순위(priority)를 물질에 두기 때문이다. 불행하게도 청년은 영생보다는 물질의 욕심을 포기할 수 없어 예수님을 떠나갔다.(마19:16-22, 막10:17-27, 눅18:18-27) 예수님은 하나님과 재물을 동등한 위치에 둘 수 없다고 하셨는데(마6:24) 청년은 재물을 더 높은 가치로 생각했다.

사람은 무엇인가를 하고 싶어 한다. 배가 고프면 먹고 싶고 추우면 옷을 입고 싶어 한다. 또 좋은 것, 아름다운 것을 보면 갖고 싶어 한다. 이러한 몸짓, 마음을 사람이 지닌 욕망이라고 한다. 이러한 것이 없다면 그것은 살아있는 삶이라 할 수 없다. 본능이라는 이름의 욕망은 삶을 위한 당연하고 필수적인 요소이다. 욕망은 삶을 삶답게 하는 의지라고 할 수 있다. 그러나 문제는 욕망의 크기가 한이 없다. 이만하면 충분하다는 한계가 없다. 끝없는 욕망, 지나친 욕심, 이것이 탐욕이다. 욕심을 욕심내는 욕심이 문제다. 제10계명은 무엇을 하고 싶어 하는 본능으로서의 욕망을 거부하는 절대적인 금욕주의를 말하는 것이 아니다. 사람이 생존하는 데 욕망은 반드시 필요하다. 그러나 자제할 줄 모르는 탐욕, 자족하지 못하는 탐욕, 자신을 병들게 하고, 공동체의 평화를 파괴하며 하나님보다 소유를 절대적 가치로 인정하는 것을 금하는 것이다.

사도 바울은 우리에게 이렇게 권면한다.

> "너희도 정녕 이것을 알거니와 음행하는 자나 더러운 자나 탐하는 자 곧 우상숭배자는 다 그리스도와 하나님 나라에서 기업을 얻지 못하리라"(엡 5:5).
> "그러므로 땅에 있는 지체를 죽이라 곧 음란과 부정과 사욕과 악한 정욕과 탐심이니 탐심은 우상숭배니라"(골3:5).

탐욕은 바알과 같이 유혹으로 인간을 몰락시키는 가장 무서운 적이다. 제10계명 준수를 위한 우리의 기도는 '일용할 양식을 주옵소서'이어야 하며, 베풀어 주신 것에 늘 감사해야 한다, 내 것을 '이웃과 더불어 사는 평화 공동체', 곧 '하나님 나라 건설'을 위해 바르게 사용해야 한다. 이것이 곧 청빈(淸貧)의 삶이다.

## 출 20:18-21 | 하나님 현현(theophany)의 경험

"모세가 백성에게 이르되 두려워하지 말라 하나님이 임하심은 너희를 시험하고 너희로 경외하여 범죄하지 않게 하려 하심이니라"(출20:20)

시내산에 도착한 이스라엘이 여호와 하나님과 계약을 맺기 위해 3일 간의 준비를 마쳤을 때(출19:9-15) 우레와 번개와 빽빽한 구름이 산 위에 있고 나팔 소리가 심히 크게 나는 가운데 연기와 불 가운데 여호와 하나님이 음성으로 나타나셨다.(출19:16-19) 일부 학자들은 본문의 네 구절이 본래 출19:19 이후에 있었던 것이라고 주장한다. 하나님의 현현을 나타내는 번개와 천둥과 나팔 소리와 산의 연기, 그리고 사람들의 두려움이 강조되었기 때문이다.

그러나 핵심은 이 단락이 왜 성경 본문에서 십계명 선포 이후에 자리하고 있는가이다. 본문은 십계명 선포가 모세를 통한 간접 계시가 아니라 하나님이 직접 백성들에게 선포하신 것임을 나타낸다. 출19장에서는 하나님께서 산 위에 오른 모세에게 말씀하신 내용을 모세가 산 아래 내려와 백성들에게 전달하였다.(출19:3, 7, 9, 14, 20, 25 참조)

이와 같은 하나님의 메시지 전달 방식은 출20장 전후에 주로 나타난다. 출20장 이전의 경우 유월절 축제에 대해서 여호와께서 모세에게 개인적으로 말씀하시고(출12:1-20) 모세는 그 메시지를 백성들에게 전달한다.(출12:21-27) 만나 이야기도 여호와께서 모세에게 말씀하시고(출16:4-5, 11-12) 모세가 백성들에게 전달한다.(출16:6-8, 15-16) 출20장 이후의 경우에도 마찬가지다. 여호와께서 모세에게 말씀하시고 그 메시지를 백성에게 전달하는 방식을 따른다.(출20:22, 21:1, 24:1-3, 12, 25:1-2, 등 참조) 그러나 출20:1-17의 십계명은 이와 같은 메시지 전달 방식을 따르지 않는다. '하나님이 이 모든 말씀으로 말씀하여 이르시되'(출20:1)로 시작된 십계명은 하나님이 직접 백성에게 선포하신 말씀이다.

이와 같은 사실은 십계명 선포의 배경이 되는 신5:4-5에서도 확인된다. 4절에서 모세는 '여호와께서 산 위 불 가운데서 너희와 대면하여 말씀하시매'라고 말한다. '대면하여'라는 말은 중재자가 없다는 의미이다. 여호와께서 십계명을 직접 백성에게 선포하셨다. 그러나 5절이 문제가 된다. '그때에 너희가 불을 두려워하여 산에 오르지 못하므로 내가 여호와와 너희 중간에 서서 여호와의 말씀을 너희에게 전하였노라'고 했기 때문이다. New International Version(NIV)와 New Revised Standard Version(NRSV)는 이 내용을 삽입구로 구별하고, 5절의 끝 '여호와께서 이르시되'를 4절과 연결시켜 이어지는 십계명이 여호와 하나님의 직접적인 선포라고 강조한다. 그리고 삽입구의 '여호와와 백성 중간에 서서 여호와의 말씀을 전하는 중재자'로서 모세에 대한 언급은 십계명을 전하는 사람의 역할보다는 하나님의 말씀을 백성에게 전하는 중재자의 '통상적인 역할'을 나타낸 것으로 보인다.

여호와 하나님께서 직접 십계명으로 당신의 뜻을 선포하시자 백성들은 하나님의 나타나심을 두려워하였다. 우레와 번개, 나팔 소리와 산에 자욱한 연기는 하나님의 나타나심을 의미한다. 백성들이 그것을 보았다('보다'라는 히브리어 '로임'은 경험하는 것을 의미한다.)는 것은 여호와께서 이미 인간 세계에 가까이 들어와 계신다는 의미이다. 백성들은 두려움에 사로잡힐 수밖에 없었다.(18절) 여호와는 모세나 아론처럼 그분이 택하여 부른 자만 가까이 갈 수 있는 분이며 그 외 어느 인간이든 가까이 하면 죽을 수 있기 때문이다.(출19:12, 21) 백성들은 두려움에 떨며 모세에게 '당신이 우리에게 말씀하소서 우리가 들으리이다 하나님이 우리에게 말씀하시지 말게 하소서 우리가 죽을까 하나이다.'라고 요청하였다.(19절) 이미 하나님께서 모세를 당신의 말씀을 전하는 중재자로 세우셨지만(출19:3, 9) 이제는 백성들이 그에게 하나님의 말씀의 중재자가 되어주길 부탁한 것이다. 십계명 선포를 통한 하나님의 현현 사건은 하나님이 세우신 중재자로서의 모세의 역할을 백성들이 적극적으로 수용하는 계기가 되었다. 이제부터 백성들은 그들에게 선포되는 모세의 모든 말을 여호와의 말씀으로 인정하며 그의 모든 말씀에 순종해야 한다.

모세는 중재자의 역할을 받아들이며 여호와께서 백성들에게 당신의 임재를 경험하게 하신 목적을 밝히며 '두려워하지 말라'(알 티라우)고 하였다. 여호와 하나님이 당신을 나타내신 목적은 그들을 시험하려는 것이다.(20절) 여기서 '시험하다'(나소트)는 것은 이스라엘 백성이 여호와께서 그들에게 명하신 말씀에 순종하며 여호와를 그들의 삶의 중심으로 삼고 있는지를 시험하겠다는 의미이다. 모세는 '너희로 하여금 하나님 경외하며(야레) 범죄치 않게 하시려는 것이다'고 하였다.(20절 하반절) 하나님의 놀라운 현현을 대하고 생긴 두려움은 그분을 피하게 하는 부정적인 두려움이 아니라 그분을 경외하게 하는 경건한 긍정적인 두려움이다. 이 두려움은 백성들이 그분의 방법대로 살아가고자 끊임없이 노력하여 범죄하지(하타아, 죄의 길) 않고 여호와를 공경하도록 한다.

여호와 하나님은 이스라엘 백성들에게 나타나셔서 그들에게 너무나 생생하고 신비스런 경험을 하게 하셨다. 그리고 이스라엘 백성들은 출애굽의 은혜를 받은 하나님의 백성으로서 구원주(Redeemer)이신 하나님과 관계를 맺고 살아가는 데 필요한 원칙들을 십계명을 통하여 알게 되었다. 하나님을 경외하는 두려움으로 알려주신 말씀에 순종하여 죄의 길에 빠지지 않게 하려고 하신 것이다.

지혜문학은 '여호와를 경외함이 지혜의 근본'임을 강조한다.(시 111:10, 잠1:7, 9:10) 하나님을 진정으로 두려워하는 사람만이 십계명으로 대표되는 하나님의 모든 말씀에 순종하여 하나님이 원하시는 사회, 곧 이웃의 자유와 생명이 존중되고 그들과 더불어 살아가는 평등 평화 공동체를 이룰 수 있다.

이제 모세는 하나님의 말씀을 백성들에게 전달하는 중재자로 확실하게 세워졌다. 십계명 선포 이후에 이어지는 모든 율법은 모세를 통하여 백성들에게 전달된다.(출20:22이하 참조) 백성들은 하나님의 현현이라는 신비스런 경험을 안고 정해진 경계에(출19:12, 23 참조) 멀리 떨어져 섰고, 모세는 그 경계를 넘어 하나님이 임재를 감추고 있는 암흑(아라펠, 짙은 구름, 출19:18, 20:18의 연기)을 향해 나아갔다.(21절) 중재자로서 모세의 생명은 하나님이 보장하신다는 의미이다.

# 출애굽기 21~23장

미가엘과 천사(Phillip Medhurst - 'Michael and the angel')

오경(Torah)에 산재되어 있는 율법을 정리하여 묶어놓은 법령집이 있는데, 십계명(Decalogue, 출20:2-17, 신5:6-21) 외에 3대 법령집으로 일컫는 계약법전(Covenant Code, 출20:22-23:19), 신명기법전(Deuteronomy Code, 신12-26장), 성결법전(Holiness Code, 레17-26장)이다. 출애굽한 이스라엘은 무질서의 상태를 벗어나 안정된 사회로 정착하기 시작했다. 사회의 질서와 안정을 위해 필요한 것은 사법제도와 법률이다. 이스라엘은 광야에 있을 때 이드로의 충고에 따라 사법제도를 만들었지만(출18:13-27) 적용할 법령이 필요했다. 십계명은 하나님과 인간의 관계에 대한 근본원리이지 구체적인 지침이나 벌칙을 담은 법령이 아니다.

이와 달리 십계명에 이어 소개되는 계약법전(Covenant의 첫 글자를 따서 'C법전'이라고 통칭됨)은 하나님의 백성인 이스라엘이 일상생활을 하는데 필요한 구체적인 지침이나 벌칙을 담고 있는 율법규정이다. '계약법전'이라는 이름은 이스라엘 백성이 여호와 하나님과 계약을 맺을 때 모세가 하나님께서 명하신 모든 말씀을 다 기록한 다음(출24:4) '언약서'(세페르 하브리트, 계약의 책)를 가져다가 읽어주었다는(출24:7) 구절에 근거한 것이다.

계약법전은 3대 법령집 가운데 가장 오래된 것으로(가나안 정착 초기인 기원전 12세기경) 그 대상은 정착해 살고 있지만 아직 왕정이나 도시국가를 이루지 못한 농경사회 백성이다. 사회의 우두머리도 왕이 아니라 '백성의 지도자'(나시, 개역성서에는 '유사'로 나타남)이다. 여기에는 수공업자, 상인, 직공에 대한 언급은 없고 소, 나귀, 양 등을 다루고 있어 농업과 가축을 치는 정착공동체가 배경임을 알 수 있다.

계약법전은 문학유형에 따라 두 부분으로 나눈다. 앞부분인 출20:22-22:17은 출24:3에 언급된 '율례'(미쉬파팀)에 해당되는 대목으로 거의 결의론적 법(casuistic law)이다. 이곳에는 '~되었을 경우(~할 때)에는 ~해야 한다'는 식으로, 먼저 삶의 구체적인 상황이 전제되고 뒤이어 법률적 결과가 언급되어 있다. 주로 사회경제적 질서에 관한 세속적인 문제를 다루는 판례법으로 구성되어 있다. 이 규범은 정의에 따른 법률 개념에 바탕을 두기보다는 공동체에서 특별한 경우에 실제로 행해지던 중재나 관습이 발전하고 일반화되어 법률로 확정된 것으로 보인다.

뒷부분인 출22:18-23:19는 출24:3에 언급된 '말씀'(다바림)에 해당하는 대목으로 대부분 필연적 법(단언적 법, apodictic law)이다. 주로 제의적이고 도덕적인 성격의 문제를 십계명처럼 초월적인 하나님의 의지로 제시한다. 이중 마술을 부리는 여인 등 사형에 처할 죄인 규정(출22:18-20)을 제외한 나머지 규범은 사법제도에 의존하지 않고 각 개인의 양심에 맡겨져 있다. 특히 '~해야 한다' '~해서는 안 된다'로 표현된 부분의 율법은 '가난한 자, 고아, 과부, 나그네 등 사회적 약자'에 대한 관심을 특별히 강조한다.(출22:21-27)

계약법전을 포함한 이스라엘의 법은 함무라비 법전 등 고대 메소포타미아 법령들과 유사한 점이 있으나 근본적인 몇 가지 차이점을 가지고 있다.

먼저, 고대 근동의 법령들은 왕이 일방적으로 백성들에게 선포하지만, 이스라엘 법령은 하나님이 백성들에게 먼저 선포하여 그들이 듣고 동의한 후 다시 모세가 읽고 기록하여 명문화하였다.(출24:3-4) 따라서 법령을 어기는 것은 여호와 하나님의 권위를 침해하는 것으로 여겼다.

둘째, 고대 근동의 법령은 법의 혜택이 사회 계층에 따라 차등적으로 적용되었던 반면 이스라엘의 법령은 모든 사람에게 공평하게 적용되었다. 고대 법령에는 궁정 사람들, 사제들, 관리들, 자유민, 노예 등의 계급에 따라 그 법이 다르게 존재했지만 이스라엘의 법령에는 사제들이나 귀족을 위한 특별법이 없을 뿐 아니라, 경제권이 없는 고아와 과부, 나그네들을 억압하는 행위도 규제되었다.(출22:20-26 참조)

셋째, 이스라엘의 법령은 고대 근동의 법령에 비하여 두드러지게 율법을 왜 지켜야 하는지에 대한 동기를 밝힌다. 출애굽 사건을 통해 이미 허락받은 하나님의 은혜에 대한 응답이 율법준수의 동기이다(신15:15, 16:12 등 참조).

넷째, 근동의 법은 가해자의 대리처벌이 가능했으나, 이스라엘의 율법은 대리처벌을 단호하게 금지한다. 고대 근동의 법령에는 범법자의 사형을 다른 사람이 대신 당하는 것이 가능했으나 이스라엘의 법령에는 '죽을 사람은 죄지은 바로 그 사람'(신24:16 참조)이라는 원칙이 분명했다.

다섯째, 근동의 법령에는 손을 자르거나 코나 귀를 도려내거나 혀를 뽑는 등 신체를 훼손하는 잔혹한 형벌조항이 있지만, 이스라엘의 법에는 신체 훼손과 같은 잔혹한 처벌이 없다. 바록 죄인이라도 하나님의 형상으로 창조되었기에 그 존엄성을 훼손하는 처벌을 금지했다.

여섯째, 근동의 법이 보호하는 주된 대상은 지배계층의 이익이었고, 그들의 권리 옹호와 증진이 주된 관심사였다. 인간의 생명은 값싸게 취급된 반면 소유권은 중시되어 재물 관련 범죄에 대해 중형이 내려졌다. 그러나 이스라엘의 법은 인간의 생명을 가장 가치 있는 것으로 여기고 재물과 소유권은 그 다음이었다. 가난한 자의 권리를 보호하고 소외계층에 관심이 집중되어 있다.

이렇듯 이스라엘 율법과 메소포타미아의 법은 그 바탕이 전혀 다르다. 율법은 토라(torah)라는 말이 의미하듯 하나님의 가르침, 훈계, 교훈, 길이다. 계약 공동체인 하나님의 백성이(출19:6) 지키고 따라야 할 그 길은 고대 근동 법령의 관심이 지배계층이었던 것과는 달리 하나님만을 섬기며 모든 사람이 형제로 함께 평등하게 살아가는 새로운 사회규범으로 제시되었다. 토라의 근본은 출애굽 사건과 계약을 통해 보여주신 하나님의 사랑과 은총이요, 그분이 주신 자유의 보호와 생명의 증진이다. 이스라엘의 율법은 이러한 토라의 정신으로 해석되어야 한다.

## 출 20:22-26 | 여호와 하나님 예배에 관한 규범

> "네가 내게 돌로 제단을 쌓거든 다음은 돌로 쌓지 말라 네가 정으로 그것을 쪼면 부정하게 함이니라"(출20:25)

이스라엘은 혈연공동체가 아니라 여호와 하나님을 믿으며 예배하는 공동신앙(common faith)으로 묶여진 신앙공동체다. 예배가 이스라엘 생활의 중심이며 그들을 한 공동체로 결속시켜주는 핵심요소가 예배다. 이스라엘은 예배를 통하여 '하나님의 백성으로서의 자신의 정체성(self identity)'를 확인한다.

이것은 출애굽의 목적이 하나님을 예배(아바드)하는 것이었음을 보아도 알 수 있다.(출3:12, 5:1, 7:16, 8:1, 20, 9:1 등 참조)

출애굽의 목적은 단순히 노예생활의 속박으로부터 해방된 정치적, 사회적, 물리적 구원이(freedom from~) 아니라, 구원의 주체이신 여호와 하나님을 예배하기 위함(freedom for~)이었다. 예배는 이스라엘과 여호와 하나님을 대대로 연결시키는 고리였으며, 신앙전승을 계승하는 유일한 통로였다. 이스라엘 백성은 예배를 통하여 여호와를 향한 그들의 신앙을 표현하였다. 예배 없는 이스라엘은 하나님의 백성이 아니며, 예배 없이는 이스라엘의 신앙은 존재하지도, 표현될 수도 없다.

이스라엘은 여호와께 어디에서(장소) 어떻게(방법) 예배를 드렸을까?

예배방법은 레1-7장의 5대 제사법(화제, 소제, 화목제, 속죄제, 속건제)에 잘 나타나 있다. 예배의 장소는 하나님이 거하시는 곳, 즉 꿈이나 사건을 통하여 하나님의 현존을 체험하고, 그분의 이름을 부르는 모든 곳이다. 대표적인 예가 야곱이 베델에 세운 제단과(창28:10-19) 기드온이 오브라에 쌓았던 '여호와 살롬'이라는 제단이다.(삿6:11-24)

하나님께 예배하는 장소는 특정한 곳에 국한되지 않았다. 여호와 하나님은 특정장소에 매이시는 '속지적 신'이 아니다. 어디에도 계시는 무소부재하신 분이다. 특히 이스라엘 백성 한가운데 계시면서 그들 앞에 서서 인도하시며 이동하시는 분이다. 이스라엘 역사와 함께 계시며 역사를 이끄시는 역사의 주관자이시다.

이와 같은 여호와 하나님의 임재를 잘 나타내주는 것이 '언약궤(아론)'다. 언약궤는 보이지 않는 여호와 하나님이 이스라엘 가운데 임재하심을 나타내주는 가시적인 상징이다. 이스라엘은 언약궤를 통하여 하나님의 임재를 믿었고, 언약궤가 있는 곳에는 어디든지 모여서 언약궤를 중심으로 예배를 드렸다.

솔로몬이 예루살렘에 성전을 건설하고 언약궤를 성전 지성소에 안치하면서 예루살렘 성전이 유일한 예배장소가 되기 전에는(기원전 960년, 왕상6장, 8:1-9:9 참조), 세겜(창33:18-20, 수24:1), 라마(삼상7:17), 벧엘(창28:19, 왕상12:29, 암3:14) 실로(수18:1, 삿18:31, 21:19, 삼상1:3 렘 7:12), 아이(창12:8) 등 어디에서든지 예배드렸다. 기원전 922년 왕국 분열 이후 북이스라엘이 '벧엘과 단'에 예루살렘 성전에 대응하는 다른 성전을 건립하였을 때(왕상12:25-33 참조) 남유다는 그것을 적법한 예배와 성전으로 인정하지 않았다. 여호와의 이름을 두시려고 택하신 곳에서만 예배를 드려야 한다는 신명기 신앙 때문이다.(신12:1-14 참조) 신앙의 순수성은 예배장소와 예배형식의 차별성에서부터 시작되므로 가나안 땅에 이미 존재하고 있는 '산당'(high place)에서 예배드리다가 자연스럽게 신앙의 혼합화가 일어날 것을 방지하기 위해 신명기는 여호와 하나님을 예배하는 장소를 오직 한 곳으로 국한시켰다. 오직 '여호와께서 자기 이름을 두시려고 택하신 곳'은 언약궤가 안치된 예루살렘 성전이며 그곳만을 적법한 예배장소로 여겼다.

> "오직 너희의 하나님 여호와께서 자기의 이름을 두시려고 너희 모든 지파 중에서 택하신 곳인 그 계실 곳으로 찾아 나아가서 너희의 번제와 너희의 제물과 너희의 십일조와 너희 손의 거제와 너희의 서원제와 낙헌 예물과 너희 소와 양의 처음 난 것들을 너희는 그리로 가져다가 드리고..."(신12:5-6)

제단에 관한 법령인 본문은 여호와께서 백성들의 요청으로 중재자로 세운(출20:18-21) 모세를 통해 이스라엘 백성들에게 명령하신 첫 번째 말씀이다. 그런데 여호와께서 '하늘로부터' 말씀하신다는(출20:22) 표현은 이전에 시내산에 계신다는(출19:3, 11, 18, 20) 언급과 맞지 않는다. 본문이 별도로 전승되어 오다가 후에 계약법전의 첫 부분에 첨가되었기 때문일 것이다.

본문에는 세 가지가 강조되고 있다.

먼저, 여호와 하나님은 어떠한 형상으로도 대치될 수 없다.(23절) 여호와는 창조주이시기에 피조물로 전락되어서는 안 되었고, 형상화된 것은 우상이다.

둘째, 여호와를 예배하는 제단을 쌓을 때는 토단(미즈바흐 아다마)으로 쌓거나 혹 돌로 쌓을 때는 다듬지 않은 돌(아바님)로 쌓아야 했다. 정으로 다듬어 인위적으로 가공된 대리석 등은 안 된다.

셋째, 층계로 오르는 제단이 되어서는 안 된다. 하체(에르바, 알몸, 아랫도리)를 드러내는 일이 없도록 하라는 의도이다.

제단에 관한 법령의 목적은 화려하게 다듬은 돌로 지어진 가나안 제단과 구별하기 위함이다. 알몸을 드러내는 일이 없도록 하라는 명령도 제단 건축에서부터 가나안의 바알 제의의 성적 요소가 이스라엘 백성들에게 개입되는 것을 철저하게 막으려는 의도이다. 가나안 제의의 '물질문화'와 '성적향락문화'의 개입을 철저하게 거부했던 것이다. 가나안의 호화로운 제단과 예배의식에 대한 경고였다.

제단을 웅장하고 호화롭게 꾸미는 것은 예배에 국한되는 문제로 끝나지 않는다. 가나안 정착문화는 경제적 차원에서 부익부 빈익빈 현상을 가져왔으며 경제적, 사회적 약자를 양산해 냈다. 이러한 사회 계층의 양산은 예배에도 영향을 미칠 수밖에 없어서 가진 자와 못가진 자가 한 공동체 안에서 평등하기 어렵고 인간관계가 괴리될 수밖에 없다. 하나님 앞에서는 모든 사람이 동일함에도 불구하고 호화롭고 웅장한 제단을 건축하기 위한 경제적 부담으로 부자와 가난한 자 사이에 이질감이 발생한다. 경제적 부담을 못한 가난한 사람들은 스스로 위축되고, 넉넉하게 부담한 사람들은 우월한 위치를 차지하는 현상이 발생한다. 소박한 제단을 건축하라는 명령은 인간관계의 불협화를 방지하기 위해서이다.

참다운 예배는 공동체 안에서 모든 사람이 하나님 앞에 평등할 뿐 아니라 존엄한 존재로 인정받는 것이다. 공동체 구성원 간의 평등과 일치, 모든 사람의 존엄성을 인정받는 것은 제단의 건축에서부터 출발했다. 다듬지 않은 돌로 제단을 쌓으라는 말씀은 신27:1-7에 다시 나타나며, 여호수아는 이 말씀에 순종하여 가나안에 들어간 후 에발 산에 철 연장으로 다듬지 않은 새 돌로 제단을 쌓고 제사를 드렸다.

> "그 때에 여호수아가 이스라엘의 하나님 여호와를 위하여 에발 산에 한 제단을 쌓았으니 이는 여호와의 종 모세가 이스라엘 자손에게 명령한 것과 모세의 율법책에 기록된 대로 쇠 연장으로 다듬지 아니한 새 돌로 만든 제단이라 무리가 여호와께 번제물과 화목제물을 그 위에 드렸으며"(수 8:30-31)

그러나 다윗왕조가 여호와 하나님을 왕조신앙으로(삼하 7장 참조) 독점한 후 솔로몬은 예루살렘 성전을 호화스럽고 웅장하게 건축하였다.(왕상5-6장, 특히 5:13-18, 6:38 참조) 이렇게 지어진 성전은 부패할 수밖에 없었고 영원히 존속할 수 없었다. 예루살렘 성전은 두 번에 걸친 바벨론 침공으로 초토화되었다.(왕하24:13, 왕하25:13)

무너진 예루살렘 성전은 고레스 칙령(The Edict of Cyrus)에 의해 귀환한 스룹바벨(Zerubbabel)과 예수아(Jeshua)에 의해 다시 재건되고(기원전 515년, 스3-6장 참조), 그 후 헤롯대왕(the Great Herod)이 다시 웅장하게 장식한다. "헤롯 성전을 보지 못하고 죽은 자는 이 세상에서 가장 아름다운 건물을 못 본 자"라는 말이 생길 정도였다. 그러나 초대 순교자 스데반은 손으로 지은 성전에는 하나님이 계시지 않는다고 예루살렘 성전을 부인하였으며(행7:44-48), 이 성전은 예수님의 말씀대로(막13:1-2) 기원후 70년 로마의 예루살렘 정복으로 파괴되었다. 로마는 그 곳에 주피터 신전을 세우고 황제들의 조상(彫像)을 가져다 놓았다. 그 후 638년에 아랍 사람이 팔레스틴을 정복하고 그 곳에 이슬람 신전 모스크(Mosque)를 세운다. 그러나 1100년 경 십자군이 예루살렘을 장악하면서 그 모스크는 '주의 성전'(Templum Domini)이 된다. 12세기 말 이슬람이 다시 예루살렘을 정복한 이래 그 성전은 다시 모스크로 바뀌어 오늘에 이르고 있다. 한 가지 주목할 사실은 이슬람교도들 역시 아브라함을 존경하기 때문에 아브라함이 이삭을 제물로 바치려 했던 모리아 산(Moriah, Mt.)을 신성한 장소로 여기고 있다. 예루살렘 성전은 모리아 산으로 알려져 있는 곳이다.(창22:2, 대하3:1 참조)

1, 2차 세계대전을 겪은 이스라엘은 1948년 5월 14일 영국 통치를 마지막으로 독립을 선언하며 이천여 년 만에 예루살렘을 다시 찾았다. 그러나 성전 재건에 대한 유대교 내의 견해 차이로 지금까지 서쪽 벽('통곡의 벽'이라고 불림)만을 그대로 둔 채 재건하지 못하고 있다. 예루살렘 태생의 유대교 랍비 모르드카이 하코헨는 유대교 안의 일곱 가지 견해를 다음과 같이 밝힌다.

첫째, 지금까지 인간이 지은 성전은 파괴되었기에 더 이상 인간이 성전을 지어서는 안 되며, 장차 하나님이 직접 영원히 존재할 '불 성전'(Temple of Fire)을 지어주실 것이다.

둘째, 메시아가 오셔서 기적적으로 성전을 지어주실 것인데 그때에는 이사야의 예언이(사11:6-9 참조) 성취되어 우주적 평화가 도래할 것이다.

셋째, 마이모니데스(Moses Maimonides)에 의해 주창된 견해로 다윗 왕국을 회복시키고 다스릴 정치지도자가 나타나 성전도 재건하고 흩어진 유대인들을 본토로 돌아오게 할 텐데 그때까지 성전 재건이 연기되어야 한다.

넷째, 성전재건에 앞서 성전에서 실시하던 희생제사가 옛 성전 터에서 회복되어야 메시아가 오시는 것을 재촉할 것이고 그가 오셔서 성전을 재건하게 된다.

다섯째, 성전 재건에 대한 하나님이 지시가 뚜렷한 예언자가 와서 성전을 재건하게 된다.

여섯째, 메시아가 오기 직전 임박한 미래에 성전을 재건할 것인데 그 때는 유대교 신비주의의 문헌과 역사 자료를 세밀히 고찰하여 시기가 결정될 것이다.

일곱째, 전능하신 하나님께서 하늘의 불 성전을 내려 보내어 인간이 재건할 성전과 함께 있게 할 날이 온다.

이러한 여러 견해에도 불구하고 예수께서는 하나님을 예배함에 있어 중요한 것은 장소가 아니라 영과 진리로 예배하는 것이라 하셨는데(요4:16-24) 바울은 이것을 '영적 예배'라는 이름으로 권면하였다.(롬12:1-2)

> "그러므로 형제들아 내가 하나님의 모든 자비하심으로 너희를 권하노니 너희 몸을 하나님이 기뻐하시는 거룩한 산 제물로 드리라 이는 너희가 드릴 영적 예배니라 너희는 이 세대를 본받지 말고 하나님의 선하시고 기뻐하시고 온전하신 뜻이 무엇인지 분별하도록 하라"(롬12:1-2).

참되게 하나님을 예배하는 것은 생활 속에서 하나님의 뜻을 실천하는 '생활 예배'이다. 이런 차원에서 그리스도인 개인과 공동체 자체가 하나님이 거하시는 처소, 곧 성전이다.(고전3:16-17, 고전6:19, 고후6:16, 엡2:21-22) 하나님은 건물이 아닌 그리스도인 안에 임재하신다. 이것은 그리스도인 자신을 신격화시켜 자기를 예배하라는 것이 아니다. 삶을 통해 하나님을 영화롭게 하는 것, 곧 그런 삶이 진정한 예배이며 그런 예배를 드려야 한다. 사랑, 용서, 섬김, 나눔, 정의의 실천 등 철저한 반시대적 삶, 바보 같은 삶, 어리석은 삶, 십자가를 지는 삶, 이타적 삶이 산 제사, 영적 예배이다.

## 출 21:1-11 | 노예에 관한 법령

> "네가 히브리 종을 사면 그는 여섯 해 동안 섬길 것이요 일곱째 해에는 몸값을 물지 않고 나가 자유인이 될 것이며"(출21:2)

이 법령은 "네가 백성 앞에서 세울 법규는 이러하니라"(1절)로 시작된다. 법규는 출24:3에 언급된 '율례'와 동일한 단어로 1절은 계약법전(출20:22-23:19)을 '결의론적 법'(출20:22-22:17)과 '필연적 법'(출22:18-23:19)으로 분류했을 때 결의론적 법의 시작을 알리는 문구다. 그러므로 1절의 위치는 이곳이 아니라 출20:22의 서두에 있어야 자연스럽지만 이곳에 있어서, 출20:22-26절을 계약법전의 '서언'과 같은 역할을 하게 한다. 만약 서언이 있다면 '결어'가 있어야 하기에 계약법전의 구조를 다음과 같이 보기도 한다.

서언으로 여호와 하나님 예배에 관한 법(출20:22-26)
결의론적 법(출21:1-22:17)

필연적 법(출22:18-23:19)
결어로 설교(출23:20-33)

'미쉬파팀'은 '심판하다' '재판하다'라는 동사 '사파트'에서 유래된 말로 1절 이하에 언급된 율례들은 이스라엘 백성들이 반드시 지켜야 할 규정들이다. 이를 준수하지 않을 때에는 하나님의 심판이 임할 것이라는 의미가 있다. 또한 '미쉬파팀'은 '정의'(justice), '법'(law)이라는 의미가 있어 이어 언급되는 율례들이 이스라엘의 정의를 세우는 법임을 나타낸다.

본문은 남종에 관한 법령(2-6절)과 여종에 관한 법령(7-11절)으로 구분된다.

2절의 '히브리 종'(아바드 이브리)에서 '히브리'란 종족 개념이 아닌 사회의 최하층을 일컫는 말이지만 여기서는 외국인(8절)이 대비되어 사용되어 외국인 종을 말하지 않고 이스라엘 종을 의미한다. 고대 이스라엘 사회에 노예제도가 있었음을 알 수 있다.(레25:39-43, 신15:12-18 참조)

이스라엘 사람들은 다음과 같은 경우에 노예가 되었다. 부모가 자식을 노예로 팔았을 때(출21:7), 도둑질이 들통 나서 그 물건을 배상하기 위해 몸을 팔았을 때(출22:3), 빚을 갚지 못했을 때(왕하4:1, 암2:6), 가난 때문에 스스로 종이 되었을 때(레25:39), 노예의 자식으로 태어났을 때(출21:4) 등이다.

본문은 이미 시행되고 있는 노예제도 자체의 근절보다는 노예들을 법적으로 보호하려는 조치이다. 히브리 남종은 여섯 해 동안은 부릴 수 있지만 일곱째 해에는 자유인이 되도록 했다.(2절) 계약법전은 종에게 자유를 주어 내보낼 때 보상에 대한 언급이 없으나 계약법전을 재해석한 신명기 법전에는 새 생활을 위한 밑천을 마련해 주어야 한다고 규정하고 있다.(신15:13-14) 자유를 얻는 종은 들어올 때의 가족상태 그대로 나간다.(3절) 주인이 장가를 들인 경우에는 종살이하다 얻은 식구를 남겨두고 나와야 한다.(4절) 남종의 아내와 그의 자식들을 주인의 재산으로 인정했기 때문이다. 그러나 종이 주인과 식구들을 사랑하여 평생 종으로 살기를 바란다면 주인은 그를 재판장(하엘로힘, '하나님'을 일컫지만 여기서는 하나님 앞 곧 가까운 성소를 의미한다. 출22:7-8 참조)에게 데리고 가서 성소의 문이나 문설주에 귀를 대고 송곳으로 뚫었다.(5-6절) 구멍이 뚫린 귀는 영원한(라올람) 종의 표시였다.

일곱 째 해에 자유를 얻는 대상에서 여종은 제외되었다.(신15:12에는 남종과 동일하게 자유를 얻는다). 주인이 자신을 위해 산(일반적으로 노예로 사는 것이 아니라 신부-첩으로 샀을 것이다.) 여종이 마음에 들지 않을 때 여종의 가족이 대가를 지불하고 집으로 데려가게 하거나, 주인이 며느리로 맞이한 경우는 주인의 딸처럼 가족들과 함께 머물러 있게 해 주어야 했다.(7-9절) 그 여종을 타국인(암 나케리)에게 팔아서는 안 되었다.(8 하반절) 외국인에게 팔린 여종은 노예와 이방인이라는 이중고를 겪게 되기 때문이다. 만약 주인이 그 여종을 집안에 두고서도 다른 여자를 아내(첩)으로 맞을 경우 주인은 여종에게 음식(쉐아르, 음식만이 아닌 육체적인 만족을 위한 모든 것을 의미한다.), 의복(케수트, 단순한 의복이 아닌 주인의 첩임을 나타내는 의복), 동침하는 것(아나, 단순히 성관계보다는 임신할 수 있는 권한)을 끊어서는 안 되었다. 주인이 이런 의무를 다하지 않으면 여종은 몸값을 치르지 않고도 나갈 수 있다.(11절)

계약법전과 달리 신명기 법전은 칠 년에 한 번씩 빚을 완전히 면제해 줌으로 종이 될 상황을 근본적으로 막으려 했고(신15:1), 성결법전은 오십 년마다 맞이하는 희년에는 모든 종을 해방하도록 하였다.(레

25:10) 희년법은 이상적인 규정이었으나 이스라엘 역사에 실제로 적용된 성서의 기록은 없으며 다른 이유로 종을 해방시키려 했던 기록이 두 번 나타난다.(느5:1-13, 렘34:8-22 참조)

노예에 관한 법령의 핵심은 노예 해방이다. '~나가 자유인이 될 것이다'(2절)로 시작해서 '~거저 나가게 할 것이니라'(11절)로 마감한다. 심지어 '노예가 되는 자유'조차도 막을 수 없다.(5-6절) 이렇게 모든 인간은 평등해야 하고 자유를 누릴 권리가 있다는 자유의 중요성은 후기 유대교에 와서 신학적으로 심화되어 '노예제도'를 하나님의 형상을 전락시키는 것으로 간주하고 반대하게 되었다. 인간은 누구도 하나님의 종 이외에 인간의 종이 되어서는 안 되었다. 성서의 노예에 관한 법은 인도주의적 정신의 실현을 뛰어넘어 이스라엘에 평등사회를 건설하려는 사회개혁적 의지를 나타낸 것이다.

현대사회는 노예제도가 존재하지 않으며 어느 누구도 자신을 종이라 여기지 않는다. 그러나 마약이나 술, 또는 게임중독자처럼 자신의 자유의사와 관계없이 어떤 대상에 종속되어 있다면 그는 '종'과 다를 바 없다. 예수께서는 죄를 짓는 사람은 '죄의 종'이라고 하였다.

"죄를 범하는 자마다 죄의 종이라"(요8:34).

예수께서는 죄의 종인 인간들을 자유롭게 하기 위해 스스로 "종의 형체를 가지사 사람들과 같이 되셨고"(빌2:7), 종처럼 섬기셨다.(마20:28, 막10:45) 예수께서 치르신 몸값으로 인간은 '죄로부터 해방되어 의(하나님)에게 종'(롬6:18, 22)이 되었으므로, "다시는 종의 멍에를 메지 말아야 하며"(갈5:1) '사람들의 종이 되지 말아야 한다'.(고전7:23) 예수께서는 죄로부터 해방된 사람들을 더 이상 종이라 부르지 않고 친구라 부르셨으며(요15:15). 하나님의 아들이 되는 자격을 주셨다.(갈4:1-7) 죄로부터 자유를 얻은 사람들은 오직 남에게 봉사하고 하나님을 섬기는 데만 종이 되어야 한다.(고전9:19) 이것이 그리스도인이 예수의 죽음을 통해 허락받은 자유를 심화시키는 길이다.

## 출 21:12-17 | 사형죄에 관한 법령

"사람을 쳐 죽인 자는 반드시 죽일지니라."(출21:12)

이 법령은 생명과 자유를 존중히 여기는 계약 공동체의 근본 질서를 깨뜨리는 자는 '반드시 죽여야 한다'(모트 유마트) 라는 필연적 법으로 결의론적 법률 속에 유일하게 들어와 있다. 사형에 해당되는 자는 이미 제6계명에서 밝힌 대로 고의로 사람을 죽인 자(레24:17, 민35:30-31, 신19:11-13 참조), 부모에게 폭력을 행사할 뿐 아니라 저주하는(카랄, 악담하거나 업신여기는 행위를 의미) 자(신21:18-21 참조), 사람을 유괴한 자(신24:7 참조)이다.

고의로 사람을 죽인 자를 반드시 죽인 것은 모든 생명은 하나님께 속해 있으므로 철저하게 보호되어야 했기 때문이다. 우연한 사고사와 구분되었는데, 사고사일 경우 지정된 피신처로 피한 후 살인의 고의성 여부를 조사받아야 했다.(민35:10-34) 이것은 우연한 살인으로 약자가 된 사람이 피의 복수를 당하지 않도록 보호하려는 것으로 훗날 도피성 제도(신19:1-13, 수20:1-9)로 발전하였다. 조사 결과 고의성이 발견되면 제단에서라도 끌어내어 사형에 처했다.(왕상2:28-34 참조) 특히 부모는 하나님으로부터 위임받은 생명의 전달자로 하나님과 동일한 경외(야레)의 대상이므로 부모를 죽인 자는 물론 업신여긴 자도 사형에 처해졌다.(레20:9, 신27:16 참조) 또한 사람을 유괴했을 경우 사람을 팔았든, 잡아두었든 반드시 사형에 처했는데 타인에 의해 유괴되는 약자의 인권을 보호하기 위해서였다.

## 출 21:18-32 | 신체 상해에 관한 법

> "해가 있으면 갚되 생명은 생명으로 눈은 눈으로 이는 이로 손은 손으로 발은 발로 덴 것은 덴 것으로 상하게 한 것은 상함으로 때린 것은 때림으로 갚을지니라."(출21:23-25)

이 법령은 일상생활에서 일어날 수 있는 신체 상해에 관한 법으로 기본 정신은 가해자가 피해자에게 그 가해한 만큼의 보상을 해 주거나 동태복수법(同態復讐法, lex talionis)에 의해 응징을 받게 하는 것이다.(레24:18-21, 신19:21) 이 법의 목적은 복수로 인한 과실치사를 방지하고 신체피해의 회복을 보장하려는 것이다.

싸우다 돌이나 주먹으로 때려서 죽이지는 않고 부상을 입힌 경우 가해자는 피해자에게 치료비와 생활비를 주어야 했다.(18-19절) 피해자가 다닐 정도로 회복될 때까지의 비용이며 상해에 대한 후유증에 관한 보상이 고려되지 않은 것은 서로 싸운 것에 대하여 피해자의 책임을 일부 인정하였기 때문일 것이다.

종을 때려 즉사시켰을 경우에는 반드시 형벌을 받아야 했는데(20절) 그 형벌이 구체적으로 동태복수를 의미하는지는 분명하지 않다.

그러나 종의 인권도 주인과 동일하게 존중했던 이스라엘의 사고로 볼 때 그 형벌은 '피의 복수'에 의해 사형에 처해졌을 것으로 여겨진다. 함무라비 법전에는 종을 죽인 주인에 대한 처벌조항이 없는 것과 비교할 때 이 형벌 법은 하나님 앞에 만인이 평등함을 나타낸 것이다. 종이 하루나 이틀을 연명한 경우 주인에게 형벌을 면했는데 이는 종이 주인의 재산으로 인정되던 때라 종의 죽음은 주인의 재산을 축낸 결과로 받아들였기 때문이다.(21절)

주인이 종의 눈이나 이를 다치는 상해를 입혔을 경우 주인은 종에게 자유를 주는 것으로 보상을 했다.(26-27절) 함무라비 법전에는 이럴 경우 금전적 보상(종의 몸값의 절반에 해당하는 벌금)으로 처벌을 면할 수 있는 것과 비교하면 이스라엘은 종도 주인과 동등한 인간으로 간주하였음을 알 수 있다. 이스라엘의 법에 종에게 상해를 입힌 부자가 금전적 보상으로 죄를 면하는 경우는 없었다.

사람이 싸우다가 임신한 여인을 쳐서 낙태시켰을 경우 다른 해(아손, 심각한 재난이나 끔찍한 변고를 의미한다, 창42:4, 38. 44:29 참조)가 없으면 그 여인의 남편이 요구하는 배상액을 재판관의 조정 하에 지불해야 했다. 그러나 다른 해가 있으면 동태복수법의 규정에 의해 처벌을 받아야 했다.(23-27절) 동태복수법은 잔인한 원시시대의 법으로 오해될 수 있지만 사실 인도적이고 발전된 형태의 법이었다. 고대사회에서는 상해를 입혔을 경우 권력자나 부유한 자들이 벌금으로 형벌을 면할 수 있어 약자들이 일방적으로 피해를 입었지만, 이스라엘은 동태복수법을 통하여 사회정의를 엄격히 세우고 폭력행위에 의해 하층민들이 불공정하게 대우받지 않도록 보호했다. 이런 차원에서 동태복수법은 부자나 권력자도 법과 하나님 앞에서는 하층민과 동일한 존재임을 나타내는 약자 보호를 위한 인도주의적 법령이라 할 수 있다.

소(쇼르, 수레를 끄는 동물이라는 의미)가 사람을 죽였을 경우 그 소는 반드시 죽이고 그 고기는 먹지 않도록 했다.(28절) 이 때 소 주인은 형벌을 받지 않았다. 그러나 소가 본래 습관적으로 받는 버릇이 있어 주인에게 경고가 있었음에도 단속하지 못하여 사람을 죽였을 경우에는 주의를 다하지 못한 주인도 죽였다.(29절) 치사에 대한 책임을 주인에게 물어 사람의 생명이 소중함을 강조했다. 단지 피해자 측에서 자비를 베풀어 속죄금을 요구하는 경우 그것으로 보상을 대신할 수 있었다.(30-31절) 그럼에도 소가 종을 받아 상해를 입혔을 경우 소 주인이 종의 상전에게 보상금으로 은 삼십 세겔을 지불하게 한 것은(32절) 종을 주인의 소유로 인정했던 시대적 한계를 나타낸다.

## 출 21:33-22:17 | 손해배상 관한 법령

> "사람이 소나 양을 도둑질하여 잡거나 팔면 그는 소 한 마리에 소 다섯 마리로 갚고 양 한 마리에 양 네 마리로 갚을지니라."(출22:1)

손해배상에 관한 법령은 재산권 침해에 관한 여러 경우를 다루고 있다. 우선 구덩이를 덮지 않아 다른 사람의 가축이 빠져 죽었을 경우 그 구덩이의 주인이 변상하고 죽은 가축을 갖는다.(출21:33-34) 또한 소가 다른 사람의 소를 받아 죽였을 경우 두 소를 나누어 가졌으며(출21:35), 평소 받는 버릇이 있는 소를 주인이 단속하지 않아 다른 사람의 소를 죽였을 경우 산 소의 주인이 그 소를 피해자에게 주고 그는 죽은 소를 갖도록 했다.(출21:36)

다른 사람의 가축을 도둑질한 절도죄에 대해서는 훔친 것이 살아 있을 경우는 갑절로 배상하면 되지만(출22:3) 잡아먹거나 판 경우에는 소는 다섯 배로, 양은 네 배로 갚도록 했다.(출22:1, 삼하12:6 참조) 만약 갚을 능력이 없는 자는 자기 몸을 팔아서라도 배상해야 했다.(출22:3)

절도죄에 대한 법령에서 특별한 점은 도둑의 생명에 관한 내용이다. 도둑이 밤에 들어오다 주인에게 맞아 죽었을 경우 그 주인은 정당방위로 무죄이지만 낮일 경우에는 주인은 살인죄로 피의 복수를 당해야 했다.(출22:2-3) 도둑의 생명조차 보호되는 이스라엘의 법령은 고대 근동의 어떤 법에서도 발견할 수 없는 것으로 생명 존중 사상이 잘 나타나 있다.

가축을 방목하다 남의 밭의 곡식에 손해를 끼쳤을 경우나 타인의 밭의 곡식을 태워 손해를 끼쳤을 경우에는 피해를 입힌 사람이 적절하게 피해액을 배상해야 했다.(출22:5-6)

보관한 물품에 대한 배상의 문제는 두 가지 경우로 나뉜다. 가축이나 물건을 이웃에게 맡겼을 때 도둑을 맞은 경우와 이웃에게 가축을 빌어 왔을 때 도둑을 맞은 경우이다. 첫 번째 경우 도둑이 잡히면 갑절로 배상하면 되었다.(출22:7) 그러나 도둑이 잡히지 않았을 때는 맡은 사람이 재판장(하나님, 곧 성소, 또는 사사를 의미했을 것이다)에게 가서 자신의 결백을 맹세하고 맡긴 사람은 그 맹세를 진실한 것으로 받아들여야 했다.(출22:8) 잃어버린 물건을 두고 두 사람 사이에 소유권 분쟁이 발생하면 하나님께 판결을 받아 진 쪽이 상대방에게 갑절로 배상했다.(출22:9) 맡긴 가축이 죽거나 상하거나 없어졌는데 증인이 없을 때는 맡은 사람이 여호와께 나가 자신의 결백을 맹세하고 맡긴 사람은 그 맹세를 진심으로 받아들여 배상하지 않아도 되지만(출22:10-11) 맡은 사람이 도둑맞았거나 찢긴 것이 확실하면 반드시 배상해야 했다.(출22:12-13)

물건을 빌려온 것은 임자가 없을 때 상하거나 죽으면 반드시 배상해야 하지만 임자가 함께 있었다면 배상하지 않아도 되었다.(출22:14-15) 빌린 사람과 함께 물건의 임자도 그 물건을 돌볼 책임이 있다고 보았다.

처녀를 유혹하여 범한 남자는 납폐금(신랑이 신부의 아버지에게 주는 돈, 신22:29에는 오십 세겔로 나타난다. 창34:12, 삼상18:25 참조)을 내고 그 여자를 아내로 맞아야 했다.(출22:16) 여기서 처녀는 아직 약혼하지 않은 여자로 딸은 아버지의 소유물로 간주되었기 때문이다. 약혼한 여자는 기혼자로 취급되어 다른 남자와 잠자리를 했을 경우는 간통으로 처리되어 둘 다 죽여야 했다.(레20:10, 신22:22-24) 만약 처녀의 아버지가 딸을 주기를 거절하면 남자는 납폐금을 처녀에게 주어야 했다.(출22:17) 처녀를 유혹하여 범한 것을 재산 범죄의 항목과 평행시킨 것은 고대 근동의 다른 법령에도 나타나지만 이스라엘에서는 특별히 여자의 신분 차이를 고려하지 않았다. 구약성서는 신약성서와 달리 혼전 성교를 윤리적으로 비난하고 단죄하기보다는 남자로 하여금 그 처녀에 대하여 완전한 책임을 요구하는 점이 특별하다.

## 출 22:18-31 | 종교, 사회적 법규

"너는 이방 나그네를 압제하지 말며 그들을 학대하지 말라 너희도 애굽 땅에서 나그네였음이라"(출22:21)

출22:17로 결의론적 형식(법규, 미슈파팀)은 끝나고 18절부터는 절대 준수를 요구하는 필연적 형식의 말씀(다바림)이 시작된다. 필연적 형식은 하나님의 명령으로 '너는 ...를 하라/하지 말라'의 형식을 취한다. 본문에는 세 가지 사항이 강조되었다.

첫째, 사형에 처할 죄인으로 '무당(여자 마술사, 18절)'과 '짐승과 성교하는 자(19절)' '여호와 외에 다른 신에게 제사하는 자(20절)'를 언급한다.

이스라엘에서 무당은 '점쟁이, 길흉을 말하는 자, 요술하는 자, 진언자, 신접자, 박수, 초혼자'(신18:10-11)와 마찬가지로 하나님 백성의 거룩함을 해치는 이방신앙적 요소를 행하는 인물로 여겼다. 대표적인 인물은 사울이 찾아갔던 엔돌의 신접한 여인(삼상28장), 음행과 술수를 부렸던 아합의 아내 이세벨(왕하9:22), 바벨론 왕을 섬기지 않으리라고 그릇 예언했던 예레미야의 반대자들(렘27:9)이다. 성결법전에는 이들을 죽여야 한다고 규정하고 있으며(레20:6, 27) 예언자들은 이들이 하나님의 권위에 반하는 일을 한다고 심하게 공격하였다.(사8:19-22, 렘27:9-10, 믹5:12)

짐승과 성교하는 행위는 바벨론이나 우가릿에서는 마술적인 제의 행위로 추잡하고 타락한 성행위였으므로 이스라엘은 철저히 금지시키며(레18:23) 그러한 자들은 죽이도록 하였다.(레20:15, 신27:21)

여호와 외에 다른 신에게 제사 드리는 것은 자식을 제물로 드리는 행위(신12:31)까지 포함하며 십계명의 첫 번째 계명에도 어긋나는 행위이다.(출20:3) 이스라엘은 오직 여호와만이 하나님이시기에 그분께만 제사 드려야 했고(사44:24, 45:21 참조) 이방신에게 제사하는 자는 사형에 처했다.

둘째, 약자보호법이 강조되었다. 보호해야 할 대상은 이방 나그네(21절) 과부와 고아(22-24절), 가난한 자들이다.(25-27절) 이방 나그네

(게르)는 이스라엘 백성이 아닌 자로 이스라엘에 들어와 몸 붙여 사는 사회적 약자인 떠돌이다. 과부는 삶의 보호자인 남편을 잃은 자로 미망인에게 유산을 물려주지 않는 관습 때문에 경제적으로 가난할 수밖에 없다. 고아 역시 부모의 돌봄을 받지 못하는 어린이들이다. 나그네, 과부, 고아는 강간(창34:2, 삿19:24, 20:5), 강제노동(출1:11) 등의 학대에 노출되기 쉬운 약자들이다. 하나님은 이들을 학대하거나 해롭게 해서는 안 되며 돌볼 것을 명령하셨다.(20절, 레19:33-34, 신10:18-19, 24:17-18, 27:19, 사1:17 참조)

이스라엘이 약자를 보호해야 할 근거는 출애굽 사건에 있다.

> "너는 이방 나그네를 압제하지 말며 그들을 학대하지 말라 너희도 애굽 땅에서 나그네였음이라"(21절)

그들은 나그네로 억압받던 애굽에서 하나님의 은혜를 입어 해방된 자들이다. 그러므로 그들 가운데 억압받는 사회적 약자를 보살펴 하나님께 받은 은혜를 공유하라는 것이다. 과부와 고아는 하나님이 친히 돌보는 사람들이다. 따라서 이들이 억압을 받아 하나님께 부르짖을(체아카) 때 들으시고 억압하는 자들을 징계하신다.(23-24절) 또한 이스라엘 백성은 그들 중 가난한 사람에게 채권자 행세를 하거나 이자(네쉐크, '물어뜯다'라는 의미)를 받아서는 안 되었다.(24절, 레25:35-37, 신23:19-20, 시109:11 참조) 가난한 사람들 역시 부유한 사람들과 동일하게 하나님의 백성이기 때문이다.(25절). 그러나 타국인(노크림, 이들은 '게르'와 달리 이스라엘에 들어와 안정적으로 사는 다른 민족을 의미한다.)에게는 이자를 받는 것이 허락되어(신23:20) 유대인들은 이를 근거로 고리대금업을 하였다. 특별한 점은 담보까지 금지시키지 않았으나(신

24:17, 잠20:16, 암2:8 참조) 담보로 잡은 옷은 해가 지기 전에 돌려줘야 했다.(26-27절) 옷은 가난한 사람이 밤에 추위를 가릴 유일한 수단이며 그의 인격을 상징하기 때문이다. 만약 가릴 옷이 없어 하나님께 부르짖으면 하나님은 그 부르짖음을 들으시는 자비로운(한눈, 긍휼이라는 의미의 '라훔'과 함께 하나님의 속성을 나타낸다, 출34:6 참조) 분이시다.(27절) 하나님은 가난한 사람을 긍휼히 여겨 그들의 부르짖음을 듣고 그들에게 자비를 베풀지 않은 사람에게 진노하신다.

셋째, 이스라엘 백성은 재판장(히브리어로는 '엘로힘', 하나님)을 모독하거나(카랄, 경시하다) 지도자(나시아)를 저주해서는(아라르) 안 되었다.(28절) 재판장을 모독한다는 것은 적극적으로 하나님께 욕되는 말을 하는 것이다. 슬로밋의 아들이 하나님을 모독하고 저주하였다가 돌에 맞아 죽은 사건이 좋은 예다.(레24:10-16) 소극적으로는 하나님의 명령이나 율례들을 순종하지 아니하여 하나님 백성으로서의 관계를 파기하는 것을 의미한다. 또한 이스라엘 백성은 하나님께 권위를 부여받은 지도자들에게 악담해서는 안 된다. 그러한 행위는 곧 하나님께 대한 모독으로 간주 되었다. 지도자가 누구를 의미하는지 분명하지 않지만 이와 같은 규범은 공동체의 질서를 위한 것으로 여겨진다.

이스라엘 백성은 하나님께 맏아들, 첫 수확, 짐승의 맏배를 봉헌해야 한다.(29-30절, 출13:2, 레23:9-14, 신26:1-11 참조) 모든 생산과 소출의 원주인은 여호와 하나님이시기 때문이다. 또한 이스라엘 백성은 하나님께 구별된 거룩한 백성이기에 들에서 짐승에게 찢긴 동물의 고기를 먹는 것이 금지되었다.(31절) 식용의 고기는 제의적인 방법으로 도살되어 그 피가 제단에 바쳐져야 하는데(신12:27) 짐승에 찢긴 고기를 먹을 때 부정해지기 때문이다.(레17:14-16)

## 출 23:1-9 | 정의로운 재판에 관한 규범

> "너는 가난한 자의 송사라고 정의를 굽게 하지 말며 거짓 일을 멀리 하며 무죄한 자와 의로운 자를 죽이지 말라 나는 악인을 의롭다 하지 아니하겠노라"(출23:6-7)

고대 이스라엘에는 재판관이 따로 있는 것이 아니었으므로 본문의 '너'는 특정인을 지칭하는 것이 아니라 재판과정에 참여하여 증언하고 선고할 수 있었던 이스라엘의 모든 성인 남자를 지칭한다. 이 규범은 증인의 역할(1-3절)과 재판관의 역할(6-9절)에 대한 것이다. 그 중간에 편견 없이 원수와 미운 자도 도와야 한다는(4-5절) 규범이 삽입되어 있다.

증인은 명확한 근거 없는 거짓 풍설을 퍼뜨리거나 악인과 손잡고 위증해서는 안 되며 다수(多數, 히브리어 '라빔'은 '권세 있는 자'로 이해되기도 한다)에 따라 왜곡된 증언을 해서는 안 된다.(1-2절) 또한 가난한 자의 송사라고 하여 사정을 봐주어서도 안 된다.(3절, 레19:15 참조)

원수의 길을 잃은 가축을 만나면 반드시 임자에게 돌려주고, 짐에 깔린 미워하는 자의 가축을 보면 일으켜 세우는 일을 도와주어야 한다.(4-5절) 이 규범은 결의론적 양식(~하면 ~해야 한다)이며 또한 정의로운 재판과 관련이 없는 내용으로 여겨진다. 그러나 이곳에 위치해 있는 이유는 증인은 편견이 없어야 한다는 3절과 연결되어 법정에서의 정의는 법정 밖 실생활에서도 적용되어야 하기 때문이다.

이스라엘의 재판은 성문에서 장로들에 의해 행해졌는데 재판관은 가난한 자라 하여 불공정한 판결을 내려서는 안 되며(6절) 거짓 일을 멀리하며 무죄한 자와 의로운 자를 죽이지 않도록 해야 한다.(7절, 왕상21:7-13 참조) 또한 정의를 불의로 둔갑시키는 뇌물은 받지 말아야 하며(8절) 애굽 땅에서 종살이 하던 것을 기억하여 이방 나그네를 압제해서는 안 되었다.(9절)

공정하지 않은 재판으로 피해를 입는 사람들은 언제나 가난한 사람과 이방 나그네로 대표되는 사회적 약자들이었다. 이스라엘은 과거 애굽에서의 고난과 하나님의 구원의 경험을 근거로 정의로운 재판을 하여 사회적 약자들이 하나님의 구원을 경험하도록 했다

## 출 23:10-19 | 종교의식에 관한 법령

"네 모든 남자는 매년 세 번씩 주 여호와께 보일지니라."(출23:17)

안식년과 안식일(10-12절), 다른 신에 대한 찬양 금지(13절) 그리고 이스라엘의 삼대절기(14-17절), 기타 규정(18-19절)이다. 안식년과 안식일 규범이 함께 언급된 곳은 구약성서에서 이곳뿐이다. 안식년이 안식일의 배경에서 확장되었기 때문이다. 구약성서에는 매 7년마다 특별한 의미를 부여하는 법령이 있다. 이스라엘의 노예들이 여섯 해 동안 주인을 섬기다 칠 년째에는 자유인이 되는 법령(출21:2-12, 신15:12-18 참조) 외에도 안식년에 관한 규정으로는 출23:10-11과 레25:1-7, 20-22, 신15:1-6 등이 대표적이다.

출23:10-11은 안식년 규정으로 6년 동안은 파종하여 그 소산을 거둘 수 있지만 제7년에는 갈지 말고 묵혀 두어 그 자생한 소출을 가난한 이들이 먹게 하고 그 나머지는 들짐승이 먹게 하고 포도원과 감람

원도 그렇게 하라는 규정이다.

레25:1-7, 20-22의 안식년 법은 '땅의 휴식'이 강조되며 그 해는 파종하지 않고 저절로 자란 곡식의 소출은 주인이 일부 차지하지만 남녀 종, 품꾼, 이방인, 나그네, 가축과 들짐승들의 몫이다. 레위기는 이스라엘이 땅을 빼앗기고 원수의 땅인 바벨론에 끌려간 원인 가운데 하나를 땅을 안식시키지 않았기 때문이라고 본다. 그래서 하나님이 백성을 그 땅에서 쫓아내시고는 땅을 안식하게 하셨다는 것이다.(레26:34-35 참조) 땅에 사는 백성을 추방시켜서라도 땅을 쉬게 하여 그 힘을 회복시키는 것은 하나님의 자연에 대한 관심이 지극함을 나타낸다.

신15:1-6의 안식년 법은 앞의 두 안식년 법과 달리 꾸어준 돈의 면제에 관한 것이다. 이스라엘 백성은 이방인(노크림, 이스라엘에서 생활을 하는 타국인)에게는 채무에 대하여 독촉할 수 있으나 형제는 7년이 되면 면제해 주어야 했다. 이런 방법으로 이스라엘 백성은 경제 평등을 실현해야 했다.

실제로 안식년이 이스라엘에서 어떻게 언제 실시되었는지는 구약성서에 기록이 없다. 안식년에 모든 토지가 경작을 중단했는지, 아니면 토지별로 7년마다 순환하여 중단되었는지 분명하지 않으며 학자들은 아마 사사시대에 실시되었을 것으로 추정한다.

12절은 안식일 규범이 십계명에 이어 다시 언급되면서 그 중요성을 강조하며 가축과 여종의 자식과 나그네를 안식일의 수혜자로 규정하고 있다. 이것은 안식(샤바트)이 필요한 대상이 누구인지를 다시 확인해준다.

13절은 계약법전(출20:22-23:19)을 마감하는 출23:19 다음에 있어야 했다는 하이어트(Hyatt)의 주장처럼 앞서 언급된 '율례'(미쉬파팀, 출

20:22-22:17)와 '말씀'(다바림, 출22:18-23:19)의 결론구로 하나님께서 말씀한 모든 것을 삼가 지키며 다른 신의 이름(쉠)을 부르지도 말며 입에서 들리게도 말라는 내용이다. 여호와 하나님만을 섬기고 그분의 명령을 반드시 지키라는 말씀이다.

14-17절은 이스라엘의 3대 절기 곧 무교절, 맥추절, 수장절에 대한 말씀이다.

무교절(태양력 3-4월에 해당하는 니산, 또는 아빕 달 15-21일, 출12:18, 레23:6 참조)은 겨울에 심은 보리를 처음 수확하는 봄 축제이고, 맥추절(태양력 5-6월에 해당하는 시완 달 6일, 레23:15-16, 민28:26 참조)은 일곱 주 후에 다른 곡식을 수확하는 절기다. 수장절(태양력 9-10월에 해당하는 티쉬리, 또는 에타님 달 15-21일, 레23:34-36 참조)은 연말(가을)에 포도와 올리브(감람나무 열매)를 수확하는 축제다. 이러한 절기는 본래 가나안 농경문화의 풍요신을 위한 제의였던 것을 이스라엘이 여호와 하나님을 위한 축제로 변경하였을 것으로 추측한다.

특히 무교절이 앞서 출12:1-28, 43-51. 13:3-10에는 유월절과 연결되어 있었으나 여기서는 유월절과 연관 없이 언급되었는데 원래 두 절기는 따로 발전되어 오다가 후대에 하나로 합쳐진 것으로 보인다. 맥추절은 무교절에서 일곱 주가 지난 날(50일째 되는 날)에 시작되기 때문에 칠칠절(오순절)이라고 불리고(신16:9-10 참조), 수장절은 후에 출애굽 사건과 결부되어 광야생활을 기억하게 됨에 따라 초막절로 불려졌다.(레23:40-43 참조) 이 세 절기에 이스라엘 남자들은 주 여호와께 보여야 했다.(17절) 여호와께 예배드리기 위해 성별된 장소인 성소에 와야 했다.(순례절기, Pilgrim Festival, 출34:18, 22-23 참조). 여기서 여호와를 '주 여호와'(야훼 하아돈)로 부른 것은 농경문화에서 바알(Baal)을 '주'로 부른 것에 대한 거부를 의미한다. 순례절기에 부르던 시편은 시120-134편에 수록되어 있으며 이 시들에는 '성전에 올라가는 노래'(쉬르 하마아알)라는 제목이 붙어 있다.

> "사람이 내게 말하기를 여호와의 집에 올라가자 할 때에 내가 기뻐하였도다. 예루살렘아 너는 잘 짜여진 성읍과 같이 건설되었도다. ...지파들 곧 여호와의 지파들이 여호와의 이름에 감사하려고 이스라엘의 전례대로 그리로 올라가는도다"(시122:1, 3-4)

18-19절은 기타 규정들을 언급하며 계약법전(출20:22-23:19)을 마무리 한다. 모든 희생제물의 피는 유교병과 함께 드리지 말고 희생제물의 기름은 아침까지 남겨두어서는 안 되었다.(18절) 구약성서에서 희생제물의 피와 기름은 제사자의 몫이 아니라 하나님께 성별된 것으로 피는 제단에 뿌리고 기름을 태워 드려야 했다.(출29:12-13, 레3:16-17, 7:22-27, 8:14-30. 민18:17 참조) 피가 유교병(누룩)과 섞이게 되면 상하면서 더럽혀지기 때문에 금지된 것이며, 기름은 오직 여호와만을 위한 것이므로 속히 드리도록 했다.

토지의 처음 거둔 열매 중 가장 좋은 것을 여호와께 드리도록 한 것은(19 상반절) 여호와께서 이스라엘에게 베푸신 은혜에 대하여 마땅히 신앙 고백적으로 응답해야 했기 때문이다. 염소새끼를 그 어미의 젖으로 삶아 요리하지 않도록 한 것은(19 하반절) 아마 가나안에서 거행되었던 풍요제의에 대한 반발로 이를 금지시켜 생명을 주는 어미에 대한 경외심을 강조하였던 것으로 추측된다.(신14:21 참조)

## 출 23:20-33 | 약속의 땅에서 지켜야 할 사항

> "내가 내 사자를 네 앞서 보내어 길에서 너를 보호하여 너를 내가 예비한 곳에 이르게 하리니..."(출23:20)

계약법전에 이어 나오는 '약속의 땅'과 관련된 긴 설교는 그 성격상 법전과 전혀 연결되지 않아 후대에 덧붙여진 것으로 여겨진다. 오직 여호와께만 순종해야 하며 다른 모든 신들을 전적으로 거부해야 한다는 점에서 신명기 기자의 신학(신7장 참조)과 유사하다. 이 설교가 지금의 위치에 놓이게 된 이유는 앞에서 언급된 내용이(출23:14-19) 농경사회를 배경으로 한 것이므로 약속의 땅이라는 흐름과 연결되기 때문으로 짐작된다. 설교의 내용은 여호와께서 출애굽 때 약속하신 대로(출3:8) 이스라엘은 약속의 땅인 가나안을 차지하게 될 것이며 그 땅에서 살 길은 오직 그분만을 섬기는 것이라는 말씀이다.

약속의 땅은 여호와가 이스라엘에 앞서 사자(말라크, 20절. 출32:34, 33:2, 민20:16, 참조), 하나님 위엄(에이마, '두려움'을 의미한다. 27절), 왕벌(치라브, 28절, 신7:20, 수24:12 참조)을 보내시므로 점령된다. 사자, 위엄, 왕벌은 하나님의 계시와 능력을 대신하는 여호와의 대리자로 대적을 물리칠 뿐 아니라(27-28절) 하나님의 말씀을 전달하는 예언자의 역할도 한다.(21-22절) 그러므로 이스라엘은 그의 목소리를 청종하여 순종해야 하며(21절) 가나안의 신들을 섬기지 말고 그 신상들을 부숴야 한다.(24절) 그렇게 하면 이스라엘은 먹을 양식과 마실 물이 풍부하고 질병이 없으며 자녀를 출산하고 명대로 오래 살게 되며(25-26절) 적들은 도망치게 될 것이다.(27-28절) 그러나 약속의 땅 정복은 이스라엘 백성의 수효가 늘어나서 충분히 그 땅을 지킬 수 있을 때까지 여러 해에 걸쳐 이루어질 것이다.(29-30절) 이것은 가나안 사람들을 완전히 몰아내지 못한 역사적 사실을 신학적으로 설명하기 위한 언급으로 짐작된다.(신7:22, 수13:1-7, 삿2-3장 참조)

약속의 땅의 경계는 홍해(얌 수프)에서 블레셋 바다(얌 페리쉐팀, 지중해를 의미함)까지, 광야(미드바르, 남쪽 사막)에서 강(하나하르, 유프라테스 강을 의미함)까지이다.(31절) 이 경계는 다윗과 솔로몬의 이스라엘 전성기 때의 영토로(왕상4:21 참조) 이런 넓은 영토를 갖게 된 것은 다윗이나 솔로몬의 공적이 아니라 여호와께서 허락하셨기 때문이다.

설교는 십계명의 첫째와 둘째 계명(출20:3-6)과 마찬가지로 이스라엘이 약속의 땅에서 살게 되는 길은 그 땅에 있는 백성들이나 그들의 신들과 언약을 맺어서는 안 된다는 것을 강조하며 마친다.(32-33절) 이스라엘은 여호와 하나님과 계약을 맺은 성민으로 하나님의 계약은 이스라엘을 하나님의 백성 되게 하며 약속의 땅 가나안에서 계약백성으로서 살게 하는 축복의 길임을 밝히고 있다.

# 출애굽기 24장

시내산의 모세(Jean Leon Gerome - 'Moses on Mount Sinai')

출24장은 계약법전(출20:22-23:33)과 성막(출25:1 이하)을 연결하는 역할을 한다. 여기서 모세는 계약법전의 모든 법령을 바탕으로 여호와 하나님과 이스라엘 사이의 계약을 체결하고(1-11절) 다시 시내산으로 올라가 성막에 관한 지시를 받는다.(12-18절)

이스라엘 백성은 애굽에서 나온 후 곧장 가나안으로 가지 않고 '하나님의 산'인 시내산(J와 P자료의 호칭, E와 D자료에서는 호렙산)으로 가서 여호와 하나님과 계약을 체결한다. '모세 계약'으로도 불리는 시내산 계약은 출19:3에서 시작하는데 여기서 처음으로 선포된 계약체결이 출24:1-11에서 마무리된다. 계약 사건의 처음과 끝에 "여호와께서 말씀하신 모든 것을 우리가 준행하리이다"(출19:8, 출24:3,7)라는 백성의 응답이 동일하게 반복되어 있기 때문이다.

계약체결 기사(1-11절)는 서로 다른 두 개의 전승 자료가 결합되어 있다. 내용의 흐름으로 볼 때 1-2절에 이어지는 구절로는 3-8절보다는 9-11절이 자연스럽다. 3-8절은 계약 체결 의식이 '산 아래에서'(3절) 이루어졌지만, 1-2, 9-11절은 '산꼭대기에서'(1, 9절) 이루어진 것으로 보이기 때문이다. 또한 3-8절에는 계약체결자가 '백성'이며 '청년들'이 번제와 화목제를 드리지만, 1-2, 9-11절에는 계약체결자가 모세와 아론과 나답과 아비후, 그리고 이스라엘 장로 70인으로 제한되어 있다. 특히 3-8절의 계약체결 의식은 "피"를 계약 당사자인 하나님과 백성에게 뿌리고, 1-2, 9-11절은 계약 당사자들이 하나님을 뵙고 식사했다.

하지만 두 전승 자료가 현재의 모습으로 편집되면서 비록 매끄럽지는 않지만 두 가지 의식이 조화를 이루고 있다. '율법 낭독-〉 백성의 응답-〉 피의 계약 의식-〉 율법 낭독-〉 백성의 응답-〉 계약 체결 선포-〉 공동 식사'의 순서이다.

## 출 24:1-11 | 시내산 계약 체결

"모세가 와서 여호와의 모든 말씀과 그의 모든 율례를 백성에게 전하매 그들이 한 소리로 응답하여 이르되 여호와께서 말씀하신 모든 것을 우리가 준행하리이다"(출24:3, 7절 참조)

여호와는 모세에게 아론과 나답과 아비후와 이스라엘 장로 70명과 함께 당신이 계신 시내산으로 올라와 멀리서 경배하고 모세만 가까이 나아오도록 하셨다.(1-2절) 나답과 아비후는 아론의 아들로 제사장직을 위해 선택된 사람들이며(출6:23, 레10:1), 70인의 장로들은 모세를 도와 재판을 하기 위해 선택된 백성의 지도자들이다.(출18:21-26, 민11:16-17, 24-25, 신1:9-18 참조) 모세만 여호와께 가까이 나올 수 있는 것은 모세야말로 아론으로 대표되는 제사장이나 장로로 대표되는 백성의 지도자보다 월등한 영적 권위를 지닌 존재라는 뜻이다.

모세는 백성에게 와서 여호와의 모든 말씀과 모든 율례를 전하였다. 여기서 모세는 하나님과 백성 사이의 중재자 역할을 하는 사람으로 그가 전한 '말씀'(다바림)은 십계명과 계약법전의 일부이고 '율례'(미쉬파팀)은 계약법전의 나머지 부분이다. 이에 백성은 '여호와께서 말씀하신 모든 것을 준행하리라'고 응답하였다.(3절)

모세는 여호와의 말씀을 기록하고 아침 일찍 산 아래에 제단을 쌓고 이스라엘 12지파를 상징하는 열두 기둥(마체바)을 세웠다.(4절) 제단은 여호와의 임재를 나타내고 열두 기둥은 이스라엘을 상징한다.

이어 모세는 "피의 계약 의식"을 다음과 같은 과정을 통해 진행한다.(5-8절)

첫째, 청년들을 보내어 수송아지를 잡아서 번제와 화목제를 드리도록 하였다.(5절)청년들이 제사를 드리도록 한 것은 아직 제사장 제도가 성립되지 않았기 때문이다. 번제(올라)는 가죽을 제외한 제물의 모든 것을 태워 바치는 제사로 '온전한 봉헌'을 의미한다.(레1장 참조) 화목제(제바흐 셸라밈, 친교제로도 불림)는 제물의 기름만 태워 바치고 나머지 고기는 '하나님 앞에서' 제사자가 이웃과 함께 나눠 먹으면서 하나님과 우호관계를 맺고 공동식사를 통해 이웃과 친교를 도모하는 제사이다.(레3장 참조)

둘째, 희생의 피를 절반으로 나누어 반은 제단에 뿌렸다(6절).

셋째, 그 나머지 반의 피는 언약서를 가져다가 백성들에게 읽어 듣게 한 후에 '율법 준수'에 대한 백성의 응답을 듣고 백성에게 뿌렸다.

> "언약서를 가져다가 백성에게 낭독하여 듣게 하니 그들이 이르되 여호와의 모든 말씀을 우리가 준행하리이다. 모세가 그 피를 가지고 백성에게 뿌리며 이르되"(7-8 상반절)

넷째, 이후 "이는 여호와께서 이 모든 말씀에 대하여 너희와 세우신 언약의 피니라"(8 하반절)하여 계약이 성립되었음을 선언한다. 여기서 피를 하나님과 백성에게 반 씩 나누어 뿌린 것은 계약을 어길 때 받을 저주를 상징적으로 나타내며(창15:10, 렘34:18 참조), 생명을 상징하는 피로 맺은 중대한 계약임을 의미한다. 나아가 피를 통한 죄의 속량을 상징한다.(레4장, 17:11, 히9:15-22 참조) 여기서 중요한 사실은 백성에게 피를 뿌리는 일은 언약서를 듣고 준수하겠다는 백성의 응답이 있기 전에 진행되지 않았다는 점이다.

하나님으로부터 속죄함을 받는 일이나 계약이 성립되는 것은 백성의 계약 준수에 대한 응답이 없이는 이루어지지 않으며, 하나님과 계약은 속죄가 전제되어야 함을 의미한다.

"피의 계약"은 계약을 지키지 않으면 반으로 쪼개져 피투성이가 된 짐승처럼 될 것이라는 경고인 동시에 하나님으로부터 속죄의 은총을 받았다는 의미이다. 이스라엘 백성은 계약 공동체, 곧 하나님의 백성으로 하나님의 말씀에 순종하며 살아가기로 하였다. 그러나 이스라엘 역사를 통해 알 수 있듯이 그들은 계약에 충실하지 않았다. 바벨론 포로가 된 것은 계약에 충실하지 않은 결과였다. 이후 새로운 계약 체결을 기대하게 되는데(렘31:31-33) 새 계약은 예수 그리스도의 십자가에서 흘리신 피를 통해 이루어진다.(눅22:20, 히9:15)

피의 계약 이후 모세는 여호와의 지시대로 아론과 나답과 아비후와 이스라엘 장로 70명을 데리고 시내산에 올라갔다.(1, 9절) 거기서 그들은 하나님을 뵈었는데, 여호와의 발 아래는 '청옥을 편 듯하고 하늘 같이 청명하였다'(10절). 하나님의 모습은 소개되지 않고 발 아래의 광경만 묘사된 것은 하나님을 직접 보고는 살 수 없기 때문이다.(출19:21, 33:20 참조) 하나님을 '보다'라는 히브리어는 '라아'로 환상으로 보는(히브리어 '하자') 것이 아닌 정상적인 상태에서 본다는 의미이다. 따라서 그들은 아마도 하나님의 임재의 영광을 경험하였을 것이다.

여기서 중요한 사실은 하나님이 손을 대지 않으셨고 그들이 하나님을 뵙고 먹고 마셨다는 것이다

> "하나님이 이스라엘 자손들의 존귀한 자들에게 손을 대지 아니하셨고 그들은 하나님을 뵙고 먹고 마셨더라"(11절).

이렇듯 이스라엘 대표자들이 하나님과 공동식사를 하였다는 것은, 하나님과 이스라엘 사이에 계약이 체결되었음을 의미한다.(창26:26-31, 31:43-54 참조) 또한 계약 체결을 통하여 죄인으로서의 두려움에서 용서받아 하나님의 현존 안에서 친밀하게 공동체의 일치와 친교를 나누는 잔치를 열 수 있었다. 이 계약 식사는 피의 계약(3-8절) 체결을 축하하는 성만찬적 축제라고 할 수 있다. 오늘날의 성도는 그리스도의 몸과 피를 받는 성만찬 예식을 통해 한 몸으로 그리스도의 몸인 한 떡에 참여한다.(고전10:17)

## 출 24:12-18 | 사십 일간 산에 머문 모세

"모세는 구름 속으로 들어가서 산 위에 올랐으며 모세가 사십 일 사십 야를 산에 있으니라"(출24:18)

12-18절은 일반적으로 두 가지 다른 자료가 연결된 것으로 12-14절은 1-11절과 연결된 계약체결의 종결이며, 15-18절은 출25장과 연결된 성막건설 지시의 서장으로 본다. 본문은 모세가 하나님의 부름으로 산에 다시 올랐을 때 돌판을 받은 일과 성막건설 지시가 동시에 일어난 것으로 이해해야 한다.

계약체결이 끝난 후 다시 하나님의 부르심을 받은 모세는 하나님이 친히 돌판에 기록한 계명을 받으러 하나님의 산에 올라간다.(12절) 모세가 받은 돌판은 산 아래 이스라엘 백성이 금송아지를 섬기는 일로 깨어져(출32:19) 거기에 무엇이 기록되어 있는지 확인할 수 없다. 출34:1, 27-28절에 비춰볼 때 "언약의 말씀, 곧 십계명"으로 짐작한다.

이번 모세의 등산에는 여호수아(Joshua)가 동행하는데 여기서 모세의 부하(수종자, 샤라트 메샤레트)로 처음 소개된다.(출24:13, 33:11, 민11:28. 수1:1 참조) 모세는 장로들에게 자기가 돌아올 때까지 산 아래 머물도록 하고 자기가 없는 동안 아론(Aaron)과 훌(Hur)이 그들의 문제를 처리해줄 것이라고 하였다.(14절) 아말렉 전투에서 모세를 도왔던 아론과 훌이(출17:8-16 참조) 모세가 없는 동안 모세를 대신하여 백성의 지도자 역할을 하게 되었다. 아론은 말에 능치 못하여 바로에게 앞에 서기를 거절하였던 모세를 대신하여 하나님의 말씀을 전할 대언자로 선택되었고(출4:10-17), 성막이 지어진 뒤에는 그곳에서 제사장 직분을 행할 사람이었다.(출28:1). 훌은 아말렉 전투에서 아론과 함께 산 위에서 모세의 두 손을 받쳐주었던 사람으로(출17:12), 유다 지파 출신으로 가나안 정탐 후 여호수아와 함께 하나님의 지시에 따라 가나안에 올라가자고 긍정적인 보고를 했던 갈렙(민13:1-33)의 아들이며, 성막을 지은 유명한 예술가인 브살렐의 조부다.(출31:2, 35:30, 36:1, 37:1, 38:22, 대상2:19-20 참조)

산에 오른 모세는 레위 지파이고 함께한 여호수아는 에브라임 지파이며, 산 아래 남아 있던 아론은 레위 지파이고 함께 있던 훌은 유다 지파이다. 레위 지파를 제외한 에브라임과 유다 두 지파가 훗날 남 북 왕국의 주역이 된다. 에브라임 지파는 북 이스라엘의 중심이며 유다 지파는 남 유다의 중심이다. 이렇게 남북 왕국의 대조가 여호수아와 훌 사이에 놓여 있음은 흥미로운 사실이다.

처음에 여호수아와 함께 산에 오른 모세는 여호수아를 남겨두고 혼자 좀 더 높이 올랐다. 이때 구름이 산을 가리며 여호와의 영광이 시내산 위에 머무르고 구름은 엿새 동안 산을 가리었다.(15-16절) 여기서 ‘구름’(아난)은 하나님의 임재를 드러내는 동시에 또한 감추는 특별한 상징이다. ‘영광’(카보드)은 ‘무거운’이란 의미의 ‘카베드’에서 유래된 말로 ‘여호와의 영광’이란 여호와는 영광과 존귀를 받기에 합당하신 하나님으로 사람들에게 감춰져 있는 분이라는 의미이다. 성막 건설 후에도 구름과 영광은 여호와의 임재를 나타내는 상징이었다.(출40:34-38)

여호와의 영광이 산 아래 이스라엘 자손의 눈에는 불처럼 보이는 가운데(17절, 출19:16-18 참조) 모세는 산에 오른 지 칠일 째 되는 날 하나님께 부름을 받아 구름 속으로 들어가서 40일 동안 산에 머물며 하나님의 말씀을 들었다.(18절, 출25:1) 모세야말로 하나님 말씀의 중보자로 선택받은 사람임을 알 수 있다.

# 출애굽기 25장

언약궤(Phillip Medhurst - 'The ark of the covenant')

출25장-40장까지는 성막(미쉬칸, 또는 오헬-천막을 의미함) 건축에 관한 내용이다. 이 부분은 '성막 건축에 대한 하나님의 지시'(출25-31장)와 '하나님의 지시에 따른 모세와 이스라엘의 실천과 성막 봉헌'(출35-40장)이 중심으로, '금송아지 사건'(출32-34장)이 내용을 양분하고 있다. 특히 '성막 건축에 대한 하나님의 지시 단락'(출25-31장)은 여호와께서 모세에게 이르신 7개의 말씀으로, 그 형식은 "여호와께서 모세에게 말씀하여 이르시되..."이다.(출25:1, 30:11, 17, 22, 34, 31:1, 12 참조) 성막에 관한 말씀은 출애굽기의 1/3을 차지하는 13장에 달하고 그 내용 역시 레위기와 더불어 이스라엘 종교생활의 근간을 이루고 있다는 점에서 소홀히 다룰 수 없다. 하지만 그 내용이 복잡하고 오늘날 교회 상황과 동떨어져서 내용 이해에 관심을 기울이지 않거나 관심을 가지고 주의 깊게 읽어도 어떤 메시지나 의미를 찾기 어려운 면도 있다.

성막 건축 부분은 P문서(제사장 자료, Priestly material)에 속한다. 바벨론에 포로로 끌려간 제사장들은 이스라엘의 멸망 원인을 여호와 신앙의 순수성을 유지하지 못한 결과로 이해하고 성전제사를 강조하여 신앙의 순수성을 회복하려고 하였다. 이들은 시내산의 언약체결에 이어 하나님께서 성막 건축을 지시하셨다는 것을 확인하였다. 하나님께서 시내산에서 모세에게 당신의 거처에 대한 청사진으로 성막을 보여주셨고 이에 따른 제사장 제도와 각종 제사 규정을 지시하셨다. 제사장 문서에서 시내산 사건의 핵심은 율법이 아니라 성막이다. 성막은 백성들 한가운데 계신 하나님의 현존과 거룩함을 드러내고 백성들이 그것을 볼 수 있는 표지이다. 이스라엘 백성은 시내산에서 모세가 만났고, 장로들이 산중턱에서 보고 먹고 마셨고, 백성들이 산 아래에서 그 영광을 보았던 여호와께서 항상 함께 계시는 것을 성막을 통해서 알게 되었다. 여호와께 드리는 성막제사로 시내산 사건이 영속하게 되었다.

라암셋(출12:37)을 출발한 이스라엘의 출애굽 여정은 숙곳(출12:37), 에담(출13:20), 바알스본 바닷가(출14:2), 마라(출15:22-23), 엘림(출15:27), 신 광야(출16:1), 르비딤(출17:1)을 거쳐 시내광야 산 앞에 장막을 치는(출19:2) 것으로 일단 멈춘다. 출애굽한 지 석 달째 되는 초하룻날이었다. 여기까지가 '이스라엘의 수평이동'이었다. 그리고 이스라엘 백성은 시내산에서 모세를 통하여 여호와 하나님과 언약을 맺는다.

> "너희가 내 말을 잘 듣고 내 언약을 지키면 너희는 모든 민족 중에서 내 소유가 되겠고 너희가 내게 대하여 제사장 나라가 되며 거룩한 백성이 되리라"(출19:5-6)

시내산 언약체결은 여호와께서 이스라엘을 애굽에서 해방시키는 궁극적인 목적이 예배 공동체임을 확인시키는 사건이었다.(출3:12, 18, 5:1, 8, 17, 7:16, 8:1, 8, 20, 25-29, 9:1, 13, 10:3, 7-11, 24-26 참조) 시내산 언약체결로 애굽의 '히브리'가 하나님의 백성 '이스라엘'이 되고, 이스라엘이 '거룩한 제사장 나라'가 되었다. 언약체결은 백성들이 시내산에서 머무는 가운데 오직 모세 홀로 시내산 구름(하나님의 현존을 상징하는 구름) 가운데 계시는 하나님께 올라가서 말씀을 듣고 다시 내려와 백성들에게 전하는 방법으로 맺어진다. 모세는 시내산 위에서 여호와의 말씀을 받아 내려와 산 아래에 있는 이스라엘 백성에게 하나님의 말씀을 전하는 수직이동을 반복하였다. 모세는 하나님과 백성 사이의 중재자이며 하나님 말씀의 전달자였다. '십계명'과 '계약법전'을 지킴으로 이스라엘은 여호와를 섬기는 '제사장 나라'가 된다.

계약체결 이후 모세가 시내산에 40일간 머물 때(출24:15-18) 여호와로부터 성막을 건축하라는 특별한 말씀을 받는다.(25-31장) 여호와의 성막 건축 지시는 "여호와가 모세에게 말씀하여 이르시되"라는 일곱 개의 말씀으로 구성되어 있다.(출25:1, 30:11, 17, 22, 34, 31:1, 12)

출애굽기에는 백성들의 수평이동, 모세의 수직이동과 더불어 또 하나의 이동, 곧 이스라엘의 하나님 여호와의 이동을 담고 있다. '여호와의 이동'은 천상의 존재이신 하나님이 이스라엘 삶의 현장으로 내려오시는 것이다. 출애굽 사건은 바로 여호와가 지상으로 내려오심(降臨)으로 일어났다.(출3:7-8 참조) 그러나 이것으로 '여호와의 강림'이 완성된 것이 아니라 예배 공동체인 이스라엘 한가운데 계시면서 그들을 만나시려고 성막을 건축하도록 하셨다.(출25:8-9, 22)

성막(Tabernacle, 미쉬칸, 거주하다는 의미의 샤칸에서 유래된 말)을 회막(Tent of Meeting, 오헬 모에드, 만남의 장막)이라고도 부르는 이유는 이곳이 지상으로 이동하신 여호와 하나님의 거처인 동시에 이스라엘이 여호와 하나님을 만나고 그분께 예배하는 곳이기 때문이다. 산 위에 계신 하나님은(출19-24장) 모세를 통해 이스라엘 백성에게 "내가 너희 중에 거할 성소"를 지으라고 명령하시고 그 양식(식양, 타브닡, pattern)까지 알려주셨다.(출25:8-9) 성막은 인간이 아니라 하나님이 세우신 것이다. 하나님이 거할 처소를 자신이 설계하시고 건축하도록 지시하셨다. 이제 하나님은 산 아래 성막에 계시게 된다. 백성들이 천막을 치고 있는 그곳, 그들의 삶의 한복판에 거하신다. 이것이야말로 '여호와의 강림'이며, 백성 한가운데 함께 계시는 것이다.

출애굽 이전까지 하나님이 인간 세상에 내려오신 것은 대개 인간을 심판하시기 위해서였다. 세속문명을 이룩하면서 스스로 이름을 날리겠다는 교만한 인간들의 행태를 보시고 그들을 흩으려고 하시거나(창11:1-9), 나그네를 영접하지 않고 오직 자신들의 욕망을 채우려고 했던 비인간적인 소돔사람들을 멸망시키려(창19장) 내려오셨다. 그러나 이제 하나님이 내려오신 것은 하나님 스스로 당신의 백성으로 삼은 이스라엘 공동체 안에 거하시기 위해서다.

모세와 백성들이 하나님의 지시대로, 성막건축을 마무리하였을 때 구름이 회막을 덮었고 하나님의 영광이 성막에 가득 찼다. 이후 여호와 하나님은 성막을 통하여 이스라엘과 함께 거하시며 이스라엘을 인도하신다.(출40:34-38). 드디어 이스라엘은 신앙공동체로 여호와 하나님과 함께 살아가게 되었다.

출애굽기에 이어지는 레위기는 "여호와께서 회막에서 모세를 부르시고 그에게 말씀하여 이르시되"(레1:1)로 시작하여 제사제도(레1-17장, 하나님께 나아가는 길)와 윤리규정(레18-27장, 하나님과 동행하는 길)을 소개하면서 이스라엘이 하나님의 소유가 되는 예배 공동체로의 길을 제시한다.

## 출 25:1-9 | 성막건축에 필요한 자재 수집 지시(병행구절 출34:4-9)

"여호와께서 모세에게 말씀하여 이르시되 이스라엘 자손에게 명령하여 내게 예물을 가져오라 하고 기쁜 마음으로 내는 자가 내게 바치는 모든 것

을 너희는 받을지니라"(출25:1-2)

출25장은 "여호와께서 모세에게 말씀하여 이르시되"(1절)로 구성된 일곱 가지 성막건축지시에 대한 여호와의 말씀(출25-31장) 중 첫 번째 말씀의 시작이다. 첫 번째 말씀은 출30:10까지 이어진다. 출25장에는 여호와의 성소건축에 필요한 자재 수집 지시(1-9절), 증거궤 모형(10-22절), 진설병 상(23-30절), 등잔대 모형(31-40절)에 대한 내용을 담고 있다.

여호와는 모세에게 백성들로부터 성소를 짓는 데 필요한 예물(테루마, 자재)을 모으라는 지시를 내린다.(1-9절) 예물은 기쁜 마음으로 드리는 것이어야 했다.(2절) 애굽의 억압에서 자유와 생명을 선물로 허락하신 하나님 은혜에 대한 감사의 표현으로 자발적으로 드려야 한다. 바칠 예물은 금, 은, 놋 등의 금속류(3절), 청, 자, 홍색 실, 가는 베실(천), 염소털 등의 직물류(4절), 수양 가죽, 해달 가죽(5절), 조각목(쉿타, 아카시아 나무, 5절), 등유, 관유, 향료, 향품(6절), 호마노, 에봇과 흉패에 고정시킬 보석(7절) 등 15가지 귀하고 값비싼 것들이다. 이것들은 하나님이 거하실 성소(미크다쉬)를 짓기 위한 것이며(8절) 장막(미스칸, 성막)과 거기에 쓸 기구들도 모두 하나님이 보여주는 모양(타브닛)에 따라 만들어져야 한다(9절). '성소'는 여호와 하나님의 현현이 이루어지는 모든 장소를 뜻하며 '성막'을 포함하는 훨씬 폭넓은 의미가 있다.(출15:17, 수24:26, 겔11:16, 암7:9 참조)

'타브닛'은 '짓다'라는 의미의 히브리어 '바나'에서 나온 말로 '설계도면' 또는 실재 존재하는 어떤 물체를 모방(模倣)하여 만든 모조품을 의미한다.(신4:16-18, 수22:28, 왕하16:10, 시106:20, 사44:13, 겔8:3, 10 참조) 성소의 모양은 지상 성소가 천상 성소의 복사품(複寫品)임을 나타내며 여호와 하나님께서 백성들 가운데 함께 계시는 것을 눈으로 볼 수 있도록 하나님이 직접 설계하여 모세에게 주셨다. 히브리서 기자는 출25:9, 40절을 근거로 지상의 천막 성전은 하늘 성전의 모형인 그림자에 불과하다고 하였다.(히8:1-6)

성막건축을 위해 필요한 재료가 광야에서 구하기 어려운 값비싼 것들이어서 성막의 실재성에 의문이 제기되기도 한다. 그러나 애굽을 탈출할 때 가지고 나온 물품들(출12:35-36)로 충당되었을 것이라는 반론도 있다.

## 출 25:10-22 | 증거궤 모형(병행구절 출37:1-9)

> "거기서 내가 너와 만나고 속죄소 위 곧 증거궤 위에 있는 두 그룹 사이에서 내가 이스라엘 자손을 위하여 네게 명령할 모든 일을 네게 이르리라"(출25:22)

10-22절은 증거궤 모형에 대한 내용이다. 증거궤는 구약성서에서 언약궤(민10:33), 주의 권능의 궤(시132:8), 하나님의 궤(삼상4:11), 거룩한 궤(대하35:3), 주의 언약궤(수3:11), 여호와의 궤(왕상8:4), 여호와의 언약궤(렘3:16) 등으로 다양하게 불린다. 그 속에 하나님이 써주신 '계약의 돌판'(신10:5, 왕상8:9) 또는 '증거판'(출25:16, 21)이 들어 있어서 다양하게 불린 것 같다.

증거궤의 크기는 길이 두 규빗 반, 너비는 한 규빗 반, 높이는 한 규빗 반의 직사각형이다. 규빗(cubit)은 사람의 팔꿈치에서 가운데 손가락 끝까지의 길이를 나타내며 일반적으로 50㎝이다. 증거궤는 조각목(아카시아 나무)에 순금을 안팎에 입히고 네 귀퉁이에는 네 개의 고리를 만들어 달아 역시 조각목으로 만들어 금을 입힌 두 개의 채(이동할 때 사용하는 막대 pole)를 양쪽 고리에 끼워 나를 수 있게 하였다. (11-15절) 증거궤 안에는 여호와가 모세에게 주실 증거판(출34:4, 40:20)을 넣어야 한다. 증거궤는 순금으로 만든 속죄소(카포렛)로 위를 덮었고 그 위에는 반인반수(半人半獸)의 모양(20절, 왕상6:23-27, 겔1:6, 8, 10, 23, 10:21 참조)을 한 하나님의 보좌를 나르는 천상의 존재로 알려진(시18:10 참조) 두 그룹(cherubim)으로 둘러싸여 있었는데 그룹은 서로 마주보고 있었다.(17-20절) '카포렛'은 '덮다'라는 히브리어 '카파츠'에서 유래하여 문자적 의미로는 '덮개'를 의미하지만 후대에는 '죄를 덮는 것'으로 이해하여 '용서의 자리'를 의미하게 되었다. 속죄의 날에 대제사장이 이스라엘의 모든 백성의 죄를 용서받도록 희생제물의 피를 이곳에 뿌렸다.(레16:15-16)

증거궤는 단순히 증거판을 넣어두는 궤가 아니다. 오히려 그 궤를 덮는 속죄소의 두 그룹 사이가 하나님의 거처이므로(22절) 증거궤는 하나님의 발판(대상28:2, 시99:5, 132:7 참조)으로 받아들여졌다. 그룹은 하나님이 앉으시는 보좌이고 증거궤는 하나님이 발을 놓으시는 발판이다. 이스라엘 사람들은 형상을 가지고 있지 않으신 여호와 하나님을 이해하기 위해 인간처럼 증거궤에 발을 놓으셨다고 생각하여 증거궤를 하나님의 거처요 백성의 죄를 용서하시며 돌보시는 상징과 표시로 가장 소중하게 여겼다.

이스라엘 역사에서 증거궤는 '실로'에 있었으나(삼상4:3) 아벡(Aphet) 전투에서 블레셋에 빼앗겼다가 되돌려 받아 기럇여아림에 20년 동안 있었다.(삼상6:1-7:2) 이후 다윗에 의해 다윗 성에 옮겨졌으며(삼하6:1-19) 언제 없어졌는지는 분명치 않으나 후기 유대전승에 의하면 유대가 멸망할 때 예레미야가 하나님의 지시를 받아 느보산 어느 동굴에 안치하고 그 입구를 막았고 이후 그곳을 찾을 수 없게 되었다고 한다.(마카베오하2:4-6)

## 출 25:23-30 | 진설병 상(병행구절 출37:10-16)

"상 위에 진설병을 두어 항상 내 앞에 있게 할지니라"(출25:30)

23-30절은 진설병을 두는 상(床)에 대한 말씀이다. 이 상은 '순결한 상'(레24:6), '진설병의 상'(민4:7), '진설하는 금상'(왕상7:48), '깨끗한 상'(대하13:11), '진설하는 상'(대하29:18) 등 다양하게 불리었다. 이 상은 높이만 증거궤와 같을 뿐 길이와 너비는 25Cm 정도의 짧은 조각목으로 만든 것으로, 정금으로 싸고 금테를 두른 네 모퉁이에 들고 다니도록 고리를 만들어 채를 꿰어 이동할 수 있도록 하였다. 이 상 위에는 청색 보자기를 펴고(민4:7) 진설병과 더불어 금으로 만든 대접, 숟가락, 병, 잔을 함께 놓았다. 진설병(陳設餠, 레헴 파님)은 '임재의 떡'(the bread of the Presence)으로 하나님께서 이스라엘에 항상 계시며 백성에게 양식을 공급해 주심을 나타낸다. 대제사장은 안식일마다 이스라엘 12지파를 의미하는 떡 12개를 만들어 한 줄에 여섯 개씩 두 줄로 북쪽을 향해 놓아야 했고, 새 것으로 바꿀 때마다 먼저 것은 제사장의 몫으로 돌렸다.(레24:5-9) 사울을 피해 놉 땅으로 도망했던 다윗이 먹은 거룩한 떡이 바로 이 진설병이었다.(삼상21:1-7, 막2:23-28 참조)

## 출 25:31-40 | 등잔대 모형(병행구절 출37:17-24)

"등잔대와 이 모든 기구를 순금 한 달란트로 만들되 너는 삼가 이 산에서 네게 보인 양식대로 할지니라"(출25:39-40)

31-40절은 등잔대와 기타 기구들, 곧 불집게, 불똥그릇을 1달란트(약30kg)에 달하는 순금으로 만드는 일에 관한 말씀이다. 크기가 설명되지 않는 등잔대(메노라)는 순금을 두드려 만들었는데 밑받침과 줄기, 그리고 살구꽃 모양의 등잔과 꽃받침과 꽃이 하나로 이어지도록 했다. 등잔의 원대(카나, '줄기'라의 의미)에서 양 옆으로 세 개씩 곁가지가 나와 가운데 가지와 더불어 7개의 등잔을 켤 수 있도록 했다. 등잔의 불은 제사장이 감람유로 저녁부터 아침까지 회막 안 증거궤 휘장 밖을 밝히도록 했다.(레24:2-4) 빛이 들어오지 않는 회막 안에 완전수 일곱으로 표현된 등잔불은 완전한 빛이신 여호와를 그리고 빛으로 함께 계시는 하나님의 현존을 상징하였다. 솔로몬 성전에는 10개의 금등잔이 진열되어 있어(왕상7:49) 이 부분과 차이를 나타낸다. 아마도 바벨론 포로 이후 재건된 스룹바벨 성전(제2성전)에는 7개의 등잔이 놓였을 것으로 본다.

# 출애굽기 26장

지성소(the Most Holy Place)

성막(미쉬칸)은 예배공동체인 이스라엘에게 가장 중요한 것이었다. 성막이 휘장을 중심으로 안(內, 서쪽)에는 이스라엘 가운데 거하시는 여호와 하나님의 임재를 상징하는 증거궤와 그 증거궤를 덮는 속죄소를 두는 지성소(至聖所, 카도쉬 하카도쉼)와, 휘장 밖(外, 동쪽)에는 등잔대와 진설병을 두는 상, 그리고 분향단이 있는 성소(聖所, 카도쉬)가 있기 때문이다. 이스라엘은 성막에서 여호와 하나님을 만나고 죄를 용서받았으며, 성막에 거하시는 하나님의 보호와 인도를 받고 그 은혜에 응답하여 감사를 드렸다. 성막은 이스라엘 신앙의 출발점인 동시에 핵심이라 할 수 있다.

## 출 26:1-37 ı 성막에 관한 가르침(병행구절 출36:8-38)

> "그 휘장을 갈고리 아래에 늘어뜨린 후에 증거궤를 그 휘장 안에 들여놓으라 그 휘장이 너희를 위하여 성소와 지성소를 구분하리라 너는 지성소에 있는 증거궤 위에 속죄소를 두고 그 휘장 바깥 북쪽에 상을 놓고 남쪽에 등잔대를 놓아 상과 마주하게 할지며"(출26:33-35)

성막은 이스라엘이 가나안 땅을 향한 여정에 있었기에 천과 목재로 만들어 조립과 해체를 쉽게 한 이동성 성전이었다. 성막은 네 겹의 천막으로 덮게 되었다. 가장 안쪽의 천막(히브리어로 미쉬칸으로 이것 자체가 성막을 뜻한다.)은 가늘게 꼰 베 실과 청색 자색 홍색 실로 그룹을 수놓은 10폭의 휘장으로 되어 있다.(1절) 각 휘장의 크기는 길이 14m, 너비 2m인데 다섯 폭의 휘장을 하나로 연결하여 두 큰 천막으로 만들고, 이 두 천막을 다시 50개의 고리(loop)와 금으로 만든 50개의 갈고리(clasp, 걸세)로 연결하여 완성한다.(2-6절) 완성된 안쪽 천막의 크기는 길이 14m  너비20m 이다. 구조물로 천막을 받치기 때문에 천막 안에서 보면 그룹 모양이 천장을 가득 메우게 된다. 그룹을 수놓아야 하므로 천막을 제작하는 데는 세심한 주의력과 예술적인 기교가 필요했다. 성막은 지극한 정성과 노력을 들여야 했다.

이것을 덮는 두 번째 천막은 길이 15m 너비 2m의 염소 털로 만든 11장의 휘장이 필요했다. 이 휘장들은 5개와 6개로 연결한 다음 6번째 휘장의 절반은 전면에 접어 올린다. 5개를 연결한 휘장과 6개로 연결한 휘장에는 각각 50개의 고리를 만들고 50개의 놋쇠 갈고리를 만들어 양쪽을 마주 걸어 하나의 큰 천막(길이 15m 너비 22m)으로 만들어 안쪽 천막을 덮어 양 옆으로 늘어뜨린다.(7-13절) 세 번째 네 번째 천막 두 개를 물들인 숫양의 가죽과 해달의 가죽으로 만들어 두 번째 천막을 덮는다(14절). 이 두 천막의 정확한 치수는 언급되어 있지 않지만, 안의 천막을 덮어야 하기에 그것들보다 더 컸을 것이다.

네 개의 천막을 받칠 널빤지는 높이 5m 너비 75cm의 금으로 도금한 아카시아 나무로 성막 북쪽에 20개, 남쪽에 20개, 서쪽에 8개가 필요했다. 성막 동쪽은 기둥만 있을 뿐 열려져 있었다. 널빤지들은 두 개의 은받침으로 지탱되었고 하나의 촉에 하나씩 맞물려 고정되었다.(15-25절) 널빤지들은 동쪽을 제외한 막힌 세 면에 15개의 띠로 연결되었는데 성막의 막힌 세 면에 각각 5개씩 사용되었다. 이 띠들은 '널판 가운데에 있는 중간 띠'의 금고리로 널빤지에 부착되었다.(26-30절)

성막을 덮는 가장 안쪽의 천막처럼 청색 자색 홍색 실과 가늘게 꼰 베 실로 두 개의 휘장을 만들어 그 중 하나에는 그룹들을 정교하게 수놓아 금으로 싼 아카시아 나무로 만든 네 기둥에 걸어 성소와 지성소를 구분하는 휘장으로 늘어뜨리도록 했다.(31-33절) 지성소에는 증거궤가 있으며 그 위에 속죄소를 두었으며, 그 휘장 밖 성소의 북쪽에는 진설병 상을 놓고 남쪽에는 등잔대를 놓아 마주보게 했다.(34-35절). 다른 휘장 하나(그룹이 수놓아 있지 않은 휘장)는 성소와 바깥을 구분하는 휘장으로 아카시아 나무로 만들어 금으로 싼 다섯 개의 기둥에 늘어뜨리도록 했다.(36-37절) 이처럼 성막을 값비싼 금으로 만들도록 한 것은 거룩한 여호와의 임재를 나타내고자 함이었다.

# 출애굽기 27장

성막(Aleksig6 - 'Biblical Tabernacle')

## 출 27:1-8 | 제단에 관한 가르침(병행구절 출38:1-7)

"그 네 모퉁이 위에 뿔을 만들되 그 뿔이 그것에 이어지게 하고 그 제단을 놋으로 싸고"(출27:2)

27장은 제단(1-8절)과 성막의 뜰(9-19절), 그리고 성막 안을 비추는 등불 관리(20-21절)에 관한 내용이다.

제단(미즈베하)에 관한 내용(1-8절)은 출20:24-26절에 기록된 내용(신27:5-6, 수8:31 참조)과는 차이가 있다. 출20장의 제단은 금속이 아닌 토단으로 쌓고, 돌로 쌓을 경우는 다듬은 돌이 아닌 자연석으로 쌓으며 계단을 만들지 않도록 했으나 P자료인 본문은 다르다. 본문의 제단은 아카시아 나무로 네 모퉁이에 뿔이 달린 길이 2.5m, 너비 2.5m, 높이 1.5m의 밑 빠진 상자 형태이다. 나무로 만든 이것에 놋을 입혔다지만 이곳에서 제물을 불태우는 일은 쉽게 이해되지 않는다.

또 그물을 만들어 제단 안 절반 정도의 위치에 놓게 하였다. 또한 놋으로 재를 담는 통, 부삽, 대야, 고기 갈고리, 불 옮기는 그릇을 함께 만들어야 했고 채를 만들어 고리에 꿰어 이동이 용이하게 했다. 제단 네 귀퉁이의 뿔은 속죄제를 드릴 때 희생제물의 피를 바르거나(출29:12, 레4:25, 30, 34, 겔43:20 참조) 살인자의 도피처로 이용되기도 했다.(출21:14, 왕상1:50, 2:28 참조)

### 출 27:9-19 | 성막의 뜰에 관한 가르침(병행구절 출38:9-20)

"너는 성막의 뜰을 만들지니 남쪽을 향하여 뜰 남쪽에 너비가 백 규빗의 세마포 휘장을 쳐서 그 한 쪽을 당하게 할지니"(출27:9)

성막의 뜰(9-19절)은 남쪽과 북쪽은 각각 길이 50m 너비 25m, 높이 2.5m의 세마포 휘장을 치도록 하였고 이 휘장을 지탱하기 위해 각각 기둥 20개와 밑받침 20개를 놋쇠로 만들고 기둥에 달 갈고리와 가름대는 은으로 만들도록 했다. 서쪽(성막의 뒤쪽)의 휘장은 남·북의 절반 규모로 치도록 했다. 성막의 앞쪽(동쪽)은 좌우로 기둥 3개를 세워 너비 7.5m의 휘장을 치고, 그 나머지 가운데 부분에는 기둥 네 개를 세워 청색, 자색, 홍색 실과 가늘게 꼰 베 실로 수놓아 짠 10m의 휘장을 걸어 놓게 하였다. 성막에서 쓰는 모든 기구와 그 말뚝과 포장 말뚝은 놋으로 만들도록 하였다.

### 출 27:20-21 | 등불 관리에 관한 가르침(병행구절 레24:1-3)

"아론과 그의 아들들로 회막 안 증거궤 앞 휘장 밖에서 저녁부터 아침까지 항상 여호와 앞에 그 등불을 보살피게 하라 이는 이스라엘 자손이 대대로 지킬 규례이니라"(출27:21)

등불 관리(20-21절)에 대한 내용은 등잔대(출25:31-40)와 관련 있다. 일곱 개의 등잔불에 사용할 기름은 감람으로 짠 순수한 기름이어야 했다. 순수한 감람유는 빛을 발할 때 거의 연기가 나지 않는 최상의 기름으로, 여호와 앞에 가장 좋은 것을 드려야 한다는 의미이다. 또한 20절의 감람으로 '짠'에서 '짠'의 히브리어는 '카티트'로 절구 속에서 공이를 가지고 손으로 두들기고 찧어서 기름을 짜는 것을 말하므로 기름 짜는 틀에 넣어서 짜는 것과 대조된다. 등잔불에 사용되는 기름은 사람이 공들이고 수고하여 짠 것으로 여호와께 드려야 했다. 등잔불 관리는 아론과 그의 아들들이 담당하여 회막 안 증거궤 앞 휘장 밖에서 저녁부터 아침까지 여호와 앞에 꺼지지 않도록 보살펴야 했다.(삼상3:3 참조). 등불은 여호와 하나님의 살아계심과 임재하심의 상징이기 때문이었다. P자료로는 유일하게 '성막' 대신에 '회막'(오엘 모에드, 만남의 장막)이라는 표현이 사용된 것은 이채롭다.

# 출애굽기 28장

언약궤(Phillip Medhurst - 'The ark of the covenant')

## 출 28:1-14 | 제사장의 옷에 관한 가르침(병행구절 출39:1-7)

> "네 형 아론을 위하여 거룩한 옷을 지어 영화롭고 아름답게 할지니 너는 무릇 마음에 지혜 있는 모든 자 곧 내가 지혜로운 영으로 채운 자들에게 말하여 아론의 옷을 지어 그를 거룩하게 하여 내게 제사장 직분을 행하게 하라"(출28:2-3)

제사장 옷에 대해서는 그 내용이 명백하게 묘사된 것과 그렇지 못한 것이 뒤섞여 있다. 명백하게 묘사된 것은 에봇의 어깨받이(견대)이며, 그렇지 못한 것은 어떤 순서로 옷을 입는지에 대한 것과 하급 제사장의 옷에 대한 설명 등이다. 이러한 모호성은 여기에 사용된 용어에 대해 현대인이 알지 못하고 또한 그 옷에 대하여 이미 알고 있는 사람들에게 자세하게 밝힐 필요가 없었기 때문일 것이다.

오늘날 학자들은 여기에 설명된 제사장의 옷은 아마도 왕의 옷으로 추정한다. 다윗과 솔로몬의 통일왕국 시대에는 왕이 명목상으로나 실질적으로 대제사장의 직무를 수행하였는데 여기에 기록된 옷 중에 어떤 옷은 왕이 제사장 직무를 수행할 때 입었던 옷이었을 것이다. 그 후 시간이 흐름에 따라 왕의 제사장적 임무가 제사장에게 넘겨지고 남북 왕조의 몰락으로 제사장이 왕의 옷을 넘겨받았고 포로기 이후에는 제사장이 왕의 직무까지 넘겨받게 되었다.

제사장 의복은 아론과 그의 아들들(1, 4, 40-43절)이 입어야 할 의복이라고 하여 아론의 아들들이 포함되어 있지만 실제로는 대제사장인 '아론'이 입어야 할 의복이다.(2, 3, 29, 30, 35, 38절) 따라서 1-39절에서 자세하게 묘사된 옷은 대제사장의 옷이며, 40절에 간단하게 설명된 옷은 아론 외의 제사장의 옷으로 이해된다.

"아론과 그의 아들들 곧 나답, 아비후, 엘르아살, 이다말을 여호와께 나아오게 하여 나를 섬기는 제사장 직분을 행하게 하라"(1절)에서 '나아오게 하다'의 히브리어 '카라브'는 '가까이 오다. 이끌다, 헌납하다, 제공하다'는 의미로 여호와께 '카라브'라는 것은 하나님께 특별히 구별되어 봉헌되었다는 의미이다. 즉 제사장들의 직무와 위치, 그와 관련된 모든 것들이 거룩하다. 그러므로 그들이 입어야 할 의복도 거룩하고 영화롭고 아름다워야 하며 이들의 옷은 하나님께서 지혜로운 영을 채워 주신 사람들에 의해 지어져야 한다.(2-3절)

그들의 옷은 흉패, 에봇, 겉옷, 반포 속옷, 관과 띠 등 여섯 가지다.(4절) 이중에 제일 중요한 것은 맨 먼저 언급된 에봇이다. 에봇(Ephod)은 금실, 청색 자색 홍색 실과 가늘게 꼰 베 실로 정교하게 짜서 어깨받이(견대) 둘로 연결하고 호마노 두 개에 이스라엘의 12지파의 이름을 새겨 어깨받이에 붙인 옷이다. 에봇에는 금으로 테를 만들고 순금으로 두 사슬(rope)을 땋아 떼에 달게 했다.(6-14절) 에봇은 본래 우가릿에서 '여신 아낫의 옷'으로, 또 고대 아시리아에서는 '화려한 옷'을 일컬었다. 여기서는 앞치마 같은 모양의 거룩한 옷으로 삼상 2:18, 22:18, 삼하6:14에는 세마포 겉옷으로 나타난다. 사사시대에는 에봇 자체가 우상처럼 숭배되기도 했으며(삿8:24-27, 17:5, 18:14-20 참조) 다윗에게는 에봇이 여호와의 뜻을 묻는 일과 관련되어 나타난다.(삼상23:9-11, 30:7-8 참조)

## 출 28:15-30 | 판결 흉패에 관한 가르침(병행구절 출39:8-21)

"너는 우림과 둠밈을 판결 흉패 안에 넣어 아론이 여호와 앞에 들어갈 때에 그의 가슴에 붙이게 하라 아론은 여호와 앞에서 이스라엘 자손의 흉패를 항상 그의 가슴에 붙일지니라"(출28:30)

판결 흉패에도 에봇처럼 이스라엘 아들들의 이름을 새긴 갖가지 보석 12개를 네 줄로 박았고, 이 흉패 안에 우림(Urim)과 둠밈(Thummin)을 넣어 아론이 여호와 앞에 들어갈 때마다 가슴에 붙여야 했다.(15-30절) '빛'(오르)이라는 의미의 우림과 '완전'(탐)이라는 의미의 둠밈은 아마도 조약돌이나 주사위 같은 것으로 예언자들이 적극적으로 활동하기 이전까지 제사장들이 여호와의 뜻을 묻을 때 사용하던 도구로 짐작한다.(출28:29-30, 레8:7-8, 민27:21, 신33:8, 삼상28:6, 스2:63, 느7:65 참조)

## 출 28:31-43 | 제사장의 또 다른 옷에 관한 가르침(병행구절 출 39:22-31)

"너는 또 순금으로 패를 만들어 도장을 새기는 법으로 그 위에 새기되 '여호와의 성결' 이라 하고 그 패를 청색 끈으로 관 위에 매되 곧 관 전면에 있게 하라"(출28:36-37)

에봇 받침 겉옷은 청색실로 만들어 두 어깨 사이에 머리를 집어넣는 구멍을 내었고, 옷 가장자리에는 돌아가며 석류 모양의 술과 금방울을 번갈아 달게 했다. 그래서 아론이 성소에 출입할 때 소리가 나게 했다.(31-35절)

대제사장 아론이 쓰는 관에는 순금으로 만든 '여호와께 성결'이라고 새겨진 패를 전면에 붙이게 했다. 아론이 이 패가 부착된 관을 쓰는 것은 여호와께 성별된 자는 이스라엘 백성 모두인데 아론이 그들을 대표하여 성별되었음을 나타낸다. 이 패가 부착된 관을 쓰고 있는 아론 앞에서 이스라엘 백성이 여호와께 거룩한 예물을 드릴 때 지은 잘못을 용서받고 여호와께서 예물을 받으신다.(36-39절)

아론의 아들들도 속옷과 띠와 관을 만들어 입게 하여 영화롭고 아름답게 했다. 그들도 기름을 부어 거룩하게 제사장 직분을 행하기 때문이다. 이들에게 베로 속바지를 만들어 하체를 가리도록 했다.(40-41절) 이스라엘 백성의 옷은 하체를 가릴 수 없어서 제사장 직분을 맡은 아론과 그의 아들들은 그들의 하체를 가릴 수 있도록 속바지를 입어 부끄러운 곳을 드러내지 않게 했다. 그렇지 않고 하나님을 섬기면 하나님의 거룩함을 손상시키는 죄를 지어 죽음을 면치 못하게 된다.(42-43절)

# 출애굽기 29장

번제(Phillip Medhurst - 'Burnt offering')

출애굽의 궁극적인 목적은 이스라엘을 하나님의 백성, 곧 신앙공동체로 만드는 것이었다. 이스라엘은 성막에 계시는 여호와 하나님께 드리는 제사를 통하여 하나님 백성의 정체성을 유지할 수 있는데, 성막 제사를 규정에 따라 충실하게 수행하는 일을 주요 임무로 하는 사람들이 제사장이다. 예언자가 하나님의 말씀을 전달하는 사역을 하는 사람이라면, 제사장(코헨, '하나님 앞에 서 있는 사람'이라는 의미다)은 신앙공동체를 대신해서 제단 앞에 서서 하나님께 제물을 드리는 사역을 담당하며 신앙공동체의 아픔과 고뇌를 치유하기 위해 하나님 앞에 서는 중재자의 역할도 한다.

구약에는 아론계 제사장(Aaronites), 사독계 제사장(Zadokites), 레위 제사장(Levites)이 나타나는데, 아론계 제사장은 출애굽 이후 광야시대를 배경으로, 사독계 제사장은 왕국시대, 레위 제사장은 12지파동맹시대를 배경으로 등장한다. 제사장의 원조라 할 수 있는 아론계 제사장은 레위 자손 가운데 아론 계열에 속한 후손을 말한다. 레위기의 제사장이 바로 아론계 제사장이며, 레위기뿐 아니라 출애굽기와 민수기에 기록된 제사 규정에 따라 제사를 관장하는 사람들이다. 아론계 제사장은 왕국시대에 예루살렘에서 축출되었고(왕상2:26-27), 여부스의 제사장이었던 사독과 그의 후손들이 예루살렘 제사장직을 독점했다. 이들은 예루살렘 멸망으로 대부분 바벨론의 포로로 끌려갔다가(에스겔40-48장의 제사장은 오직 사독계 제사장이다.) 고레스의 칙령으로 귀환하였다. 레위 제사장은 신명기에 나타나는 제사장으로 가나안 정착 이후 왕국 시대 이전까지 지방 성소에서 제사장 직무를 보았다. 왕국건설과 함께 중앙 성소를 지키는 일을 하였으나 레위인의 숫자 증가로 모든 레위인들이 중앙 성소의 일을 할 수 없어 여러 지방으로 분산되었을 것으로 본다.

## 출 29:1-37 | 제사장 위임식에 관한 가르침(병행구절 레8:1-36)

> "네가 그들에게 나를 섬길 제사장 직분을 위임하여 그들을 거룩하게 할 일은 이러하니 곧 어린 수소 하나와 흠 없는 숫양 둘을 택하고.....아론과 그의 아들들에게 띠를 띠우며 관을 씌워 그들에게 제사장의 직분을 맡겨 영원한 규례가 되게 하라 너는 이같이 아론과 그의 아들들에게 위임하여 거룩하게 할지니라"(출29:1, 9)

출29장은 아론과 그의 아들들을 제사장으로 위임하는 절차를 소개한다. 아론과 그 아들들의 제사장으로서의 거룩한 권위는 여호와 하나님으로부터 직접 주어지는 것이었다. 위임을 위한 준비물은 어린 수소 하나, 흠 없는 숫양 둘, 무교병과 무교과자, 무교전병이다.(1-2절) 위임식은 모세가 집행했는데 실제 집행 과정은 레8-9장에 나온다. 위임과정은 목욕재계, 제사장 옷 입히기, 기름 부음 등 세 단계이다. 하나님은 모세에게 준비물과 함께 아론과 그의 아들들을 회막 문으로 데려와 물로 씻기고, 출28장에서 만들도록 한 제사장 의복을 입히고 관유를 가지고 그 머리에 부어 제사장의 직분을 맡도록 하였다.(3-9절).

기름부음에 이어 각종 희생제사가 진행된다. 첫 제사는 속죄제(핫타트)로, 수송아지를 회막 앞으로 끌어와서 아론과 그의 아들들이 송아지 머리에 손을 얹어 안수하고 죽여 그 피를 제단의 뿔에 바르고 나머지 피 전부를 단 밑에 뿌린다. 내장의 기름은 제단 위에 불사르고 나머지 고기는 진 밖에서 태운다.(10-14절) 속죄제를 드리는 이유는 제사장도 불완전한 사람이므로 그들의 죄를 송아지에 뒤집어씌우고 대신 죽게 하여 속죄했다. 다음 제사는 번제(잇쉐, '불'을 의미하는 '에쉬'에서 파생된 '불로 태워드리는 제사'를 총칭하는 '화제'를 의미한다.)로 숫양 한 마리를 머리에 안수하고 죽여 피를 단 위에 뿌리고 각을 뜬 고기를 제단 위에 불살라 향기로운 냄새를 하나님께 올려 기쁘게 해드리는 화제다.(15-18절) 다음은 임직식 제사로, 나머지 한 마리 숫양을 안수 후 잡아 그 피를 아론과 그의 아들들의 오른쪽 귓부리와 오른손 엄지, 오른발 엄지에 바르고 나머지 피는 제단 주위에 뿌리고 제단 위 피와 관유를 그들의 옷에 뿌린다.(19-21절) 제단의 피와 관유를 몸의 일부분과 옷에 뿌리는 것은 제사장의 몸과 옷을 거룩하게 하기 위해서이다.

임직식 제사를 드린 숫양의 기름, 꼬리, 내장, 간 , 콩팥 기름, 우편 넓적다리를 "위임식 숫양"이라고 부르는데 이것을 준비된 무교병과 과자와 함께 아론과 그의 아들들이 하나님께 흔들어 바친(요제) 다음, 모두 불살라 향기로운 냄새를 하나님께 화제로 드린다.(22-25절) "임직식 숫양"의 가슴과 넓적다리는 제사장 몫이다.(26-28절) 이스라엘 자손이 하나님께 화제로 드린 제물이 제사장 몫이 되는 것이다. 제사장이 먹을 양식을 위하여 일하지 않고 제사장 직무에 전념하도록 배려한 것이다.

아론이 입은 성의는 나중에 아들들이 물려받고 기름부음으로 제사장으로 위임되는데 회막에 들어가 성소에서 하나님을 섬길 때에는 7일 동안 그 옷을 입어야 했다. 7일 동안 위임식이 진행되기 때문이었다.(35절 참조). 위임식 숫양은 거룩한 곳인 성막의 뜰에서 삶아 떡과 함께 먹어야 했다. 이 음식은 제사장 외에는 먹을 수 없으며 먹다가

남은 것은 불사르도록 했다.(29-34절)

위임식은 7일 동안 진행되며 매일 수송아지 하나를 속죄제로 드려 제단을 깨끗하게 하고 기름을 부어 거룩하게 해야 한다. 그래야 제단에 접촉하는 모든 것이 거룩해지기 때문이다.(35-37절)

## 출 29:38-46 | 매일 드릴 번제에 관한 가르침(병행구절 민28:1-8)

"이는 너희가 대대로 여호와 앞 회막 문에서 늘 드릴 번제라 내가 거기서 너희와 만나고 네게 말하리라"(출29:42)

38-46절은 하루 두 번의 제사에 대한 언급으로 양 두 마리를 고운 밀가루 1/10 에바(1 ephah = 약22리터), 찧은 기름 1/4 힌(1 hin = 약3.6 리터), 포도주 1/4 힌과 함께 아침과 저녁에 제단 위에 화제로 드려야 했는데 이는 대대로 회막 문에서 번제로 드려야 했다. 여호와께서 회막 문에서 이스라엘을 만나시기 때문이다. 하나님의 거룩하심으로 회막과 제단이 거룩하게 되고 아론과 그의 아들들이 거룩하게 되어 제사장 직분을 행하게 될 것이다.(38-44절) 45-46절은 출29장의 결론으로, 회막과 제사장 제도는 이스라엘에게 출애굽의 은혜를 베푸신 여호와 하나님이 영원히 그들 가운데 거하시며 그들의 하나님이 되시는 것임을 알린다.

# 출애굽기 30장

성소에 헌물(Phillip Medhurst - 'Offerings to the sanctuary')

‘성막건축에 대한 하나님의 지시 단락’(출25-31장)은 여호와께서 모세에게 이르신 7개의 말씀으로 구성되어 있는데, 그 형식은 “여호와께서 모세에게 말씀하여 이르시되…”이며, 이러한 형식이 출30장에 4번 등장한다.(출25:1, 30:11, 17, 22, 34, 31:1, 12 참조) 여호와의 첫 번째 지시는 출25:1에서 시작하여 출30:10로 끝나고, 아제 새로운 지시가 시작된다. 출30장에는 분향할 제단(1-10절), 속전(11-16절), 물두멍(17-21절), 관유와 향(22-38절) 등 여러 가르침에 대한 자료들이 소개된다. 11절 이후의 자료들은 각기 독단적으로 전승되다가 이스라엘 백성이 여호와 앞에서 제사 드리는 것과 중요한 연관성이 있기에 이곳에 모아진 것으로 추측한다.

## 출 30:1-10 | 분향할 제단에 관한 가르침(병행구절 출37:25-28)

> “아론이 일 년에 한 번씩 이 향단 뿔을 위하여 속죄하되 속죄제의 피로 일 년에 한 번씩 대대로 속죄할지니라 이 제단은 여호와께 지극히 거룩하니라”(출30:10)

분향할 제단은 길이 0.5m, 너비 0.5m, 높이 1m 규모의 단으로 제단과 마찬가지로(출27:2 참조) 네 귀퉁이에 뿔이 솟아 있는 점이 특이하다.(1-2절) 제단의 뿔에는 속죄제를 드릴 때마다 희생제물의 피를 발라야만 했던 것(출29:12 참조)에 비해 분향단의 뿔에는 일 년에 한 번 있는 속죄일(욤 키푸르, 레16장)에 속죄의 제물의 피를 발라 속죄함을 받게 되었다.(10절) 분향단은 아카시아 나무로 만들어 금으로 입혔기에 때로는 ‘금제단’(출39:38, 민4:11, 대하4:19) 또는 ‘금향단’(출40:5,

26)이라고 불리기도 했다. 금향단의 위치는 성막의 성소 안쪽 즉 지성소를 덮고 있는 휘장 앞이다.(6절) 아론은 분향단에 아침과 저녁에 향의 연기를 피워 여호와 앞에 끊어지지 않게 해야 했다.(7-8절). 그러나 이 위에 다른 향(아마도 출30:34-35에 제시된 정해진 방법에 따라 제조되지 아니한 향을 의미할 것이다.)은 피우지 못하고, 번제나 소제도 드릴 수 없으며 전제의 술도 부어서는 안 되었다.(9절) 이런 것들은 분향단이 아닌 번제단에서 드리는 것이었다.(출29장 참조). 분향단은 신약에도 나타나는데 주의 천사가 불임이었던 엘리사벳을 통해 요한이 출생할 것을 알리기 위해 사가랴에게 나타났던 장소가 '분향단의 우측'이었다.(눅1:11 참조)

## 출 30:11-16 | 속전에 관한 가르침

> "너는 이스라엘 자손에게서 속전을 취하여 회막 봉사에 쓰라 이것이 여호와 앞에서 이스라엘 자손의 기념이 되어서 너희의 생명을 대속하리라"(출30:16)

여호와는 모세에게 인구를 조사할 때 한 사람당 생명의 속전으로 반 세겔(1 shekel은 20 gerah, 1 게라는 약0.57g)을 드리도록 하였다. '속전'(코페르)은 '생명의 값', 또는 '대속해 주기 위해 대신 지불하는 돈'을 의미한다. 이스라엘 백성이 인구를 조사하는 경우는 전쟁에 나갈 사람의 수를 헤아릴 때이며 20세 이상의 남자가 대상이었다.(14절, 민1장 참조) 이들에게 각기 목숨 값인 속전을 여호와께 바치게 한 것은 병사는 죽음과 연관이 있고, 또한 옛날 인구조사를 하면서 발생했던 전염병(삼하24장 참조)과 관련하여 여호와께서 그들의 생명을 보호해주시기 때문일 것이다. 속전은 부자나 가난한 자나 균일하게 반 세겔을 내야 했으며 이렇게 거둔 속전은 회막 관리에 사용하도록 했다.(15-16절) 속전에 관한 가르침이 이곳에 위치하게 된 이유이다.

## 출 30:17-21 | 물두멍에 관한 가르침

> "아론과 그의 아들들이 그 두멍에서 수족을 씻되 그들이 회막에 들어갈 때에 물로 씻어 죽기를 면할 것이요 제단에 가까이 가서 그 직분을 행하여 여호와 앞에 화제를 사를 때에도 그리 할지니라"(출30:19-20)

물두멍(키요르, 병행구절 출38:8)은 놋으로 만들어야 하며 회막과 제단 사이에 두어 회막에 들어가는 제사장들이 손과 발을 씻어 정결한 상태를 유지하여 죽음을 면하도록 하였다.(17-21절) 물두멍의 치수는 언급되지 않아 알 수 없지만 솔로몬 성전에 있었던 열 개의 받침이 있는 물두멍(왕상7:27-39 참조)과는 달리 크지 않고 들고 다닐 수 있었을 것으로 짐작한다.

## 출 30:22-38 | 관유와 향에 관한 가르침

> "너는 아론과 그의 아들들에게 기름을 발라 그들을 거룩하게 하고 그들이 내게 제사장 직분을 행하게 하고"(출30:30)

여호와께서 모세에게 알려주신 향품 중에서 최고의 것을 조합하여 거룩한 '관유'(셰멘 미쉬하트, 灌油, anointing oil)를 만드는 방법이 자세히 나온다.(22-25절) 관유는 일반적으로 하나님이 사람을 선택하셔서 성스러운 사역을 맡기실 때 기름 부음 의식에 사용한 기름이다. 기름 부음을 받는 사람은 주로 제사장(출30:30), 예언자와 왕(삼상15:1, 왕상1:34 참조)이었으며 이들을 아람어로 메시아, 헬라어로 그리스도, 곧 '기름부음 받은 자'라 불렀다. 이 기름을 회막과 증거궤, 또한 이것에 딸린 여러 기구에 발라 거룩하게 구별하고, 회막에서 기구를 만지며 제사장 직분을 행하는 아론과 그 아들들에게도 발라 거룩하게 구별하였다.(26-31절, 레8:11-12 참조) 관유는 다른 사람에게는 발라서는 안 되며 이 제조방법에 따라 향유를 만들어 쓰는 사람은 공동체에서 추방했다.(32-33절)

여호와는 모세에게 거룩한 가루 향 제조방법도 자세히 알려 주셨다.(34-35절) 유향에 특별한 향이 나는 향료들을 섞어 만드는데 부정한 것을 없애는 소금을 쳐서 성결하게 해야 했다. 이렇게 만들어진 향은 곱게 찧어 회막 안 증거궤 앞에 두도록 했다. 자신이 냄새를 맡으려고 이 방법으로 향을 만드는 사람은 누구든지 공동체에서 추방했다.(36-38절)

# 출애굽기 31장

성막(Phillip Medhurst - 'The tabernacle')

출31장에는 성막건축 지시에 대한 여호와의 7가지 말씀 중 마지막 두 개(1-11, 12-18절)가 기록되어 있으며 여호와의 성막건축 지시는 이것으로 마감된다.

## 출 31:1-11 | 성막 기술자들 임명(병행구절 출35:10-19, 35:30-36:7)

> "하나님의 영을 그에게 충만하게 하여 지혜와 총명과 지식과 여러 가지 재주로 정교한 일을 연구하여 금과 은과 놋으로 만들게 하며 보석을 깎아 물리며 여러 가지 기술로 나무를 새겨 만들게 하리라"(출31:3-5)

성막 건축에 관한 여호와의 여섯 번째 말씀은 기술자를 임명하는 것이다.(1-11절) 여호와 하나님은 성막, 증거궤, 속죄소와 회막의 모든 기구, 또한 제사장의 의복 및 관유와 향 등 하나님께 드리는 제사를 위해 필요한 여러 가지 기물을 만들 기술자로 유다 지파 브살렐(Bezalel)과 그의 조력자인 단 지파의 오홀리압(Oholiab)을 임명하셨다.(2, 6절) 여호와는 성막에 관한 설계와 모든 건축 지시를 내리셨을 뿐 아니라 제대로 만들어지도록 하나님의 영을 충만히 받은 사람을 세우셨다.(3절) 그들에게 지혜(호크마, 여호와의 가르침을 수행하는데 필요한 것을 이해하는 은사)와 총명(테브나, 건축과정에서 발생한 불필요한 문제들을 해결할 수 있는 재능)과 지식(다아트, 건축 일을 진행하고 완수하는데 필요한 경험)을 주시어 성막을 완성하게 하셨다.(3, 6절) 천지가 하나님의 영(루하흐)으로 창조되었듯이(창1:2) 회막도 하나님의 영을 입은 두 사람에 의해 건축된다.

## 출 31:12-18 | 안식일에 관한 가르침(병행구절 출35:1-3)

“너는 이스라엘 자손에게 말하여 이르기를 너희는 나의 안식일을 지키라 이는 나와 너희 사이에 너희 대대의 표징이니 나는 너희를 거룩하게 하는 여호와인 줄 너희가 알게 함이라”(출31:13)

성막 건축에 관한 여호와의 일곱 번째 말씀(12-18절)은 안식일 준수를 지시하는 말씀으로 출25:2에서 시작된 모세에게 하신 가르침과 결론은 같다. 이 단락의 가르침은 제4계명(출20:8-11)과 밀접한 병행을 이루지만 내용적 강조점에 차이가 있다. 제4계명이 여호와께서 엿새 동안 천지를 지으시고 일곱째 날 쉬셨기에 그날을 복되게 하고 거룩하게 하여 사람도 고단한 노동으로부터 쉬도록 하라는 휴식, 자유, 해방에 초점이 있다면 여기서는 안식일 준수가 이스라엘이 거룩한 백성임을 나타내는 ‘징표’(오트)라는데 초점이 있다.(13, 17절). 이스라엘이 안식일을 거룩한 날로 지켜 그날에 아무 일도 하지 않는 것이 그들이 하나님과 언약을 맺은 하나님의 백성이며 여호와가 그들의 하나님이심을 영구히 나타내는 징표이다. 그날에 일하는 자는 누구든지 백성 중에서 그 생명을 잃게 된다.(민15:32-36 참조) 여기에는 성막을 건축하는 일에만 신경을 곤두세워 안식일을 소홀히 하는 일이 없어야 한다는 지시도 포함되었을 것이다. 특히 안식일 준수 지시는 성막 건축 지시 중 일곱 번째의 말씀으로 여호와의 천지 창조 일곱째 날과 대응된다. 성막이라는 거룩한 공간과 안식일이라는 거룩한 시간, 이 두 제도는 거룩한 백성 이스라엘을 지키고 거룩함의 원천이신 여호와를 알고 그분께 나아가도록 하는 것이다.

여호와께서는 모세에게 모든 말씀을 마치시고 증거의 두 돌판, 곧 친히 자신의 가르침을 기록하신 돌판을 주셨다.(18절) 여기에는 십계명을 포함하여(출32:15-19, 34:1, 28에 근거하면 오직 십계명뿐이다.) 40일 동안 산 위에서(출24:12-18 참조) 말씀하신 내용이 담겨 있었을 것이다.

# 출애굽기 32장

황금 송아지 숭배(Phillip Medhurst - 'Worshipping the golden calf')

'이스라엘의 배반과 하나님의 용서'를 담고 있는 출32-34장은 성막건축에 관한 내용(출25-40장)을 하나님의 성막건축 지시(출25-31장)와 이스라엘의 성막건축 실행과 봉헌(출35-40장)으로 양분시키는 단락이다. 출32장은 금송아지 사건으로 하나님과 이스라엘 백성의 계약관계 파괴, 출33장은 모세의 중재, 출34장은 하나님의 용서에 따른 계약관계의 회복 내용이다.

## 출 32:1-6 | 금송아지 사건

"아론이 그들의 손에서 금 고리를 받아 부어서 조각칼로 새겨 송아지 형상을 만드니 그들이 말하되 이스라엘아 이는 너희를 애굽 땅에서 인도하여 낸 너희의 신이로다 하는지라 아론이 보고 그 앞에 제단을 쌓고 이에 아론이 공포하여 이르되 내일은 여호와의 절일이니라 하니 이튿날에 그들이 일찍이 일어나 번제를 드리며 화목제를 드리고 백성이 앉아서 먹고 마시며 일어나서 뛰놀더라"(출32:4-6)

'금송아지 사건'으로 알려진 출32장은 어느 자료에 근거하는지 학자들의 의견은 일치하지 않으나, 서로 상충되는 다양한 자료들이 섞여 있는 것은 분명하다. 우선 모세가 금송아지 사건을 알게 된 경위가 하나님의 계시(8절)와 백성들의 함성(17-18절) 두 가지로 나타나고, 또 모세의 탄원으로 하나님의 심판을 면하게 되었다는 내용(11-14절)과 모세의 중재가 하나님의 심판을 막는데 성공하지 못했다는 내용(30-35절)은 서로 연결되지 않는다.

모세가 시내산에 올라 40일간 머물며 여호와의 말씀을 듣는 바람에(출24:18 참조) 긴 시간 그의 부재로 인해 산 아래 백성들은 불안해졌다. 그들을 이끄는 여호와 하나님은 보이지 않는 분이요, 하나님의 대리자인 모세가 오랫동안 보이지 않아 불안해진 백성들이 아론에게 자신들을 인도할 신을 만들어 달라고 청한다. 아론은 모세의 부재 시 백성들을 도와줄 사람이었기 때문이다.(출24:13-14 참조) 백성들의 '우리를 위하여 우리를 인도할 신을 만들라'(1절)는 요청은 이곳까지 인도해주신 여호와 하나님을 신뢰하지 않고 있다는 뜻이다. 여호와 하나님은 보이지 않고, 손으로 만질 수 없으며, 또 하나님의 종 모세가 그들과 함께 없다고 불안해하는 것은 하나님에 대한 불신앙의 모습이다. 언제든 보고 싶으면 볼 수 있고 만지고 싶으면 만질 수 있는 그런 신을 만들어 달라는 요청이다. 바꾸어 말하자면 자신들 마음대로 할 수 있는, 자신들의 뜻에 복종하는 신, 바로 우상을 만들어 달라는 요청이었다.

아론은 백성들에게 그의 아내와 자녀의 귀의 금 고리를 빼어 가져오도록 하여 불에 녹여 조각칼로 새겨 송아지 형상을 만들었다. 백성들에게 있던 금은 하나님께서 애굽에서 가져 올라가게 하시어 당신의 일을 위해 쓰고자 하셨던 것이었다.(출12:35, 25:3 참조) 이렇게 만들어진 금송아지를 본 백성들은 '이스라엘아 이는 너희를 애굽 땅에서 인도하여 낸 너희의 신이로다'고 선포하였다.(1-4절) 아론의 행위는 어떤 형상으로도 만들지 말라는 제2계명(출20:4)을 어기고 누구도 볼 수 없는 여호와 하나님(출33:20 참조)을 볼 수 있게 만들어 백성들을 안심시킨 것이다. 그리고 아론은 금송아지를 위하여 제단을 쌓고 다음 날을 '여호와의 절일'(하그 레여호와)로 선포하였고 백성들은 번제와 화목제를 드리고 축제를 벌였다.(5-6절) 절일(節日)이라는 히브리어 '하그'는 이스라엘의 3대 절기와 관련하여 사용된(출12:4, 23:14-17 참조) 단어로 아론은 금송아지를 여호와 하나님으로 선포하고 제의를 지키게 하였다. 황소(파르)도 아닌 송아지(에겔)는 다분히 '애송이'라는 경멸적인 뜻과 함께 히브리어 '에겔'이 동물적인 생명력과 저속한 정열이라는 의미가 있으며, '뛰놀더라'(6절 하반절)의 히브리어 '레차헤크'에 방종한 성관계도 포함되어 이방종교의 주신제(酒神祭, religious orgy)에 유혹된 이스라엘 백성의 방탕을 엿보게 한다.

이것은 "하나님의 영광을 풀 먹는 소의 형상으로 바꾼"(시106:19-20 참조) 것으로 가나안 제의의 유혹에 따른 변절이며, 북 왕국의 초대왕 여로보암(Jeroboam, 기원전 922-901년)의 금송아지는 되풀이되는 신앙의 실패를 반영한다.(왕상12:25-33 참조)

## 출 32:7-14 | 모세의 중보기도

> "모세가 그의 하나님 여호와께 구하여 이르되 여호와여 어찌하여 그 큰 권능과 강한 손으로 애굽 땅에서 인도하여 내신 주의 백성에게 진노하시나이까"(출32:11)

여호와 하나님은 산 아래의 아론과 백성들이 행하는 일을 보시고 크게 진노하시며 모세에게 산에서 내려가라고 하셨다. "너는 내려가라 네가 애굽 땅에서 인도하여 낸 네 백성이 부패하였도다."(7절)에서 여호와께서 이스라엘을 '모세가 인도한 백성'이며 '모세의 백성'이라고 하신 것은 이스라엘에 대한 하나님의 분노를 표현한 다. 이스라엘을 애굽에서 인도하신 분은 여호와이시며 이스라엘은 분명히 하나님의 백성이다. 그런데 이스라엘은 앞서 자신들을 인도한 이가 모세라고 하고(1절) 또한 금송아지를 만들어 축제를 벌이면서 자신들을 애굽 땅에서 인도하여 낸 신이라고 고백하고 있다.(4, 8절) 하나님은 이스라엘이 목이 뻣뻣한 백성이기에 그들에게 진노하사 진멸하시려는 당신을 말리지 말라고 하시며 아브라함처럼(창12:2 참조) 모세의 후손으로 큰 나라가 되게 하시겠다고 하셨다.(9-10절)

그러자 모세가 애원하면서(신9:25에는 40일 밤낮으로 애원함) 세 가지 논거를 들며 하나님의 진노를 풀려고 하였다. 우선 큰 권능과 강한 손으로 이스라엘 백성을 애굽 땅에서 인도하신 분이 여호와 당신이며 이스라엘은 '당신의 백성'이다.(11절) 둘째, 백성을 진노하사 진멸하시므로 애굽 사람들에게 출애굽하게 하신 하나님의 이름을 욕되게 할 수 없다.(12절) 셋째, 이스라엘 선조들에게 하신 자손 번성과 가나안 땅의 소유 약속을 기억해 달라.(13절) 특히 아브라함에게 하신 하나님의 약속은(창15:13-21 참조) 일방적이고 편무적 성격의 약속으로 하나님의 신실하심(에무나)을 나타내는 중요한 요소다. 모세는 이스라엘의 잘못을 변명하거나 호도하지 않고 바로 이 점을 말씀드렸다. 여호와는 이런 모세의 말을 들으시고 진노의 뜻을 돌이키셨다.(14절) 그러나 출32장에서 14절은 여호와께서 분노를 가라앉히기는 했으나 심판을 완전히 포기하지 않으셨음을 의미한다.(34-35절 참조) 백성들 가운데 자리한 죄악을 제거하지 않고는 하나님과의 관계가 회복될 수 없기 때문이다.

## 출 32:15-29 | 모세의 분노와 아론의 변명

"모세가 아론에게 이르되 이 백성이 당신에게 어떻게 하였기에 당신이 그들을 큰 죄에 빠지게 하였느냐 아론이 이르되 내 주여 노하지 마소서 이

백성의 악함을 당신이 아나이다"(출32:21-22)

모세가 하나님께서 직접 새겨주신 두 개의 증거판을 들고 산 아래로 내려오는데(15-16절, 출31:18 참조) 산 아래 광경은 보지 않고 소리만 들은 여호수아가(출24:13 참조) 싸우는 소리라고 알렸다.(17절) 그러나 모세는 여호와의 계시로(7-8절) 산 아래 상황을 알고 있었기에 노래 소리임을 알고 진에 가까이 이르러서는 송아지를 둘러싸고 춤추는 것을 보고 노하여 손에 들고 있던 두 돌 판을 깨버렸다.(18-19절) 돌판을 깨버리는 것은 하나님과의 계약 파기를 알리는 극적인 행동인 동시에 우상숭배에 대한 분노의 표시였다. 이스라엘 백성에게 하나님과 계약 표지인 돌판은 무의미할 뿐이었다. 모세는 금송아지를 불살라 부수어 가루를 만들어 물에 타 백성들에게 마시게 했다. 이것은 금송아지의 흔적을 완전히 없애므로 모독하고 또한 인분이 되어 나가듯 헛되이 사라지는 우상의 무능을 상징적으로 나타내는 행위다. 예후(Jehu, 기원전 842-815년)가 바알 신전을 변소로 만든 것과 같은 조처라 할 수 있다.(왕하10:27 참조)

이어 모세는 아론을 문책한다. 왜 백성을 큰 죄에 빠지게 하였느냐고 묻자 아론은 백성들이 악하기 때문이라고 책임을 백성에게 돌리며 금송아지도 직접 자신이 만들었음에도 금을 불에 넣었더니 저절로 나오더라고 변명하였다.(22-24절) 지도자로서 모세와 아론의 모습이 대조적이다. 백성의 잘못에도 불구하고 그들을 감싸며 하나님의 용서를 필사적으로 간구했던 모세와 달리 자신의 잘못을 백성에게 덮어씌우는 아론은 참된 지도자가 되기에는 부족한 모습이다.

모세는 아론이 백성들을 제대로 통제하지 않아서 방자해졌으며('파라'는 '벌거벗다' '드러내다'라는 의미가 있어 6절에서 보듯 우상숭배의 성적타락을 나타낸다.) 원수에게 조롱거리가 되었음을 알고(25절) 여호와의 편에 있는 자들을 나서게 하여 레위 자손들을 구별하였다.(26절) 모세는 그들에게 '방자하여 날뛰는 사람들을 닥치는 대로 죽이라'고 명령하여 삼천 명 가량을 죽였는데 이것은 여호와를 대신한 배신한 백성들에 대한 처벌이었다.(27-28절) 이러한 레위 자손들의 행위(민25:6-12의 아론의 손자 비느하스 행위 참조) 그 자체는 여호와를 섬기겠다는 일종의 헌신의 표시이며 그 결과 그들은 축복을 받게 되었다.(29절) '헌신'의 히브리어 '마레'는 '손을 가득 채우다'는 의미로 여호와께 예물을 드리는 제사장의 직분을 의미하기도 한다. 이 대목은 레위 지파가 비록 창세기에서는 폭력적 집단으로 알려졌으나(창34:25-31, 49:5-7 참조) 여호와 신앙에 투철한 모습으로 소개되어 제사장 계급이 된 배경을 설명하고 있다. 여기서 이해하기 어려운 것은 산 아래 금송아지 사건의 장본인이라 할 수 있는 아론이 어떻게 그날에 손가락 하나 다치지 않고 건재할 수 있었느냐는 점이다. 혹 군중심리에 빠져 금송아지 앞에서 춤추다 살해된 무명의 삼천 명이 그의 죽음을 대신한 것은 아닐까?

## 출 32:30-35 | 모세의 재 간청

> "그러나 이제 그들의 죄를 사하시옵소서 그렇지 아니하시오면 원하건대 주께서 기록하신 책에서 내 이름을 지워 버려 주옵소서"(출32:32)

앞서 모세는 산 위에서 백성들을 진멸하시겠다는 여호와의 뜻을 바꾸기 위해 필사적으로 간구하였다. 이런 모세가 레위 자손을 통해 방자하게 날뛰는 백성들을 죽인 다음 날 여호와께로 올라가 백성들의 죄를 용서받기 위해 생명을 걸고 다시 간구한다.(30-31절) 백성들의 죄를 사하지 아니하시려면 주께서 기록하신 책에서 자신의 이름을 제하여 달라고 하였다.(32절) '주께서 기록하신 책'이란 모태에서 생명이 시작될 때 그 이름을 기록한 생명책을 가리킨다(시69:28, 139:16 참조) 이 책에서 이름을 지워달라는 것은 죽음을 의미한다. 이런 모세의 모습은 아론과 대조를 이루어 모세야말로 이상적인 지도자요 중재자임을 나타낸다.

그러나 이번 모세의 간구는 여호와께서 받아들이지 않았다. 오직 죄지은 자만을 누구든지 생명책에서 지워버리시겠다고 하신다.(33절) 여호와는 모세에게 백성을 당신께서 말씀하신 곳(출33:1 가나안 땅)으로 인도하라 네 앞에 당신의 사자가 앞서게 하시며, 아론을 통하여 금송아지를 만든 백성의 죄는 보응할 날에 보응하겠다고 하셨다.(34-35절). '보응하다'의 히브리어 '파카드'는 '방문하다' '계산하다' '되게 다루다' '벌하다' 등 다양한 의미가 있다. 여호와께서 이스라엘의 잘못을 따지실 날에 분명히 시시비비를 가려 벌을 내리시겠다는 의미이다.

이스라엘 백성에 대한 여호와의 보응은 출33장에 나타난다. 금송아지를 만들어 여호와를 배반하는 이스라엘의 범죄에도 불구하고 하나님은 이스라엘 백성들을 완전히 진멸하지도 않으시고 약속의 땅으로 데려가시겠다는 약속도 취소하지 않으셨다.(10-14절 참조) 가나안 땅으로 백성들을 인도하는 모세의 여정은 중단될 수 없다. 그 일은 모세의 일이 아니라 여호와의 일이며, 여호와 약속의 성취이다.

# 출애굽기 33장

하나님의 영광이 성막을 채우다
(Phillip Medhurst - 'The glory of God fills the tabernacle')

애굽을 탈출한 이스라엘 백성은 지금 시내산 아래 머물고 있다. 시내산은 모세가 '여호와'를 처음 만나 애굽에서 고통당하는 백성들을 젖과 꿀이 흐르는 가나안 땅으로 인도하라는 지시를 받은 곳이다.(출3장 참조) 또한 하나님께서 당신의 이름을 '여호와'라고 모세에게 처음으로 알리신 곳이다.(출6:2 참조) 모세는 백성을 이끌고여기 시내산까지 왔다. 이 일은 모세 자신의 능력이나 지혜로 이루어진 것이 아니라 여호와 하나님의 큰 권능과 강한 손에 의한 결과였다.(출32:11 참조)

출애굽의 목적지는 이곳 시내산이 아닌 젖과 꿀이 흐르는 땅 가나안이다. 그런데 금송아지 사건으로 하나님께서 그들의 여정에 함께 해 주실지 여부가 가장 큰 관심사가 되었다. 여호와께서 모세에게 '백성을 그곳으로 인도하라'(출32:34)고 하셨음에도 하나님은 앞으로의 여정에 함께 하실지 분명하게 밝히지 않으셨다. 출33장은 가나안으로 향하는 여정에 함께 하시는 하나님이라는 주제를 다룬다. 출33장도 출32장과 마찬가지로 출처가 다른 여러 전승 자료들이 뒤섞여 있어 복잡하며 내용의 흐름이 매끄럽지 못하다. 예를 들어 한 단락 안에 있는 3절에는 여호와께서 '너희'즉 백성에게 말씀하시지만, 5절에서는 '모세'에게만 말씀하시는 것으로 나타나고, 또 장신구를 떼어 내라는 여호와의 명령에 백성들이 순종하기(5-6절) 전에 이미 백성들은 하나님께서 그들을 진멸할 수 있다는 준엄한 말씀을 듣고 몸을 단장하지 않았다는 내용이 언급되어 있다.(3-4절) 또한 출33장의 하나님과 모세의 대화도 출32장과 연관하여 볼 때 언제 어디에서 일어난 것인지 분명하지 않다.

## 출 33:1-6 | 동행을 거부하시는 여호와

"너희는 젖과 꿀이 흐르는 땅에 이르게 하려니와 나는 너희와 함께 올라가지 아니하리니 너희는 목이 곧은 백성인즉 내가 길에서 너희를 진멸할까 염려함이니라"(출33:3)

백성의 죄를 사하지 않으신다면 자신의 이름을 생명책에서 제하여 달라고 목숨을 내놓으며 간구했던 모세의 요청을 거부하신 여호와는 백성의 죄를 보응하시겠다고 하시며 당신의 사자를 앞서 보낼 것이니 백성을 가나안으로 인도하라고 하셨다.(출32:32-35) 젖과 꿀이 흐르는 가나안 땅을 주시려는 여호와의 약속은 성취되어야 했기 때문이다. 여호와는 모세에게 백성을 데리고 당신이 이스라엘 조상들에게 맹세하며 약속하신 땅을 향하여 시내산을 떠나 올라가라고 명령하신다.(1절) 시내산은 이스라엘이 머물 곳이 아니다. 그곳은 여호와를 반역한 곳이며 그곳에 머물고 있는 이상 하나님의 약속은 중단될 수밖에 없다. 그러나 모세는 이대로 떠날 수가 없다. 여호와께서 그의 사자를 모세 앞에 보내어 약속의 땅 원주민을 쫓아내겠다고 하시지만 백성과 함께 올라가지 않겠다고 하시기 때문이다.(2-3절) 사자(말라크)는 날개 달린 천상의 존재가 아니라 하나님의 사절 역할을 하는 메신저(messenger)이다. 능력 있는 신적 존재가 아니라 사람을 먼저 보내시겠다는 말씀이다. 하나님이 백성과 동행하지 않으시는 이유는 그들이 목이 곧은 백성이기에 함께 하시다가는 길에서 그들을 진멸할까 염려가 되기 때문이라고 하셨다.(3절 하반절) 그들의 생명을 해치는 최악의 결과를 피하고자 함께 하지 않으시겠다는 말씀은 이스라엘 편에서는 지극히 두려운 일이지만 하나님 쪽에서는 참으로 가슴 아픈 일이 아닐 수 없다.(4절) '하나님의 동행 거부!' 이것이 이스라엘에게는 징벌이다. '하나님의 임재를 기대할 수 없는 현실!' 이것은 금송아지를 만들어 섬긴 이스라엘의 죄악에 대한 하나님의 보응이다.(출33:34-35 참조)

백성은 이 '준엄한 말씀'(하다바르 하라아 하제, '악한 말씀'이라는 의미)을 듣고 슬퍼하여 이후 어떠한 장식 있는 옷이나 장신구(여디, 단장품, 패물)를 입지 않았다.(4-6절). 이것은 여호와의 말씀에 대한 두려움의 표시인 동시에 회개의 자세이다. 백성이 장신구를 떼어내면 여호와께서 앞일을 알려주시겠다는(5절) 말씀은 후대에 덧붙여진 것으로 여겨지는데, 백성이 회개하면 하나님도 계획을 바꾸실 뜻이 있음을 암시한다. 이스라엘 백성은 애굽에서 가지고 나와 금송아지를 만들었던 장신구를 떼어버림으로 잘못된 과거와 단절하였다.

## 출 33:7-11 | 회막에서의 모세와 여호와의 만남

> "사람이 자기의 친구와 이야기함 같이 여호와께서는 모세와 대면하여 말씀하시며 모세는 진으로 돌아오나 눈의 아들 젊은 여호수아는 회막을 떠나지 아니하니라"(출33:11)

시내산을 떠나 젖과 꿀이 흐르는 땅으로 백성을 인도하라고 하시며 당신은 함께 하지 않으시겠다는 1-6절은 12절과 연결되는 것이 자연스럽다. 7-11절은 이야기의 자연스런 흐름을 갑자기 중단시키는 단락으로 엘로히스트 계통(E자료)의 자료로 보는 학자들도 있지만 확실한 증거는 없다.

모세는 항상 장막(하오헬)을 취하여 진 밖에 쳐서 회막(오헬 모아드, 만남의 장막)이라고 이름하여 여호와를 앙모하는(바카쉬, '찾다', '묻다'는 의미로 하나님의 뜻을 여쭙는 것을 의미한다) 자는 다 그곳으로 나아가게 하였다.(7절) 이 회막은 이스라엘이 가나안 정착 이전 유목생활을 할 때 장막처럼 이동할 수 있는 휴대용 성소이다. 이 회막은 성막과는 몇 가지 차이점이 있다. 설치 장소가 성막처럼 진 가운데가(민2:17 참조) 아닌 진 바깥이며(7절) 돌보는 사람도 레위 지파가(민3:5-10 참조) 아닌 여호수아 혼자뿐이다.(11절) 또 그 안에 언약궤도 없었고, 하나님이 항상 현존하시는 것이 아니라 일시적으로 오시는 성소였다. 그러나 이 회막은 현 위치에서 중요한 의미가 있다. 앞서 하나님은 백성과 동행하지 않으시겠다고 말씀하셨는데 백성들이 회개하면서 이 회막은 하나님과 이스라엘 백성의 관계가 회복되는 조짐을 보여주는 역할을 한다. 지금은 하나님이 백성의 진 가운데 머무르시지 않고 진에서 멀리 떨어진 바깥 회막에 내려오시고 회개한 백성이 여호와께 여쭙기 위해 그곳으로 간다.(7절) 또한 하나님의 임재를 알리는 구름기둥이 회막 문에 서 있는 것을 보면 백성은 각자의 장막 문에 서서 예배드렸다.(10절) 그러므로 이 회막은 여호와께서 백성을 버리시지 않고 관계를 이어가고 있으며, 곧 관계회복이 이루어질 것을 암시한다.

이 단락의 중심은 관계를 회복시키는 중재자로서의 모세의 역할이다. 모세는 여호와와 친구처럼 대면하며 말씀을 나누었다.(11절) 이와 같은 모세의 위치는 12절 이하에서 그의 기도가 하나님께 응답되어 깨어진 관계가 다시 회복될 것임을 나타낸다.

모세가 진으로 돌아온 후에도 그의 젊은 수종자(隨從者, 쉐레트, 봉사자) 여호수아가 회막에 계속 머무른 것은(11절) 제사장 역할을 하기 위해서가 아니라 단순히 그곳을 지키기 위해서였다.

## 출 33:12-23 | 모세의 간청과 여호와의 응답

> “내가 참으로 주의 목전에 은총을 입었사오면 원하건대 주의 길을 내게 보이사 내게 주를 알리시고 나로 주의 목전에 은총을 입게 하시며 이 족속을 주의 백성으로 여기소서. 여호와께서 이르시되 내가 친히 가리라 내가 너를 쉬게 하리라”(출33:13-14)

이 단락은 7-11절로 말미암아 단절되었던 1-6절의 이야기와 연결시켜 이해해야 한다. 앞서 여호와는 모세에게 백성을 데리고 시내산을 떠나 약속의 땅으로 올라가라고 하셨다.(1절). 그러나 함께 올라가지는 않으시겠다고 하셨다.(3절) 이러한 상황에서 모세는 여호와의 동행을 집요하게 간청한다. ‘주께서 내게 이 백성을 인도하여 올라가라 하시면서 나와 함께 보낼 자를 내게 지시하지 아니하시나이다’(12절)라는 모세의 말은 2절에 언급된 모세보다 앞서 보내는 사자가 누구인지에 대한 질문이 아니다. 오히려 ‘여호와 하나님 자신’이 시내산을 떠나는 이스라엘과 함께 올라가셔야 한다는 동행에 대한 요청이다. 모세는 이어 자신이 하나님께 은총을 입었다면 ‘주의 길’을 가르쳐 달라고 하였다.(13절) 여기서 ‘주의 길’이란 하나님이 백성을 올려 보내는 길, 곧 백성을 인도할 모세가 가야 할 길을 알려달라는 의미이다. 또한 이스라엘 백성을 하나님의 백성으로 여겨달라고 한다. 금송아지 사건으로 여호와는 모세에게 이스라엘을 ‘네가 애굽 땅에서 인도하여 낸 네 백성’(출32:7, 33:1)이라고 하지만 모세는 끊임없이 ‘여호와께서 애굽 땅에서 인도하여 내신 주의 백성’(출32:11-12, 33:13)이라고 한다. 시내산을 떠나 약속의 땅으로 ‘주의 백성’을 인도하는 것은 모세 자신의 힘만으로는 불가능하니, 여호와께서 함께 하셔야 한다는 간청이다.

결국 하나님은 모세의 간청을 받아들여 "내가 친히 가리라 내가 너를 쉬게 하리라"(14절)고 하셨다. '쉬게 하리라'(누아흐)는 말은 오경에서는 약속의 땅을 허락받는다는 뜻과 관련되므로 여호와께서 젖과 꿀이 흐르는 가나안 땅을 허락해주신다는 의미이다.(신3:30, 12:10, 25:19 참조)

12-14절은 모세와 여호와의 대화이다. 모세는 하나님께 은총을 입었고 하나님은 모세와 함께 가시고 약속의 땅을 주시겠다고 하셨다. 이제 모세는 자신을 넘어 이스라엘 백성이 하나님의 은총을 받을 것을 분명히 한다. 하나님이 친히 가지 아니하시려면 우리를 이곳을 떠나 올라가지 않게 해달라고 한다.(15절) 하나님이 함께 올라가셔야(임마누엘) 이스라엘 백성이 만민 중에 구별될 것이라는 뜻이다.(16절) 이스라엘 백성을 하나님의 계약백성으로 회복시켜 달라는 간구이다.

모세의 간청은 마침내 응답되었다. 여호와께서 모세의 말대로 해주시겠다고 하셨다. 모세는 하나님께 은총을 입은 자로서 하나님은 그의 이름을 아신다.(17절) 이름을 안다는 것은 그의 전 존재를 아는 가장 친근한 사이라는 의미이다. 이제 이스라엘 백성이 하나님과 깨어진 계약관계를 회복할 길이 마련되었다.

여호와께서 모세의 간청을 들어주시겠다고 약속하셨지만 모세는 하나님께 그 사실을 확증해 줄 보이는 징표를 받아 내고자 하나님의 영광(카보드)을 보여 달라고 요청한다.(18절) '카보드'는 '얼굴' 또는 '임재'와 동의어다. 하나님은 이 요청을 들으시고 "내 모든 선한 것을 네 앞으로 지나가게 하고 여호와의 이름을 선포하리라"고 하셨다.(19절)

하나님의 선함(토브)이란 그분의 본질을 말하는 것으로 여호와께서 당신의 선함을 드러내는 것은 당신이 누구인지를 선포하는 것과 동일하다. 하나님은 "나는 은혜 베풀 자에게 은혜를 베풀고 긍휼히 여길 자에게 긍휼을 베푸느니라"고 하셨다.(19절) 이는 여호와 하나님의 속성을 나타내는 것으로 하나님은 은혜와 긍휼이 많으신 분이시지만 인간에 의해 조정되거나 타협하지 않으시는 절대 자유를 지닌 분이심을 의미한다. 하나님이 은혜와 긍휼이 없으셨다면 이스라엘 백성은 진작 파멸하였다. 금송아지 사건을 통해 배역한 이스라엘을 용서하시고 그들과 함께 올라가시는 것도 모세의 요청 때문이 아니라 하나님의 절대 자유에 의한 것이다. 물론 하나님은 매번 긍휼만 베풀지 않으신다. 죄에 대해 징벌도 내리시는 분이시다.(출34:7 참조)

이어 하나님은 당신을 보고는 살 자가 없기에 얼굴은 보지 못한다고 하시며 모세를 반석 틈에 두고 손으로 가려 보호하신 다음 등만 볼 수 있게 하셨다.(20-23절) 하나님의 등만 볼 수 있다는 것은 누구든 하나님을 온전히 알 수 없다는 것이요, 하나님의 영광을 뵙는 것은 그분이 선택한 사람에게 주어지는 특별한 선물이라 하겠다. 이런 차원에서 "말씀이 육신이 되어 우리 가운데 거하시매 우리가 그의 영광을 보니 아버지의 독생자의 영광이요 은혜와 진리가 충만하더라"(요1:14)는 말씀은 예수님을 통해 하나님의 영광을 뵙는 그리스도인을 향한 축복의 말씀이다. 그리스도인은 "우리가 지금은 거울로 보는 것 같이 희미하나 그 때에는 얼굴과 얼굴을 대하여 볼 것이요 지금은 내가 부분적으로 아나 그 때에는 주께서 나를 아신 것 같이 내가 온전히 알리라."(고전13:12)는 말씀이 이루어지는 그 날을 소망하며 살아야 한다.

# 출애굽기 34장

모세에게 나타나신 하나님
(Pierre Brebiette - 'God Appearing to Moses')

금송아지를 만들어 섬긴 이스라엘의 죄로 여호와 하나님과의 계약은 파기되고(출32장), 이를 해결하기 위한 모세의 간구는 여호와께 응답되어(출33장) 마침내 하나님은 당신의 본질을 밝히시며 계약을 다시 맺는다.(출34장) 계약 체결의 과정은 첫 번의 경우(출19-24장)와 비슷하게 모세가 기다리는 가운데 여호와께서 나타나 자신을 밝히시며 계약 체결을 선포하시고 율법을 알려주신다. 두 번에 걸친 계약 체결은 '돌판'이라는 주제가 앞뒤 이야기를 하나로 이어준다. 여호와께서 친히 모세에게 율법과 계명을 기록하여 주신 돌판을(출24:12) 모세가 던져 깨뜨린 후(출32:19) 여호와께서 모세가 깨뜨렸던 처음 돌판을 다시 만들도록 하여 그 판에 언약의 말씀을 기록하여 주시는(출34:1, 28) 일련의 과정이 계약의 체결과 파기, 그리고 재계약이라는 흐름을 보여준다.

## 출 34:1-9 | 하나님의 현현

> "여호와께서 그의 앞으로 지나시며 선포하시되 여호와라 여호와라 자비롭고 은혜롭고 노하기를 더디하고 인자와 진실이 많은 하나님이라 인자를 천대까지 베풀며 악과 과실과 죄를 용서하리라 그러나 벌을 면제하지는 아니하고 아버지의 악행을 자손 삼사 대까지 보응하리라"(출34:6-7)

주의 영광을 보여 달라는 모세에게 여호와께서는 등을 보여주시며 깨어진 계약관계를 회복할 단계에 이르렀을 때(출33:17-23) 모세에게 처음 것과 같은 돌판 둘을 준비하도록 하신다. 그러면 그 돌판 위에 원래의 돌판에 썼던 말씀(출31:18, 32:16 참조)을 다시 기록해 주시겠다고 하셨다.(1절) 모세는 아침까지 모든 준비를 하여 예전처럼(출19:12-13, 23) 사람이든 짐승이든 산 근처에는 가까이 하지 못하게 하라는 명령에 따라 혼자 시내산에 올라갔다.(2-4절) 그러자 여호와께서 구름 가운데 강림하사 모세와 함께 서서 '여호와'라는 당신의 이름을 선포하셨다.(5절) 그리고 모세 앞을 지나가시며 자신의 속성을 다시 밝히셨다.(출33:19 참조) 여호와는 '자비롭고 은혜로운 신'이요, '노하기를 더디하는 분', '수천 대에 이르기까지 용서하시는 분' 그러나 '삼사 대까지는 벌을 주시는 분'으로 벌하지 않는 분은 아니다.(6-7절) 여호와께서 밝히신 이런 속성은 금송아지 사건에서 나타난 '죄에 대한 심판과 용서'라는 관점에서 확인할 수 있는데 이러한 여호와의 속성을 총체적으로 대표하는 용어가 '자비'(라훔, 긍휼)이다. 모성적 속성인 자비를 나타내는 히브리어 '라훔'은 여인의 생산의 자리인 자궁을 의미하는 '레헴'에서 파생된 단어다. '라훔'은 어머니가 자신의 태를 찢는 고통을 인내하며 낳은 자식의 잘못에 대해 심판보다는 용서를 베풀듯 여호와는 출애굽을 통해 당신의 백성으로 삼은 이스라엘의 잘못에 대해 심판의 매를 드셨다가도 용서해주시는 분임을 나타낸다. 여호와는 찢으며 아물게 해 주고 또 치고 싸매 주시는 분이시다.(사49:15, 호6:1, 11:8-9 참조). 여호와의 이러한 속성은 구약성서 전반에 나타나는 이스라엘의 구원을 위한 여호와의 교정교육에도 확인된다.(민14:18, 신4:31, 대하30:9, 느9:17, 31, 시78:38, 86:5, 15, 103:8, 111:4, 112:4, 116:5, 145:8, 욜2:13, 욘4:2, 나1:3 참조) 그러나 '아버지의 악행을 자손 삼사 대까지 보응하리라'(7 하반절, 출20:5-6, 민14:18 등 참조)는 하나님의 속성은 훗날 바벨론 포로들 사이에서 '아버지가 신 포도를 먹었으므로 그의 아들의 이가 시다'는 속담으로 오해되어 자신들의 현실을 선조들의 잘못의 탓으로 돌리기도 하였다.(겔18:2, 렘31:29 참조)

여호와께서 자신의 속성을 밝히며 지나가시자 모세는 얼른 땅에 엎드려 경배하며 이스라엘 백성이 목이 뻣뻣한 백성이지만 악과 죄를 용서하시고 하나님의 기업으로 삼으시어 동행해 달라고 청하였다.(8-9절) 이스라엘을 하나님의 기업(네할, 소유, 상속)으로 삼아달라는 것은 깨어진 관계를 회복하여 가나안 땅까지 인도해달라는 요청이다.

## 출 34:10-28 ı 다시 맺은 계약

"여호와께서 모세에게 이르시되 너는 이 말들을 기록하라 내가 이 말들의 뜻대로 너와 이스라엘과 언약을 세웠음이니라 하시니라"(출34:27)

본 단락은 출23장과 많은 유사점이 발견된다.(34:11=23:23, 34:12=23:32, 34:13-16=23:33, 34:18=23:15상, 34:20하-23:15하, 34:21=23:12, 34:22상=23:16상, 34:22하=23:16하, 34:23=23:17, 34:25=23:18, 34:26=23:19, 34:26하=23:19하)

모세의 요청은 여호와께 받아들여져 '아무 국민에게도 행하지 아니한 이적'을 백성 앞에 행하시겠다 하시며 다시 계약을 맺으신다.(10절). 이렇게 계약을 다시 맺는 것은 여호와 쪽에서 백성에게 일방적으로 베푸시는 긍휼이다. 여호와는 이스라엘 쪽에 아무런 조건을 요구하지 않으신다. 오직 하나님 쪽에서 어느 민족에게도 행하지 않은(히브리어로는 '아직 창조하지 아니한'이라는 의미) 이적(팔라)을 이스라엘이 머무는 나라의 백성에게 보여주셔서 이스라엘이 하나님의 백성임을 나타내시겠다고 하신다. '팔라'는 시편기자가 하나님의 위대하신 능력을 표현할 때 자주 사용한 단어로(시9:1, 26:7, 40:5, 71:17, 72:18, 75:1,

78:4, 11, 86:10, 96:3, 98:1, 105:2, 5, 106:7, 22, 107:8, 15, 21, 31, 119:18, 27, 136:4, 139:14, 145:5 등 참조) 출3:20에서는 바로의 억압에서 이스라엘을 빼내시기 위해 나타내실 여호와의 신비롭고 위대한 능력을 의미했다. 앞으로 나타내실 이적은 가나안의 일곱 족속을 쫓아내실 일이다.(11 하반절).

가나안 땅은 여호와 하나님의 일방적인 자비로운 행위인 이적을 통하여 이스라엘에게 주어질 것이다. 하나님은 이스라엘에게 이를 약속하신 후 이스라엘 백성이 행하여야 할 의무를 명령하셨다. 이스라엘이 지켜야 할 의무는 하나님의 기업이 되는 조건이 아니다. 이스라엘이 하나님의 기업이 되어 가나안 땅을 허락받는 것은 하나님이 베푸시는 일방적인 은총이며, 이스라엘이 지킬 의무는 그 은총에 대한 응답이다. 하나님과의 계약관계를 유지하며 은총으로 허락받는 가나안 땅을 보존하는 것이 그들의 의무이다.

이스라엘이 지켜야 할 의무로 제시된 계명은 야비스트(Yahwist) 계열의 자료(J 문서)로 엘로히스트(Elohist) 계열의 자료(E 문서)인 출20:3-17의 십계명과는 차이가 있다. 통상 출20장의 십계명은 '윤리적 십계'(ethical Decalogue), 출34장의 십계명을 '제의적 십계'(cultic Decalogue)로 부른다. 출34장의 계명들은 28절에 근거하여 십계명(Decalogue 는 '열 마디 말씀들'이라는 의미로 초대교부 Irenaeus 이래쓰기 시작한 말이다)으로 구분하기 어렵다. 제의적 십계를 십이계명(Dodecalogue, 레19:13-18, 신27:15-26 참조)의 범주에 포함시키지는 않는다.

첫째 계명 : 원주민과 언약을 맺지 말라.(12-16절)

원주민과 언약을 맺으면 그들이 자기들의 신을 섬기게 하기 때문이다. 가나안 땅에는 이미 바알(Baal)로 대표되는 다른 신을 섬기는 신앙 형태가 있었으므로 이들과의 언약은 여호와만을 섬겨야 할 여호와의 백성인 이스라엘에게 문제가 되었다. 이스라엘은 가나안에 들어온 후 목축업을 하던 유랑생활을 접고 농사일을 하는 정착생활을 하게 된다. 가나안 종교는 농업종교로 자연 질서를 신격화하고 물질적 풍요를 위해 성적 방종을 종교의식으로 행하고 있었다. 가나안에서 새로운 삶을 시작하는 이스라엘에게 이런 종교문화는 유혹이 되었다. 첫째 계명은 이런 상황에 직면한 이스라엘에게 그들과의 언약이 결코 생명과 안정을 보장하는 것이 아니라는 선언이다. 출애굽 사건을 통하여 그들이 경험했듯이 생명과 안정과 자유는 오직 여호와 하나님만을 통하여 허락받게 된다는 사실을 강조한다. 여기서 여호와는 당신이 질투하는 분임을 밝힌다.(출20:5, 신4:24, 5:9, 6:15 참조). 질투(칸나)는 하나님과 이스라엘 관계의 독특성을 나타내는 용어로 하나님 의 질투의 대상은 이방 신이 아닌 그런 신을 섬기는 이스라엘 자체다. 오직 자신에게만 속해야 할 이스라엘이 다른 신에게 한눈을 파는 행위를 결코 용납하지 않으시겠다는 독특한 사랑의 관계를 표현하는 말이다.

둘째 계명 : 신상을 만들지 말라.(17절)

신상(마세카)은 부어서 만든 것, 주조한 것을 의미하는데 출32:4, 8에서는 아론과 백성들이 금송아지를 만든 것과, 왕상14:9에서는 여로보암이 단과 베델에 금송아지를 세운 사건에 나타난다. 여호와는 오직 말씀 외에는 어떠한 형상으로도 나타낼 수 없다.(신4:12, 왕상19:12 참조) 신상을 만들어 여호와를 섬기는 일은 여호와 하나님을 이교제의의 신과 혼돈하게 하는 우상화다. 또한 이스라엘이 출애굽 사건을 통해 경험한 '역사의 주'로서의 여호와를 신상 속에 감금하는 모독적 행위이다.

셋째 계명 : 무교절을 지키라.(18절)

이 계명은 출23:15에 언급된 계명으로 아빕(Abib) 월(니산 달이라고도 하며 태양력 3-4월에 해당됨) 15일부터 일주일간 진행되는 축제다. 아빕은 '보리이삭'을 의미하는데, 이 절기에는 햇보리를 추수한 후 누룩을 넣지 않고 소금과 물로만 빵을 만들어 추수하게 해주신 여호와께 감사제를 드렸다. 이러한 축제는 곡식의 추수가 바알 신의 선물이라고 생각했던 가나안 원주민들과는 전혀 다르다. 이스라엘은 여호와께서 가나안 땅을 주시고 추수하게 해주신 것을 무교절 축제로 감사한다. 그러나 본문에서는 출애굽 사건과 연관시켜 무교절을 지키라고 한다. 이것은 출12:34, 39절에 근거한 것으로 출애굽을 통해 생명과 자유를 주신 여호와를 기억하며 감사해야 한다는 의미이다. 또한 가나안에서의 삶 역시 여호와께 달려 있음을 고백하여 여호와만 섬겨 가나안에서 영원한 자유와 평화를 누리라는 명령이다.

넷째 계명 : 사람이든 가축이든 처음 난 것은 다 대속하라.(19-20절)

전통적으로 유목인들은 소출을 많이 얻고 재앙으로부터 보호받기 위해 그들의 신에게 동물의 처음 난 것을 희생제물로 바쳤다. 그러나 이스라엘은 수컷이 여호와의 것이라는 말씀을 통하여(출13:12 참조) 모든 생명의 주인이 여호와이심을 밝힌다. 사람이든 가축이든 초태생(페테르, 맏물, 첫 열매, 장자라는 의미, '브코르'와 동의어)을 여호와께 대속(파다, 되사다, 도로찾다, 무르다라는 의미, '대속'이 중심주제로 다루는 레27장에는 동의어로 '가알'이 주로 사용되었다)하는 것은 생명의 원주인이신 여호와께 돌려드리는 행위이다. 또한 이것은 유월절 사건과 관련하여 하나님의 구원을 기리는 감사 예물이다.(민8:17 참조) 맏아들을 대속할 때는 제사장에게 성소의 세겔(shekel)로 다섯 세겔을 지급해야 했다.(민18:16 참조)

다섯째 계명 : 안식일을 지켜라.(21절)

윤리적 십계명의 네 번째 계명으로 이미 언급된(출20:8-11) 안식일을 준수하라는 계명은 농경사회를 배경으로 하고 있어서 가나안에 들어간 이후에 지켜야 할 계명으로 강조되었음이 분명하다. 이스라엘 백성은 엿새 동안은 누구든지 열심히 일하고 일곱째 날에는 쉬어야 한다. 밭 갈 때나 거둘 때도 쉬라는 것은 아무리 바빠도 지켜야 할 계명이라는 뜻이다. 출애굽 이후 안식일은 이스라엘 백성에게는 애굽의 노예생활에서 해방시켜주신 여호와 하나님의 은혜를 기리고 또한 허락받은 자유를 만끽하며 감사하는 날이었다. 여호와 하나님은 출애굽뿐만이 아니라 가나안 땅까지 주실 분이다. 따라서 안식일에 여호와 하나님을 기리면서 씨 뿌림과 수확을 통한 생존이 자신의 노력에 의해 주어지는 것이 아니라 여호와 하나님의 선물임을 고백하게 된다.

여섯째 계명 : 칠칠절과 수장절을 지켜라.(22절)

이미 이스라엘의 3대 축제일로 무교절과 함께 언급되었던(출23:16 참조) 칠칠절(맥추절)과 수장절(초막절, 장막절)을 지키라는 계명이다. 이 두 절기는 추수와 관련되어 다섯째 계명인 안식일 준수와 더불어 땅의 모든 소출이 여호와로부터 허락받은 선물임을 감사하라는 계명이다. 특히 '세말'에는 수장절을 지키라는 언급에서 '세말'은 '해가 끝나는 때'를 의미한다. 그러므로 봄 축제인 무교절로부터 시작되는 여호와 하나님에 대한 감사는 매 안식일에, 그리고 한해가 마무리될 때까지 계속 되어야 한다는 뜻이다. 전 생애를 통해 여호와 하나님을 기려야 한다 의미이다.

일곱째 계명 : 매년 세 번 여호와께 보이라.(23-24절)

이스라엘의 3대 축제일에 대한 언급에 이어 이스라엘의 모든 남자는 일 년에 세 번 여호와께 보여야 한다는 계명은 신명기의 영향으로 보인다. 이스라엘은 왕정시대 이전부터 여러 지방성소에서 여호와께 제의를 드렸다. 대표적인 지방성소는 길갈, 실로, 베델, 기브온 등이다. 솔로몬이 예루살렘의 시온 성전을 건축한 후에도 지방성소 제의는 계속되었으며 이곳이 여호와께 제의를 드리는 유일한 곳으로 지정되는 때는 요시야의 종교개혁 이후이다. 이스라엘의 남자(자카르)는 하나님의 백성으로 생명과 신앙의 담지자로 여호와와 끊임없는 관계를 유지해야 할 중요한 존재다. 그러기에 이들은 적어도 매년 세 번씩은 여호와께 보여야 한다. 이 계명에는 약속이 포함되어 있다. 이방 나라를 쫓아내고 지경을 넓혀줄 것이요, 남자들이 여호와를 뵈러 가는 동안 아무도 그들의 땅을 탐내지 못하도록 하시겠다는 약속이다. 모든 염려를 하나님께 맡기는 믿음으로 하나님의 절기를 지키라는 계명이다.

여덟째 계명 : 제물의 피를 유교병과 함께 드리지 말라.(25절)

제물의 피를 누룩이 든 떡과 함께 섞으면 부패할 수 있으므로 제물로 합당치 않다는 말씀이다. 거룩하신 하나님께 드리는 제물은 부정한 것이어서는 안 된다. 또한 유월절 제물을 아침까지 두지 말라는 말씀은 하나님께 드린 제물을 바로 주변 사람들과 나누라는 의미이다. 봉헌을 통한 하나님과의 친교와 인간과 나누는 친교는 동시적이어야 한다. 하나님 사랑과 이웃 사랑은 분리될 수 없다.(막22:28-31 참조)

아홉째 계명 : 토지의 첫 소산을 여호와께 드리라.(26 상반절)

토지의 처음 익은 것은 장자와 짐승의 첫 새끼와 마찬가지로 하나님께서 주신 것이므로 여호와께 드려야 한다. 토지는 하나님의 소유이므로(레25:23) 거기서 나온 첫 소출을 하나님께 드려서 모든 것이 하나님의 선물로 주어졌음을 감사해야 한다.

열째 계명 : 염소새끼를 그 어미의 젖으로 삶지 말라.(26 하반절)

바알종교의 정체성을 잘 알려주는 우가릿(Ugarit) 문서에 '어미젖에 새끼 염소를, 버터에 양 새끼를 끓인다'는 구절에서 알 수 있듯이 가나안에서는 풍요를 비는 제의로 염소 새끼를 어미젖으로 삶는 습관이 존재했다. 열째 계명은 이것을 금지시킴으로 이스라엘과 가나안 원주민, 여호와와 바알을 철저하게 구분한다. 유대인은 지금도 이 계명에 따라 우유제품과 고기제품을 엄격히 구분하여 요리한다.

여호와께서는 모세에게 이제껏 하신 말씀을 기록하라 하신 후 이 말들을 조건으로 삼아 모세 자신과 이스라엘과 언약을 맺으시겠다고 하셨다.(27절) 모세는 사십 주야 동안 산 위에 있으면서 떡이나 물을 섭취하지 않았다.(28 상반절) 이어지는 하반절은 모호한 부분이다. 언약의 말씀 곧 십계명을 누가 기록했는지 주체가 분명하지 않고 '그'라고만 되어있다. 27절의 여호와의 명령과 관련하면 '모세'로 볼 수 있으며 1절과 관련하면 '여호와'로 볼 수 있다. 그러나 '십계명'(아세레트 하드바림)이라는 어구는 신명기에만 등장하므로 이 구절은 신명기 학파가 삽입한 구절로 보아 신10:1-4과 관련하여 '여호와'로 이해한다. 여호와께서는 이스라엘과 새롭게 계약을 맺으시고 그 말씀을 기록해 주심으로 당신께서 그들을 당신의 백성으로 다시 삼으시고 늘 함께 하신다는 것을 알려주셨다.

## 출 34:29-35 | 모세의 하산(下山)

"모세가 그 증거의 두 판을 모세의 손에 들고 시내 산에서 내려오니 그 산에서 내려올 때에 모세는 자기가 여호와와 말하였음으로 말미암아 얼굴 피부에 광채가 나나 깨닫지 못하였더라"(29절)

모세가 증거판 둘을 가지고 시내산에서 내려올 때 아론과 온 이스라엘 백성은 모세의 얼굴 피부에 광채가 나기에 가까이 하기를 두려워했다.(29-30절) 모세가 먼저 그들을 가까이 불러 여호와께서 시내산에서 주신 말씀을 다 전한 다음 수건으로 자신의 얼굴을 가렸다.(31-32절). 모세는 여호와 앞에 들어가서 말할 때는 수건을 벗고 있다가 그 말씀을 백성에게 전하고 이후에는 늘 수건으로 자기 얼굴을 가리고 있었다.(33-35절) 여기서 문제되는 것이 모세의 얼굴 피부의 상태다. '얼굴 피부에 광채가 났다'는 히브리어는 '카란'으로 '뿔'이라는 '케렌'과 관련이 되는 말이다.(출27:2, 29:12, 30:2, 10, 37:25, 26, 38:2 등 참조) 제롬(Jerome, 기원후 342-419년)의 벌게이트(Vulgate) 역본에는 '뿔이 나다'라고 번역하여(아람어 역본 Targum, 시리아어 역본 Peshitha, 그리스어 역본 LXX는 모두 '빛나다'로 번역되어 있다.) 그 영향으로 11세기 모세의 그림과 조각에는 이마에 뿔이 나 있었다. 성서에서 뿔은 흔히 권력과 위엄을 상징하므로(삼하22:3, 시18:2, 75:10, 89:17, 24, 112:9, 132:17, 148:14 등 참조) 모세를 금송아지를 만들어 섬긴 아론과 백성의 죄에 대항하는 큰 힘을 가진 권위 있는 자로 보았기 때문이다.

그러나 모세의 얼굴에 광채가 나는 것은 그가 계약을 다시 맺기 위해 여호와와 대면하여 말씀을 받았기 때문이다. 모세의 광채는 여호와로부터 비롯된 은총이며 또한 여호와에게서 부여받은 권위의 상징이다. 모세 자신은 그것을 알지 못했으나 아론과 백성은 알았다. 모세가 여호와로부터 말씀을 받을 때와 그 말씀을 백성에게 전할 때 수건(마스베)을 벗었고 백성에게 말씀을 전한 후에 다시 수건으로 얼굴을 가린 것은, 그가 전하는 말씀이 여호와의 말씀이라는 것이며 그 외의 말들은 여호와의 말씀이 아닌 자신의 말임을 나타내는 상징적 행위이다. 시내산 아래 내려와 수건을 벗은 빛나는 얼굴로 모세가 말씀을 전할 때 이스라엘 백성은 그 말씀이 여호와의 말씀임을 확실히 알 수 있었으며 모세의 권위를 더 이상 의심할 수 없게 되었다. 따라서 백성은 모세가 그들의 시야에서 보이지 않는다 해도 다시 불안하거나 두려워하지 않게 되었다. 모세의 빛나는 얼굴에서 보듯이 여호와 하나님은 그들과 늘 함께 계시며 이제 하나님의 백성으로 새로워진 그들은 여호와의 명령을 지키며 그분의 인도 가운데 약속의 땅을 향하여 올라가게 된다.

# 출애굽기 35장

모세 시내산에서 내려오다
(Phillip Medhurst - 'Moses descends from Mount Sinai')

출35-40장은 금송아지 사건(출32-34장)으로 중단되었던 성막건축에 관한 지시(출25-31장)가 비로소 실행되어 성막이 건축되고 봉헌되는 내용이다. 성막건축 지시(출25-31장)와 성막건축 및 봉헌(출35-40장)을 주제로 하는 이 두 단락은 내용에 큰 차이가 없으나 때로 순서를 달리하며 부분적으로 변형을 취해 다듬었다는 점에서 서로를 보충해 주고 있다.

## 출 35:1-3 | 안식일 준수 명령

"안식일에는 너희의 모든 처소에서 불도 피우지 말지니라"(출35:3)

모세는 성막 공사에 대한 말씀을 전하기에 앞서 이스라엘 온 회중을 모은 가운데 안식일을 준수할 것을 명령한다. 일곱째 날은 그들을 위한 거룩한 날이며 여호와께 엄숙한 날이니 엿새 동안은 일하고 이 날에는 일하지 말라는 것이다. 일하는 자는 죽음을 면치 못하리라.(2절). 안식일 준수에 대한 계명은 성막건축을 지시한 단락에서는 맨 마지막에 언급되었으나(출31:12-17 참조) 성막건축 실행 단락에서는 맨 처음에 언급되었다. 또 건축지시 단락에서는 안식일은 이스라엘 백성이 여호와 하나님과 언약을 맺은 하나님의 백성이라는 하나의 영원한 '표징'(오트)이라 하였으나(출31:13, 17 참조) 여기에는 '표징'이라는 언급은 없고 안식일에 모든 처소에서 불도 피우지 말아야 함이 첨가되었다.

이렇게 성막공사와 관련하여 안식일 준수가 지시의 단락에는 마지막에, 실행의 단락에서는 처음에 언급된 의미는 무엇일까? 성막을 통한 하나님 예배에 있어 안식일 준수는 이스라엘 백성에게는 처음과 마지막 위치처럼 가장 중요하다는 의미이다. 또한 이제 실행될 성막 건축 과정에서도 안식일을 준수하여 일의 노예가 되어서는 안 된다는 의미이다. 불을 피우는 것을 금지한 것은 안식일에 필요한 음식은 전날 준비하여서(출16:21-30 참조) 온전히 여호와 하나님께 의지해야 한다는 의미이다.

성막이 여호와 하나님의 공간적인 성소라면 안식일은 시간적인 성소다. 성막을 건축하는 데 있어 안식일을 준수하는 것은 하나님 백성이라는 정체성을 확고히 인식하며 그들 가운데 거하시는 여호와 하나님의 임재를 잊지 않게 하는 거룩한 일이었다.

## 출 35:4-36:7 | 성막 자재 준비와 기술자 임명(출35:4-36:7)

> "마음이 감동된 모든 자와 자원하는 모든 자가 와서 회막을 짓기 위하여 그 속에서 쓸 모든 것을 위하여, 거룩한 옷을 위하여 예물을 가져다가 여호와께 드렸으니 곧 마음에 원하는 남녀가 와서 …드렸으니 …가져왔으며, …가져왔으며, …가져왔으며, …뽑았으며, …가져왔으며, …가져왔으니 마음에 자원하는 남녀는 누구나 여호와께서 모세의 손을 빌어 명령하신 모든 것을 만들기 위하여 물품을 드렸으니 이것이 이스라엘 자손이 여호와께 자원하여 드린 예물이니라"(출35:21-29)

모세는 여호와께서 자신에게 명령하신 그대로(출25:1-2 참조) 이스라엘 백성에게 성막 건축에 필요한 물건을 봉헌하도록 지시한다.(출35:4) 봉헌할 물건은 백성이 소유하고 있는 것으로 온전히 자발적으로 드려야 했으며 봉헌할 물건의 목록은(출35:5-9) 여호와가 명령하신 것과 동일해야 했다.(출25:3-7 참조) 또한 여호와께서 이미 세워주신 성막 건축에 필요한 능력을 주신 브살렐과 오홀리압(출35:30-36:1, 출31:1-11 참조) 그리고 '마음이 지혜로운 자들'(하캄 레브, 기술이 있는 자들, 출31:6 참조)을 불러 여호와께서 명령하셨던(출25-31장) 각종 물건을 만들도록 지시한다.(출35:10-19, 36:2) 이와 같은 모세의 지시는 여호와의 명령과 동일한데 이것은 모세가 여호와의 말씀에 어긋나지 않고 온전히 순종하였음을 의미한다.

모세의 지시를 받은 온 회중은 집으로 돌아가 남녀 구별 없이 기꺼이 자신의 소유 중에서 여호와께 바칠 것을 택하여 봉헌하였다.(출35:20-29). 애굽에서의 해방, 시내산까지의 인도, 또한 금송아지를 섬긴 죄를 용서해주신 여호와의 사랑에 대한 감사의 표시이다. 특히 자재를 준비하는 일에는 성막건축 지시 단락에서 언급되지 않았던 여인들이 참여했다는 내용이 첨가되었다. 이것은 여호와의 은혜를 받은 '모든' 백성이 감사의 응답에 참여했음을 의미하며 아울러 준비해야 할 자재 중에 많은 것이 여인들의 소유물인 패물에서 나왔기 때문이다.

성막건축에 필요한 자재는 이스라엘 백성이 자원하여 가져온 품목으로 넘쳤다.(출36:3) 기술이 있는 자들이 자기들의 일을 멈추고 모세에게 이 사실을 알리고, 모세는 멈추도록 선포하였다.(출36:4-7) 이렇게 풍부하게 자재가 봉헌된 것은, 이스라엘 백성이 단순히 여호와의 명령에 의무적으로 성막건축에 필요한 자재를 봉헌한 것이 아니라 여호와의 사랑과 은혜에 대한 감사의 고백으로 드렸다는 사실을 나타낸다. 하나님께 드리는 헌물은 자발적이며 감사의 응답이어야 한다. 바울도 봉헌의 원칙을 "각각 그 마음에 정한 대로 할 것이요 인색함으로나 억지로 하지 말지니 하나님은 즐겨 내는 자를 사랑하시느니라"(고후9:7)고 하였다.

# 출애굽기 36~38장

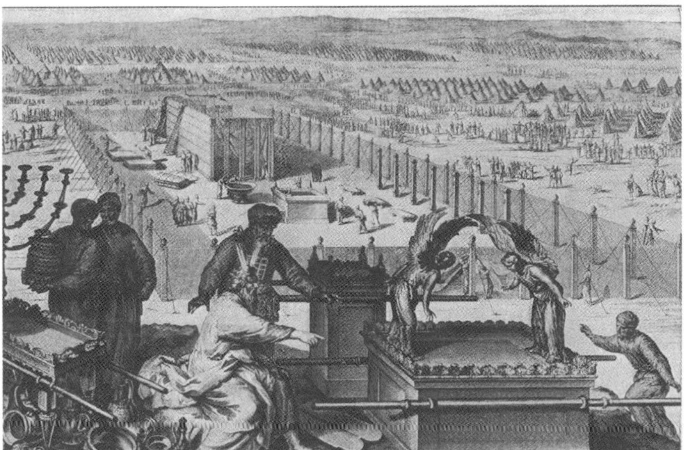

성막과 그 외 부속 기물들 제작

## 출 36-38장(출 36:8-38:31) | 성막과 그 외 부속 기물들 제작

"유다 지파 훌의 손자요 우리의 아들인 브살렐은 여호와께서 모세에게 명령하신 모든 것을 만들었고 단 지파 아히사막의 아들 오홀리압이 그와 함께 하였으니…"(출38:22-23)

출36:8-38:31은 성막과 그 외 부속기물들을 제작하는 내용이다. 제작하는 내용은 여호와의 지시와 동일하나 제작 순서가 다르다. 여호와의 지시 순서는 증거궤(출25:10-22)를 시작으로 진설병 상(출25:23-30), 등잔대(출25:31-40), 성막(출26:1-37), 제단(출27:1-8), 성막 뜰(출27:9-19), 제사장 의복(출28:1-14), 분향단(출30:1-10), 물두멍(출30:17-21)이 마지막이었다. 이러한 지시는 더 중요한 것에서 덜 중요한 것 순서이다. 그러나 제작하는 순서는 일의 흐름상 자연스럽게 성막(출36:8-38)으로부터 시작되어 증거궤와 부속기물(출37:1-9), 진설병 상(출37:10-16), 등잔대(출37:17-24), 분향단(출37:25-29) 제단(출38:1-7), 물두멍(출38:8), 성막 뜰(출38:9-20), 제사장 의복(출39:1-5) 순서로 진행되었다.

성막제작의 진행자는 더 이상 모세가 아니다. 모세의 역할은 제작에 필요한 자재의 준비와 제작을 위하여 브살렐과 오홀리압을 포함한 기술자들을 임명하는 것까지 이다.(출35:4-36:7 참조) 이어 진행되는 제작의 실제 책임자는 브살렐이다. 제작과정에서 브살렐이 언급된 곳은 출37:1, 38:2 이며 이곳 외에서는 '그가'라고만 언급되어 있다.

출36:8-36은 성막건축에 관한 내용으로 한글개역성경에는 언급되어 있지 않으나 MT에는 출36:8에 '그가"라는 말이 언급되어(출36:20,

31, 35 참조) 성막 건축의 실제 책임자가 출37:1에 언급된 '브살렐'임을 나타낸다.(출37:10, 17, 25, 38:1, 8, 9 참조) 물론 출35:30-36:7에서 확인할 수 있듯이 브살렐이 혼자 작업한 것이 아니라 마음이 지혜로운 사람, 곧 여러 기술자가 함께 작업했다. 성막은 맨 처음 성막의 안(內) 휘장(출36:8-13)을 만들고 이어 성막의 바깥(外) 휘장(출36:14-19), 널판과 띠(출36:20-34), 휘장(출36:35-38)을 만들어 완성하였다.

출37:1-29은 증거궤(1-9절), 진설병을 올리는 상(10-16절), 등잔대(17-24절), 분향단(25-28절), 관유와 향품(29절) 제작에 관한 내용으로 출25장과 출30장을 비교해 보면 많은 부분이 생략되어 있다. 궤를 나르는 채를 두는 위치(출25:15), 증거판을 궤 안에 두는 일(출25:16), 속죄소와 증거판의 위치(출25:21), 두 그룹 사이에서부터 말씀하실 것이라는 여호와의 약속(출25:22), 진설병을 상 위에 두는 일(출25:30), 등잔들을 두는 것과 그 이유(출25:17), 모세를 통해 계시된 등잔대의 모형을 엄격하게 따르는 것(출25:40), 분향단의 위치, 사용법, 규제 조항들(출30:6-10), 관유와 향의 조제법(출30:22-38)에 관한 말씀이다. 이와 같은 내용들의 생략은 대부분 건축과 상관없기 때문이었다.

출38:1-20은 제단(1-7절), 물두멍(8절), 성막 뜰(9-20절)에 관한 내용이다.

여기에 특별한 것은 물두멍 제작과 관련한 것으로, 지시내용(출30:17-21)을 회막문에서 수종 드는 여인들의 놋 거울을 녹여 그 받침까지 만들었다고 짧게 요약해 놓은 점이다. 이 구절은 많은 의문점을 갖게 한다. 이제 막 성막이 건축되었는데 여인들이 수종들었다는 회막문은 무엇인가? 진 밖에 있는 모세가 여호와와 만남을 가졌던 그 회막인가?(출33:7 참조) 그랬다면 그 회막은 오랫동안 존재했다는 것인가? 또 그곳에서의 여인들의 수종이란 구체적으로 무슨 일인가? 삼상 2:22에 언급된 회막문에서 수종드는 여인은 어떤 종류의 제의적 매춘 행위를 하는 여인을 언급하는데 그런 일을 말하는 것인가? 아니면 춤을 추고 악기를 연주하는 일이었나? 고대 역본들 가운데 70인 역은 '금식하는 여인들' 벌게이트는 '보호하는 여인들', 탈굼은 '기도하는 여인들'로 번역하기도 했다. 여러 의문점에도 불구하고 이 구절은 물두멍과 그 받침대를 제조하는 데 사용된 놋의 출처를 밝히고 있다. 그럼에도 불구하고 여인들의 거울들(마르오트)이 물두멍과 그 받침대를 제작할 정도로 많았을까 라는 의문도 제기된다.

출38:21-31은 브살렐과 오홀리압이 성막과 그 부속기물을 만드는 데 사용한 금속재료들에 대한 언급이다. 총 합계는 금 29달란트 730세겔(24절), 은 100달란트 1175세겔(25절), 놋 70달란트 2400세겔(29절)이다. 이 금속재료는 이스라엘 백성 중에서 계수된 20세 이상 603,550명이 1/2세겔씩 생명의 속전으로 드린 값(26절, 출30:11-16 참조)과 자진하여 감사로 드린 넘치는 헌물의 결과다.(출36:2-7 참조) 이러한 재료의 물목(物目, 페코다, '소집하다'라는 히브리어 '파카드' 에서 파생된 단어)은 아론의 아들 이다말(Ithamar, 출6:23, 28:1 참조)이 모세의 명령대로 계산한 것이었다.(21절) 이다말이 감독자 사역에 종사한 사람이었기에(민4:28, 33 참조) 물목을 계산한 사람으로 이곳에 언급되고 있다.

# 출애굽기 39장

제사장 의복

## 출 39장(출 39:1-31) ǀ 제사장 의복 제작

> "이스라엘 자손이 이와 같이 성막 곧 회막의 모든 역사를 마치되 여호와께서 모세에게 명령하신 대로 다 행하고"(출39:32)

여호와께서 모세에게 말씀하신 성막 건축지시(출25-31장)는 제사장 의복을 만드는 것으로 완료된다. 출39장은 제사장 의복 제작(1-31절)에 이어 성막 건축 작업이  완료된 것을 모세가 확인하는 내용(32-43절)을 담고 있다.

성막건축에 관한 마지막 작업은 제사장 의복을 만드는 것으로 에봇(2-7절, 출28:6-14), 흉패(8-21절, 출28:15-30), 에봇 받침 긴 옷(22-26절, 출28:31-35), 속옷과 관(27-29절, 출28:39-43), 거룩한 패(30-31절, 출28:36-37) 순서로 제작되었다. 창39:1-31에는 제사장 의복을 제작하는 장본인이 '그들'(1, 6, 15, 27, 30절)과 '그가'(2, 8, 22절)가 뒤섞여 나타나는데, '그들'은 브살렐과 오홀리압이 감독하는 가운데 일하는 기술자들을 지칭하며 '그가'는 '브살렐'을 지칭한다. 제사장 의복 제작 내용에 두드러진 점은 "여호와께서 모세에게 명령하신 대로" 하였다는 언급이 일곱 번 나타난다는 것이다.(1, 5, 7, 21, 26, 29, 31절) 이런 언급이 거듭되는 것은 제사장 의복이 여호와께서 모세에게 지시하신 '그대로' 제작되었음을 강조하고자 함이다. 아울러 제사장 의복의 기원과 권위가 여호와께 비롯되었음을 나타내 성막에서 거룩한 일을 담당하는 제사장이 입는 의복도 거룩한 것임을 강조하고 있다. 그러나 '우림과 둠밈'에 대한 내용이 빠져 있고, 이와 더불어 '제사장이 성소에 들어갈 때에 이스라엘의 아들들의 이름이 새겨진 흉패'(14절)가 출28:15, 29, 30에 언급된 '판결 흉패'라는 명칭과 차이가 난다.

제사장 의복 제작으로 마무리 된 성막 공사는 여호와께서 모세에게 명령하신 대로 정확하게 이루어졌다.(32, 42, 43절) 브살렐, 오홀리압 그리고 그들과 함께 한 기술자들이 모세를 통해 지시된 여호와 하나님의 말씀에 온전히 순종한 결과였다. 공사를 마친 그들은 성막과 그것에 속한 부속기물들을 모세에게 가지고 왔다.(33절) 그들이 마감한 공사결과물이 과연 여호와의 지시와 일치하는지를 확인받고자 함이다. 여호와의 지시를 직접 들었던 사람이 모세가 유일하기 때문이다. 모세는 그 마친 모든 것을 보고 여호와께서 명령하신 대로 되었음을 확인하고 그들을 축복하였다.(43절) 모세가 다른 사람에게 축복한 경우는 출애굽기에서 이것이 유일하다. 여호와의 말씀에 더도 덜도 안 하고 그대로 행하는 것이 하나님의 축복(바라카)을 받는 길이다.

# 출애굽기 40장

성막(Phillip Medhurst - 'The tabernacle')

## 출 40장(출40:1-13) | 여호와의 명령에 따른 성막 건립

"구름이 회막에 덮히고 여호와의 영광이 성막에 충만하매"(출40:34)

출40장은 여호와의 명령에 따른 성막 건립(1-33절)과 성막에 충만한 여호와의 영광(34-38절) 두 단락으로 나눌 수 있다.

성막과 부속기물의 제작이 완료되자 여호와께서 모세에게 날짜를 지정해 주시며 세울 것을 명령하신다.(1-2절) 성막을 세울 날짜는 첫째 달 초하루다. 첫째 달은 태양력 3-4월에 해당하는 아빕(Abib) 또는 니산(Nisan) 달이며, 이 달을 첫째 달(정월)로 삼은 이유는 이스라엘이 애굽에서 탈출한 달이기 때문이다.(출12:2, 23:15, 34:18, 레23:5-6, 민28:16-17, 신16:1 참조) 이스라엘은 이 달을 봄의 새해로 여겼다. 성막은 이렇게 애굽에서 나온 지 둘째 해 정월 초하루에 세워졌다.(17절) 2절을 '시작 시점'으로, 17절을 '끝난 시점'으로 보고 성막건립 기간이 1년이었다고 이해하는 것은 잘못이다.

성막을 세우는 과정은 건립 지시(2-12절)에서 제시된 순서(출36:8-38:8에 이미 언급)에 따라 일곱 단계로 진행되었다. 성막(18절, 출36:8-38)에 이어 증거궤(20절, 출37:1-9), 진설병 상(22절, 출37:10-16), 등잔대(24절, 출37:17-23), 분향단(26절, 출37:25-29), 번제단(29절, 출38:1-7), 놋 물두멍(30절, 출38:8)이 세워졌으며 마지막으로 성막과 제단 주위 뜰에 포장(울타리)을 치고 뜰 문에 휘장을 다는 것으로 모든 과정을 마쳤다.(33절, 출38:9-20)

12-15절에 언급된 아론과 그의 아들들에게 거룩한 옷을 입히고 기

름을 부어 성별하여 제사장 직분을 행하게 하라는 지시는 아론과 그의 아들들이 물두멍에서 수족을 씻었다(31-32절)는 언급에 내포되어 있다. 이들의 이런 행위는 물두멍 제작에 언급된 요구 조건을 지키기 위한 것이었다.(출30:19-21 참조) 그러나 아론과 그의 아들들의 제사장 위임은 레위기 8장에서 행해진다.

여호와께서 모세에게 내리신 성막 건립(1-16절)에 관한 명령은 16절의 '모세가 그같이 행하되 곧 여호와께서 자기에게 명령하신 대로 다 행하였더라.'는 언급대로 그대로 진행되었다. 실행과정에 '여호와께서 모세에게 명령하신 대로 되니라'는 언급이 일곱 번 반복하여 나타난다.(19, 21, 23, 25, 27, 29, 32절) 성막의 도안, 설계, 제작, 건립 등 성막의 모든 사항이 여호와 하나님의 계획과 의지, 그리고 관심과 참여에 의하여 출발되고 마감되었다는 의미이다.

모세가 여호와의 명령에 따라 성막건립의 역사를 마치자(33절) 구름이 회막에 덮이고 여호와의 영광이 성막에 충만하였다.(34절) 시내산에 계셨던 여호와께서(출24:15-18, 34:4-5 참조) 성막으로 강림하시어 이스라엘 백성 한가운데 머무신다. 모세는 여호와의 영광이 성막에 충만하기에 그곳에 들어갈 수 없었다.(35절) 누구를 막론하고 성막에 거하시는 여호와를 대면하는 일은 여호와께서 부르셔야 이루어진다. 모세와 여호와의 만남은 '여호와께서 회막에서 모세를 부르시고 그에게 말씀하여 이르시되'(레1:1)로 가능하게 된다.

이제 이스라엘 백성은 구름이 성막 위에 떠오르고 머무르는 것에 따라 움직였다.(36-37절) 성막에 거하시는 여호와의 뜻에 온전히 순종하며 행동했다. 이스라엘 백성이 애굽에서 처음 광야로 나올 때 구름 기둥과 불 기둥으로 인도하신 여호와께서(출13:21-22) 이제는 성막에 함께 계시면서 약속의 땅 가나안을 향한 그들의 행진을 인도하시며, 그들은 이런 여호와의 현존과 인도를 눈으로 보았다.(38절)

성막을 건립함으로써 여호와께서 이스라엘에게 해방과 자유를 주신 출애굽의 최종 목표가 성취된다.(출3:12, 18, 4:23, 5:1, 3, 8, 17, 7:16, 8:1, 8, 20, 25-28, 9:1, 13, 10:3, 7-11, 24-26 참조)

성막에 임재하시는 하나님은 가나안을 향해 광야에서 끊임없이 이동하는 이스라엘 백성과 함께 이동하시며 그들을 인도하신다. 여호와 하나님은 어떤 장소에 머물러 계시는 분이 아니라 사람들이 살아가는 삶의 현장 한가운데 함께 머무시며 그들을 인도하신다. 이 사실을 눈으로 보는 사람들이 길을 떠나는 이스라엘 곧 믿음의 사람들이다.(출40:36-38 참조) 하나님과 함께 하는 삶은 끊임없이 길을 떠나가는 신앙의 삶이다, 아브라함이 고향, 친척, 아버지 집을 떠나 하나님께서 보여주실 땅으로 믿으며 떠났듯이(창12:1 참조) 광야 같은 이 세상을 사는 하나님의 백성은 '임마누엘'의 하나님을 믿으며 그의 인도하심에 따라 길을 떠나는 '떠남의 영성'을 사는 사람이다. 세상 그 어떤 것에도 집착하지 않고, 세상이 주는 근심 걱정에 얽매이지 않고, 오직 하나님의 말씀에 자신을 완전히 의탁하며 사는 것이다. 베드로서 기자는 "너희 염려를 다 주께 맡기라 이는 그가 너희를 돌보심이라"(벧전5:7)고 하셨고 예수께서도 세상 염려를 금하시며 "너희는 먼저 그의 나라와 그 의를 구하라 그리하면 이 모든 것을 너희에게 더하시리라"(마6:33)고 하셨다.

그리스도의 십자가 죽음을 통해 애굽으로 상징되는 현대 물질문명의 이기와 풍요와 편리함, 탐욕과 집착의 사슬에 묶인 죄와 사망에서 구원받은 성도는 지극히 거룩한 제단에서 예배드리는 사람이다. 구원의 은혜에 감사하며 예배드리는 성도에게는 예수 그리스도로부터 오는 참 자유와 영원한 생명과 진정한 행복이 충만하리라.

"모든 지각에 뛰어난 하나님의 평강이 그리스도 예수 안에서 너희 마음과 생각을 지키시리라"(빌4:7) 아멘.

## 참고문헌


### ◀ 국 외

G. A. F. Knight, Theology as Narration Michigan: W.B. Eerdmans Publishing Co., 1976.

H. W. Obbink, "Jahwebilder", ZA W 46(1929).

W. L. Holladay, A Concise Hebrew and Aramaic Lexicon of the Old Testament Michigan W. B. Eerdmans Publishing Co., 1971.

U. Cassuto, A Commentary on the Book of Exodus, Jerusalem: The Magnes Press, 1967.

W. Zimmerli, Old Testament Theology in Outline, Atlanta: John Konx Press, 1978.

### ◀ 국 내

김이곤, 「구약성서의 고난신학」, 서울: 한국신학연구소, 1989.

김이곤, 「출애굽기의 신학」, 서울: 한국신학연구소, 1989.

민영진, 「한반도에서 읽는 구약성서」, 서울: 삼민사, 1988.

박준서, 「십계명 새로보기」, 서울: 한들출판사, 2001.

박준서, 「이스라엘아! 여호와의 날을 준비하라」, 서울: 대한기독교서회, 2001.

마르틴 루터, 최주훈 옮김, 「소교리문답 · 해설」, 서울: 복 있는 사람, 2018.

성서와 함께 편집부, 「어서 가거라 (성서가족을 위한 출애굽기 해설서)」, 서울: 성서와함께, 1992.

왕대일, 「새로운 구약 주석: 이론과 실제」, 서울: 성서연구사, 1996.

유윤종, "짜라아트, 레프라, 레프로스의 올바른 이해와 번역", 「성경원문연구」 36(2014), 206-229.

유윤종, "이름을 밝히는 것인가? 거부하는 것인가? '신의 비밀스러운 이름'에 비추어본 출애굽기 3:14", 「서양고대사연구」 46(2016), 7-34.

# 출애굽기 연구

초판1쇄 / 2021년 6월 30일

지은이 / 윤병상

발행인 / 김은섭
편집인 / 최태훈

발행소 / 도서출판 컨콜디아사
(기독교한국루터회 총회 출판국)
서울시 용산구 소월로2길 21-11 루터교센터
(전화) 02-3789-7452, 7453 (팩스) 02-3789-7457
등록 / 1959년 8월 11일(제3-45호)

책 값 / 17,000원

ISBN / 978-89-391-0159-3 03230

* 본 도서의 무단 복제를 금하며, 잘못된 책은 구입처에서 바꾸어 드립니다. 저자와의 협의 하에 인지 첨부를 생략합니다.

사도행전(하)

ESF 성경공부 문제집

# 땅끝까지 이르러...

JN422497

ESP

E S F

사단법인 기독대학인회(**ESF** : Evangelical Students Fellowship)는 사도행전 1장 8절에서 선포되고 있는 예수님의 지상명령에 근거하여 대학복음화, 통일성서한국, 세계복음화를 주 요목표로 삼고 있는 초교파적인 학원선교단체입니다.

땅 끝까지 이르러...

**사도행전(하)**


저 자 | (사)기독대학인회(ESF)

초판발행 | 1998. 1. 3

2판 1쇄 | 2006. 11. 18

발 행 처 | (사)기독대학인회출판부(ESP)

판 권 | ESP. 1998

등록번호 | 제12-316호

주 소 | 서울특별시 강북구 미아8동 317-8

전 화 | 02)989-3477, 989-3476

팩 스 | 02)989-3385

이 메 일 | esfpress@hanmail.net

값 | 3,500원

ISBN 89-89108-45-4+94230

ISBN 89-89108-46-2+94230(세트)



※저작권자(ESP)의 허락없이 이 책의 일부 또는 전체를 무단복제, 전재, 발췌할 수 없습니다.

# 머리말

아무리 시대가 흐르고 사람들이 바뀌어도 변할 수 없는 것은 성경공부입니다. 성경으로 돌아가자는 구호는 옛 종교개혁 시대에만 외치는 소리가 아닙니다. 오늘날 최첨단 과학문명 시대을 살아가는 우리들에게도 들려져야 할 외침입니다. 이 시대는 점점 보는 것에 만족하고 생각하기를 싫어하는 양상을 보이고 있습니다. 특히 성경공부하는 것보다도 감성적인 것에 치우친 경향을 보이고 있는 것이 현실입니다. 우리가 성경을 깊이 묵상하는 시간을 갖지 못하고 감성적인 것에 좇아가면 구체적인 삶의 변화를 바랄 수 없게 됩니다.

이런 시대의 흐름속에서도 ESF 소그룹 성경공부는 성경공부의 좋은 전통을 지키고 있습니다. 지난 30여년 동안 수많은 청년 대학생, 지성인들이 성경공부의 매력을 경험하였고, 예수 그리스도의 복음을 영접하고 구원얻는 역사가 있었습니다. 대학생 강의실에서, 동아리방에서, 교회에서, 작은 다락방에서 성경공부하는 모습은 민족의 미래를 밝혀주는 횃불이었습니다.

ESF 소그룹 성경공부는 다섯 가지 특징이 있습니다.

첫째, 아주 즐겁고 재미나는 성경공부입니다. 소그룹에서 성경을 한 권 공부해보면, 성경이 이렇게 재미있는 책인지 재발견하게 될 것입니다.

둘째, 오손도손 대화식 성경공부입니다. 아무리 초보자라도 참여하여 배울 수 있습니다.

셋째, 체계적인 성경공부입니다. 성경을 체계적이고, 종합적으로 이해하게 하는 성경공부입니다.

넷째, 믿음과 삶의 구체적인 적용을 배우는 성경공부입니다.

다섯째, 소그룹 리더를 길러주는 성경공부입니다. 소그룹에서 성경공부를 하면,대부분 소그룹 성경공부의 리더가 될 수 있습니다.

앞으로도 ESF 소그룹 성경공부가 단답식 문제 풀기가 아니라 본문 살피기, 생각하기(묵상), 적용하는 성경공부 방식이 지속되길 소망합니다. 특히 한국교회와 청년 대학생들가운데 소그룹 성경공부운동이 활발하게 일어나서 예수님을 만나고 그 인생이 복되실 기도합니다.

2006. 11. 18

(사)기독대학인회(ESF)

# 목차

# 소그룹 성경 공부 문제집 활용법

**우리가 전자제품의 사용방법을 알고 사용하면 유익하고 편리한 것처럼 소그룹 성경공부 문제집도 활용방법을 알고 사용할 때 매우 유익하고 편리합니다.**

## 1

성경해석의 일반 원리를 알고 공부합시다.

### 1) 성경해석은 성경으로 해야합니다.

성경의 가장 정확한 해석은 성경 자체입니다. 구약과 신약을 서로 연결시켜 공부할 때 바르게 이해할 수 있습니다. 덜 밝은 부분은 더 밝은 부분에 비추어 해석해야 합니다. 상징, 비유, 애매한 부분은 병행 구절의 밝은 부분에서 그 뜻을 찾아야 됩니다.

### 2) 전체를 바라보는 눈으로 종합적으로 해석해야 합니다.

전체를 바라보지 못하고 한 부분에만 집착할 때 오류를 범하게 됩니다. 그러므로 성경핵심을 파악하고 전체적으로 바라보며 부분을 해석해야 됩니다. 성경 전체의 핵심은 하나님의 아들, 예수 그리스도를 통한 인류 구속(人類救贖)입니다. 그러므로 성경에 나오는 사건들이 그리스도와 인류 구원에 어떻게 연결되는지 살펴보면서 해석해야 됩니다.

### 3) 그 당시 시대 배경을 이해해야 합니다.

성경은 그 당시 사람들에 의해 기록되었으므로 당대의 지리, 역사, 풍습, 생활습관, 주변상황 등을 파악하고 해석해야 됩니다.

### 4) 언어의 법칙과 문맥의 흐름을 중요시 해야 합니다.

성경은 사람의 언어로 기록되었으므로 어휘, 문법의 이해가 중요하고 반드시 문맥의 흐름 속에서 해석해야 합니다. 따라서 일차적으로는 문자적인 해석을 한 다음 영적인 뜻을 찾아야 합니다.

### 5) 저자의 의도를 파악해야 합니다.

하나님께서 성경 저자의 성격, 교육정도, 개성 등을 유기적으로 쓰셔서 성경을 기록하도록 하셨으므로 저자가 어떤 의도로 무슨 주제를 전개하는지 살펴보고 특별한 관점과 강조점이 무엇인지 알 때 매우 유익하고 즐거운 성경 공부가 됩니다.

### 6) 오늘날 나에게 어떻게 적용되는지 살피며 해석해야 합니다.

성경은 비록 과거에 쓰여졌지만 하나님께서는 그 기록된 말씀을 통하여 각세대 모든 사람에게 말씀하고 계시므로 성경에 기록된 메시지가 당대 독자들에게 어떻게 들려졌는지를 살피면서 지금 나에게 어떻게 적용되는지를 살펴야 됩니다. 지금 나에게 말씀하시는 그 음성을 성령님의 도우심으로 듣게 될 때 말할 수 없는 큰 은혜를 체험하게 됩니다.

## 2 소그룹 성경공부의 원리를 알고 공부합시다.

### 1) 성경공부 목적에 충실해야 합니다.

성경공부의 목적은 중생, 신앙성장, 영적교제입니다. 그러므로 신학 쟁론에 빠진다든지 사소한 일의 언쟁에 에너지를 소모하지 말고 하나님 말씀인 성경의 깊은 뜻을 깨닫고 하나님의 음성을 듣는 일에 힘써야 됩니다. 그래서 하나님을 인격적으로 만나 중생하고 회개와 믿음의 결단이 이루어지며 서로 배우고 격려하도록 힘써야 됩니다.

### 2) 기도에 힘써야 합니다.

성경이 성령의 감동으로 기록되었으므로 성령님의 도우심이 있어야 성경의 진리를 깨달을 수 있습니다. 성령님의 감화가 있는 성경공부가 되도록 기도에 힘써야겠습니다.

### 3) 즐겁게 배우는 분위기를 이뤄야 합니다.

혼자 공부할 때는 쉽게 지치나 여럿이 즐겁게 공부하면 신바람이 납니다. 그러므로 그룹 구성원들이 서로 즐겁게 배우는 분위기를 이루기에 협력해야 합니다. 성경 노트를 마련하여 정성껏 준비공부하고 인도자의 지시에 잘 복종함이 성공적인 그룹 성경공부의 필수요소입니다. 서로 앞을 다투어 연구하고 배우는 모임을 이루면 처음에는 어리고 연약한 모임도 나중에는 성숙하고 강한 모임으로 성장합니다.

### 4) 개인의 독무대를 만들지 말고 여럿이 공부하는 모임을 이루어야 합니다.

그룹공부의 어려운 점은 몇몇 수다쟁이, 외살꾼 등이 대화시간을 독차지해 버리는 것입니다. 이것은 미숙한 태도입니다. 듣기도 하고 묻기도 하며 성숙하게 배워가야 겠습니다.

### 5) 분위기를 깨지 말고 적극 참여해야 합니다.

그룹공부의 정말 어려운 점은 구경꾼, 실쭉이, 인상파가 찬바람을 일으키기 때문입니다. 성숙한 인도자는 적절한 유머, 성경읽도록 권유, 적당한 때 끌어들이기로 이 문제를 잘 해결하지만 너무 소극적인 태도로 나오면 몹시 힘드는 것이 사실입니다. 듣기도 할 뿐더러 묻기도 하면서 적극적으로 참여하는 성경공부가 되어야 합니다.

### 6) 성숙한 그룹공부 참여자가 되어야 합니다.

성숙한 사람은 성경공부를 잘 준비해 오는 것은 물론 적극적으로 공부에 참여합니다. 진지한 탐구자의 자세, 예리한 분석과 종합, 실생활에 적절한 적용 등으로 성경공부 수준을 높여갑니다. 그룹 성경공부는 아름다운 영적 교제를 겸한 매우 좋은 성경 진리 탐구 방법입니다.

## 3

사도행전 문제집에 따라 공부합시다.

### 1) 준비

① 준비기도:성령님의 도우심을 구하며 말씀을 사모하는 마음이 생기도록 각자 기도.
② 찬송(5-15분):가능하면 그날 공부와 관련된 찬송
③ 신입회원을 소개
④ 소감발표(20분):3-5명이 진지하게 소감 발표.

### 2) 성경공부

① 본문을 읽음
② 요절:가능한 대로 외우기.지난주 요절도 마찬가지
③ 서론을 읽고 그날 공부의 목표를 간단히 제시.
④ 본문 살피기(30분):생각하기 공부를 위한 준비 공부로 너무 형식적으로 지나가지 말고 본문 살피기 문제를 중심으로 어떤 진리가 숨어 있는지 찾아봅니다. 어려운 단어,낯설은 용어나 풍습등이 나오면 주(*)와 성경사전을 이용합니다. 그러므로 짧고 정확한 이해로 간단히 공부하기 바랍니다. 자꾸 질문이 나오면"생각하기에 가서 공부합시다"하고 넘어감이 지혜입니다. 사도행전을 이 학기에 끝내기 위하여 본문의 길이가 약간 깁니다. 그러므로 시간내에 공부를 마칠수 있도록 시간조정을 잘 해주시기 바랍니다.

⑤ 생각하기(30분):신앙의 뼈대를 세우도록 공부함.

본 문제집은 생각하기 위주로 만들어졌습니다. 그러므로 이 부분에 심혈을 기울여야 되겠습니다.특히 이 부분은 자유로운 토론을 하되 기독교 교리(신조,소요리 문답,웨스터민스터 신앙고백 등)와 연결시켜 신앙의 뼈대를 확립하도록 공부함이 필요합니다. 참석자가 너무 어려 공부하기 어려운 경우는 인도자가 설명을 곁들여 진리를 영접하고 그 진리에 결단을 하도록 도움이 필요합니다.

⑥ 적용하기(20분):각자의 삶에 적절한 적용

성경공부의 목적은 중생,성장,교제입니다. 이 목표를 달성하는 시간이 나눔의 시간입니다. 인도자는 보충 질문을 하여 하나님 말씀을 진지하게 영접도록 도와주시기 바랍니다. 이 시간에 회개,결단,새로운 결심,각오,귀한 경험담 등이 나와야겠습니다.

⑦ 메시지 읽고 요절을 암송.

⑧ 기도(10분):합심기도 혹은 짝기도로 서로를 위하여 간절히 기도합니다.

⑨ 끝마무리:간단히 메시지.광고로 끝맺습니다.

### 3) 소감쓰기

그날 공부한 내용을 하나님 앞에서 정리해 보며 좀더 깊은 묵상,회개,결단등의 내용을 글로 써내려가면 하나님의 음성을 듣게 되고 성경진리를 깨닫는 기쁨을 맛보게 됩니다.다음 성경공부 시간에 발표회를 가지면 받은 은혜를 나누고 서로의 기도제목을 알게되어 좋은 영적 교제의 시간이 됩니다.

# 사도행전 서론

사도행전은 누가복음의 속편으로서 사도들의 행적을 쓴 글입니다. 사도들은 예수 그리스도께서 주신 명을 받들어 예루살렘에서 시작하여 온 유대와 사마리아, 땅끝(로마령)까지 복음을 전파하였습니다. 이 복음역사를 기록한 사도행전은 성령강림, 교회탄생, 교회성장, 세계선교 시작에 관한 초기 기독교 역사입니다. 또한 서신서가 쓰여지던 배경과 초기 기독교 교리를 밝혀주고 있는 교리서입니다. 뿐만 아니라 아름다운 교회 생활, 기도, 설교, 전도, 선교 등의 신앙생활 지침서이기도 합니다. 또한 기독교는 반 로마적이 아니며 하나님께서 인류를 구원하시는 복음이라는 것을 밝히는 변증서입니다.

## 1. 저자

저자는 누가(Luke)입니다. 본문에 저자의 이름이 기록되어 있지 않습니다. 그러나 저자는 ①누가복음의 저자와 동일인이며(눅 1:1, 2;행 1:1, 2) ②사도 바울과 선교여행을 함께 한 선교 동역자이며(행 16:10 이후 '우리'라는 용어) ③의사인데(눅 4:38, 18:43, 44, 22:44과 행 3:7, 4:22, 9:18, 12:23, 13:11, 28:8 등에 전문 의학용어가 쓰임) 이 조건을 만족시키는 사람은 '사랑받는 의원 누가'(골 4:14) 뿐입니다.

누가는 수리아 안디옥 사람으로서 본래 직업이 의사였습니다. 바울의 선교팀에 가담하여 수행의사로서 역할을 하였던 것으로 보여집니다. 그는 헬라 문학에 풍부한 소양을 가지고 있었으며 성령의 역사에 비상한 관심을 가지고 있었습니다. 역사의식을 가지고 복음역사를 통찰하며 자료를 잘 기록해 두었다가 기록한 지성인이었습니다.

## 2. 수신인

수신인은 데오빌로로 되어 있습니다. 데오빌로에 대해서는 ①바울의 재판에 관계되거나 영향을 줄 수 있는 경건한 로마의 귀족 ②'하나님을 사랑하는 자'('데오'는 하나님, '빌로'는 사랑이란 헬라어)라는 상징이라는 견해가 있으나 각하라는 칭호(눅 1:3)를 고려해 볼 때 실존인물로 봄이 좋을 듯합니다.

### 3. 기록 연대, 장소, 목적

기록연대는 사도 바울이 로마에 도착한 직후인 AD61-63년으로 보여집니다. 그 이유는 ①사도행전은 바울 사도가 로마에 도착한 후 (AD61년) 갑자기 끝내고 있으며 ②네로 핍박(AD64년)이나 예루살렘 함락(AD70년) 기사가 없고 ③초대 교회의 용어인 '하나님의 종'(행 4:27) '인자'(행 7:56)가 나오고 있고 ④유라굴라 광풍 사건 등을 너무나 생생히 기록하고 있기 때문입니다. 기록 장소는 로마인 것이 확실합니다.

기록목적은 황제의 재판을 기다리고 있는 바울 사도의 정당성과 석방을 위한 것으로 볼 수 있습니다. 사도행전은 교회사나 사도들의 행적을 단순히 쓴 글이 아닙니다. 많은 사도가 있으나 베드로와 바울 특히 바울 사도의 활동을 기록함에 집중하고 있습니다. 바울 사도는 유대인들이 고소하는 바와 같이 로마를 대적하는 사람이 아니라 로마시민권을 가지고 로마에 호의를 갖고 있는 사람이며 하나님의 복음을 전파하기 위하여 헌신하는 사람임을 힘써 증거하고 있습니다. 저자 누가는 기독교는 로마에 대하여 적대적이 아님(18:12-17, 23:18절이하 24:24-27, 25:1-12, 28:30, 31)과 메시아와 구약의 관계(2:35, 26, 3:18, 4:26, 7장, 8:32-35, 13:27-29, 24:14, 15, 28:23-28), 반 율법적, 반 유대적이 아님(16:3, 18:18)을 변증하였습니다.

### 4. 주제

사도행전은 1장 8절 말씀처럼 '예루살렘에서 땅끝(로마)까지 이르는 복음역사'가 주제입니다. 사도행전은 1장 8절을 중심으로 기록되어 있습니다.
1-12장은 예루살렘 교회를 중심으로 한 교회를 세우는 성령의 역사
13-28장은 안디옥 교회를 중심으로 한 세계선교의 역사 입니다.
세분해 보면 다음과 같습니다.

① 1:1-2:4 약속대로 강림한 성령(2:4)
② 2:5-6:7 예루살렘 교회의 탄생과 성장(6:7)
③ 6:8-9:31 온 유대와 사마리아에 든든히 서가는 교회(9:31)
④ 9:32-14:27 베드로와 바울의 제1차 선교여행을 통하여 이방인들에게 믿음의 문을 여신 하나님 (14:27)
⑤ 14:28-28:31 바울의 제2차 제3차 선교여행과 가이사에게 상소하는 사건을 통하여 땅끝, 로마까지 복음을 전하게 하신 하나님(28:31, 31)

## 5. 특징

사도행전은 너무나 귀중한 성경책입니다. 그 특징을 살펴보면

① 기독교의 기원과 발전 자취를 밝혀주는 귀중한 초대교회 역사입니다.

② 성령님에 대한 진리를 풍부하게 가르쳐주는 성령의 책입니다.

③ 서신서의 역사적 배경과 사실성을 밝혀주는 기독교 교리의 초석이 되는 성경입니다.

④ 기독교의 신적 기원과 절대적 우월성을 가지고 로마정부, 유대교의 율법주의, 헬라사상을 뛰어넘는 복음의 초월성을 입증하는 변증서입니다.

⑤ 사도들의 10대 설교를 포함한 24편의 설교가 담긴 설교의 책입니다.

⑥ 서신서 이해의 기초와 바울 연구, 숱한 인물연구의 풍부한 자료를 제공하는 자료의 책입니다.

⑦ 복음정신, 선교의 원동력을 공급하는 선교의 교과서입니다.

## 6. 주요 신학사상

① 성령강림의 의의: 헬만 바빙크는 우주의 3대 기적을 천지창조 사건, 하나님이 인간의 몸으로 오신 성육신 사건, 하나님이신 성령이 인간 안에 영원히 내주하신 사건으로 말했습니다. 구약에서 성령이 임하심은 특별 사역을 위하여 특별한 사람에게 일시적으로 임한 사건이었는데 오순절 성령강림은 하나님께서 선택하신 백성을 구원하시기 위하여 영생을 주시고 영원히 거하시기 위해 오신 사건입니다. 특히 성자 예수님의 십자가와 부활 사역을 성부 하나님께서 기뻐 받으시며 인친 사건입니다. 성부 하나님께서 예수 그리스도의 십자가 죽음과 부활을 통하여 새 세계를 여셨으며 그를 믿는 사람을 영원히 자기 백성 삼으심을 인친 놀라운 사건입니다.

② 성령세례: 성령세례에 대한 바른 이해의 핵심은 그리스도의 구원사건과의 관계에서 보느냐 그렇지 않느냐에 있습니다. 성령님은 그리스도와 무관하게 오시지 않으며 그리스도의 구원과 무관하게 활동하시지 않습니다(요 14:16, 17). 성부 하나님께서 그리스도의 구원사역을 기뻐 받으시고 그리스도를 주로 믿는 자에게 성령을 보내셔서 자기 백성으로 인침입니다. 그러므로 성령세례는 곧 그리스도를 믿고 중생함입니다. 중생한 그리스도인이 또 성령세례 받기 위하여 금식하고 기도하고 인간적인 노력을 다함은 성령님에 대한 무지 때문입니다. 그리스도를 믿고 거듭난 사람은 이미 성령세례 받은 것입니다.

③ 그리스도: 누가복음의 그리스도가 지상의 그리스도라면 사도행전의 그리스

도는 천상의 그리스도로 묘사되어 있습니다. 예수 그리스도는 승천하셔서 계속 성령을 보내시며 중생사역을 이루시고 믿는 자들을 가르치고 인도하시고 보호하십니다. 그리스도는 오늘날도 살아계셔서 자기 백성을 돌보시며 자기 왕국을 확장해 나가고 계십니다.

④ 누가의 역사관: 누가는 크고 작은 일 배후에 계신 그리스도의 통치에 관심을 집중하고 있습니다. 역사의 주관자는 하나님이십니다. 하나님 보좌 우편에 계신 그리스도께서 역사를 이뤄가고 계심을 깨닫고 그 통치를 기록하고 있습니다. 사람을 쓰시는 하나님, 인간의 방해 속에서 자기 왕국을 이뤄가시는 그리스도, 좋지 않는 일까지도 쓰셔서 자기 뜻을 이뤄가시는 하나님을 증거하고 있습니다. 그러므로 하나님 일꾼들에게 절대적으로 필요한 것은 기도와 말씀에 전무함입니다. 기도와 말씀에 전무하여 하나님 뜻을 깨닫고 하나님을 사랑하고 순종할 때 하나님께서 친히 그 역사를 다 이뤄가십니다. 그 가장 큰 본보기가 유라굴라 광풍에서 구출사건과 마지막 장면, 감옥에서 성경을 가르치는 바울의 모습입니다.

⑤ 말씀의 능력: '말씀이 왕성하여 가더라' (6:7, 19:20). 참된 복음역사는 말씀의 역사입니다. 말씀은 하나님의 계시요 하나님의 생명이며 하나님의 능력입니다. 말씀 진리의 능력을 덧입지 못하면 인간적인 노력에 의존할 수밖에 없습니다. 말씀은 성령의 검이므로 말씀을 기도로 잘 준비하여 증거하면 성령께서 사용하셔서 사단 마귀의 권세에서 해방시키시고 하나님을 보여주시며, 거듭나게 하시고, 그리스도를 닮게 하십니다. 그러므로 성령님의 인도하심속에 좋은 성경연구와 말씀증거, 그 말씀이 역사하시도록 기도함이 누가가 그리는 바른 그리스도인의 모습입니다. 성경말씀의 능력을 믿고 신실하게 말씀을 연구하고 전파하여 말씀의 열매들을 맺어가시기 바랍니다.

## 7. 성경연구 주제

사도행전을 통하여 다음과 같은 주제들을 연구해 보시기 바랍니다.

① 천상에서 활동하시는 그리스도의 모습을 찾아보십시오.
② 성령강림, 성령세례, 성령의 인도하심, 성령충만 등 성령관을 확립하십시오.
③ 교회의 기원, 성장, 부흥의 길, 참된 교회의 모습, 교회 봉사에 대한 교훈을 찾아보십시오.
④ 사도들의 복음정신과 선교의 원동력에 대해 연구해 보십시오.
⑤ 사도들의 메시지에 대해 연구해 보십시오.
⑥ 신앙과 고난에 대해 연구해 보십시오.
⑦ 성경공부의 중요성에 대해 연구해 보십시오.

## 제 15 과

# 예루살렘 교회와 하나된 안디옥 교회

말씀 / 사도행전 15:1~41

"저희가 작별하고 안디옥에 내려가 무리를 모은 후에 편지를 전하니 읽고 그 위로한 말을 기뻐하더라"(30, 31절)

본 15장은 사도행전의 전환점을 이루게 됩니다. 안디옥 교회는 이방의 최초의 교회입니다. 예루살렘에 공의회가 열려서 이방인들은 할례를 받지 않고 믿음으로 구원받음을 공식적으로 인정하게 됩니다. 이로 인하여 바울의 이방선교가 예루살렘 교회의 인정을 받음으로 더욱 활발한 이방선교 역사가 일어나게 됩니다. 하나님께서 어떻게 예루살렘 교회와 안디옥 교회가 하나되게 하시는지를 볼 수 있습니다.

### 본문 살피기

1. 안디옥 교회에 무슨 어려움이 있었습니까(1, 2절)?
   그들은 이 문제를 어떻게 해결하고자 했습니까(2절)?

2. 예루살렘에 도착한 바울 일행의 보고를 듣고 어떤 반응들이 있었습니까(5~7상절)?

3. 이방인에게 할례를 강요하는 것에 대한 베드로의 의견은 무엇입니까(8~11절)? 야고보의 결론은 무엇입니까(19~21절)?

* 야고보(15절): 주의 형제 야고보(마 13:55), 예루살렘 교회의 존경받는 지도자, 예루살렘 의회의 의장.

4. 예루살렘 교회의 결정을 어떻게 전하게 됩니까(22, 25~27절)? 그 결정의 내용은 어떤 것입니까(28, 29절)?

5. 예루살렘 교회의 결정은 안디옥 교회에 어떤 영향을 끼쳤습니까(30~31, 35절)?

6. 사도바울이 바나바에게 제의한 것이 무엇입니까(36절)?

7. 바울과 바나바가 어떤 문제로 다투게 되었으며(37, 38절), 결국 두 사람은 어떤 길을 선택하고 맙니까(39~41절)?

## 생각하기

1. 안디옥 교회의 이방인 할례 문제의 심각성을 말해보시오. 이 문제를 예루살렘 총회에서 해결코자 한 점이 어떤 점에서 현명하다고 생각됩니까?

2. 베드로는 증언을 통해서 이방선교의 정당성을 무엇이라고 합니까(7~9절)? 그들에게 할례를 강요할 수 없는 이유가 무엇이라고 합니까(10, 11절)? 이를 볼 때에 믿음의 대상, 믿음의 조건은 무엇입니까?

3. 예루살렘 교회와 안디옥 교회가 서로 하나되고 복음역사를 지원하기 위해 노력한 것을 말해보시오.

## 적용하기

1. 다른 사람에게 복음을 전하는데 있어서 나에게 유대인 같은 편견은 없는지 말해보시오.

2. 교회가 화해하고 일치했을 때 크게 성장합니다. 지금 내가 하나 되어야 할 사람이나 그룹에 대해서 말해보시오. 어떤 노력을 하시겠습니까?

## 메시지

안디옥 교회와 예루살렘 교회의 하나 됨은 역사적 사건입니다. 이방선교가 본격적으로 공인된 사건이기 때문입니다. 이 같은 큰 역사가 당사자들의 신앙적인 태도에 의해서 아름다운 열매를 맺었습니다.

먼저는 안디옥 교회의 적극적 자세였습니다. 교리적 어려움을 당사자인 예루살렘 교회와 해결하려고 했습니다. 그리고 바울과 바나바를 파송하는데 최선을 다했습니다. 또한 예루살렘 교회의 진리와 신앙적인 태도입니다. 연약한 교회 문제인데도 지도자들이 역사적 중요성을 인식하고 진지하고 순수한 토론과 섬세한 도움으로 안디옥 교회가 하나가 되었습니다. 여기에는 베드로 사도와 야고보 사도의 영적인 권위와 인격이 큰 역할을 했습니다. 그리하여 기독교 선교의 전환점을 이루어 하나님께 영광을 돌리게 되었습니다. 영적 지도자가 항상 겸손하고 깨어 있어야 함을 다시 한 번 깨닫게 됩니다. 그리고 하나가 되기 위해서 힘써야 됨을 배우게 됩니다.

## 배우고 느낀 점

## 제 16 과

# 유럽으로 건너간 복음

말씀 / 사도행전 16:1~40

"바울이 이 환상을 본 후에 우리가 곧 마게도냐로 떠나기를 힘쓰니 이는 하나님이 저 사람들에게 복음을 전하라고 우리를 부르신 줄로 인정함이러라"(10절)

바울에 의하여 복음이 유대에서 이방 땅 소아시아 지방으로 활발하게 퍼져가고 있습니다. 그러한 가운데에 당시 세계역사의 중심지였던 유럽으로 복음이 건너가게 됩니다. 오늘은 하나님의 말씀이 유럽으로 건너가는 과정과 유럽의 첫 성 빌립보에서 복음이 성장해 가는 모습을 공부하게 됩니다.

### 본문 살피기

1. 바울이 루스드라에서 누구를 만나게 됩니까? 디모데는 어떤 사람이며 훗날 어떤 사람이 되었습니까(1, 2절;딤전 1:1~3)? 바울이 디모데에게 왜 할례를 행했습니까(3절)?

2. 바울의 원래 계획은 어떤 것이었습니까? 바울이 왜 어렵게 자신의 계획을 바꾸게 되었습니까(6~10절)?

* 예수의 영(7절): 예수님이 부활하신 뒤에 하나님의 오른편에 앉아서 성부 하나님께로부터 받으신 그의 성령님을 통하여 일하신다는 의미를 가짐.

3. 바울일행이 마게도냐 지경에 도착한 빌립보는 어떤 곳입니까(11, 12절)?바울의 전도로 변화된 첫 가정은 누구이며 어떻게 해서 믿게 되었습니까(13~15절)?

4. 귀신들린 여자의 직업은 무엇입니까(16절)?
이 여자가 어떻게 온전케 되었습니까(17, 18절)?

5. 바울 일행이 감옥에 들어간 죄목은 무엇이며 실제적인 이유는 무엇입니까(19~22절)? 바울이 감옥에서 감사와 찬미할 때에 무슨 일이 일어났습니까(25~27절)? 결국 간수의 가정은 어떻게 되었습니까(28~34절)?

6. 바울이 감옥에서 풀려날 때 어떻게 자신의 권리를 사용합니까(37~39절)? 바울이 어디에 가서 무슨 일을 합니까(39, 40절)?

## 생각하기

1. 바울 일행이 환상을 본 후에 계획을 바꾸어 마게도냐로 가게 됩니다. 이 사실을 통해서 복음역사의 자세와 전략에 대해서 배울 점을 말해보시오

2. 마게도냐 첫 성 빌립보의 첫 열매 루디아의 역할이 어떠했습니까(15, 40절)? 바울이 세계선교의 큰 뜻을 품으면서도 루디아 전도의 모습을 통해 어떤 전도 자세를 배울 수 있었습니까?

* 첫 성: 마게도냐의 관문 또는 마게도냐의 큰성을 뜻함.

3. 성령의 역사가 충만한 곳에 사단의 세력도 거세질 수밖에 없습니다. 사단의 세력에 대한 바울일행의 자세는 어떠합니까(25절)? 복음역사가 어떻게 되었습니까(26~34절)? 복음역사에 대하여 바울의 깨달은 진리가 무엇이었습니까(롬 8:28, 31~37절)?

## 적용하기

1. 당신이 하나님의 뜻에 따라 계획을 바꾼 경우가 있다면 말해 보시오.

2. 당신은 확장되는 복음역사를 보면서 어떤 개척자의 자세를 배웁니까?

## 메시지

바울이 아시아 전도에 진력을 다하고 있을 때에 예수님께서는 그를 마게도냐 지방으로 부르셨습니다. 당시 마게도냐는 정치, 경제, 문화 중심지였습니다. 복음이 세계화되기 위해서는 유대에서 나와 아시아로 확장되었듯이 이제 아시아에서 유럽으로 건너가게 되었습니다. 우리가 이 사실을 통해서 알수 있는 것은 복음역사에도 전략이 있어야 되고 그 전략대로 추진해야 된다는 것입니다. 흔히들 복음역사는 믿음만을 강조하는 경향이 있습니다. 그러나 결코 믿음이 전략도 없이 무지막지하게 도전하는 것을 뜻하지는 아니합니다. 진정한 믿음은 지혜를 동반합니다. 예수님도 뱀같이 지혜로우라고 하셨습니다. 좋은 전략과 믿음은 효과적인 복음역사를 이루게 됩니다. 또한 성령님의 인도하심에 순종하는 것이 가장 좋은 전략이며 지혜입니다. 우리가 하나님보다 더 지혜로울 수 없기 때문입니다. 하나님께서는 “하늘이 땅보다 높음같이 내 길은 너희 길보다 높으며 내 생각은 너희 생각보다 높으니라(사 55:9)”고 하셨습니다. 바울일행이 자신들의 계획을 갑자기 바꾸고 유럽으로 방향을 돌리는 것은 많은 용기와 결단이 필요했을 것입니다. 그러나 이러한 결단이 세계선교의 전환점이 되었고 세계사를 바꾸었습니다. 자신의 형편이나 계획보다 명백한 하나님의 뜻에 순종할 때 하나님의 역사에 쓰임 받게 되는 것입니다. 반면에 하나님의 일을 한다고 하면서 자신의 고집을 부릴 때 오히려 하나님의 역사를 방해합니다. 진실로 제사보다 순종이 낫습니다. 하나님의 뜻을 확인하고 순종한 바울의 신앙인격을 배울 수 있길 기도드립니다.

## 배우고 느낀 점

제 17 과

# 날마다 성경을 상고하는 사람들

말씀 / 사도행전 17:1~34

"베뢰아 사람은 데살로니가에 있는 사람보다 더 신사적이어서 간절한 마음으로 말씀을 받고 이것이 그러한가 하여 날마다 성경을 상고하므로"(11절)

바울의 마게도냐에서의 두번째 전도지는 데살로니가였습니다. 이곳에서 보낸 두 서신이 신약 성경에 기록되어 있습니다. 하나님의 말씀을 깊이 묵상하고 편견없이 받아들이는 태도를 습관화함은 시대가 아무리 힘들고 어려워도 복음의 능력으로 모든 높아진 이론과 철학을 타파하고도 남는다는 것을 배울 수 있습니다.

## 본문 살피기

1. 바울의 데살로니가 전도에 대하여 생각해 보시오(1~9절). 어떻게 복음을 증거하며(1, 2절) 증거한 내용이 무엇입니까(3절)? 이에 대한 두 가지 반응이 어떠합니까(4~9절)?

* 데살로니가(1절): 빌립보에서 서남쪽 160km정도 떨어진 데살로니가는 항구 도시였으며 무역을 장악하던 상업중심지임. 현재는 터어키의 영토이며 살로니가로 불리움. 주민 절반이 유대인임.
* 보를 받고(9절): 바울을 데살로니가에서 떠나게 하겠다는 약속으로, 돈 또는 물건을 보증 받고 놓아줌.

2. 베뢰아 사역을 생각해 보시오(10~15절). 이들의 말씀에 대한 태도가 어떠하며(10, 11절) 그 결과 어떠한 결신자들이 생겼습니까(12절)?

* 베뢰아(10절): 데살로니가 서남쪽 약 75km지점. 서쪽은 산맥이 있고 동쪽은 에게 해에 이르는 평야가 있는 조용한 도시. 유대인의 박해로 부득이하게 온 곳.

3. 아덴은 그 당시 철학의 중심지였습니다. 아덴에서 디모데와 실라를 기다리다가 온 성에 우상이 가득한 것을 보았습니다. 바울의 목자의 심정이 어떻게 나타나 있습니까(16, 17절)?

* 아덴(16절): 헬라문화의 중심지이며 수도. 로마, 알렉산드리아와 더불어 세계 삼대 도시. 소크라테스와 플라톤, 아리스토텔레스에게서 이어받은 풍부한 철학적 전통과 문학, 예술, 인간 자유를 위해 세운 업적들이 많음.

* 저자17절): 시민들의 생활 중심지임. 아크로폴리스 언덕의 서쪽에 위치했으며 도시의 중심부를 차지하여 그 주위에는 제우스 신전, 회당, 운동장 등 아름다운 건물들이 있음. 450년전 소크라테스가 철학 강의를 한 곳.

4. 바울이 아레오바고 광장에 서게 된 배경이 어떠합니까(18~21절)?

* 에비구레(18절): 에피쿠로스(Epicurus, BC 270년 사망)가 창설. 인간의 최고 행복을 쾌락에 있다고 본 향락주의자들.

* 스도이고(18절): 스토아주의 철학자들. 제논(Zenon, BC 265년 사망)이 창설함. 인간들이 고통스러워도 자연과 이성이 조화를 이루어 살기 위해 금욕주의적 삶을 강조함.

* 아레오바고(19절): 아테네의 공적집회장.

5. 아레오바고 설교의 요지가 무엇입니까(22~31절)?

* 하나님은 우주의 창조주이시고 생명을 유지케 하시는 분(23~25, 28, 29절).
  모든 민족을 다스리는 분(26, 27절).
  회개와 심판과 부활의 주(30, 31절).

6. 아덴 사람들은 그의 가르침에 어떤 반응을 보였습니까(32~34절)?

## 생각하기

1. 누가는 데살로니가와 베뢰아 전도를 간략하게 기술하고 있습니다. 여기에서 전하는 사람과 듣는 사람들의 태도가 얼마나 중요한지 생각해 보시오. 오늘날 한국교회의 모습은 어떠하다고 생각하는지요?

2. 바울의 아레오바고 광장에서의 설교는 아덴 사람들과 의사소통의 접촉점을 배려하다가 그리스도의 십자가와 부활의 핵심을 충분히 전달하지 못했습니다. 오늘날 복음진리를 말하기 위하여 접촉점으로 활용할 수 있는 것들은 어떠한 것이 있는지 말해 보시오.

3. 바울은 어디를 가든지 그 곳의 문화와 배경에 관한 지식을 갖고 그에 맞게 다양한 방식으로 복음을 전하고 있습니다. 전도방식은 다양하지만 그의 메시지에서 동일하게 강조되는 것들은 무엇인지 생각해 보시오.

## 적용하기

1. 우상의 도시, 아덴처럼 오늘날은 하나님 대신에 숭배하는 것들이 많습니다. 당신은 이러한 시대에 하나님의 말씀을 상고하는 습관이 어느 정도 되어 있다고 생각하십니까?

## 메시지

오늘을 사는 우리에겐 배워야 할 것이 많습니다. 컴퓨터와 인터넷, 운전면허, 유창한 영어 등. 물론 이러한 것이 필요하고 중요합니다.

그러나 정작 생명을 주고, 풍요롭게 하는 하나님 말씀에 관하여는 무관심합니다. 진리에 대하여는 관심이 없습니다. 오히려 대적합니다. 이것이 오늘을 사는 우리의 비극입니다.

2천 년 전 베뢰아 사람들은 진리의 말씀에 개방되어 있었고 대화를 나누며 판단하고 확인하는 연구의 태도를 가지고 있었습니다. 교만한 아덴 사람들도 새로운 도에 대해서 듣고자 했습니다. 그러나 우리의 태도는 어떠합니까? 너무나 배타적이지 않습니까? 우리의 태도가 진리에 대해서 진지하게 생각해 보는 자세를 가질 수 있기를 바랍니다. 그리할 때 생명을 얻고 풍성히 얻을 수 있을 것입니다.

## 배우고 느낀 점

## 제 18 과

# 바울과 선교 동역자들

말씀 / 사도행전 18:1~28

"그가 회당에서 담대히 말하기를 시작하거늘 브리스길라와 아굴라가 듣고 데려다가 하나님의 도를 더 자세히 풀어 이르더라"(26절)

세계의 젊은 지성인들에게 강력한 흡입력을 지닌 아덴에서 사랑의 여신 비너스(venus)의 신전이 있는 고린도로 복음의 공격 거점을 옮겼습니다. 천명의 여자 노예들이 여신을 섬기며, 밤에는 창녀들이 되어 도시의 거리들을 돌아다니는 난잡하고 소문난 도시에서 십자가에 못박힌 그리스도의 복음을 전하는 바울의 모습을 접하게 됩니다.

### 본문 살피기

1. 하나님께서 외로운 바울에게 어떠한 동역자들을 얻게 하십니까(1~6절)?

* 아굴라 브리스길라 부부: 본도(흑해 연안 소아시아 지방)에서 났고, 로마 거주자인데 글라우디오 황제가 유대인 추방령을 내려(AD 49년) 고린도에 머물고 있음.

* 고린도(1절): 아가야 주(州)의 수도. 아덴 서남쪽 80km 지점. 두 개의 항구가 유명하며 해상 상인의 도시. 거대한 상업 중심지이지만 성적으로 타락한 도시. 한창 절정기에는 75만명의 인구를 자랑.

2. 고린도에서 어떠한 반대 세력이 바울을 괴롭혔으며, 이에 대하여 바울은 어떻게 대담한 결정을 내립니까(5, 6절)?

3. 이방인 개종자, 디도 유스도의 집을 거점으로 전도하는 바울에게 하나님은 어떻게 격려하십니까(7~11절)?

4. 고린도에서 유대인들의 완강한 훼방행위는 어떻게 무산되었습니까(12~17절)?

* 갈리오(12절): 아가야는 로마제국의 '원로원' 의 주(州), 총독(AD 51-52년)

* 소스데네(17절): 그리스보(8절)의 후계자. 이 사건으로 바울의 3차 선교여행의 동역자가 됨(고전 1:1)

5. 바울은 왜 겐그레아에서 머리를 깎았으며, 2차 선교여행을 어떻게 끝맺음하고 있습니까(18~23절)?

* 일찍서원(18절): 나실인 서원, 민 6:5.사도 바울은 선교사역을 위한 특별한 헌신의 서원을 드림.

6. 18:23~21:26은 바울의 3차 전도여행 기록입니다. 3차 전도여행의 대부분은 에베소에 할애되는데 본문은 에베소 개척 초기를 말해주고 있습니다. 에베소 교회의 성경선생 아볼로는 어떤 사람입니까(24, 25절)?

7. 아굴라와 브리스길라 부부의 도움을 통해 아볼로는 어떻게 성장했으며, 어떻게 쓰임받게 됩니까(26~28절;고전 3:6,7)?

## 생각하기

1. 바울의 선교사역에 함께한 사람들을 생각해 보십시오(18:2~5, 7, 8, 14, 17, 24절). 그리스도의 복음을 위해 당신의 사역을 돕거나 도움을주는 사람들이 있습니까? 그렇지 않으면 복음의 일꾼들에게 어떻게 후원하고 있는지 나누어 보시오.

2. 하나님께서는 바울에게 동역자들을 보내서 위로하실 뿐만 아니라 밤에 환상 가운데 말씀으로 격려하십니다. 왜 하나님께서 이 시점에서 위로의 말씀을 주셨다고 생각하십니까? 하나님께서 신비한 방법으로 역사하심은 자랑거리가 아니라 하나님의 큰 위로의 표현입니다.

3. 아볼로는 탁월한 성경선생이며 학문이 많은 사람이었지만 그 지식이 불완전했습니다. 평신도인 아굴라 부부는 집으로 초대하여 복음을 더 정확하게 설명해 줍니다. 덜 전문적인 사람에게 기꺼이 배우는 아볼로와 설교자를 공개적으로 비난하지 않고 사적으로 도와주는 모습은 너무나 아름답습니다. 우리의 영적성장과 복음전도를 위해 동역자들과의 관계가 어떠해야 하는지 나누어 보십시오.

## 적용하기

1. 당신은 당신 혼자서 일하는 사람인지, 아니면 동역자들로 인하여 힘을 얻고 힘을 주는 사람인지 생각해 보시오. 형제자매들과의 관계가 어떻게 개선되어야 하겠는지요?

## 메시지

우리가 수년 동안 신앙생활을 하며 복음역사에 충성할 수 있는 것은 근본적으로는 하나님 사랑 때문입니다. 그리고 가까이에서 섬겨주는 형제, 자매가 있기 때문입니다.

하나님의 사랑을 깨달은 사람은 감정적인 차원에서만 머무르지 않고 의지적으로 동역자에게 사랑을 실천합니다.또한 주의 종을 기도로 섬겨주며, 약점을 도와주고, 필요한 부분을 섬깁니다. 형제, 자매의 필요에 민감하게 반응하며 도움을 줍니다. 하나님 나라 확장의 역사에 동고동락합니다. 이런 동역자가 있는 곳에 낙심이 없습니다. 아무리 어려운 곳에서도 힘 있게 성장합니다. 하나님의 사랑은 애틋한 감정을 가지는 것이 아니라 당신의 동역으로 당신이 속한 공동체가 성장하고 발전하는 것을 의미합니다.

## 배우고 느낀 점

## 제 19 과

# 에베소를 정복한 바울

말씀 / 사도행전 19:1~41

"바울이 그들을 떠나 제자들을 따로 세우고 두란노 서원에서 날마다 강론하여 이같이 두 해 동안을 하매 아시아에 사는 자는 유대인이나 헬라인이나 다 주의 말씀을 듣더라."(9, 10절)

바울은 2차 선교여행을 마치면서 하나님의 뜻이라면 다시 돌아오겠다는 약속(18:21)대로 에베소에 왔습니다. 에베소에서 3년(행 20:31)을 머물면서 사역을 합니다. 우상의 도시에 새로운 전략을 세워 도전합니다. 두란노 서원에서 성경을 가르치는 말씀 운동입니다. 그 결과 아시아의 여러 도시로 전파되어 복음역사가 확장되어 가는 모습을 볼 수 있습니다.

## 본문 살피기

1. 아볼로 가르침(18:25)의 한계 안에 있는 에베소 제자들에게 예수의 복음을 증거할 때 성령강림의 역사가 어떠합니까(1~7절)?

* 에베소(1절): 로마의 통치하에 있던 아시아 주의 수도. 소아시아 전체의 중심지이며 상업과 정치와 종교적 중심지. 황제 숭배를 위해 바쳐진 3개의 신전들이 있음. 인구는 50만명.

2. 바울의 에베소에서의 전도전략이 어떠합니까(8~10절)?

* 두란노 서원(9절): 헬라인의 철학강당, 뜨거운 낮 시간(오전 11~오후 4시)에 강의가 없는 시간에 빌려쓴 듯함.

3. 바울의 삶 가운데 능력이 나타나는 것을 보고 마술을 행하며 돌아다니던 사람들이 어떻게 흉내내며 실패했습니까(11~16절)?

4. 이 사건들이 어떻게 하나님의 능력이 나타나는 사건으로 이어졌습니까(17~20절)?

* 은 오만(19절): 당시 헬라 사회에서 통용되던 드라크마(약 1만 달러). 책은 마술에 관하여 쓴 것들임. 이 거액의 책을 불태움.

5. 바울은 어떠한 비전을 가지게 되었습니까(21, 22절)?

6. 바울의 복음전도로 인하여 일어난 데메드리오 일당의 소요사태를 살펴보시오(23~34절).

* 아데미(24절): 오랜 역사를 가진 최고의 여신. 에베소의 수호신으로 많은 유방을 가진 여자의 신상임. 농사의 풍성한 생산을 돕는 상징.
* 은감실(24절): 은으로 만든 모조 신전. 헬라인 여행자들이 몸에 지니고 다님.

7. 이 불법 소요를 해산시키는 서기장의 지혜를 살펴보시오(35~41절).

## 생각하기

1. 에베소의 성령강림의 사건(1~7절)은 일부 오순절파와 은사주의 집단의 증거 본문입니다. 이들은 참된 기독교인이 되는 것은 믿음과 회심으로 시작해서 성령받는 일이 뒤따른다고 주장합니다. 그러나 여기에서 사도 바울의 관심은 무엇인지 살펴보시오.

2. 에베소는 아시아 주(州)의 수도였습니다. 큰 도시인 전체 지역을 복음화한다는 것은 쉽지 않습니다. 그러나 바울의 전략이 에베소에서 큰 능력을 발휘했습니다. 오늘날 이 세상을 복음화하는 일에 효과적인 전략이 무엇이라고 생각하는지 이야기해 보시오.

3. 바울의 복음역사로 에베소에서 이교도 사업이 타격을 받자 이 일에 종사하는 사람들이 아데미 여신의 이름을 빌미로 소요를 일으키지만 그 실제 동기는 무엇이라고 생각하는지 나누어 보시오(24~27절).

## 적용하기

1. 당신은 마음이 완고하여 믿으려 하지 않는 자들에게 어떠한 방법으로 돕고 있으며, 도우려 하는지 이야기해 보시오.

## 메시지

어떻게 거대한 도시를 복음으로 변혁시킬 수 있을까는 오늘을 사는 크리스천에게 큰 과제입니다, 그러나 에베소에서 일어난 복음역사를 잘 살펴보면 지혜를 얻을 수 있습니다. 에베소에서 일어난 말씀운동과 성령의 역사가 사회구조 속에 뿌리내린 우상종교와 문화 전반을 변혁시켰다는 사실입니다. 뿐만 아니라 아시아의 모든 길은 에베소로 통하고 있었는데 그 길을 통과하는 사람들이 복음을 듣고 회심하고 돌아가서 주요 성읍에 증거하여 복음은 세상 속으로 깊이깊이 침투해졌다는 것입니다.

그 근거는 두란노 서원의 말씀 운동이었습니다. 진지하게 복음을 증거하고, 날마다 다섯 시간씩 강의를 계속했습니다. 무려 2년 동안 복음의 씨를 뿌리니 그 결과는 엄청난 것이었습니다.

사랑하는 형제, 자매들이여!

낙심하지 마십시오. 지금 다시 제자들을 따로 세우고 인내하며 제자양성을 해보십시오. 모든 어둠의 세력이 물러가고 힘있게 하나님 나라가 임할 것입니다.

## 배우고 느낀 점

# 제 20 과

# 바 울 의 고 별 사

말씀 / 사도행전 20:1~38

"나의 달려갈 길과 주 예수께 받은 사명 곧 하나님의 은혜의 복음 증거 하는 일을 마치려 함에는 나의 생명을 조금도 귀한 것으로 여기지 아니하노라"(24절)

하나님께서 자기 피로 사신 양을 치는 것은 하나님의 은혜입니다. 이 은혜로 부르심을 입어 책임을 맡았다면 마땅히 본이 되어야 합니다. 바울의 에베소 교회를 향한 고별 메시지를 통하여 목자적인 삶과 복음 전도자로서의 자세를 살펴보는 가운데 선한 목자의 삶이 어떠해야 하는지 그려보실 수 있길 기도합니다.

## 본문 살피기

1. 오순절 안에 예루살렘에 당도하고자 하는 바울의 여행 경로를 살펴보시오(19:21, 1~6, 13~16절). 전도여행에 복음을 반대하는 사람들의 위협이 어떻게 나타나 있습니까(3절)?

* 여행 경로: 에베소→마게도냐(빌립보, 데살로니가, 베뢰아)→헬라(롬 16:23 고린도에서 로마서 저술)→수리아 안디옥→마게도냐→드로아→앗소→미둘레네→기오→사모→밀레도→예루살렘

2. 바울은 왜 이방인 신자들을 대동하고 예루살렘에 가고자 합니까(4, 롬 15:16, 25~28절)?

* 마게도냐 교회 대표: 소바더, 아리스다고, 세군도

* 갈라디아 교회 대표: 가이오, 디모데

* 아시아 교회 대표: 두기고, 드로비모

3. 드로아에서 있었던 일을 이야기해 보시오(7~12절).

4. 에베소 장로들에게 바울의 고별 메시지 요지가 무엇입니까(18~21절)?

5. 복음 전도자 바울은 어떠한 우선순위를 갖고 일하는지 이야기해 보시오 (22~27절).

6. 바울은 에베소 장로들에게 어떤 교훈을 말씀합니까(28~31절)?

7. 바울의 목자의 삶을 이야기해 보시오(32~35절).
목자와 양 관계가 어떠합니까(36~38절)?

## 생각하기

1. 바울은 드로아에서 다음날 떠날 작정이었기에 밤새도록 가르쳤습니다. 설교가 길어지자 유두고가 졸다가 창가에서 떨어져 죽었습니다. 오늘날 우리에게는 하나님의 말씀을 사모하는 열심이 어떠한지 나누어 봅시다.

2. 바울은 에베소 교회를 방문하지 못하고 밀레도 항구에서 에베소 교회 장로들을 만나 고별 메시지를 전합니다. 복음 전도자 바울의 사명에 대한 자세를 살펴볼 때 우리에겐 어떠한 유사점과 차이점이 있는지 나누어 봅시다(딤후 4:7, 8).

3. 바울은 모든 일에서 모본을 보였습니다(35절). 특히 긴 고별 설교를 마치면서 예수께서 "주는 것이 받는 것보다 복이 있다"는 말씀으로 끝맺음을 합니다. 기독교의 정신은 먼저 주는 것입니다. 오늘날 이 진리의 말씀이 어떻게 실천되고 있다고 생각하시는지요?

## 적용하기

1. 당신이 영적으로 돌보고 있는 사람은 누구입니까? 바울의 고별 메시지를 생각해 볼 때 목자로서 부끄러운 점이 있다면 이야기해 보시오. 만약 당신이 돌보는 양이 없다면 선한 목자가 되기 위해 영적으로 준비해야 할 부분이 무엇인지 나누어 보시오.

## 메시지

한 교회가 세워져 예배를 드리기까지는 얼마나 많은 눈물이 있었는지를 기억해야 합니다. 바울이 에베소 교회를 개척하여 성장해 가지만 언제나 위험이 도사리고 있습니다. 개척하는 것도 중요하지만 거짓 선생들로부터 보호하고 유지하는 것도 지도자의 책임입니다.

요한계시록에 나오는 소아시아의 7교회 모습은 흔적조차 찾아보기 어렵습니다. 서구에 흥왕했던 교회가 오늘날 관광명소로 남는 것과 같습니다. 강퍅하고 고집 세고 자기 멋대로 생각하는 양들을 성령의 능력으로 도와 교회를 세우기까지 개척자의 수고와 눈물을 생각한다면 두렵고 떨림으로 복음역사를 섬기게 될 것입니다. 범사에 모범이 되고자 힘쓰며 겸손하게 주의 은혜의 말씀에 의탁하여 충성스럽게 감당해야겠습니다. 우리 모두 바울의 심령을 닮기를 간구합니다.

## 배우고 느낀 점

제 21 과

# 바울의 각오

말씀 / 사도행전 21:1~40

"바울이 대답하되 너희가 어찌하여 울어 내 마음을 상하게 하느냐 나는 주 예수의 이름을 위하여 결박 받을 뿐 아니라 예루살렘에서 죽을 것도 각오하였노라 하니"(13절)

하나님의 뜻을 분별하고 그 뜻에 온전히 순종하는 것은 그리스도인의 본분입니다. 우리가 성경을 공부하는 것은 더 많은 지식을 쌓기 위함이 아니라, 하나님이 나에게 두신 뜻을 발견하며 순종하기 위함입니다. 하나님은 하나님의 뜻을 발견하고 고난의 길을 걸어가는 그 한 사람을 통해서 하나님의 역사를 이루어 갑니다.

## 본문 살피기

1. 밀레도에서 에베소 장로들과 헤어진 바울 일행이 예루살렘에 도착하기까지의 여행 경로를 지도를 통해서 찾아보시오(1~8, 17절).

2. 구브로와 가이사랴에서 제자들과 선지자들이 성령의 감동 가운데 바울을 향하여 예언한 바가 무엇입니까(4, 8~12절)? 이에 대한 바울의 반응은 무엇입니까(13, 14절)? 예루살렘을 향하는 바울의 의지가 어떠합니까(20:22, 21:13)?

* 예루살렘에서 죽을 것도 각오(13절): 바울은 기근에 시달리는 예루살렘 교회를 위한 이방 교회들의 구제헌금을 가지고 있음. 바울이 이 헌금을 죽을 각오를 가지고 예루살렘 교회에 전달하려고 하는 것은 예수 안에서 유대인과 이방인이 하나임을 보여주려 함.

3. 예루살렘에 도착한 일행은 예루살렘 교회로부터 반갑게 영접을 받습니다. 이 만남에서 바울이 무엇을 합니까(19절)?

4. 바울은 일부 유대 그리스도인들에게 어떤 오해를 받고 있습니까(21절)? 바울의 율법, 할례에 대한 입장은 무엇입니까(롬 7:12;갈 3:12;엡 2:15;고전 7:18, 19, 도움말 참조)?

5. 이 오해를 해소하기 위해서 야고보가 바울에게 제안한 것은 무엇이며, 이에 대한 바울의 반응은 무엇입니까(23~26절)? 유대인 선교의 대표적 지도자인 야고보의 구원관은 무엇입니까(24, 25절, 행15:19, 20)?

* 야고보의 제안: 야고보는 바울의 복음을 정확히 이해하였음. 그도 구원을 받는 것은 율법의 행함이 아니라 오직 믿음임을 확신했음. 25절의 내용은 믿음으로 율법으로부터 자유하였을지라도 그리스도인으로서 거룩함을 위하여 피해야 할 그 시대의 대표적인 불결한 것들에 대한 권고임.

* 결례(26절): 서원한 사람은 서원한 기간동안 ①독주를 마시지 말 것 ②머리를 깎지 말 것 ③시체를 만지지 말 것의 계명을 지켜야 함. 서원기간이 끝나면 머리를 깎고, 희생 예물을 드린다(민 6:1~21). 따라서 바울이 결례의 비용을 대는 것은 율법을 무시하지 않는다는 것을 입증함.

6. 바울은 유대인으로부터 어떤 오해를 받습니까(27~30절)? 바울이 죽임을 당하기 직전에 어떤 구원의 손길이 펴집니까(31, 32절)?

* 이방인과 하나님 성전: 이방인은 하나님의 성전에 들어갈 수 없고, 다만 성전 바깥 이방인의 뜰에만 들어갈 수 있음. 그곳에는 1.4m 높이의 벽이 있는데 "외국인은 누구든 막론하고 이곳에 들어오면 죽음의 고통을 겪으리라"고 쓰여져 있음.

7. 천부장이 붙잡혀 온 바울을 심문한 결과 바울은 어떤 사람임이 드러납니까(34~40절)?

## 생각하기

1. 바울은 제자와 선지자가 성령의 감동으로 예언한 권면을 거절하고 예루살렘에 올라갔습니다. 우리는 성령의 인도를 거부하는 것처럼 보이는 이런 문제를 어떻게 이해해야 하겠습니까(마 16:21~23)? 성경에는 우리를 향한 하나님의 말씀이 다양하고, 때로는 극단적으로 서로 다를 때가 많습니다. 그래서 어떤 사람은 "코에 걸면 코걸이, 귀에 걸면 귀걸이"라는 비방의 말을 하기도 합니다. 우리가 어떤 문제에 직면했을 때, 하나님의 말씀을 어떻게 적용시켜야 하겠습니까?

2. 선교에는 문화와 각 사람에 대한 이해가 필요합니다. 바울은 복음을 전파함에 있어서 이방문화를 무시하지 않듯이 동일하게 율법에 기초한 유대문화와 관습을 무시하지 않습니다. 결례를 행하는 바울의 모습에서 그의 선교철학은 무엇입니까(고전 9:19~20)? 당신의 전도철학은 무엇입니까? 또 그리스도인은 남들과 오해가 생겼을 때, 그것을 해결하기 위해서 어떤 노력을 해야 합니까?

3. 하나님의 뜻에 순종하는 자는 고난을 받을 각오뿐 아니라, 동일하게 하나님의 구원의 손길도 확신해야 합니다. 당신이 주의 말씀에 순종하거나 복음을 전하다가 받은 고난은 무엇이며, 그때에 임한 주의 구원의 은혜와 위로는 무엇인가 서로 나누어 보시오.

## 적용하기

1. 성경은 우리에게 고난의 삶을 요구합니다. 우리가 예수를 믿는 것에 만족한다면 더 이상의 고난은 없지만, 그 말씀에 순종하여 전도의 삶과 거룩한 삶을 추구한다면, 우리에게 많은 고난과 상처가 있습니다. 당신이 주의 사명과 주를 본받기 위해서 받는 거룩한 고난은 무엇입니까? 오늘 바울을 볼 때, 새로운 마음으로 사모할 고난 한 가지를 말해 보시오. 그리고 그 결과를 글로 써서 다음 주에 지체들에게 발표하기 바랍니다.

## 메시지

우리가 동네 앞산에 오르는 것은 큰 의미가 없지만, 그러나 세계 최고봉인 에베레스트에 오른다면 그것은 역사적 사건이 됩니다. 이처럼 평가가 사뭇 다른 것은 앞산은 누구든지 큰 어려움이 없이 오를 수 있는 반면에 에베레스트를 등정하는 것은 목숨을 건 각오와 인간의 한계를 초월하는 인내와 노력이 없이는 불가능하기 때문입니다.

하나님이 기뻐하는 사람은 예수를 믿는 것에 만족하지 않고, 예수님의 말씀을 진리로 삼으며, 그 사명에 따라 기꺼이 고난에 동참하는 사람입니다. 또한 예수님의 십자가를 기억하며, 예수님의 인격을 본받기 위해서 끊임없이 자신을 새롭게 하고, 성숙시키는 사람입니다. 십자가의 고난과 함께하는 신앙생활을 할 때에 그것이 하나님 앞에서 의미가 있는 것입니다. 우리가 하나님의 말씀을 받을 때에 자기중심의 축복의 말씀으로 받기보다는 예수님의 영광을 추구하는 열정을 가지고 해석하고 우리 생활에 적용해야 합니다. 주님은 우리에게 "날마다 자기를 부인하며 자기 십자가를 지고 나를 따르라" "좁은 길을 걸으라"고 말씀하셨습니다. 하나님의 역사는 주 안에서 주어지는 고난을 통하여서 예수의 영광이 드러납니다. 주의 영광을 드러내는 인생은 곧 자신도 영광스러운 위대한 인생이 되는 것입니다.

## 배우고 느낀 점

## 제 22 과

# 바울의 간증

말씀 /사도행전 22:1~30

"부형들아 내가 지금 너희 앞에서 변명하는 말을 들으라 하더라"(1절)

부활하신 예수님을 영접한 성도에게 나타나는 가장 큰 증거는 그의 삶의 변화입니다. 오늘날도 인생의 허무함 속에서 방황하던 사람이, 또는 파멸의 상태에 빠져서 절망한 사람이 부활하신 예수님을 만남으로 그의 변화되고 새로워진 삶에 대해서 증언하고 있습니다. 우리는 이러한 사람들의 간증을 통해서 지금도 살아 역사하시는 우리 주님을 감동적으로 만납니다. 바울은 이러한 간증을 통해서 복음을 전할 줄 아는 사람이었습니다.

### 본문 살피기

1. 바울은 얼마나 유대적인 사람입니까? 언어, 가문, 교육의 배경에 대해서 살펴보시오(1~3절).

* 가말리엘 문하(3절): 가말리엘은 당시의 가장 유명한 랍비로서 존경을 받았음(5:34). 바울이 그의 문하라는 것은 그가 정통적인 율법의 식견을 가진 자임을 보여주는 것임.

2. 그가 얼마나 하나님께 열심이었습니까(4,5절)?

3. 유대교에 열심이었던 바울을 회심시킨 사건은 무엇입니까(6~11절)? 누가 바울로 하여금 회심하도록 주도적인 역할을 했습니까(12절)?

4. 바울의 눈을 뜨게 한 아나니아는 어떤 사람이며, 아나니아를 통해 주신 하나님의 말씀은 무엇입니까(12~16절)?

5. 바울이 성전에서 기도할 때, 그에게 임한 주의 말씀은 무엇입니까(18~21절)?

6. 바울의 설교를 들은 유대인들의 반응은 무엇입니까(22, 23절)? 유대인들이 바울의 이야기를 듣다가 이처럼 광분하게 된 요인이 무엇입니까(18~21절)?

7. 난리를 진압하기 위해서 바울을 잡아들인 백부장은 아무런 영문도 모르고 바울을 채찍질합니다. 바울은 이러한 곤경에서 어떻게 빠져 나옵니까(24~30절)?

* 로마시민권: 당시는 로마제국의 시대로서 로마시민권을 가진 사람은 특권층이었음. 그에게는 범죄가 있더라도 고문을 받거나 채찍질을 가할 수 없음.

## 생각하기

1. 바울이 유대인을 향하여서 간증하고자 하는 점이 무엇입니까? 그리스도인들이 간증을 하라고 하면 당황하여 어쩔 줄 모르거나 또는 자기의 신세타령하기가 쉽습니다. 바울의 간증을 보면서 간증은 어떻게 준비해야 하겠습니까?

2. 사울은 초대교회의 입장에서 보면 가장 무서운 살인자요, 원수였습니다. 이러한 사울에게 나타난 부활하신 예수님은 그에게 어떤 사랑과 은혜를 보여줍니까? 예수님의 십자가상에서 나타난 우리를 향한 사랑과 은혜를 생각해 보시오.

3. 사도 바울은 예수님을 만나기 이전에 이미 세상적으로 뛰어난 사람임을 알 수 있습니다. 우리가 유능한 주의 일꾼이 되기 위해서 지금 내가 하고 있는 세상의 일, 학문과 직장의 일 등을 어떻게 여겨야 하며, 어떤 자세로 감당해야 하겠습니까?

## 적용하기

1. 십자가에 죽으심으로 당신을 구원하시고 또 새롭게 하신 예수님의 은혜의 사건을 말해 보시오. 그리고 그것을 많은 기도와 묵상으로 잘 준비하여서 항상 많은 사람들에게 예수님을 감동적으로 증언하여서 전도의 도구로 삼기를 바랍니다.

## 메시지

예수님을 만나기 전, 사울은 철저히 예수님의 원수였습니다. 스테반을 죽이는데 가편투표를 했으며, 많은 그리스도인을 핍박하였습니다. 그는 그리스도인을 핍박하기 위해서 다메섹으로 원정가는 도중에 뜻밖에 부활하신 예수님을 만나게 되었습니다. 자기가 증오하며 핍박하였던 그 예수님을 만나게 되었습니다. 그는 주의 부활의 영광 앞에서 눈이 멀어 말에서 떨어졌습니다. 그는 예수님 앞에서 죽을 짓만 행한 악한이었습니다. 주님의 무서운 심판만을 기다릴 수밖에 없었습니다. 그러나 예수님은 사울을 원수로 여기고 심판하지 않았습니다. 그에게 죽음의 권세를 이기신 부활의 예수님을 보여주심으로, 예수님이 하나님의 아들임을 확신시켜 주심으로 그를 구원하여 주셨습니다. 그리고 그를 이방인을 구원하는 사도로서 세우셨습니다. 바울은 죽임을 당하는 것이 마땅한 자신을 무한히 용서하여 주시고 또 주의 일꾼으로 삼아준 주님의 은혜를 잊을 수가 없었습니다. 그래서 그는 자신의 인생에 주권적으로 개입하신 주님의 은혜를 뜨거운 심령으로 간증합니다.

간증은 주님이 내 인생에 개입하심으로 나타난 주의 은혜와 영광을 드러내는 것입니다. 우리의 인생을 돌이켜 볼 때, 죽어 마땅한 우리를 살린 놀라우신 주의 은혜와 능력들이 동일하게 있습니다. 그것을 나의 삶을 배경으로 해서 온전히 드러낼 때, 사람들은 우리의 인생 가운데 살아계신 주님을 만나게 됩니다. 간증처럼 감동적이고 실제적인 복음전도가 없습니다. 우리가 능력있는 좋은 전도자가 되기 위해서 나의 인생에 나타난 주의 주권적인 은혜를 간증으로 준비하기를 바랍니다.

## 배우고 느낀 점

제 23 과

# 공회 앞에 선 바울

말씀 /사도행전 23:1~35

"바울이 그 한 부분은 사두개인이요 한 부분은 바리새인인줄 알고 공회에서 외쳐 가로되 여러분 형제들아 나는 바리새인이요 또 바리새인의 아들이라 죽은 자의 소망 곧 부활을 인하여 내가 심문을 받노라"(6절)

천부장이 바울의 죄의 실상을 알고자 산헤드린 공회를 소집하였습니다. 산헤드린에 불려간 바울은 심문받는 죄수가 아니라 하나님의 종으로서 담대하게 자기의 신앙양심을 증거했습니다. 그러나 이 재판은 자신의 죄의 결백을 증명하기는 커녕 결과적으로 바울을 죽음의 위기에 빠뜨립니다. 계속되는 위기 속에서 바울에게는 하나님이 주시는 지혜가 번득이고 또한 주의 도우심의 역사가 놀랍게 나타나고 있습니다.

## 본문 살피기

1. 바울은 먼저 공회 앞에서 자신에 대해 뭐라고 증거합니까(1절)?

* 공회: 공회는 산헤드린이라고 불리웠으며, 유대인 중에 존경받는 70인으로 구성되어 있음. 이들은 크게 두파로 나뉘어져 있는데 바리새파와 소수의 사두개파임.

2. 공회에서 바울이 변론을 시작하자마자 어떤 문제가 발생했습니까(2, 3절)? 이 문제를 바울은 어떻게 수습합니까(4, 5절)?

3. 바울은 이 불의한 공회의 심문을 어떻게 피할 수 있었습니까(6~10절)? 그리고 그날의 재판은 어떻게 끝이 났습니까(10절)?

* 사두개인(6절): 성경 중에 모세 오경만을 인정함, 죽은 자의 부활, 천사와 마귀 등을 배격함. 이들은 현세 지향적이며 친 로마적으로서 민중과 거리감이 있었음.

4. 공회의 재판이 있었던 날 밤에 주님께서 바울에게 오셔서 주신 격려의 말씀은 무엇입니까(11절)?

5. 한편 유대인들은 바울에 대한 어떤 음모를 준비하고 있습니까(12~15절)?

6. 이 음모는 어떻게 발각이 났습니까(16~22절)?

7. 로마시민권을 가진 바울이 예루살렘에서 신변이 위태롭게 되자 로마군인들은 바울을 로마군대가 있는 안전한 가이사랴로 이송하기로 결정합니다. 이 때 바울은 얼마나 안전하게 이송되고 있습니까?

* 23절의 군대의 병력은 당시 예루살렘에 주둔하고 있는 로마수비대의 반절에 해당됨.

## 생각하기

1. 바울은 예상과는 달리 공회 재판에서는 예수님과 복음의 진리를 도전적으로 증거하기 보다는 공회의 약점을 이용해서 지혜롭게 빠져나갑니다. 그가 이렇게 한 이유가 무엇입니까(11절, 19:21)? 당신은 하나님이 당신에게 주신 비전과 소망을 이루기 위해서 자신을 어떻게 관리하며, 준비하고 있습니까?

2. 바울은 자기를 죽이기 위한 공회의 재판에서 가까스로 빠져 나왔을 때, 그는 몹시 지치고 긴장되어 있었습니다. 그 밤에 주님이 나타나서 그를 위로하며 로마까지 안전을 보장하여 주었습니다. 어떤 사람이 주님의 위로와 말씀을 받습니까? "의를 위하여 핍박을 받는 자는 복이 있나니 천국이 저희 것임이라(마 5:10)"라는 말씀이 당신의 삶에 어떻게 적용되고 있습니까?

3. 바울은 자신을 죽이기 위해 40명의 결사대가 구성될 만큼 극단적인 위기에 빠져 있습니다. 주님은 이러한 음모를 어떻게 분쇄하며 어떻게 바울을 안전하게 합니까? 당신이 어려움에 빠졌을 때, 당신을 위로하고 격려한 사람이 누구입니까? 당신은 그러한 사람들을 통해서 주님의 구원의 손길을 확신할 수 있기를 바랍니다.

## 적용하기

1. 바울의 위기는 정신을 차릴 수 없을 만큼 계속되었습니다. 공회와 결사대 그리고 또다시 로마군대에서의 재판 등으로 계속되어 가고 있습니다. 우리의 삶에 어려움이 계속되어 긴장과 걱정 그리고 두려움에 빠져 있을 때에, 이 문제를 어떻게 극복해야 하겠습니까? 주의 일을 하다가 가장 어려운 순간에 직면하여도 그때에 의지해야 할 분은 주님 밖에 없음을 명심하십시오.

## 메시지

바울은 예수님께 사형판결을 내리고 십자가에 죽인 공회 앞에 섰습니다. 자신도 예수님처럼 죽임을 당할 위협 가운데 있었지만 조금도 위축되지 않았습니다. 바울은 주께서 자신에게 두신 사명인 로마에서 복음을 전하는 일을 이룰 때까지 자신을 지켜주시고 보호하여 주실 것을 확신하였던 것입니다. 유대인들은 바울을 죽이기 위해서 결사대를 만들고 음모를 꾸몄지만 그러나 하나님은 가장 안전하게 바울을 보호했습니다. 사명자는 그 사명을 다하기까지 하나님의 보호 아래 있는 것입니다.

그리스도인은 주가 명하신 선교와 전도의 비전과 목표를 가지고 살아야 합니다. 우리가 사명의식에 불타오를 때에 우리를 향한 주의 보호하심과 능력들이 놀랍게 나타나는 것입니다. 사단은 우리가 주의 말씀과 명령에 순종하여 살 때에, 우리가 세상에서 망할 것처럼 우리를 위협하고 위축시킵니다. 그러나 세상이 아무리 우리를 삼키려 하여도 주님의 보호하심을 침범할 수 없습니다. 주의 사명을 위해서 사는 것이 세상에서는 가장 불안한 삶 같아도 사실은 주의 보호하심이 함께 하는 가장 안전한 삶입니다. 시편 기자는 "주는 나의 반석이요, 피난처라"고 고백하지 않았습니까? 주님이 우리에게 주신 사명에 헌신함으로 우리의 삶을 가장 안전한 하나님의 반석 위에 두시길 바랍니다.

## 배우고 느낀 점

제 24 과

# 벨릭스 총독에게 전도하는 바울

말씀 / 사도행전 24:1~27

"저희의 기다리는바 하나님께 향한 소망을 나도 가졌으니 곧 의인과 악인의 부활이 있으리라 함이라"(15절)

유대인들은 바울의 무죄함을 알고서도 그를 죽이기 위해서 집요하게 따라와서 바울을 로마의 군사 법정에 고소합니다. 자기 민족을 탄압한 이방인 앞에서 비굴하게 아첨하면서 바울을 고소하려는 유대인과 자신들의 원수 앞에서 자신의 무죄와 하나님의 심판을 증거하는 바울의 모습이 대조되어 나타나고 있습니다.

## 본문 살피기

1. 유대 종교 지도자들은 바울을 죽이기 위해서 어떤 시도를 하고 있습니까(1절)?

* 변사: 직업 변호사.

* 벨릭스 총독: 로마 역사상 노예 출신으로서 총독이 된 첫번째 인물, 그는 잔인한 살인자이며 뇌물을 좋아하는 사람으로 알려져 있음.

2. 아첨하는 말로 시작한 변사 더둘로가 바울을 고소하는 3가지 내용이 무엇입니까(3~6절)?

* 염병(5절): 흑사병과 같은 전염병의 의미

3. 바울은 더둘로의 거짓된 3가지 고소에 대해서 조목조목 반박합니다.

1)바울은 자신이 소요를 일으키는 사람이 아님을 어떻게 반론합니까(11~13절)?

2)자신이 이단의 괴수가 결코 아님을 어떻게 반론합니까(14~16절)?

3)자신이 성전을 더럽혔다는 죄목에 대해서도 무죄함을 어떻게 반론합니까((17~21절)?

4. 바울의 반론을 들은 벨릭스는 바울이 무죄한 자임을 알았습니다. 그런데 무죄한 바울에 대한 판결은 무엇입니까(22~23절)? 벨릭스의 복음에 대한 지식은 어느 정도였습니까?

5. 벨릭스가 자주 바울을 불러서 복음을 듣는 이유가 무엇입니까(26절)?

6. 벨릭스의 성품과 그의 속셈을 알고 있는 바울은 어떤 복음을 강력하게 증거하고 있습니까(24, 25절)?

7. 벨릭스는 바울에 대한 판결을 어느 정도나 오랫동안 지체시켰습니까(27절)? 그 이유는 무엇입니까?

## 생각하기

1. 바울은 예수님 안에서 죽은 자의 부활에 대한 소망과 확신이 있었습니다. 이 부활의 산소망이 바울의 인생에 어떤 변화를 주었습니까? 당신은 부활에 대한 소망과 확신이 있습니까? 이 부활의 산소망은 당신으로 하여금 세상적인 문제와 육신의 문제에 대해서 어떤 자세를 가지게 합니까? 우리의 인생에 있어서 가장 중요하고 우선적인 것은 무엇입니까?

2. 벨릭스는 복음에 대한 전형적인 세상 사람의 반응을 보입니다. 그의 복음에 대한 반응이 무엇입니까? 벨릭스와 같은 현대인에게 꼭 필요한 복음은 무엇입니까? 당신은 성경의 지식을 생활 중에 어떻게 적용시킵니까? 즉시 자신을 쳐서 복종시키며 열매를 맺는 편입니까? 아니면 죄책감 속에서 현실의 이익을 계산하며 차일피일 미루는 편입니까(약 2:19, 20)?

## 적용하기

1. 부활에 대한 확신은 당신으로 하여금 하나님의 나라에 대한 간절한 소망을 가지게 하며, 그 소망이 이 세상에서 하나님의 백성으로서 고상한 삶을 향한 철학이 되기를 바랍니다. 당신이 하나님의 백성으로서 이 세상에서 적극적으로 추구할 것은 무엇이며, 버려야 할 것은 무엇입니까?

## 메시지

유대의 총독 벨릭스는 이스라엘 전체에서 최고의 명예와 권세를 가진자였지만 그러나 하나님 앞에서 가장 천박한 자요, 불쌍한 사람이었습니다. 그는 복음에 대한 지식을 가지고 있으면서도 예수님을 영접하기 보다는 예수의 종인 바울에게서 돈을 뜯어내려고 고심하는 사람이었습니다.

오늘날 성도 중에 많은 사람들이 항상 하나님의 말씀을 듣지만 그 말씀 앞에서 자기를 쳐서 복중시킴으로 주님이 기뻐하는 사람이 되기보다는 세상의 성공과 물질에 대해서 더 많은 관심을 가지고 주의 이름을 부르고 있습니다. 예수의 이름으로 돈을 벌려고 하는 벨릭스와 같은 천박한 신앙입니다. 이러한 신앙은 하나님의 엄위하신 심판 앞에서 회개해야 합니다.

바울은 이러한 면에서 우리에게 참다운 신앙의 모습을 보여줍니다. 그는 부활에 대한 산 소망 가운데 세상에 대한 욕심과 미련을 버렸습니다. 그는 자신의 인생이 고난과 죽음을 받음으로 예수님의 구원의 복음이 드러나기를 원하였습니다. 우리의 인생의 목표가 자신의 성공과 만족을 위해서 나아가서는 안됩니다. 주님을 기뻐하고 주님의 영광을 드러내야 합니다. 이러한 인생은 현실 세상에서 많은 손해와 희생을 요구하지만 그러나 결국 부활의 날에 영원한 생명 가운데 하나님의 칭찬과 상을 받아 진정한 승리를 누리게 됩니다.

## 배우고 느낀 점

# 제 25 과

# 베스도 총독과 변론하는 바울

말씀 / 사도행전 25:1~27

"만일 내가 불의를 행하여 무슨 사죄를 범하였으면 죽기를 사양치 아니할 것이나 만일 이 사람들의 나를 송사하는 것이 다 사실이 아니면 누구든지 나를 그들에게 내어 줄 수 없나이다 내가 가이사께 호소하노라 한대"(11절)

유대인들에게 기소당한 바울은 재차 베스도에게 심문을 받습니다. 반복되는 심문은 결국 바울의 무죄와 나아가 복음의 정당성을 입증하고 있습니다. 복음역사는 유대인들의 배척에도 불구하고 오히려 가이사께 호소한 바울을 통해 세계의 심장부인 로마를 향해 나아가고 있습니다.

## 본문 살피기

1. 바울을 예루살렘으로 보내 줄 것을 요구하는 유대인들의 의도가 무엇이며(1~3절) 베스도의 답변은 무엇입니까(4, 5절)?

* 베스도의 호의(3절): 유대 총독으로 부임한 지 얼마 안된 베스도가 앞으로의 통치를 위해 유대의 인사들에게 잘 보여야 한다는 의미.

2. 유대인들의 고소내용과 증거가 어떠하며(6, 7절), 바울의 변론은 무엇입니까(8절)?

3. 베스도는 유대인들의 환심을 사기 위해 무엇을 제안하며(9절), 바울은 누구에게 상소합니까(10~12절)?

* 가이사에게 상소: 로마 시민이라면 누구나 황제에게 호소함으로 보호받을 수 있는 권리가 있었음.

4. 재판이 있은 수일 후 누가 베스도를 방문하였습니까(13절)?

* 아그립바 왕: 유대인으로서 로마 황실의 비호를 받으며 유대의 북동쪽을 통치, 헤롯 대왕의 증손

5. 베스도가 아그립바에게 사건의 경위를 설명하자(14-22절) 아그립바는 어떤 반응을 보입니까(22절)?

6. 베스도가 내린 재판의 결론은 무엇이며(25절) 어째서 바울을 아그립바 앞에 세우고자 합니까(26, 27절)?

* 상소할 재료(26절): 죄수를 가이사에게 보내려면 상소한 죄목을 공소장에 써서 같이 보내야 함.

## 생각하기

1. 바울의 체포는 복음의 정당성을 부인하는 유대교와의 마찰 때문이었습니다. 바울이 당하는 고난이 어떻게 복음을 변증하는 기회가 되고 있습니까?

2. 바울이 가이사에게 상소하게 된 것이 왜 하나님의 섭리입니까(행 9:15, 23:11 참조)?

3. 하나님은 유대인들의 박해와 베스도의 정치욕까지도 사용하셔서 당신의 뜻을 이루어 가십니다. 이것이 복음역사에 주는 의미는 무엇입니까?

## 적용하기

1. 복음역사는 위기를 만날 때 오히려 확장되어 가는 것을 봅니다. 위기를 당할지라도 굴하지 않고 더욱 전도에 힘쓸 때 어떤 놀라운 일들이 일어났는지 나누어 보시오.

## 메시지

바울을 죽이려는 유대인들의 음모는 복음역사의 위축이 아니라 오히려 이방세계로의 복음확장의 계기가 되고 있습니다. 하나님은 모든 것을 합력하여 선을 이루시며 자신의 뜻을 성취해 가시는 분입니다. 바울이 자신의 무죄와 석방을 요구하지 않고 기꺼이 죄수의 신분을 선택한 이유는 무엇입니까? 하나님의 섭리를 믿었기 때문입니다. 하나님이 자기를 통해 로마 선교를 이루실 비전을 바라보았기 때문입니다. 바울의 몸은 비록 쇠사슬에 매어 있었지만 하나님의 섭리 안에서 가장 안전하고 자유로운 자였으며, 큰 자였습니다. 어떤 상황도 그를 통하여 일하실 하나님의 뜻을 막을 수 없으며 그의 복음전도의 열정과 헌신을 꺾을 수 없기 때문입니다. 인류 구속역사를 이루어 가시는 하나님께서는 오늘날도 복음역사에 헌신할 일꾼들을 찾고 계십니다. 하나님의 역사는 세상의 핍박을 능히 이기며 승리하는 생명력이 있습니다. 결코 불리한 환경이 복음 전도의 열정과 길을 막지 못합니다. 하나님의 섭리를 믿는 자는 낙망하지 않으며 오히려 위기의 때일수록 더욱 힘써 복음을 전파할 것입니다.

## 배우고 느낀 점

## 제 26 과

# 아그립바 왕에게 복음을 전하는 바울

말씀 /사도행전 26:1~32

"바울이 가로되 말이 적으나 많으나 당신 뿐 아니라 오늘 내 말을 듣는 모든 사람도 다 이렇게 결박한 것 외에는 나와 같이 되기를 하나님께 원하노이다 하니라"(29절)

본문은 바울의 마지막 변론입니다. 바울은 자신의 변론 기회를 복음전도의 기회로 삼아 왕, 총독, 고관들이 모인 앞에서 담대하게 복음을 전파했습니다. 열정적인 전도자 바울의 모습은 우리로 하여금 전도자로서 갖추어야 할 자세와 확신을 배우게 합니다.

### 본문 살피기

1. 바울의 변론하는 태도가 어떠합니까(1~3절)?

* 손을 들어(1절): 상대방에게 정중한 예의를 표하는 행동
* 너그러이 들으시기를(3절): 경청해 주기를 부탁하는 인격적인 태도

2. 바울의 변론을 세 부분으로 나누어 제목을 붙여 보시오(4~11, 12~18, 19~23절).

3. 바울이 말하는 변론의 핵심은 무엇입니까(22, 23절)?

4. 바울의 변론에 대한 베스도의 반응은 무엇이며(24절), 바울의 대답은 무엇입니까(25절)?

5. 바울이 아그립바에게 무엇을 권고하며, 아그립바의 반응은 어떠합니까 (26~28절)?

6. 불신자들을 향한 바울의 심정이 어떠합니까(29절)?

7. 바울을 심문한 자들의 공통된 결론은 무엇이며(30~32절), 상소를 취하하지 않은 바울을 통해 배울점이 무엇입니까(19:21 참조)?

## 생각하기

1. 죄수의 몸으로 아그립바 왕에게 복음을 전하는 바울을 통해 배울점이 무엇입니까? 접근방식, 전도 대상, 자세와 내용 등에 대해 생각해 보시오.

2. 복음을 증거할 때 대부분의 사람들이 어떤 반응을 보입니까? 거절당할 때 어떻게 해야 되겠습니까?

3. 바울의 전도 능력은 어디에서 비롯되었다고 생각되십니까?

## 적용하기

1. 당신은 전도자로서의 소명을 가지고 있습니까? 그렇다면 당신에게 가장 필요한 구비 조건이 무엇이라고 생각됩니까?

## 메시지

자식이라면 마땅히 부모의 유언을 받들어야 하는 것처럼 복음전도는 모든 그리스도인이 감당해야 할 주님의 유언적 명령입니다. 문제는 복음을 증거 하는 것이 결코 쉬운 일이 아니라는 점입니다. 전도자를 미쳤다고 생각하는 사람이 있는가 하면, 복음의 진정성을 알면서도 고의로 자기의 체면과 욕심 때문에 거절하는 사람도 많습니다.

복음을 전하다가 낙망 가운데 있습니까? 아예 전도하기 쉬운 좋은 환경을 기다리면서 전도의 기회를 차일피일 미루고 있지 않습니까? 죄수의 신분을 오히려 복음전도의 기회로 삼은 바울처럼 때를 얻든지 못 얻든지 힘써 복음을 증거 하는 자세가 필요합니다. 불신자들에게는 복음전파가 미련하고 어리석은 것처럼 보이나 부르심 받은 우리에게는 하나님의 능력이요 지혜입니다. 복음이 전파될 때만이 구원의 소망이 있습니다. 우리는 복음 증거자로서 '모든 사람이 다 나와 같이 되기를 바란다'는 확신에 찬 믿음이 있어야 하겠습니다. 전도의 능력은 복음에 대한 확신에게 비롯됩니다. 자신의 체험적인 삶을 통해 확신있게 오직 예수 그리스도만을 자랑하는 자가 됩시다.

## 배우고 느낀 점

# 광풍속에서 지켜주신 하나님

말씀 / 사도행전 27:1~44

"바울아 두려워 말라 네가 가이사 앞에 서야 하겠고 또 하나님께서 너와 함께 행선하는 자를 다 네게 주셨다 하였으니"(24절)

미결수의 신분으로 바울은 로마로 호송됩니다. 바울의 로마 이송여행은 누가의 동행으로 인해 매우 생생하고 흥미롭게 기록되어 있습니다. 여행 가운데 같이 하신 하나님의 보호와 섭리 그리고 사랑이 하나님의 사람 바울의 활약과 함께 두드러지게 나타나고 있습니다.

## 본문 살피기

1. 로마로 향하는 바울 일행은 누구입니까(1, 2절)?

* 우리(1절): 사도행전을 기록한 누가가 동행함.

* 아리스다고(2절): 이방인으로 바울의 시중을 든 자, 에베소에서 바울과 함께 복음을 전하다 체포, 고린도에서부터 아시아까지 바울의 여행에 동행.

2. 가이사랴에서 미항까지의 여정을 말해 보시오. 어떤 일들이 있었습니까(3~8절)?

* 시돈(3절): 두로와 함께 베니게의 주요 도시
* 친구들(3절): 당시 그리스도인들이 서로를 지칭하던 말
* 미항(8절): 그레데 섬의 남단에 위치한 항구

3. 바울의 충고는 무엇이며, 이를 무시한 결과 어떤 형편에 처하게 됩니까(9~20절)?

* 과동(12절): 겨울을 지냄
* 유라굴로(14절): 이 바람은 처음의 남풍이 부근 그레데 이다 산맥의 영향으로 반대 기류와 충돌하면서 갑자기 생기는 강력하고도 무서운 태풍임.
* 가우다(16절): 뵈닉스에서 남서쪽으로 약 35㎞ 떨어진 섬, 선원들이 배를 조종할 수 없는 상태에서 상당히 먼 거리까지 떠내려 옴.
* 스르디스(17절): 큰 모래톱을 가리킴.

4. 바울은 두려움에 빠진 사람들을 어떻게 안심시킵니까(21~26절)?

5. 사공들의 음모는 무엇이며, 바울의 대처와 활약은 무엇입니까(27~38절)?

* 고물(29절): 배의 뒷부분이 되는 부분.

* 거루(30절): 돛을 달지 아니한 작은배.

6. 바울에게 닥친 위험은 무엇이며 어떻게 모면하게 됩니까(38~44절)?

## 생각하기

1. 배에 어떤 종류의 사람들이 타고 있습니까? 백부장이 광풍을 만나게 된 원인은 무엇입니까? 우리 삶에서 계획이나 결정을 할 때 무엇을 기준으로 해야 하겠습니까?

2. 어려움 앞에서의 바울과 다른 사람들의 모습을 비교해 보시오. 인생의 절망적 상황에서 위로와 평안을 얻을 수 있는 길은 무엇입니까?

3. 하나님의 보호하시는 섭리와 사랑에 대해 생각해 보시오.

## 적용하기

1. 풍파 많은 세상 속에서 평안을 잃지 않으며 오히려 다른 이웃을 도울 수 있는 넉넉함은 어떻게 얻을 수 있을까요? 당신이 어려움에 처했을 때 주신 하나님의 사랑을 나누어 보시오.

## 메시지

백부장이 바울의 말보다 선장과 선주의 말을 신뢰한 결과 일행은 광풍 앞에서 속수무책으로 끌려다니며 죽음의 두려움에 빠지게 되었습니다. 인생은 마치 순풍이 불다가도 언제 광풍이 휘몰아칠지 모르는 바다와 같습니다. 인생길의 안전한 항해는 예수 그리스도를 선장으로 모실 때입니다. 왜냐하면 주님은 바로 바다를 지으신 창조주이시며 다스리시는 주관자이시기 때문입니다. 바울이 절망적 상황에서도 담대할 수 있었던 이유는 로마에 가서 복음을 전하게 될 것이라는 주님의 말씀을 신뢰했기 때문입니다.

인간의 능력과 경험을 의지하는 인본주의로는 인간의 한계상황 앞에서 절망을 극복할 수 없습니다. 하나님 중심적인 삶, 곧 말씀을 의지하는 삶이야말로 험난한 길에서도 참다운 평안과 위로를 얻습니다. 폭풍우의 항해 길에서 바울이야말로 276명의 생명을 구하고 그들을 위로한 참다운 지도자였습니다. 세상에서는 비록 약하게 보이나 위기의 때에 세상을 구할 수 있는 자는 바로 하나님과 함께 하는 자입니다. 하나님께서는 친히 당신의 사랑하는 자녀를 보호하시고 인도하시기 때문입니다.

## 배우고 느낀 점

제 28 과

# 셋집에서 성경을 가르치는 바울

말씀 / 사도행전 28:1~31

"바울이 온 이태를 자기 셋집에 유하며 자기에게 오는 사람을 다 영접하고 담대히 하나님나라를 전파하며 주 예수 그리스도께 관한 것을 가르치되 금하는 사람이 없었더라"(30, 31절)

사도행전의 목적은 복음이 예루살렘에서 세계의 중심지 로마로 전파되는 과정을 보여 주고자 함입니다. 누가는 로마의 셋집에서의 바울의 로마 사역을 미완성의 형태로 묘사함으로써 복음역사는 계속된다는 것을 암시하면서 끝을 맺고 있습니다. 바울을 통해 막이 오른 위대한 복음역사를 이제는 우리 자신들이 완성해 가야 할 것입니다.

## 본문 살피기

1. 바울 일행이 임시 상륙한 섬은 어디이며 어떤 환영을 받습니까(1, 2절)?

* 멜리데(1절): 현재의 말타, 시실리 남쪽 93㎞

2. 바울이 행한 두 가지 이적은 무엇이며, 그 결과는 무엇입니까(3~10절)?

* 보블리오(7절): 전승에 의하면 보블리오는 멜리데 섬의 최초의 감독이 되어 순교했다고 함. 멜리데 섬에는 기독교인의 카타콤이 많음.

3. 로마로 가기까지의 일정을 말해 보시오(11~14절).

4. 바울은 누구에게 어떤 영접을 받았으며, 그 결과는 무엇입니까(14, 15절)?

* 저자(15절): 시장.

* 삼관(15절): 세 여관.

5. 로마에 도착한 바울이 가정 먼저 한 일은 무엇입니까(16~22절)?

6. 바울이 전한 복음을 들은 유대인들의 반응은 무엇이며 복음역사에 어떤 전환점을 가져다 줍니까(23~29절)?

7. 저자 누가는 어떻게 사도행전을 끝맺고 있습니까(30, 31절)?

## 생각하기

1. 하나님께서는 멜리데 섬에서의 이적과 로마까지의 여정 중에 만난 형제들의 영접을 통해 바울을 섬세히 도우십니다. 이것이 주의 일을 감당하는 우리에게 어떤 힘이 됩니까?

2. 셋집에서 성경을 가르치는 바울을 통해 로마 복음화를 위한 바울의 전도전략이 무엇임을 알 수 있습니까?

3. 바울이 쇠사슬에 매인 죄수로서 고난을 기쁘게 감당한 이유가 무엇입니까?

## 적용하기

1. 온 세상을 복음화해야 할 우리가 중점적으로 감당해야 할 부분이 무엇인지 생각해 보시오.

## 메시지

쇠사슬에 묶인 죄수의 신분! 미지의 거대한 땅 로마! 바울의 마음 한편은 두렵기도 했을 것입니다. 하나님의 섭리는 바울에게 멜리데 섬에서 복음의 열매를 맺게 하셨으며 환대와 필요한 물품들을 공급받도록 인도하셨습니다. 로마 형제들의 영접을 통해 바울로 하여금 로마 선교에 대한 각오와 믿음의 용기를 주었습니다.

하나님께서는 당신의 사역자들을 보호하고 지키실 뿐만 아니라 힘과 용기를 주시고 능히 감당할 수 있도록 섭리해 주십니다. 하나님께서는 바울의 셋 집에서의 성경강론을 통해 로마 선교를 이루어 가십니다. 로마의 한 귀퉁이에서 죄수 신분의 한 사람을 통해 이루어진 성경공부가 장차 로마를 정복하고 세계를 복음화하는 일을 이루게 된 것입니다. 말씀이 있는 곳에 생명의 역사가 있습니다. 우리가 묵묵히 말씀을 전파한다면 반드시 열매맺을 날이 있습니다. 사도행전은 성령행전입니다. 성령께서는 오늘도 우리를 통하여 일하고 계십니다. 성서한국, 세계선교의 큰 뜻을 품고 주어진 처소에서부터 말씀을 전하여 나갈 때 하나님 역사에 길이 남는 인물이 될 것입니다.

## 배우고 느낀 점

# ESP 도서목록

## 성경공부 시리즈

**초신자 전도** **기독교 신앙으로 인도하는 길** / 값 2,500원

**권별**

**창세기(상, 하권)**
보시기에 심히 좋았더라 조완철 지음/ 값 3,200원 / 값 3,200원
**에스겔서**
영혼의 파수꾼아, 깨우치라 채미자 지음 / 값 3,500원
**마태복음 1, 2, 3**
만왕의 왕 예수그리스도 / 값 3,200원 / 값 3,200원 / 값 3,200원
**마가복음 1, 2**
섬기러 오신 예수그리스도 / 값 3,200원 / 값 3,200원
**누가복음 1, 2**
잃은자를 찾으시는 예수님 / 값 3,500원 / 값3,500원
**요한복음 1, 2**
빛과 생명이신 예수님 / 값 3,200원 / 값 3,200원
**사도행전 1, 2**
땅끝까지 이르러 / 값 3,500원 / 값 3,500원
**로마서(상, 중, 하권)**
믿음으로 살리라 한의수 지음 / 값 3,200원 / 값 3,200원 / 값 3,200원
**히브리서**
비교할 수 없는 오직 한 분, 예수 그리스도 임성근 지음 / 값 3,500원

**주제별**

**교회, 가정, 직장** 한의수 지음 / 값 2,700원
**반석위에 지은집** 한의수 지음 / 값 2,700원
**오!인간이여** 한의수 지음 / 값 3,500원
**하나님의 꿈, 교회** 임종학 지음 / 값 3,700원
**하나님의 꿈, 가정** 임종학 지음 / 값 3,800원

## 성경강의 시리즈

**창세기 강의** 손석태 지음 / 값 12,000원
**요엘서 강의** 손석태 지음 / 값 3,000원
**출애굽기 강의** 손석태 지음 / 값 11,000원

## 단행본

**왜 나는 믿는가**
D.J케네디 지음 오화선 오성일 역 / 값 6,000원
**케임브리지 7인** 존폴록 지음 / 값 8,000원
**눈뜨고 기도하라**
R.L 프레트 지음 김성건 역 / 값 3,000원
**구원계시의 발전사1, 2**
W.A 밴게메랜 지음 안병호 김의원 공역 / 값 12,000원 / 값 9,000원
**말씀과 구속사**
손석태 지음 / 값 2,500원
**하나님이 기뻐하시는 열정,성공,리더십**
팀한셀 지음 안병호 역 / 값 8,500원
**참교육의 희망, 성서교육을 꿈꾼다**
성서교육회 엮음 / 값 8,000원
**하늘나라철밥통**
양승훈 지음 / 값 8,000원
**예수, 대학에 오다**
임성근 지음 / 값 11,000원
**이 생명 다 바쳐 복음운동을**
한의수 지음 / 값 13,000원

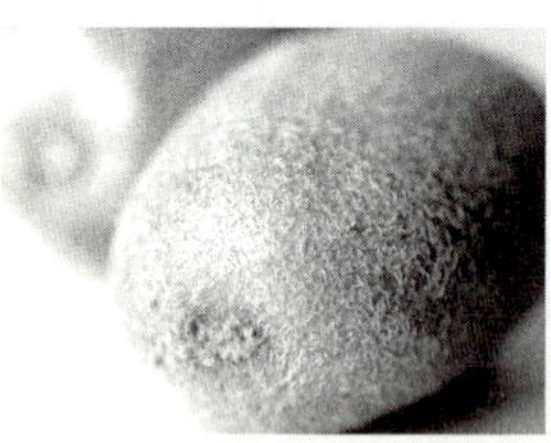

사도행전(하)

도움말

# 땅끝까지 이르러...

ESP

# 제15과 예루살렘 교회와 하나된 안디옥 교회

## I. 본문 살피기

5. *안디옥 교회에 큰 힘과 위로가 되었음.
   *안디옥 교회가 더욱 힘있게 복음을 증거하므로 부흥케됨.

## II. 생각하기

1. *안디옥 교회는 바울로 인하여 할례의 불필요함을 듣고 믿음으로만 구원받는다는 교리 하에 신앙생활을 하였음. 따라서 교리적 논쟁과 불화는 아직 기반이 약한 안디옥 교회에 심각한 타격이 됨.
   *회피하지 아니하고 적극적으로 해결코자 함. 해결해야 할 문제는 도전적인 자세가 필요함.
   *예루살렘만이 실질적인 해결을 할 수 있는 능력과 권위가 있음.
   문제해결 능력이 있는 사람에게 도움을 요청해야 함.

2. *정당성
   ①하나님께서 이방선교에 이미 바울을 쓰고 계심을 고넬료의 변화를 통해서 증언함(10:1-48).
   ②이방인에게도 이미 성령을 주셨음(8절).
   ③하나님께서 믿음으로 모두 깨끗하게 하심으로 차별하지 않으심(9절).
   *할례를 강요할 수 없는 이유
   ①유대인들도 지키지 못하는 율법.
   ②주 예수의 은혜로 구원받기 때문임(11절).
   *믿음의 대상은 제한을 둘 수 없고 누구에게나 복음을 전해야 함. 믿음의 조건은 오직 예수를 구세주로 믿음으로(롬 1:17).

3. *안디옥 교회: 교회의 핵심 사도들을 파송함. 진지한 토론. 끝까지 예루살렘 교회 결정을 기다림.
   *예루살렘 교회: 바울의 말 경청. 진지한 토론. 멍에를 지지 않도록 함. 사람을 보내어 소식을 전해줌.
   *복음역사는 하나가 되기 위해서는 권위를 버리고 섬기는 자세로 상대방을 존중하고, 가르치고 배우는 자세가 필요함.

# 제16과 유럽으로 건너간 복음

## II. 생각하기

1. *당시 마게도냐는 현재의 유럽지방으로 빌립보 등은 역사문화 중심지임. 선교도 복음이 효과적으로 퍼져나갈 수 있는 지역을 전략적으로 할 필요가 있음.
   *복음이 유럽으로 가기에는 지리적, 문화적인 면과 물질 등에서 여러 가지 어려움이 예상됨. 그러나 선교는 자신의 형편이나 계획보다는 하나님의 뜻에 순종해야 됨.

2. *빌립보 최초의 기독교 가정이며 이 가정을 중심으로 교인들이 모이며 빌립보 전도의 전진기지가 되었음.
   *큰 뜻을 품고 일을 하지만 아주 구체적이고도 섬세하게 일하는 바울. 인간적으로 미약하게 보이는 여인 한사람 전도를 통해 세계선교의 꿈을 실현함.

3. *강력한 사단의 도전으로 감옥에 들어갔으나 조금도 위축되지 아니하고 감옥에서 감사와 찬미를 드림.
   *바울 일행이 조금도 위축되지 아니하자 오히려 역경과 고난이 감수를 감동시켜 전도의 기회가 됨.
   *고난에 대해 두려워하지 않고 믿음으로 도전할 때 고난 가운데서도 복음역사는 흥왕한다는 역사관.

# 제17과 날마다 성경을 상고하는 사람들

## II. 생각하기

1. *전하는 사람: 바울이 데살로니가에서 유대인 회당을 중심으로 3주 동안 성경에 나타난 예수그리스도의 수난과 부활을 증거함. 그런데 경건한 헬라인의 큰 무리와 적지 않은 귀부인이 개종함. 핍박에도 굴하지 않고 베뢰아에 가서 또다시 전도함.
   *듣는 사람: 마음이 열려 있어서 말씀을 경청하고 편견없이 객관적으로 성경연구에 있어 열심을 보임. 날마다 만나서 대화를 나누며 성경을 상고함. 믿는 사람들이 더 많음.
   *말씀 증거자도 때론 신비적인 은혜를 증거하여, 성도들에게 맹목적으로 "아멘"을 요구함. 베뢰아 사람들이 가졌던 연구하는 태도로 고상하고 신사적인 균형감각이 필요함.

2. *바울은 우연히 "알지 못하는 신"이라는 이름이 붙은 신들의 제단을 발견했음. 바울은 설교를 무명의 제단을 통하여 그들과 접촉점을 삼았음. 그들의 종교성에 대한 겸허한 자세로 말문을 열어 무지하다는 점을 화제로 채택한 것임. 이처럼 사람들이 일반적으로 많이 생각하는 것들을 진리의 접촉점으로 삼아야 자연스럽게 전도할 수 있음.

3. *복음을 지역과 대상에 따라 증거하다보면 타협과 절충이 무의식으로 진행되는 경우를 발견하게 됨. 그러나 분명하게 증거해야 하는 것은 예수 그리스도의 복음과 회개와 구원임. 겸손한 자세로 메시지를 담대하게 증거해야함.

# 제18과 바울과 선교 동역자들

## II. 생각하기

1. *직업이 같고 뜻도 같이한 아굴라와 브리스길라, 영적인 아들 실라와 디모데, 이방인 디도 유스도, 회당장 그리스보, 간접적으로 쓰임받은 갈리오, 고난당한 소스데네, 동역한 아볼로 등 하나님은 외로운 바울에게 동역자를 보내주어 힘이 되게함. 복음 전도자에게 돕는 동역자가 있다는 것은 자기 연민이나 핍박 속에서 용기를 갖게함.

2. *바울은 유대인의 훼방으로 낙심되었고, 두려워하고 있었을것임. 잠잠히 입을 닫아버리고 싶은 답답한 상황이었을것임. 그러나 주께서 함께하며 보호해 주신다는 말씀은 가장 큰 격려가 되었을 것임. 바울은 힘을 얻어 고린도에서 1년 6개월의 장기 사역을 하며 말씀을 가르치고 로마서를 비롯한 바울서신을 기록했음.

3. *가르치는 자는 항상 자신을 개방하여 온전한 깨달음에 이르도록 자기를 부인해야함. 가르치기를 잘 하는 자일 뿐만 아니라 배우기를 잘하는 자가 성장함. 또한 아볼로의 약점을 평신도로서 지혜롭게 섬길 때 하나님의 영광이 드러남. 설교자를 공개적으로 바로잡아 주고자 하거나 비난하는 것을 삼가해야함.

# 제19과 에베소를 정복한 바울

## II. 생각하기

1. *이 기사는 논쟁의 소지가 많은 본문 가운데 하나임. 바울은 사실상 세례 요한의 제자들이며, 아볼로의 제자들을 만났음. 요한의 세례에 대해 듣기는 했지만 예언이 성취되었는지 알지 못하고 구약시대에 살고 있었음. 그리하여 바울은 영적으로 어린 제자들을 돕기 위하여 "믿을 때에 성령을 받았느냐", "어떤 세례를 받았는가" 질문하며 바른 복음을 가르쳐주고 사도의 권위로 손을 얹으니 축소판 오순절(행 2장) 경험을 했음. 사도가 손을 얹으니 방언, 예언하는 것은 사마리아에서처럼 에베소에서만 특별히 해당된 것으로 배타적인 유대인 공동체에게 이방인이지만 그리스도께 속하게 되었음을 공개적으로 보여주기 위한 것임.

2. *바울은 1단계로 석달동안 회당에서 주로 유대인을 상대로 하나님 나라를 강론을함. 하지만 유대인들이 거부함. 이처럼 완고한 자들을 떠나, 2단계에서는 두란노 서원에서 제자들을 따로 세우고 대화전도식으로 집중적으로 2년을 가르쳤음. 그 결과는 유대인, 헬라인 모든 사람이 주의 말씀을 듣고 큰 열매가 나타났음. 몇몇의 제자를 양성하는 것이 더딘 것 같아도 가장 빠른 길임.

3. *데메드리오는 우상을 만드는 사람들을 선동하여 바울의 사역을 멈추게 하려고 했음. 이유인즉 자신들의 사업이 위축된 까닭이었음. 다른 사람들이 무지와 죄에 얽매여 있는 것을 통해 이득을 얻는 사람들에게는 전도인은 위협의 대상이 될 수 있음. 오늘날도 자기의 이익 때문에 복음에 대해 적대적인 자가 많음을 기억해야함.

# 제20과 바울의 고별사

## II. 생각하기

1. *바울은 다시는 못 볼지도 모른다는 이별의 절박한 심정으로 밤중까지 계속 강론하였음. 그러자 유두고는 말씀을 졸면서도 경청하다 육신이 약하여 3층 창가에서 떨어져 죽었음. 이 세상의 분주한 일들로 인하여 피곤하고 지칠 때도 하나님의 말씀을 힘써 듣고자 해야겠음.

2. *사도 바울은 오순절 안에 예루살렘에 도착하고자 계획하니 시일이 촉박하여 3차 전도여행시 심혈을 기울였던 에베소 교회에 체류할 수가 없었음. 바울은 에베소 장로들에게 그들 가운데 있을 때 자신의 삶과 사역이 어떠했는지 상기시켰음. 특히 결박과 환난이 기다린다 해도 기꺼이 복음을 증거하기 위해 생명을 조금도 귀한 것으로 여기지 않는 헌신된 모습을 접하게 됨.

3. *"주는 것이 받는 것보다 복이 있다"는 말씀은 복음서에는 직접 기록되지 않았지만 아마도 구전(口傳)으로 내려온 듯함. 주기만 하는 일은 하나님이 하시는 일임. 독생자를 주셨고, 생명까지 십자가에서 주셨음. 주님을 따르는 모든 신자들도 주기를 힘써야 함. 사람들은 누구나 받기를 좋아하고 주기를 싫어하지만 사실인즉 주는 것이 받는 것보다 훨씬 축복임.

# 제21과 바울의 각오

## I. 본문 살피기

4. *모세를 배반하였다는 말은 율법을 무시하였다는 의미임. 그러나, 바울은 율법을 신령한 것으로 보았으며(롬 7:12), 긍정적인 역할도 인정하였음(갈 3:24). 다만 율법을 통해서 의롭게 되려고 하는 태도를 경계한 것이며, 이 율법에 매여 복음을 거부한 자에게는 율법의 폐지는 마땅한 것으로 주장하였음. 우리가 구원받는 것은 예수 그리스도에 대한 믿음이며, 결단코 율법에 의해서는 아님. 본래 율법이 주어진 의도도 출애굽한 이스라엘 백성, 즉 악의 상징인 바로로부터 구원을 받은 이스라엘 백성들에게 하나님의 백성의 삶의 지침으로서 주어진 것임. 출애굽 당시 이스라엘 백성은 오직 하나님의 은혜로 구원을 받았음.
   *하나님의 백성의 표징인 할례 역시도 행하는 것과 하지 않는 것에 어떤 의미도 부여하지 않았음. 예수 그리스도를 믿음으로 하나님의 백성이 되고자 하지 않고, 할례를 행함으로 하나님의 백성의 표징을 삼으려고 하는 것에 반대함.

## II. 생각하기

1. *제자와 선지자 그리고 바울은 성령의 감동으로 예루살렘에서 있을 고난을 동일하게 보았음. 그러나 제자들과 선지자는 하나님의 뜻을 분별하기보다는 바울을 사모하는 인간적인 뜻 가운데 바울을 만류하는 것임. 바울은 하나님의 뜻을 옳게 분별하며, 예수님의 십자가의 고난에 동참하는 의지를 가지고 올라간 것임.
   *여러 가지 선택이 있을 때, 예수 그리스도의 고난과 십자가를 기억해야 함. 그리하면 하나님의 뜻이 명확히 보임.

2. *전도자는 하나님의 뜻에 어긋나지 않는다면, 그 사회의 문화나 그 사람의 개성과 습관을 존중하고 이해하려고 노력해야 함.
   *성도간에, 또는 이웃간에 오해가 생겼을 때, 그리스도인의 올바른 태도는 상대방의 입장을 이해하고 그것을 풀어주기 위해서 적극적인 노력을 해야 함. 오해를 우리 편에서 풀어줄 때, 얼마나 더 좋은 관계로 발전되겠는가?

# 제22과 바울의 간증

## I. 본문 살피기

4. 아나니아는 그리스도인이었지만 율법적으로도 경건하여 유대인들에게 인정을 받는 훌륭한 사람이었음. 그가 사도 바울을 섬긴 것은 바울이 주장하는 예수가 결코 율법에 적대적이 아니라, 오히려 율법에서 주장하는 메시아임을 증명하는 것임.

## II. 생각하기

1. *①자신은 정통 유대인으로서 조상의 신앙에서 떠나지 않았으며, 지금도 여전히 조상의 하나님을 믿고 있다는 것.
   ②나사렛 예수는 이 하나님의 메시아의 약속을 성취한 분임. 부활은 사망권세를 깨뜨린 메시아의 증거임.
   ③예수님에 대한 믿음과 이방선교는 자신의 결정이 아니라, 하나님의 주권적인 역사임.
   *자신의 죄악과 수치를 드러내는 것이 목적이 아니라 자신의 삶에 주권적으로 개입하신 주의 영광과 은혜를 증거하는 것임. 간증은 참으로 내 삶을 통해서 주의 영광을 드러내는 명예로운 것임.

2. 그의 모든 죄를 용서하여 주심으로 구원하여 주실 뿐만 아니라, 그를 이방인의 사도로 삼아 세계선교를 이루게 하심. 즉 죽어 마땅한 죄인을 용서하실 뿐만 아니라 가장 귀한 주의 일꾼이 되게 함.

# 제23과 공회 앞에 선 바울

## II. 생각하기

1. *바울은 자신에 대한 모든 정보를 다 알고 있으며, 오직 살인적인 음모 속에서 진행되는 재판에서 더이상 진술할 필요를 느끼지 못함. 그는 이곳에서 무모하게 논쟁을 하다가 그들을 자극하여 죽임을 당하는 것을 피하고자 함. 그는 주님이 그에게 주신 비전인 세계의 중심지 로마에 가기 위해서 자신의 목숨을 보전하고 안전케 함.

   *주님으로부터 사명과 비전을 받은 사람은 눈 앞에 보이는 현실적인 문제에 매달리기보다는 큰 뜻을 품고 자기의 육체를 연단하며 자신의 내면성을 준비해야 함.
2. *위로는 지치고 피곤한 자에게 필요하고 또한 효과가 있음. 주를 위해서 상처를 받고 고통을 당하는 자에게 위로가 있기 마련임. 우리에게 주의 위로가 보이지 아니하고 또 주의 말씀이 생명력있게 증거되지 않는 것은 내 생활이 주님을 위하여 수고하는 바가 없기 때문임.

# 제24과 벨렉스 총독에게 전도하는 바울

## I. 본문 살피기

2. ①염병으로서 천하의 유대인을 소요케 하는 자- 민심을 불안하게 하고 질서를 무너뜨리는 자라는 뜻. 로마 정부는 소요를 일으켜 정치질서를 무너뜨리게 하는 자는 중죄로 다스림. 이러한 로마정책을 잘 알고 있는 더둘로는 정치적인 문제로부터 바울을 고소하고 있음.
   ②나사렛 이단의 괴수
   ③성전을 더럽게 한 자(21:29).

3. 1)①소요를 일으킬 수 있는 시간적 여유가 없었음(예루살렘에 올라간 지 12일밖에 되지 않음).
   ②소요를 일으킬 만한 어떤 행동도 하지 않았음(12절).
   ③더둘로의 고소를 입증할 만한 어떤 증거도 없음.
   2)①조상의 하나님을 섬김.
   ②율법과 선자자의 글을 다 믿음- 유대인의 성경을 하나님의 말씀으로 확신.
   ③하나님의 약속인 부활의 소망을 가지고 삶.
   ④하나님과 사람 앞에서 깨끗한 양심을 가지고 삶.
   3)성전에서 결례를 행하였으며, 성전을 모독케할 만한 어떤 죄도 없었음. 바울을 반대하는 유대인들은 이에 대한 증거를 가지고 어떤 고소도 하지 못하고 있음.

## II. 생각하기

1. *예수님과 함께하는 하나님의 나라를 소망하면서 복음을 위해 어떤 고난도 감당하게 하였고, 죽음도 두려워하지 않게 함. 이러한 부활의 산 소망은 자신의 목숨을 위협하는 종교 지도자나 총독 벨릭스 앞에서도 조금도 위축되지 않고 복음을 담대하게 증거하게 함.

2. *죄책감을 느끼면서도 또 한편으로는 돈에 대해서 관심을 가짐. 현대인들은 복음을 듣고자 하는 마음을 가지면서도 얼마나 세상적인 이익에 대해서 끊임없이 계산하고 있는가? 결국 많은 사람들이 복음을 듣지만 돈에 대한 욕심으로 인해서 끝내는 복음을 거부하고 있음.

# 제25과 베스도 총독과 변론하는 바울

## II. 생각하기

1. *바울이 자기의 무죄를 변론하는 것은 곧 자기의 사역을 변론하는 것이요, 복음을 변론하는 계기가 됨- 당시의 기독교에 대한 정치적, 종교적, 사회적 편견과 오해를 풀 수 있는 기회가 됨.

2. *바울이 상소하지 않았으면 유대인들의 암살 의도를 막지 못했을 것임.
*하나님께서는 바울을 이방인의 사도로 세우셨으며 바울 역시 로마 선교를 서원한 바 있음- 가이사에게 상소함으로서 로마에 안전하게 가게 되고, 로마 선교를 이룰 수 있는 기회가 됨.

3. *바울을 심문한 결과 무죄라는 심증을 얻음으로써 복음이 유대 뿐만 아니라 로마에까지 전파될 수 있는 가능성을 얻음.
*바울이 죄수의 신분이지만 로마에 호송됨으로써 구체적으로 로마 선교와 세계 선교의 길이 열리게 됨.
*하나님의 역사는 반드시 성취될 것임- 비록 역사에 먹구름이 끼고 위기가 닥쳐오는 때일지라도 모든 것을 합력하여 자신의 뜻을 이루어 가시는 하나님을 믿고 힘써 복음을 전해야 함.

# 제26과 아그립바 왕에게 복음을 전하는 바울

## II. 생각하기

1. *겸손하고 온유한 태도로 접근함. 무례하지 않고 인격적인 태도로 접근해야 함.
   *왕을 비롯한 권세자들에게까지도 '다 나와 같이 되기를 원한다' 는 심정으로 전도함. 모든 사람은 다 복음을 필요로 한다는 간절함.
   *죄수의 신분으로 자기 변론의 기회를 전도의 기회로 이용함- 때를 얻든지 못 얻든지 힘써 복음을 전하고자 함.

2. *대부분의 반응은 부정적, 세상적인 사고방식으로는 복음 전도자의 행위가 미친 짓으로 보여지기 쉬움. 설령 복음의 진리를 수긍할지라도 악한 죄성과 자기 이익 때문에 거절하는 경우가 많음.
   *거절당할 때 낙심하지 말고 하나님의 의를 이루어 주시는 때를 기다려야 함. 전도자의 임무는 복음의 씨를 뿌리는 것이며 자라게 하시는 이는 하나님이심을 바라보아야 함.

3. *예수 그리스도에게 뿌리박은 체험적 신앙에서 전도의 능력이 나오게 됨- 전도자에게는 우선적으로 예수 그리스도와의 깊은 만남이 있어야 함.

# 제27과 광풍 속에서 지켜주신 하나님

## II. 생각하기

1. *정치 지도자로 대표되는 백부장, 과학 기술자로 대표되는 선원,영적지도자 인 바울.
   *백부장이 바울의 충고를 듣지 않고 선장과 선주의 능력과 경험을 더 신뢰했기 때문: 인간의 능력과 경험은 한계상황에 직면할 수밖에 없음.
   *바다를 지으시고 주관하시는 분은 하나님이심을 알지 못했기 때문.
   *하나님의 말씀에 기초할 때 가장 안전하고 최선책이 됨.

2. *바울은 하나님께서 자기를 가이사 앞에 세우실 것이라는 말씀을 의지함으로써 평안할 수 있었음. 오히려 다른 사람을 위로하고 안심케 해주며 위기 가운데 모든 사람이 생명을 건질 수 있도록 활약함.
   *사람들은 두려움에 빠져 우왕좌왕함. 사공들은 자기들만 살고자 도망하려 함. 한계상황에 빠진 인간들의 본능적 모습.
   *인생은 어려움이 없을 수 없으나 하나님의 말씀을 의지할 때 담대해질 수 있고 다른 사람을 돌아볼 수 있는 지도자적인 삶을 살 수 있음.

3. *죽을 위기 속에서 바울과 바울을 인해 276명의 모든 생명을 구원해 주심.
   *하나님께서는 창조주시며 인생의 주관자이심. 하나님께서는 당신의 사랑하는 자녀들을 눈동자 같이 보호해 주시며 최선의 길로 인도해 주심.

# 제28과 셋집에서 성경을 가르치는 바울

## II. 생각하기

1. *멜리데 섬에서의 이적들을 통해 복음의 열매를 맺게 하시고 환대와 필요한 물품들을 공급해 주심. 로마 형제들의 따뜻한 행동을 통해 자신의 기도가 응답됨을 확신하고 로마 선교의 담대함을 얻게 하심.
   *하나님께서는 복음의 사역자들을 보호하실 뿐만 아니라 능히 감당할 수 있도록 필요한 것들을 공급해 주심.

2. *그를 지키는 한 군사와 함께 개인적인 거처에서 지내게 됨: 하나님의 환경적인 인도로 복음을 전할 전진기지 구축.
   *셋 집에서 모든 사람을 다 영접하고 성경을 강론함: 더 좋은 기회가 오기를 기다리지 않고 주어진 환경에서부터 힘써 복음을 전파함. 하나님의 말씀을 가르치는 일에 주력함.
   *성경이 하나님의 말씀임을 믿고 성경을 가르치는 전략.성경선생 양성을 통해 로마를 복음화하는 전략.
   *말씀의 능력을 확신하고 성경을 가르치는 자를 통하여 복음은 세계로 퍼져 나갈 것임.

3. *기독교 역사가 2천년이 지난 지금 온세상에 복음이 전파되긴 했지만 적극적으로 미전도지역과 회교권, 불교권 등 타 종교의 영역을 공략해야 할 것임.

바울의 제1차 및
제2차(선교) 여행
1차 여행
2차 여행
제 1, 2차 여행 출발점
이탈리아
마게도니아
에피루스
아가야
그리스
고린도
겐그레아
아테네
스파르타
빌립보
데살로니가
베뢰아
드로아
무시아
아시아
루디아
에베소
밀레도
카리아
루기아
밤빌리아
버가
비시디아
안디옥
이고니온
루스드라
더베
루가오니아
갈라디아
길리기아
다소
비두니아
갑바도기아
수리아
안디옥
실루기아
키프러스
살라미
바보
베니게
다메섹
시돈
두로
갈릴리
가이사랴
예루살렘
유대
가사
아라비아
이집트
알렉산드리아
멤피스
키레나이카
(리비아)
구레네
크레테
살모네
가우다
(글라우다)
로도
코스
밧모
사모스
기오
레스보
에게해
아드리아해
대(지중해)해
로마 제국의 한계선

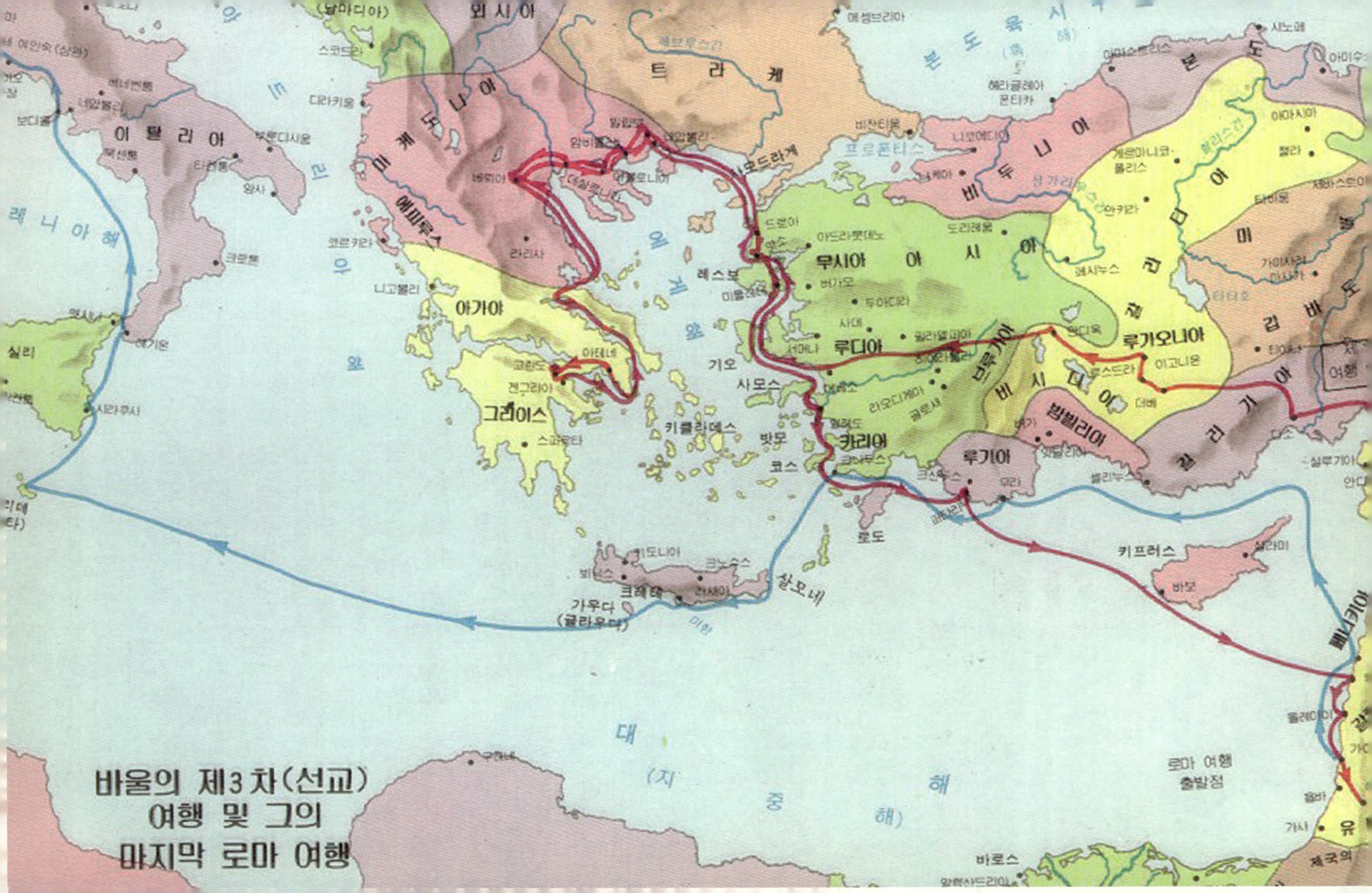

바울의 제3차(선교) 여행 및 그의 마지막 로마 여행

기독대학인회(ESF:Evangelical Students Fellowship)는 사도행전 1장 8절에서 선포되고 있는 예수님의 지상명령에 근거하여 캠퍼스 복음화를 통한 통일성서한국, 세계선교를 주요 목표로 삼고 있는 초교파적 선교단체입니다.

ESP는 Evangelical Students Press의 약어로 기독대학인회(ESF)의 출판부입니다.

ESP(기독대학인회 출판부)는 다음과 같은 마음을 품고 기도하면서 일하고 있습니다.

첫째, 청년 대학생은 이 시대의 희망입니다.
둘째, 하나님 말씀인 성경을 사랑합니다.
셋째, 문서사역을 통하여 성경적 세계관을 정립해나갑니다.
넷째, 문서선교를 통하여 총체적 선교에 도움을 주고자 합니다.